U0852067

扫码观看

配套视频课程

关注公众号

人大社法律出版

中国民法典释评

ZHONGGUO MINFADIAN SHIPING

继承编

杨立新　著

中国人民大学出版社
·北京·

作者简介

杨立新，男，1952年1月出生，中国人民大学法学院教授，中国人民大学民商事法律科学研究中心研究员；兼任中国民法学研究会副会长、世界侵权法学会主席、东亚侵权法学会理事长，国家法官学院、国家检察官学院、国家行政学院、北京大学法学院等20余所院校兼职教授。

1975年至1989年在吉林省通化市中级人民法院任审判员、副庭长、副院长、常务副院长、党组副书记；1990年至1992年任最高人民法院民事审判庭审判员、婚姻家庭合议庭负责人；1993年至1994年任烟台大学法学院副教授；1995年至2000年任最高人民检察院检察委员会委员、民事行政检察厅厅长；2001年至今，在中国人民大学法学院任现职。

兼任全国人大常委会法工委立法专家委员会立法专家，参与合同法、物权法、侵权责任法、消费者权益保护法等十余部法律的起草和修订工作。2015年以来，全程参与民法典编纂工作，参加了民法典各编的起草工作。

研究领域为民法总则、侵权责任法、人格权法、物权法、债法、婚姻家庭法和继承法，著作有民法专著、民法教材、其他民法读物100余部，在《中国社会科学》《法学研究》《中国法学》等刊物发表民法论文500余篇。

代总序

民法典的时代意义

民法典是新中国成立以来第一部以“法典”命名的法律，也是第一部直接以“民”命名的法典。以“法典”命名，表明凡是纳入民法典的规则，都具有基础性、典范性的特点；以“民”命名，说明民法典把人民愿望置于首位，充分反映人民的利益诉求。民法典的立法宗旨和目的就是充分反映人民群众的意愿，保障私权，维护广大人民群众的利益。

习近平总书记指出，“民法典在中国特色社会主义法律体系中具有重要地位，是一部固根本、稳预期、利长远的基础性法律”。如何理解习近平总书记所说的“基础性法律”？我认为可以从两个方面理解：一是在整个社会主义法律体系中，民法典是一部基础性法律。所谓“典”，就是典范、典籍的意思，在整个社会主义法律体系中，民法典是宪法之下的基础性法律。法律分为公法与私法两部分，它们分别确认公权与私权。现代法治的核心是规范公权、保障私权。一般认为，保障私权是由民法典等民事法律实现的，而规范公权是由公法承担的，但实际上，民法典通过确认和保护私权，也起到了规范公权的作用，其他法律、行政法规以及单行法等，都应当与民法典保持一致。同时，行政执法、司法也都要以民法典为基本遵循。二是在民事领域，民法典是基础性法律，换言之，民法典是私法的基本法。民事关系纷繁复杂，它不仅依靠民法典调整，还需要大量的民事单行法，而在所有调整民事主体财产和人身关系的法律中，民法典居于基础性地位，民法典也被称为私法基本法。

（一）推进民事立法的体系化

我国民法典的颁布有力地促进了民事立法的体系化。一方面，迄今为止，我国已经颁布了多部民商事法律，在民法典之外，还存在大量的单行法，如公司法、保险法、破产法等。民法典的颁布，使各个民商事单行法在民法典的统帅下，构成一个完整的、系统化的整体。民法典和民事单行法之间的关系，就像树根、主干与枝叶之间的关系，民法典是树根和主干，而民事单行法是枝叶，民事单行法必须以民法典为基础和根据。民法典的颁布有效沟通了民法典和单行法，这有利于消除民法典与单行法之间的冲突和矛盾。另一方面，就内部体系而言，民法典按照“总—分”结构，形成由总则、物权、合同等构成的完整体系，各分编也在一定的价值和原则指引下形成了由概念、规则、制度构成的具有内在一致性的整体，实现了形式的一致性、内容的完备性以及逻辑自足性。民法典共分七编，即总则编、物权编、合同编、人格权编、婚姻家庭编、继承编、侵权责任编，它们都以对民事权利的确认和保护而形成一个体系化的整体。总则是对民事权利的一般规则作出的规定，各分编则是分别对物权、合同债权、人格权、婚姻家庭中的权利、继承权以及对各项权利的侵权责任制度所组成的规则体系。

民法典有助于制度的科学化，为良法善治奠定基础。在我国，由于长期没有民法典，许多调整民事关系的重要规则不能通过民事法律的方式表现出来，从而留下了法律调整的空白。这些法律空白一般是通过国务院各部委的规章及地方政府颁布的地方性规章予以填补的，而一些规章难免出现不当限制公民私权，或者变相扩张行政权的问题。民法典颁布后，其作为上位法，可以有效指导行政法规等制度，避免民法规范与行政法规、地方法规等的矛盾冲突，防止政出多门，保障交易主体的稳定预期，维持市场经济的正常运行。

（二）有效提升国家治理体系和治理能力的现代化

国家治理体系和治理能力现代化的主要特征是实现法治，即全面依法治国。如前述，现代法治的核心在于规范公权、保障私权。一方面，民法典构建了完备的民事权利体系，确立了完善的民事权利保护规则，鼓励个人积极维护自身权利，这不仅保障了私权，也有利于规范公权。民法典的各项规则也明确了各级政府依法行政的边界，就是说，国家机关要把民法典作为行政决策、行政管理、行政监督的重要标尺，不得违背法律法规随意作出减损自然人、法人和非法人组织合法权益或增加其义务的决定，这必将有力推动政府治理能力。另一方面，作为市民社会的一般私法以及百科全书，民法典通过合理的架构为民事活动提供各种基本准则，为交易活动确立基本的规则依据，为各种民事纠纷的预防和解决提供基本的遵循。民法典进一步强化私法自治，充分鼓励交易，维护交易安全。合同编从合同的订立到履行都强调了增进合同自由和私法自治这一宗旨，将有力调动市场主体从事交易的积极性。此外，民法典还有效地处理了个人与个人、个人与社会、个人与国家的关系，在对个人的保护中，同时强调对公共利益的维护，以实现个人和社会之间关系的平衡，这必将推动社会共建共治共享，促进社会和谐有序。

（三）完善社会主义市场经济法律体系

社会主义市场经济本质上是法治经济。各项民法制度根植于市场经济的土壤，其也反作用于市场经济，是市场经济有序发展的重要制度保障。我国《民法典》总则编所规定的诚实信用、公平原则等，确立了市场主体活动的基本原则，为诚信经济的建立提供了法律保障；总则编中的民事主体就涵盖了市场主体，民事法律行为制度、代理制度为市场主体从事交易活动提供了极大的便利；民法典的物权制度、合同制度是市场经济最基本的规则，是支撑市场经济最重要的两根法律支柱；民法典的担保制度也为融通资金、繁荣经济、保障债权提供了有力的制度保障。编纂民法典不仅完善了市场经济基本的法律制度，而且有利于营造良好的营商环境，并充分调动民事主体的积极性和创造性，维护市场交易秩序和交易安全。①

（四）为实现人民群众美好幸福生活提供保障

民法典的要义是为民立法，以民为本。“人民的福祉是最高的法律”。编纂民法典，就是顺应保障人民群众合法权益的需求，形成更加完备、更加切实的民事权利体系，完善权利保护和救济规则，形成较为有效的权利保护机制，使人民群众有更多、更直接、更实在的获得感、幸福感和安全感。我国《民法典》充分保障人民群众美好幸福生活，主要表现在以下几方面。

一是通过人格权编充分保障个人人格尊严。进入新时代，我国已经成为世界第二大经济体，人民物质生活条件得到了极大改善，不久即将全面建成小康社会。在基本温饱得到解决之后，人民群众就会有更高水平的精神生活追求，并希望过上更有尊严、更体面的生活。正因如此，“保护人格权、维护人格尊严，是我国法治建设的重要任务”②，例如，针对发送垃圾短信、垃圾邮件侵扰个人私人生活安宁的行为，《民法典》人格权编专门在隐私权部分规定了此种侵害隐私

① 王晨. 关于《中华人民共和国民法典（草案）》的说明：二〇二〇年五月二十二日在第十三届全国人民代表大会第三次会议上. 人民日报，2020-05-23（6）.

② 民法典分编草案首次提请审议：分编草案共六编总计千余条. 人民日报，2018-08-28（6）.

权的行为类型，并第一次规定了私人生活安宁权，明确将个人私人生活安宁规定在隐私权之中，禁止非法进入、拍摄、窥视他人的住宅、宾馆房间等私密空间，禁止非法拍摄、窥视、窃听、公开他人的私密活动，禁止非法拍摄、窥视他人身体的私密部位（第 1033 条）。这有利于保障社会生活的安定有序。

二是民法典通过各项制度安排充分保障人民群众的物质生活需求。例如，《民法典》之物权编新增的居住权制度，对于解决“住有所居”问题、保障个人的居住利益具有重要意义。再如，《民法典》合同编之典型合同完善了租赁合同的规则，完善了优先购买权规则，新增优先承租权规则（第 734 条）。这对于稳定租赁关系、规范租赁市场秩序、保障承租人的居住利益具有重要意义。又如，合同编之典型合同部分还完善了运输合同的规则，这对于保障个人出行安全、维护运输秩序具有重要意义。

三是民法典通过各项民事责任制度充分保障人民的合法权益。民法典通过各项规则，守护老百姓“舌尖上的安全”“车轮上的安全”“头顶上的安全”等财产和人身安全。例如，《民法典》侵权责任编在产品责任部分规定了惩罚性赔偿规则（第 1207 条），这必将有力遏制生产、销售不合格食品的行为，有利于保证人们“舌尖上”的安全；侵权责任编还重点完善了高楼抛物致人损害的责任（第 1254 条），这有利于充分保障人们“头顶上的安全”。

（五）有利于实现依法行政、公正司法

民法典具有基础性和典范性的特点，是公民权利保护的宣言书，是民事主体的行为准则、依法行政的基本依循，也是法院裁判民事案件的基本遵循。民法典对于依法行政、公正司法的作用还表现在：一是资讯集中，方便找法。实践中之所以出现“同案不同判、同法不同解”现象，重要的原因就在于，法官选择法条和裁判依据存在差别。而法典化的一个重要优势在于“资讯集中”。正所谓“法典在手，找法不愁”，执法者、法官只要有一部民法典在手，并通过领悟其规则和精神，就可以找到民事裁判的主要依据。二是统一裁判依据。民法典是基础性法律，是行政执法者、法官适用法律的基本遵循，因此，处理民事纠纷，首先要从民法典中找法。在我国，长期以来，有些新法颁布以后，因为没有废止旧法，且没有指明新法修改了哪些旧有的规定，所以就产生了新法与旧法同时适用的现象，造成了规则的不统一。《民法典》的颁布将从根本上改变这一现象。《民法典》的颁行可以保障法官裁判依据的统一性，而正是因为法律适用具有一致性，法官的自由裁量权将在规范的约束下进行，这就可以保障法官平等地、统一地对不同案件作出判决，保障“类似情况类似处理”，从而实现判决结果的可预测性，实现法的安定性。三是提升执法和司法人员的能力。民法典是法律工作者今后研究、处理涉及民事纠纷的基本依据，也是执法、司法的基本平台，民事纠纷的解决都应当在该平台中研讨。在民事领域考验我们的执法能力，很大程度上就是衡量我们准确把握、理解和运用民法典的能力。《民法典》颁布后，如果执法和司法人员都能够真正学懂、弄通民法典的规则，就可以基本把握处理和裁判民事纠纷的基本规则，并能够按照体系化的思维方式处理民事纠纷。

前　言

2020年5月28日，《中华人民共和国民法典》通过，编纂民法典的任务已经完成。民法典继承编是在原《继承法》的基础上编纂而成的，实现了我国继承法律制度的改进，在保障被继承人支配身后财产的自由权利、保护自然人的继承权和被继承人的债权人的债权等方面，作出了积极的努力。

在民法典编纂中，我作为中国法学会编纂民法典领导小组指派的继承编专家组的负责人，自始至终参加了民法典继承编的编纂工作，我和我的团队经过深入研究和讨论，提出了继承编草案的建议稿，并且参加了所有的继承编立法专家研讨会，对继承编的编纂建言献策，恪尽了自己的职责。

在民法典分则各编中，改动最小的就是继承编。一方面，由于继承编涉及全国人民的财产权益，应当保持基本制度的稳定；另一方面，在继承法领域，保守观念还是具有重要影响力的。因此，可以看到，民法典继承编规定的我国继承制度，没有原则性的改变，只是在具体的规则上有所变化，因而留有一些遗憾。

按照出版社的安排，我根据对民法典继承编的解读写了这本书。这本书主要还是围绕着继承编的条文进行阐释，并选择比较典型的案例，用以说明条文的主旨，最后收录了部分国家民法典继承编以及我国台湾地区“民法”的比较法资料。需要说明的是，本书选择的典型案例，都是原有的、适用原《继承法》的规定判决的案件，因此，案例中引用的法律还是原《继承法》的规定。

本书写作过程中，于晓副教授帮我选择和整理了典型案例，莫若云博士研究生帮我整理了比较法资料。借本书出版之际，谨向他们表示感谢！

由于民法典刚刚通过颁行，我对其继承编的研究和理解还不够深刻，因而在阐释条文和说明案例中会有不当之处。欢迎热心读者批评指正。

中国人民大学民商事法律科学研究中心研究员
中国人民大学法学院教授
杨立新

二〇二〇年七月二日

目 录

第六编 继承

第六编　继承

第一章

一般规定

《民法典》继承编第一章规定的“一般规定”，是继承编通则，这一章共有 7 个条文，与原《继承法》的规定相比较，有 3 个重要的修改。

本章规定的主要内容是，继承编调整的范围，国家保护自然人的继承权，继承开始的时间以及相互有继承关系的数人在同一事件中死亡的时间推定，遗产范围，遗赠扶养协议、遗嘱继承和法定继承的优先顺序，继承人放弃继承，继承人丧失继承权和受遗赠人丧失受遗赠权以及被继承人对丧失继承权的继承人的宽宥。

其中重要的修改是：第一，新增规定相互有继承关系的数人在同一事件中死亡的先后顺序推定；第二，将遗产范围的界定方法由“概括＋列举”式改为“概括＋排除”式；第三，增加规定丧失继承权与受遗赠权的事由和被继承人享有宽宥权。

第一千一百一十九条

本编调整因继承产生的民事关系。

条文对照 *

《继承法》没有相应条文。

---

* 本书条文对照所引条文，均为 1985 年《中华人民共和国继承法》的条文。——编者注

本条主旨

本条是对民法典继承编调整范围的规定。

条文详解

一、继承概述

（一）继承的概念和特征

民法中的继承概念有广义与狭义之分。广义的继承，是指对死者生前权利义务的承受，不仅有财产继承，还有身份继承；狭义的继承，是指对死者生前的财产权利义务的承受，又称财产继承。古代法上的继承是就其广义而言的，现代法上的继承是指狭义概念。①

民法典继承编使用的继承是狭义概念的继承，即财产继承，是指在自然人死亡时，其遗留的个人合法财产归死者生前在法定范围内指定的或者法定的继承人依法承受的制度。

在继承中，生前所享有的财产因其死亡而移转给他人的死者是被继承人，被继承人死亡时遗留的个人合法财产为遗产，依法承受被继承人遗产的法定范围内的人为继承人。

继承的法律特征如下。

1. 继承因自然人死亡而发生

生存的自然人为独立的民事主体，对自己所享有的财产自主地享有权利和承担义务。自然人在死亡后，不再具有民事权利能力，不再是民事法律关系的主体，原享有的财产权利和义务需要由人承受，因而产生继承问题，故继承是因自然人死亡而发生的法律制度。

2. 继承人与被继承人存在特定的亲属身份关系

在被继承人死亡后发生继承，只有与被继承人存在一定亲属身份关系的人才可以作为继承人参加继承。继承人（包括法定继承人和遗嘱继承人）都是与被继承人有密切关系的亲属，无亲属身份关系的人只能作为受遗赠人。只有与被继承人是近亲属关系的亲属，才能作为继承人。

3. 继承是处理死者遗产的法律制度

继承的标的物只能是财产，故继承的发生须以死者财产的存在为前提的。实

① 郭明瑞，等．继承法．2版．北京：法律出版社，2004：1.

际上，继承是以私有财产的存在为前提的，在没有私有财产的社会，不会有也不可能存在继承制度。

4. 继承是继承人概括承受被继承人财产权利和义务的法律制度

自然人死亡，其财产权的主体必定发生变更。所以，继承是财产所有权转移的一种基本方式。不过，继承的财产转移与一般的财产转移不同，一般的财产转移是个别财产的转移，而继承的财产转移则是被继承人财产权利和义务的整体概括转移。只有依法由继承人概括地承继被继承人在财产关系中法律地位的法律现象，才属于继承。①

（二）继承的本质

1. 关于继承本质的学说

继承的本质也称继承的根据，是指继承人基于何种原因承受被继承人的遗产。主要学说有以下几种。

一是意思说，认为继承的根据在于被继承人的意思，依被继承人的意思，财产由被继承人转移于继承人。

二是家族协同说，认为继承是因家族协同生活而发生的，没有一体的协同生活或协同感者，不应发生继承。家庭至今仍是社会的基本单位，人们普遍希望将自己身后的财产继续留在家庭中，以保障自己的家庭成员尤其是配偶和后代的生活。家族协同说强调家庭共同生活，忽略被继承人的意思，否定遗嘱自由。

三是死后扶养说，认为继承的根据在于死者的扶养义务。对一定范围内的宗族或亲属负有扶养义务的人，不仅于生存中应当扶养宗族或亲属，而且于其死后也应继续扶养宗族或亲属。继承人正是基于在负有扶养义务的人死亡后受扶养的权利而有权继承遗产的。

四是无主财产归属说，认为人的人格因死亡而消灭，人虽于生存中为财产的主体，但于死亡后，其财产则成为无主的财产，该无主财产应归属何人，则属于继承问题，全由国家的立法政策来定。

五是共分说，认为被继承人的财产上原本有三个所有权，即本人的所有权、亲属的所有权和国家的所有权。因为本人的财产中包含有亲属和国家的部分，所以，在被继承人死亡后应属于亲属的部分归于亲属（法定继承），应属于国家的部分由国家收回（遗产税），应属于本人的部分则由本人自由处分（遗嘱处分）。

---

① 我国原《继承法》规定了其他一些因自然人死亡而发生的财产的转移的情形，如因遗赠扶养协议而发生的死者财产的转移，由于不属于概括承受，因而不属于继承。这些之所以规定在原《继承法》中，是因为涉及死者遗产的处理问题。

六是先占说，认为死者的一切权利义务均随主体的死亡而消灭，故其财产也成为无主物，最先占有者取得其权利。而死者最近的亲属居于最先取得此无主物的地位，故各国法律皆规定死者近亲属取得遗产。

2. 现代继承法的继承根据

现代法上的继承根据，主要有两个：一是继承人生活保障。在现代社会下，“家”中财产权利人死亡时，对此财产之储蓄有所协助者，或于过去、现在以及将来须依靠此财产始能维持其生活者，理应有权利主张取得该死亡人所遗财产。继承即为避免其他构成人员的生活因家族共同生活体内的一个构成人员的死亡而陷入绝境，使与其共同生活、曾有关系之特定生存人承继其遗产之制度。二是社会交易安全保护。在被继承人死亡后，如果其债务亦归于消灭，则无从保护被继承人的债权人，因而不能保护交易安全。故只有被继承人所遗的债权、债务，均应为继承的标的，由继承人继承，才能够保证社会交易安全。原因是，继承制度虽以继承人生活的保障为目的，但是，维护被继承人债权人的权益不容忽视，故为保护继承债权人利益，可牺牲继承人权利；而可牺牲继承人权利之最大限度，宜限于继承积极财产范围之内，始可谓合情合理。①

（三）继承的分类

1. 遗嘱继承与法定继承

以继承人继承财产的方式为标准，继承分为遗嘱继承和法定继承。

遗嘱继承，也称指定继承，是指于继承开始后，继承人按照被继承人的合法有效的遗嘱，继承被继承人遗产的继承方式。在遗嘱继承中，具体的继承人、继承顺序、应继份、遗产的管理、遗嘱的执行等都由被继承人在遗嘱中指定，也就是直接决定于被继承人生前的意思。

法定继承，是指继承人范围、继承顺序、继承条件、继承份额、遗产分配原则以及继承程序均由法律直接规定的继承方式。法定继承的各个方面是由法律直接规定的，而不是由被继承人的意思直接确定的。

2. 限定继承与无限继承

以继承人继承被继承人财产权利义务的范围为标准，继承分为限定继承和无限继承。

限定继承，又称有限继承，是指继承人得仅于一定的范围内继承被继承人的财产权利和义务的继承。继承人继承被继承人的债务，仅以遗产的实际价值总额为限度，对于被继承人生前所欠债务超过遗产的实际价值的部分，继承人不负清

① 陈棋炎，等．民法继承新论．台北：三民书局，2001：5-7.

偿责任。

无限继承，又称不限定继承，是指继承人必须承受被继承人的全部财产权利义务的继承。即使被继承人的债务超过其财产权利，继承人也须继承被继承人的遗产，而不得拒绝，并须以自己的财产清偿被继承人生前所欠的全部债务。

3. 本位继承与代位继承

以继承人参与继承时的地位为标准，继承分为本位继承和代位继承。

本位继承，是指继承人基于自己的地位，依自己原来的继承顺序继承被继承人的遗产的继承。本位继承无论在法定继承中还是在遗嘱继承中都存在。

代位继承，是指在应直接继承被继承人遗产的顺序者不能为继承时，由其直系晚辈血亲代其地位的继承。代位继承人只能在被代位人原来的继承顺位上继承被代位人应继承的份额，而不论代位继承人有几人。

4. 共同继承与单独继承

以可以参与继承的人数为标准，继承分为共同继承和单独继承。

共同继承，是指依法律规定由数个继承人共同继承被继承人的遗产。共同继承人是指共同继承的数个继承人，只能是同一顺序的法定继承人。因为法定继承人的继承顺序具有排他性，若前一顺序的继承人存在，则后一顺序的继承人不得参加继承，也就不可能成为与前一顺序的继承人共同继承的共同继承人。共同继承只发生在法定继承中。遗嘱继承中由于指定继承人的遗产份额已经确定，不存在遗产份额的分配问题，因而不区分共同继承。

单独继承，是指法律规定继承人仅为一人的继承，即仅由亲属中的一人继承被继承人的遗产，如仅由长子继承、幼子继承、旁系继承（如兄亡弟继）等。单独继承因仅由一人继承被继承人的全部遗产，所以又称独占继承。

二、继承法的概念和性质

（一）继承法的概念

继承法，是指调整因自然人的死亡而发生的继承法律关系的法律规范的总称。

继承法有形式意义的继承法与实质意义的继承法之分。形式意义的继承法，是指被冠以“继承法”名称的法律或民法典的“继承编”，如我国 1985 年的《继承法》以及现行民法典的继承编。实质意义的继承法，是指有关继承关系的法律规范的总和。实质意义的继承法不仅包括形式意义的继承法，也包括其他法律、法规中有关继承的规范，还包括有法律效力的关于继承问题的规章、决定、指示等规范性文件，以及最高人民法院有关继承的司法解释等。

继承法应当规定继承因何原因而开始，继承权应归属于何人，继承人有何权利和责任，遗产应当如何清算和分配，等等。这些内容组成的继承法为固有意义的继承法。①

（二）继承法的性质

继承法的性质，是指继承法的法律属性。

第一，继承法为私法。继承法是调整因自然人死亡而发生的财产继承法律关系的法律，规定的是私人之间的关系，属于私法，不属于公法。继承法作为民法的组成部分，具有鲜明的私法属性。明确继承法的私法性质，有助于正确理解继承法的立法精神，正确处理继承纠纷，更好地保护自然人在继承上的合法权益。

第二，继承法为普通法。由于财产继承关系是自然人之间普遍存在的社会关系，因而，继承法是适用于所有自然人的法律，而不是仅适用于某一部分人的法律。

第三，继承法为实体法。继承法规定的是继承开始、继承关系主体、继承人的权利义务、继承权的客体等有关主体的权利义务的实质性问题，因而属于实体法，而不属于程序法。继承法也存在一定的程序性规定，比如关于遗嘱订立的程序、遗产分割的程序等，但是，这些不是程序法意义上的程序，而是属于实体法意义的程序，因为这些程序也是针对一些实体权利义务规定的。

第四，继承法为强行法。民法典的绝大多数规范都是具有强行法性质的法律规范，而不是任意性规范，不允许当事人任意变更。继承法虽有任意性规定，但是，从整体上看是强行法。

第五，继承法为固有法。继承法根植于本国、本民族，多方面体现了本国的现实国情，体现了民族的历史传统，还有许多吸纳了习惯因素，因而是固有法。

（三）继承法的立法体例

继承法的立法体例，是指继承法的立法形式，也被称为继承法的地位，即继承法在民法立法上究竟是采特别法主义，还是采法典主义。② 特别法主义，是指将继承法作为民事特别法予以单独立法，对继承问题通过单独制定继承法的方式解决。法典主义，是指将继承法作为民法典的一个组成部分，列入民法典，设置继承编。即使是同样采取法典主义的民法典，继承法在民法典中的位置也不同。有的将继承法规定于民法典的财产取得编，有的将继承法规定于民法典的物权编，有的将继承法作为民法典中的单独一编。

① 史尚宽．继承法论．北京：中国政法大学出版社，2000：12.

② 胡长清．中国民法继承论．北京：商务印书馆，1936：1.

我国在民法典制定完成之前，对继承法单独立法，采用特别法主义。《继承法》是特别法，是松散民法典的单行法。[①] 民法典制定完成意味着，我国转而采取法典主义，专门规定继承编，作为民法典分则的组成部分。

三、继承法律关系

按照本条规定，继承编调整的是因继承产生的民事关系，即继承法律关系。

（一）继承法律关系概述

继承法律关系是民事法律关系中的一种，是由继承法规范调整的，因自然人死亡而产生的继承人与其他人在财产继承上的民事权利义务关系。

继承法律关系的特征如下。

1. 继承法律关系是一种民事法律关系

继承法律关系是由继承法规范调整的继承人与其他人之间的财产关系，以民事权利和民事义务为核心，完全符合民事法律关系的构成。所以，继承法律关系为民事法律关系之一种，在继承法对继承法律关系没有特殊规定时，适用民事法律关系的有关规定。

2. 继承法律关系以被继承人死亡为产生根据

任何法律关系的产生都须以一定的法律事实为根据。一般民事法律关系的产生都是因生存行为人的行为，而继承法律关系的产生则是因被继承人的死亡，被继承人不死亡，就不会产生继承法律关系。人的死亡是不依人的意志为转移的客观现象，其性质属于事件（即使是自杀死亡，对于其他人来说，死亡也是事件）而不属于行为。继承法律关系不仅包括法定继承法律关系，还包括遗嘱继承法律关系。遗嘱继承法律关系的产生根据并不是单一的法律事实，而是法律事实构成，即不仅要有被继承人死亡的事实，还须有被继承人生前所立的合法遗嘱。

3. 继承法律关系是绝对性财产法律关系

继承法律关系是财产流转关系，不属于人身法律关系。继承法律关系的权利主体是特定的继承人，而义务主体是不特定的继承人以外的一切人；继承人实现其权利，无须借助于义务人的行为，义务人也不负有实施某种行为以使继承人实现权利的积极义务。所以，继承法律关系是绝对财产法律关系，而不是相对财产法律关系。

4. 继承法律关系与亲属身份关系密切相关

与一般财产法律关系不同，继承法律关系的内容与亲属身份关系密切相关。

---

① 刘文．继承法比较研究．北京：中国人民公安大学出版社，2004：3.

因此，继承法律关系是一种与亲属身份关系相联系的财产法律关系。

5. 继承法律关系的权利主体只能是自然人

在继承法律关系中，作为权利主体的继承人只能是自然人，法人、非法人组织或者国家都不能作为继承人，法人、非法人组织或者国家获得遗产，只能通过受遗赠，或在遗产无人继承时收归国有或者集体所有，但是，这些都不是继承法律关系的内容。因此，继承法律关系只能是以自然人为权利主体一方的财产法律关系。

（二）继承法律关系的要素

继承法律关系的要素，是指构成继承法律关系的主体、客体和内容等必要因素。

1. 继承法律关系的主体

继承法律关系的主体，是指参加继承法律关系，并在继承法律关系中享受权利和负担义务的人，包括权利主体和义务主体。

确定继承法律关系的主体应当把握两个要点：第一，必须符合一般民事法律关系主体的条件，即具有独立的法律人格；第二，必须参加继承法律关系，并能够在继承法律关系中享受权利、承担义务。继承法律关系的主体是继承人与继承人之外的其他自然人、法人、非法人组织，这样能够将继承法律关系同其他相关法律关系区别开来，准确认定继承法律关系的主体只能是继承人和继承人以外的所有人（义务主体包括自然人、法人或非法人组织），具体而言，权利主体为继承人，义务主体是继承人以外的其他所有人。

2. 继承法律关系的客体

继承法律关系的客体，是指继承法律关系的权利主体的权利和义务主体的义务共同指向的对象，即被继承人遗留的财产。

继承法律关系的客体只能是遗产，没有遗产，也就不存在继承法律关系。缺少遗嘱的见证，缺少继承人、受遗赠人的行为，都不会影响继承法律关系的存在。

3. 继承法律关系的内容

继承法律关系的内容，是继承法律关系的权利主体即继承人所享有的权利，以及继承法律关系的义务主体即继承人以外的其他人所负担的义务。继承人所享有的权利是继承被继承人遗产的继承权。

继承权有继承期待权与继承既得权之分。继承人享有选择承认或放弃继承权的权利。在承认继承权后，继承人享有遗产管理、请求分割遗产的权利等。

继承法律关系的义务主体所负担的义务，是不得侵害继承人的继承权，不得妨害、干涉继承人对继承权的行使。如果继承人之外的其他人侵害了继承人的继承权，继承人可以行使继承回复请求权。

（三）继承法律关系流转

1. 继承法律关系的产生

继承法律关系必须因一定的法律事实的出现而产生。继承法律关系的产生，根据法定继承与遗嘱继承的分类不同而有差异。法定继承的继承法律关系，是因被继承人的死亡而产生的；在遗嘱继承中，除了被继承人的死亡这一法律事实之外，还必须存在合法、有效的遗嘱这一法律事实，构成一个法律事实构成，才能产生遗嘱继承法律关系。在继承法律关系产生后，继承人就可以参加继承，行使继承权。

2. 继承法律关系的变更

继承法律关系不是固定不变的，在出现某种法律事实时会发生变更。继承法律关系的变更包括继承法律关系的主体变更、客体变更与内容变更三个方面。

3. 继承法律关系的消灭

在出现一定的法律事实时，继承法律关系中有关的权利义务关系会消灭，这就是继承法律关系的消灭。继承法律关系消灭的法律事实有遗产分割完毕、遗产因不可抗力而全部灭失等。

四、民法对继承法律关系的调整

因继承产生的民事关系，就是继承法律关系。民法典继承编调整的范围，就是继承法律关系。

（一）继承编是民法典调整继承法律关系的专门法

继承编是民法典调整继承法律关系的专门法，是形式意义上的继承法。无论是原来的《继承法》，还是现在的《民法典》继承编，都是如此。

在民法典中，继承编除了与其他分则各编都在总则编的指导下之外，其他内容都不相同。人格权编调整的是民事主体的人格权法律关系，婚姻家庭编调整的是自然人因婚姻家庭产生的身份法律关系，物权编调整的是因财产归属和利用而产生的物权法律关系，合同编调整合同之债以及无因管理之债和不当得利之债的债权法律关系，侵权责任编调整的是因侵权而产生的侵权之债法律关系。在民法典分则中，唯有继承编专门调整继承法律关系。从这个意义上说，民法典继承编就是民法典中专门调整继承法律关系的继承法。

（二）继承编调整继承法律关系的目的

继承编调整继承法律关系的根本目的，是保护和实现自然人私有财产继承权，这是继承法的立法目的和任务。① 不过，这只是继承编的目的之一，并不是其最根本的目的。财产继承的最根本目的，是实现财产支配的一般原则，即绝对所有权原则。在被继承人有遗嘱的情况下，遗嘱就是死者处分自己死后遗产的意愿，应当得到尊重。只要遗嘱合法、有效，就应当按照被继承人的遗嘱分配遗产。被继承人没有遗嘱的，才按照法定继承的规定进行继承，但是，法定继承在实际上也是推定这种继承是按照死者处分自己遗产的真实意思进行的。因此，对被继承人处分遗产的意志不能进行非法干涉，该意志是私法调整的范围，尤其不能以公权力进行非法干涉。

（三）继承编调整继承法律关系的方法

继承编调整继承法律关系的基本方法，是例示继承法律关系的流转方式，引导继承法律关系的权利主体和义务主体依照继承法律关系流转的方式继承遗产，保障被继承人依照其自己的意志流转遗产，保护继承人享有的继承权的实现。

例示继承法律关系的流转方式，就是明确规定继承人享有的权利、继承法律关系义务主体的义务，明确规定法定继承、遗嘱继承、遗赠、遗赠扶养协议的基本规则，明确规定遗产的范围以及遗产的分割方法，明确规定继承人的继承权被侵害的救济方法。

引导继承法律关系的权利主体和义务主体按照例示继承法律关系的流转方式继承遗产，实现自己的继承权，就是指用遗嘱继承的依照遗嘱继承的规则进行继承，用法定继承的依照法定继承的规则进行继承，以及用约定遗赠、遗赠扶养协议的依照法律规定的方法进行遗赠或者履行遗赠扶养协议，避免权利人在行使权利中出现错误，影响自己权利的实现。

继承人依照法律规定的方式和方法进行继承，实现了被继承人支配自己身后遗产的愿望，同时保证了自己继承权的实现。

法律适用中应注意的问题

这一条文在法律适用中，应当注意的问题是，准确地确认继承法律关系，防止对继承法律关系的认定出现错误。曾经有一个案例，就是将遗赠扶养协议认定为附条件的继承，对遗赠扶养协议纠纷按照赠与合同适用法律，造成法律适用上的错误。这就是说，对于继承法律关系发生的纠纷，应当适用本编的规则处理，

① 郭明瑞，等．继承法．2版．北京：法律出版社，2007：31.

不能适用民法典其他分编的规则；对非继承法律关系，也不能适用本编规定的继承规则处理，若适用本编规定的规则处理就是法律适用错误。

案例链接

郑某、杨某等继承纠纷案①

基本案情

被继承人夏某秀于2007年10月21日去世，原告杨某系夏某秀妻子，二人育有五名子女，分别是夏某二，夏某梅，夏某安，夏某一，夏某山。其中夏某梅于2012年7月18日去世，夏某安于2011年9月30日去世，夏某山于2009年11月21日去世。夏某梅丈夫为周某二，女儿为周某一；夏某安生前已离异，女儿为夏某三；夏某山妻子为郑某，儿子为夏某四。

夏某秀去世后留有一处房屋，坐落于铁东区，建筑面积为45.34平方米，系夏某秀与原告共有。庭审时，原告与被告夏某四、夏某二、周某一、周某二、郑某均认可房屋价值为25万元，夏某一主张房屋价值低于25万元，并申请司法鉴定。

杨某起诉主张，诉争的遗产房屋归其所有，按照继承法的规定，对各当事人给付相应的价款。

法院判决

一审法院判决支持了原告的诉讼主张。被告上诉，主张争议房屋的使用权归其享有。二审法院认为，《继承法》第1条规定："根据《中华人民共和国宪法》规定，为保护公民的私有财产的继承权，制定本法。"本案一审期间，被上诉人杨某依据《继承法》的相关规定，诉至法院，要求法院进行遗产分配。一审法院根据相关法律规定，对诉争遗产进行了分配。二审期间，上诉人对于一审法院判令诉争房屋产权归被上诉人杨某所有并无异议，但主张诉争房屋的使用权应归属于上诉人。二审法院认为，本案是继承纠纷案件，非用益物权确认纠纷案件，上诉人二审主张诉争房屋的使用权属于用益物权纠纷，其一审未提起反诉，且与本案不属于同一法律关系，故二审法院在遗产纠纷案件中对于上诉人所主张的用益物权纠纷不予处理。故二审判决驳回上诉，维持原判。

---

① 辽宁省鞍山市中级人民法院（2019）辽03民终711号民事判决书。

第一千一百二十条

国家保护自然人的继承权。

条文对照

第一条　根据《中华人民共和国宪法》规定，为保护公民的私有财产的继承权，制定本法。

本条主旨

本条是对法律保护自然人的继承权的规定。

条文详解

国家保护自然人的继承权，是《民法典》总则编规定的基本规则。《民法典》第 124 条规定："自然人依法享有继承权。""自然人合法的私有财产，可以依法继承。"民法典继承编通过自己的全部规则，保障自然人享有的继承权及其实现。

一、继承人

（一）继承人的概念和特征

继承人，是继承法的基本概念，是指依照继承编的规定，在法定继承或者遗嘱继承中，有权获得被继承人遗产的自然人。

继承人的特征如下。

1. 继承人须由民法典继承编规定

民法典继承编具有固有法的属性，与各国的政治、经济、社会传统等密切相关，具体规定应与本国的具体情况相符。什么范围内的亲属可以作为继承人，可以作为哪一顺序的继承人，都由法律强制规定，不能由当事人自由决定。虽遗嘱继承人由被继承人指定，但根据继承编的规定，所指定的遗嘱继承人必须是在法定继承人范围之内的人，这体现了法律对继承人的强制规定性。

2. 继承人必须是自然人

继承人必须是自然人。自然人之外的法人、非法人组织以及国家在一定条件下虽然可以取得遗产，但不是基于继承人的身份和地位，而是基于受遗赠或者遗产无人继承。

3. 继承人须是在法定继承或遗嘱继承中享有继承权的人

继承人必须享有继承权，才有资格加入继承法律关系并取得遗产。在被继承人死亡后，可以从被继承人处获得遗产的人除了继承人本人外，其他一些符合法定条件的人也可以获得遗产，但是，他们不是依据继承权取得遗产的人，而是依其他根据而取得遗产的人，故不是继承人。

（二）继承人的分类

继承人根据其继承的方式，分为法定继承人和遗嘱继承人。这是对继承人的基本分类。

1. 法定继承人

法定继承人，是直接依照继承编有关法定继承人的范围、顺序、继承份额等规定，对被继承人的遗产享有继承权的人。法定继承人的继承权直接来自法律规定，无须被继承人通过遗嘱予以指定。

在法定继承人的界定上，有人认为法定继承人是直接承受被继承人遗产的继承人，这是一种误解。法定继承人只有实际参加继承并通过一系列程序才能实际承受遗产。而法定继承人的范围不限于此，例如，在存在第一顺序法定继承人时，第二顺序法定继承人也是法定继承人，却不能分得遗产。

法定继承人是法定继承的主体。我国民法典继承编规定的法定继承人的范围比较狭窄，包括配偶、子女、父母，兄弟姐妹、祖父母、外祖父母，以及对公婆或者岳父母尽了主要赡养义务的丧偶儿媳或者丧偶女婿。孙子女、外孙子女等直系晚辈血亲以及兄弟姐妹的子女作为代位继承人，也属于法定继承人，是代位继承的法定继承人。

2. 遗嘱继承人

遗嘱继承人，是指在遗嘱继承中存在的，按照被继承人生前设立的合法、有效的遗嘱指定，而有权承受遗产的继承人。有学者认为："遗嘱继承人的继承权不是来自法律的直接规定，而是来自被继承人依照法律规定所设立的遗嘱。因此，遗嘱继承人是由被继承人的意志决定的。"① 这种说法也没有错误，不过，遗嘱继承人虽然表现为通过被继承人的遗嘱取得继承权，但是，还是与法律规定存在重要联系。因为根据民法典继承编的规定，被继承人只能在法定继承人范围之内指定遗嘱继承人，所以，遗嘱继承人的继承权离不开法律规定，必须以法律规定的法定继承人范围为基础。超出这一范围，接受遗产的人就不再是遗嘱继承人，而是受遗赠人。所以，遗嘱继承人的继承权应当是由法律和被继承人共同决

① 郭明瑞，等．继承法．2版．北京：法律出版社，2004：51.

定的。

在我国，遗嘱继承人只能是法定继承人范围之内的人，亦即遗嘱人只能指定法定继承人中的一人或数人为遗嘱继承人；法定继承人以外的人（不论是自然人、法人或者非法人组织）只能成为受遗赠人，不能成为遗嘱继承人。遗嘱继承人依据被继承人的遗嘱继承遗产，不受原来的法定继承顺序的限制。

（三）继承能力

1. 继承能力的概念

继承能力，也称继承权利能力，是指能够享有继承权的法律资格，亦即作为继承人的资格。

继承能力与民事权利能力紧密相连，是民事权利能力的一项内容。自然人自出生开始到死亡为止，都具有民事权利能力，因而具有继承能力，即继承人的继承能力只与自然人的生命相联系，与其他因素没有关系。① 继承能力与自然人年龄、智力等状况无关，不因当事人的民事行为能力状态不同而不同。

继承能力与继承权既存在紧密的联系，也存在本质区别。继承能力是法律赋予的享有继承权的资格，是当事人享有和取得继承权的前提条件。只有具备继承能力的人，才能成为继承人，享有继承权；不具备继承能力的人，不能成为继承人，不得享有继承权。但是，继承能力仅仅是一种资格，继承权是一种独立的权利，两者不能等同，即使是继承期待权含义上的继承权，与继承能力也是不同的。因为继承期待权含义上的继承权会因法定事由的发生而丧失，但是，继承人丧失继承期待权只是对特定被继承人继承期待权的丧失，并不丧失对其他被继承人的继承期待权，并不丧失继承能力。继承能力不同于继承权，任何人不得非法剥夺，当事人自己也不得放弃。

2. 继承能力的确定

继承自被继承人死亡时开始，被继承人的遗产自继承开始时转移于继承人。因此，只有在被继承人死亡时，即继承开始时生存的自然人，才能享有继承权，继承被继承人的遗产。在继承开始时已经死亡的人，其法律人格消灭，继承能力不复存在，因而不能成为继承人，不享有继承权。

继承人于继承开始时应为生存之人，这一原则被称为同时存在原则。同时存在，是指在继承开始时，继承人已经出生且尚生存。不论是法定继承还是遗嘱继承，在继承开始时的生存者才有继承能力，只有有继承能力的继承人才得实际享有继承权。这一原则为现代各国的立法所接受。

---

① 张玉敏．继承法律制度研究．北京：法律出版社，1999：24.

死亡包括自然死亡和宣告死亡。宣告失踪不同于宣告死亡，于继承开始时被宣告失踪的继承人也具有继承能力，不得否认其继承权的享有。

3. 胎儿的继承能力

胎儿享有部分民事权利能力，《民法典》第16条已经作出了规定，其中就包括胎儿具有部分继承能力。

胎儿的继承能力是与胎儿的权利能力结合在一起的，只有具备了权利能力，才能具备继承能力。《民法典》第16条规定："涉及遗产继承、接受赠与等胎儿利益保护的，胎儿视为具有民事权利能力。但是，胎儿娩出时为死体的，其民事权利能力自始不存在。"胎儿具有准人格，即其民事权利能力受到限制。[①] 在其尚未出生时，其因具有准人格，但是尚未具备完整的人格，故还不能继承，而是由他人为其保留应继份；在其出生后，其民事权利能力受到限制的部分已经解除限制，其具备了完全的民事权利能力，就可以行使继承权，继承遗产了。如果胎儿是死体娩出的，则其受到限制的那一部分民事权利能力消灭，视为自始不存在，其不具有继承能力，保留的遗产份额应当按照法定继承处理。

于继承开始后，利用人工生殖技术用被继承人生前保留的精子受孕的胎儿在活着出生后，可否继承被继承人的遗产，这是当代生殖技术带来的新问题。[②] 法律应当因应社会发展，对不违反法律和人伦道德的新型生殖技术孕育、出生的胎儿，按照传统的母体孕育胎儿一样对待。

4. 法人、非法人组织及国家的继承能力

在国外立法例上，对法人、非法人组织和国家的继承能力有不同的规定。根据我国民法典继承编的规定，只有自然人才可作为继承人，法人、非法人组织及国家都不具有继承能力。

二、继承权

（一）继承权概念

继承权，是指自然人按照被继承人所立的合法有效遗嘱或法律的直接规定而享有的继承被继承人财产的权利。

对继承权概念，应当从以下几个方面理解：第一，在继承权的主体方面，继

① 刘石成．准人格研究．北京：法律出版社，2012：187.

② 郭明瑞，等．继承法．2版．北京：法律出版社，2004：53.

承权只能是自然人享有的权利。① 第二，在取得根据方面，继承权是自然人依照合法有效的遗嘱或者法律的直接规定而享有的权利。第三，继承权的客体是被继承人的财产权利。继承权具有财产性，其客体只能是财产，而不能是被继承人的身份或者其他人身利益。

（二）继承权与受遗赠权、酌情分得遗产权的关系

1. 继承权与受遗赠权的关系

受遗赠权，是指法定继承人之外的自然人、法人、非法人组织或者国家、集体组织享有的接受被继承人生前在遗嘱中所遗赠的财产的权利。

受遗赠权与继承权有共同之处：第一，两者都是从被继承人处取得遗产的，而且受遗赠权人与遗嘱继承权人所取得的遗产份额都依据遗嘱的指定；第二，继承权丧失的事由也大多准用于受遗赠权的丧失；第三，有关遗嘱继承权的一些规定同受遗赠权的相同，比如两者都通过遗嘱获得权利；第四，在对权利的保护上，受遗赠权与继承权的保护期限相同。

但是，受遗赠权与继承权是两种不同的权利：第一，权利主体不同，继承权的主体，无论是法定继承权还是遗嘱继承权，都必须是在法定继承人范围之内的人，而受遗赠权的主体则是在国家、集体或法定继承人范围之外的人；第二，适用范围不同，继承权既适用于法定继承，也适用于遗嘱继承，但受遗赠权存在于遗嘱继承中；第三，对权利的接受和放弃方式不同，我国民法典继承编规定，继承开始后，遗产分割前，继承人未明确表示放弃继承权的，视为接受继承，而在继承开始 60 日内，受遗赠权人未对被继承人的遗赠表示接受的，视为放弃受遗赠权。

2. 继承权与酌情分得遗产权的关系

民法典继承编还规定了酌情分得遗产的规则。能够分得适当遗产的权利，称为酌情分得遗产权。酌情分得遗产权既不属于继承权，也不属于受遗赠权，是我国法定继承制度中的一项独特的权利。②

继承权与酌情分得遗产权相比，区别在于：第一，继承权既存在于法定继承中，也存在于遗嘱继承中，而酌情分得遗产权只在法定继承中才会存在。继承权

---

① 值得注意的是，在国外立法例上，有些国家明文规定法人、国家可以成为继承权的主体，采此立法例的有法国、德国、瑞士等。如《德国民法典》第 1936 条（国库的法定继承权）规定：“（1）在继承开始时，被继承人没有血亲，也没有同性生活伴侣，也没有配偶的，被继承人死亡时所隶属的邦的国库是法定继承人。被继承人隶属于两个以上的邦的，其中每一个邦的国库有资格按等份继承。（2）被继承人为不隶属于任何邦的德国人的，帝国国库是法定继承人。”

② 刘文．继承法比较研究．北京：中国人民公安大学出版社，2004：33.

的权利主体是在法定继承人范围之内的人，而酌情分得遗产权的主体具有特定性，仅限于在法定继承人之外的与死者生前形成某种扶养关系的人。第二，酌情分得遗产的份额同继承人中法定继承人的份额也不同，可以少于法定继承人的继承份额，也可以等于甚至高于法定继承人的继承份额。

（三）继承权的性质

对于继承权的性质，学界存在分歧，主要有以下几种学说。

1. 物权说

物权说认为，继承权为一种物权，具有排他性，当继承人继承被继承人遗产的权利受到他人侵害时，享有类似物权请求权性质的继承回复请求权。但是，排他性并非物权所独具，人格权、知识产权等绝对权也具有排他性，所以不能根据排他性就认定继承权为物权的一种。此外，继承回复请求权与物权请求权也不同，继承回复请求权以继承权为基础，目的在于回复到继承开始时财产继承关系的最初状态。因而，物权说为大多数国家所不取。

2. 财产取得方式说

法国法将继承编与生前赠与、契约等编并列，放入财产取得卷。还有的国家将继承和遗嘱作为所有权的取得方式加以规定，列入物权编，如阿尔及利亚。将继承仅仅界定为财产的取得方式之一，并将其列入债权编或物权编，都不妥当。因为继承权是一项独立的民事权利，不仅是财产的转移，还涉及被继承人和继承人的身份关系等问题。

3. 权利说

权利说主张，继承权是一种选择权，即本于继承权，可以选择接受继承、放弃继承、无条件接受继承或限定接受继承的权利。这种意见说明了继承权的一些特点，但继承权的最终目的不在于这些选择，而在于对被继承人财产权利的承受。

4. 法律地位说

法律地位说认为，继承权的性质是继承人得接替被继承人财产法上的权利义务的一种资格或法律地位。[1] 这种资格或地位的具体内容是在继承开始后，在法定期间内继承人享有继承选择权，即基于自己的法律地位得选择接受或放弃继承，并且继承人的选择可确定继承人的法律地位。继承权作为一项权利，并不主要体现在资格或地位，关键在于权利。

5. 独立权利说

独立权利说将继承权视为一项独立的民事权利，因为从权利和义务的分类

① 张玉敏．继承法律制度研究．北京：法律出版社，1999：54.

上，继承权就是一种民事权利，继承权人可以基于自身的权利请求为某项事项，例如，接受或放弃继承，请求遗产分割，享有继承回复请求权等。继承权不同于物权、债权，是一项独立的民事权利，因为继承权具有自身的特性，无法为其他性质的权利所包容。

我国民法典采独立权利说，《民法典》第124条确认继承权就是一种民事权利，是独立的民事权利。

（四）继承权的两种含义

继承权在不同的场合具有两种不同含义，有学者称之为客观意义上的继承权与主观意义上的继承权①，也有学者将其称为继承期待权与继承既得权。②

从权利的分类来看，根据权利的成立要件是否全部实现，权利可以分为既得权与期待权。既得权是指成立要件已经全部实现的权利；而期待权是指成立要件尚未全部实现，将来有可能实现的权利。对继承权进行分析，可以发现，在被继承人死亡之前，继承人所享有的继承权，由于被继承人死亡的法律事实尚未发生，只是一种期待权；而在继承人死亡之后，继承人所享有的继承权为一种既得权，成为一种现实的权利。将继承权蕴含的两种含义称为继承期待权与继承既得权，是比较准确的，且通俗易懂。

1. 继承期待权

继承期待权，是指继承开始前继承人的法律地位，指的是自然人依照法律的规定或者遗嘱的指定，继承被继承人遗产的资格。本条规定的“继承权”，主要是继承期待权。继承期待权虽然不是一种现实的权利，但是非常重要，是继承既得权的基础和前提。因为只有享有继承期待权的继承人，在被继承人死亡后，才可能享有继承既得权，不享有继承期待权的人，即使在被继承人死亡后，也不能享有继承既得权。

继承期待权，是基于法律的规定或者遗嘱的指定发生的，是不以继承人的主观意志为转移的。法定继承人的继承期待权来自法律规定的特定亲属身份关系，如子女自出生时起，就取得对父母的继承期待权；妻子自结婚时起，就取得对丈夫的继承期待权。遗嘱继承人的继承期待权来自有效的遗嘱指定，遗嘱指定的继承人也只能是在法定继承人范围之内的人。因此，继承人都是由法律规定的。法律对法定继承人范围的规定，是以继承人与被继承人之间存在的一定的亲属身份

---

① 刘素萍．继承法．北京：中国人民大学出版社，1988：135-136；郭明瑞，房绍坤．继承法．2版．北京：法律出版社，2004：56-61.

② 张玉敏．继承法律制度研究．北京：法律出版社，1999：50-53；刘文．继承法比较研究．北京：中国人民公安大学出版社，2004：26-29.

关系为根据的，继承期待权是法律基于自然人的一定身份（如配偶、子女、父母等）而赋予自然人的。可见，继承人之所以具有成为继承人的资格，是以其与被继承人的亲属身份关系为前提的，是基于其与被继承人之间的身份关系而当然发生的。继承期待权的意义也仅是赋予继承人取得被继承人遗产的资格，保障继承人可以取得被继承人的遗产，而不是让继承人取得被继承人的某种人身利益；它也并非只要具备特定的身份（如子女）就必然享有、不会丧失的权利，也有可能因法律规定的事由的发生而被剥夺（丧失）。

继承期待权实际上只是继承人将来可参与遗产继承的客观的、现实的可能性。继承期待权的主体即继承人，对于被继承人的财产并不享有任何权利。继承人的继承期待权因继承人顺序不同，所以效力强弱不同，而且该效力会因先顺序或同一顺序的继承人的出现而全部或一部分消失。比如，当被继承人没有第一顺序继承人时，其兄弟姐妹、祖父母、外祖父母都有继承权，但是，如果被继承人死亡前收养一子，则其兄弟姐妹、祖父母、外祖父母的继承权都落空。这种因为收养、结婚等使继承人的期待地位下降的情况，不能认为是对继承权的侵害。①

2. 继承既得权

继承既得权，是指继承人在继承法律关系中实际享有的继承被继承人遗产的具体权利，是一项现实的权利。只有在被继承人死亡并留有遗产，且继承人具有参与继承的权利时，继承人才能参与继承法律关系而享有继承既得权。所以，继承期待权转化为继承既得权，必须具备三个条件：第一，被继承人死亡；第二，被继承人留有遗产；第三，继承人未丧失继承权。缺少其中任何一个条件，继承期待权就不能转化为继承既得权。

继承既得权是独立的民事权利。同继承期待权相比，继承既得权的最大不同在于它是一项现实的权利，具有权利的完整性：（1）继承既得权是继承人对遗产的权利，继承人享有请求分割遗产的权利，可以参与遗产的管理等活动，而继承期待权的继承人对被继承人的财产则不享有权利，不能请求分割；（2）继承人在取得继承既得权后，可以选择接受或放弃，行使自己的权利，而继承期待权的继承人不能放弃继承期待权，即使表示放弃也无效；（3）享有继承既得权的继承人，实际参加继承，在继承法律关系中享受权利，承担一定的义务，而享有继承期待权的继承人，享有的仅仅是一种期待的权利，是被推定为将来有继承被继承人财产的希望。

当然，继承既得权与继承期待权虽然存在一些区别，但是都属于继承权的范

① 郭明瑞，等．继承法研究．北京：中国人民大学出版社，2003：16－17.

畴，只不过是继承权的两种含义而已。

关于继承既得权的性质，有学者认为是身份权而非财产权[①]，有学者认为继承既得权也有社员权的性质。[②] 虽然继承既得权专属于有一定身份的人，但是，这不能代表继承既得权就是身份权，继承既得权以对遗产的取得为核心，其财产权属性至为明显。

三、继承编对继承权的保护

民法典继承编对继承权的保护，有两种方法，一是继承回复请求权，二是侵权请求权。

1. 保护继承权请求权的两个系统

民法对民事权利的保护，是通过请求权的方法实现的。

保护民事权利的请求权包含两个系统，即原权利的保护请求权和侵权请求权。原权利的保护请求权是民事权利固有的保护请求权；侵权请求权是基于权利被侵害、依照侵权法的规定而产生的权利保护请求权。原权利的保护请求权是民事权利本身固有的保护请求权，随着原权利的产生而产生，随着原权利的消灭而消灭。在继承法领域，这种原权利的保护请求权就是继承回复请求权。侵权请求权，则是基于权利被侵害而发生的权利保护请求权。这种权利不是原权利本身的权利内容，而是基于侵权法的规定，在侵权行为发生后产生的新的请求权，是基于原权利的损害而新生的权利，也称次生请求权，例如遗产被侵害造成继承权的损失而产生的侵权请求权。

继承权的权利保护请求权系统，也是由原权利的保护请求权和侵权请求权构成的严密的民事权利保护系统，担负着民事权利的保护职责。这一系统中的二者缺一不可，必须同时存在，才能担负起保护民事权利的重任。[③] 继承权回复请求权属于原权利的保护请求权的一种，与物权请求权、人格权请求权和身份权请求权相并列，不属于侵权请求权的范畴。

2. 继承回复请求权与侵权请求权

继承回复请求权又称继承恢复请求权，是指在发生继承权侵害情形时，真正继承权人所享有的请求侵害人或者通过法院诉讼程序，将自己的权利回复到继承开始时状态的权利。

---

① 杨与龄．民法概要．北京：中国政法大学出版社，2002：369.

② 郭明瑞，等．继承法研究．北京：中国人民大学出版社，2003：20.

③ 杨立新，等．论民事权利保护的请求权体系及其内部关系．河南省政法管理干部学院学报，2005（4）.

继承权能否成为侵权行为的客体，有不同的主张。肯定说认为，继承权兼具身份权与财产权双重性格，认为继承权的侵害因非继承人的第三人僭称为继承人而发生。[①] 史尚宽认为，德国、瑞士、法国、日本立法或学说上认为得对于非继承人故意或过失占有遗产时，构成侵权行为[②]，侵害继承权不仅要求非继承人之第三人僭称为继承人而发生，还须继承人实际行使继承人之权利，达到自己为继承人之状态才行，因此，继承权为侵权行为法保护的客体。[③] 否定说认为，由于侵害继承权总是表现为对遗产的侵害，而对遗产侵害的救济采用的是行使继承回复请求权，继承回复请求权之诉为确认之诉与给付之诉的结合，这些非为侵权之诉所能包括；因此，继承权不可能成为侵权行为的客体，不法行为人所侵害的不是继承人的继承权而是财产所有权。[④]

继承权作为一项独立的民事权利，可以成为侵权行为的客体，《民法典》第1165条第2款明文予以规定。在继承权受侵害时，对于侵害继承权而导致的损害进行侵权责任救济，于法有据。继承回复请求权是继承法特有的救济制度，具有侵权请求权所不具备的功能，可以通过概括性的请求恢复至继承开始时的状态；而侵权请求权仅仅可以进行个别性的救济。因此，继承回复请求权可起到侵权损害赔偿请求权的作用，而侵权损害赔偿请求权的作用却不能代替继承回复请求权的作用。这正是民事权利保护请求权体系设置两个请求权体系的意义之所在。

3. 继承回复请求权与侵权请求权的保护方法

继承回复请求权的保护方法是：第一，继承人可以向任何根据实际上并不存在的继承权而已从遗产中取得财物的人（遗产占有人），请求其返还已取得的财物；第二，行使请求权的继承人以证明其所请求各个之物于被继承人死亡时属于被继承人之直接或间接占有的事实为已足，无须证明被继承人对于其占有之物有所有权或其他权利；第三，原告为继承人，被告除了是继承财产的占有人之外，还包括承受遗产的第三人。

侵权请求权的保护方法是：继承人以外的任何人侵害继承人的继承权，造成继承权损害，且具备违法行为、继承权损害的后果，以及因果关系要件和过错要件的，应当承担侵权责任。

---

① 王泽鉴．侵权责任法：第4册．北京：中国政法大学出版社，2001：147.

② 史尚宽．继承法论．北京：中国政法大学出版社，2000：127-128.

③ 史尚宽．债法总论．北京：中国政法大学出版社，2000：159.

④ 马俊驹，等．民法原论：下册．北京：法律出版社，1998：990.

法律适用中应注意的问题

本条在法律适用中，最主要的问题是确定继承权的两种形态和两种保护方法。

继承权包括继承期待权和继承既得权，两种形态的继承权的界分时间在继承开始之时。在继承开始之前，继承权呈期待权形态，在继承开始之后，继承权呈既得权形态。继承期待权尽管是期待权，但是，可以因法定事由被剥夺或者丧失。

继承权的两种保护方式，实际上是有一定分工的。继承人之间相互侵害继承权的，应当适用继承回复请求权，使被继承人的遗产恢复原状，重新按照继承规则进行继承，使继承回复请求权人的继承权得到回复。他人侵害继承人的继承权的，可以适用侵权请求权，确认此为侵权行为，使侵权人承担侵权责任，救济继承权人的继承权损害。

案例链接

宋某和与宋某健遗嘱继承纠纷案[①]

基本案情

原、被告系亲兄弟，另还有亲兄弟姐妹四人，原、被告的母亲、父亲分别于2017年3月29日、7月30日去世，去世后，其二人骨灰盒存放在骨灰存放厅。原、被告兄弟姐妹六人对父母的安葬地意见不一致。原告陈述，原告、大姐、三弟同意回老家安葬，被告、三妹同意在外买墓地，二姐没有表态。原告提交录像、宋某常证词，证明2014年10月6日上午，其父母回老家磁窑镇李家院村选墓地，原告、三弟及同姓兄弟宋某常选择的墓地是宋某常的承包地，其父亲同意在该地方安葬。被告陈述，其母亲去世后，其父亲说等他去世后一起安葬在兖州区吴村公墓，这是在原告家住的时候向原告和原告女朋友说的。其父亲去世后，原告和兄弟姐妹就安葬地点发生争执，被告、二姐、三妹按照父亲遗愿，认为安葬地在兖州区吴村公墓。2018年7月28日，被告和三妹在兖州区吴村公墓安葬了父母，其他兄弟姐妹没有参加葬礼。原告认为，本案起诉要求的权益不包括任何财产，与法院受理的

① 山东省曲阜市人民法院（2018）鲁0881民初3189号民事裁定书。

继承案件无关。

原告于2018年8月29日向法院起诉，要求确认父母临终的遗愿管理权归原告所有。法院发出起诉材料补正告知书，询问原告“遗愿管理权”为何种权利，原告回复称，父母临终遗愿管理权归原告所有，属于遗嘱继承纠纷。

法院判决

法院认为，人民法院受理公民之间、法人之间、其他组织之间以及他们相互之间因财产关系和人身关系提起的民事诉讼。继承法立法目的，为保护公民的私有财产的继承权。遗产是公民死亡时遗留的个人合法财产，包括：公民的收入；公民的房屋、储蓄和生活用品；公民的林木、牲畜和家禽；公民的文物、图书资料；法律允许公民所有的生产资料；公民的著作权、专利权中的财产权利；公民的其他合法财产。原告要求的遗愿管理权既不属于财产关系，也不属于人身关系，不属于人民法院受理的民事诉讼。据此，法院判决驳回原告的诉讼请求。

第一千一百二十一条

继承从被继承人死亡时开始。

相互有继承关系的数人在同一事件中死亡，难以确定死亡时间的，推定没有其他继承人的人先死亡。都有其他继承人，辈份不同的，推定长辈先死亡；辈份相同的，推定同时死亡，相互不发生继承。

条文对照

第二条　继承从被继承人死亡时开始。

本条主旨

本条是对继承开始的时间和对数人在同一事件中死亡时间推定的规定。

条文详解

这一条文是对继承开始时间的规定，第1款与原《继承法》第1条规定的内容相同，第2款是增加的新规则，即相互有继承关系的数人在同一事件中死亡的，推定死亡时间的先后顺序。

一、继承开始时间

继承开始时间，是被继承人死亡的时间。对继承开始时间的确定，实际上是对被继承人死亡时间的确定。

对被继承人死亡时间的确定包括自然死亡时间的确定和宣告死亡时间的确定两种情形。

(一) 自然死亡时间的确定

自然死亡又称生理死亡，是指自然人生命的终结。如何认定生理死亡的时间，历来有种种不同学说，如脉搏停止说、心脏搏动停止说、呼吸停止说等。随着现代医学的发展，移植器官的医学技术不断完善，学界又普遍提出了脑死亡说。当前，在我国司法实践中，还是以呼吸停止和心脏搏动停止为生理死亡的时间。

具体的继承开始时间，应当依照《民法典》第15条规定来确定：一是医院出具的死亡证书中记载自然人死亡时间的，以死亡证书中记载的时间为准。二是没有死亡证明的，以户籍登记或者其他有效身份登记记载的时间为准。三是有其他证据足以推翻记载时间的，以该证据证明的时间为准。

(二) 宣告死亡时间的确定

关于宣告死亡的时间应当如何确定，最高人民法院曾经在《关于贯彻执行〈中华人民共和国继承法〉若干问题的意见》第1条中规定，失踪人被宣告死亡的，以法院判决中确定的失踪人的死亡日期为继承开始的时间，即人民法院宣告死亡判决确定的失踪人死亡的时间，就是失踪人的死亡时间。按照最高人民法院《关于贯彻执行〈中华人民共和国民法通则〉若干问题的意见（试行）》第36条规定，被宣告死亡的人，判决宣告之日为其死亡的日期。究竟是以哪一个时间作为宣告死亡的时间，有的学者将两者折中为：人民法院宣告判决中确定的失踪人的死亡日期，视为失踪人的死亡日期。判决中没有确定其死亡日期的，则以判决生效的日期为失踪人的死亡日期。① 两个司法解释虽然都是最高人民法院作出的，但是作出的先后时间不同，《关于贯彻执行〈中华人民共和国民法通则〉若干问题的意见（试行）》公布的时间在后，根据该司法解释第200条规定："最高人民法院以前的有关规定，与民法通则和本意见抵触的，各级人民法院今后在审理一、二审民事、经济纠纷案件中不再适用。"所以，应当按照最高人民法院《关于贯彻执行〈中华人民共和国民法通则〉若干问题的意见（试行）》第36条来确定宣告死亡的时间，即以判决宣告之日为失踪人死亡的时间。如果在判决中已经确定了失踪人死亡时间，应当以判决书确定的死亡时间为宣告死亡之人的死亡时间。

---

① 佟柔．中国民法．北京：法律出版社，1990：83.

对此，《民法典》第 48 条规定："被宣告死亡的人，人民法院宣告死亡的判决作出之日视为其死亡的日期；因意外事件下落不明宣告死亡的，意外事件发生之日视为其死亡的日期。"对于宣告死亡的被继承人的继承开始时间，应当按照这一规定确定，即以宣告死亡的判决书作出之日为继承开始之日；如果是因意外事件下落不明宣告死亡的，不适用这一规定，而以意外事件发生之日为继承开始的时间。

二、互有继承权的人在同一事件中死亡的时间确定

两个以上互有继承权的人在同一事件中死亡，如果不能确定死亡先后时间的，各死亡人的死亡时间如何确定，直接影响到继承人的利益。对此，各国立法采取的方法主要有三种立法例。

一是死亡在后和死亡在先相结合的推定制。罗马法规定，数人同时遇难而不能确定死亡先后的，推定成熟子女后于父母而死亡，未成熟子女先于父母而死亡。

二是同时死亡推定制。日本、瑞士、德国民法和我国台湾地区"民法"等采取这种立法例。《日本民法典》第 32 条之二规定："数人死亡之情形，不能辨明其中一人于他人死亡后仍生存时，推定此等人同时死亡。"《瑞士民法典》第 32 条第 2 项规定："数人死亡，如不能证明他们死亡的先后顺序，则推定为同时死亡。"

三是死亡在后推定制（生存推定制）。英国、法国民法采取这种立法例。英国 1925 年《财产法法案》第 184 条规定：两人同时遇难，不能确定谁先死亡的，年轻者视作较年长者后死亡。法国是采取死亡在后推定制的典范。在同一事件的死亡者之中，有的属于 15 岁以下，其他的属于 15 岁以上 60 岁以下，或者有的属于 15 岁以上 60 岁以下，其他的属于 60 岁以上的，应当如何推定，《法国民法典》没有明文规定。判例认为，应当推定 15 岁以上 60 岁以下的人后死亡。①

对此，我国最高人民法院《关于贯彻执行〈中华人民共和国继承法〉若干问题的意见》曾经作出过解释，确定了死亡在先和同时死亡相结合的推定制。该司法解释第 2 条规定："相互有继承关系的几个人在同一事件中死亡，如不能确定死亡先后时间的，推定没有继承人的人先死亡。死亡人各自都有继承人的，如几个死亡人辈分不同，推定长辈先死亡；几个死亡人辈分相同，推定同时死亡，彼

① 史尚宽．民法总论．北京：中国政法大学出版社，2000：91.

此不发生继承，由他们各自的继承人分别继承。”确定的规则是，对没有继承人的死亡人和身为长辈的死亡人（各死亡人都有继承人）实行的是死亡在先推定制；而对同辈的死亡人（各自都有继承人）实行的则是同时死亡推定制。

死亡在先和同时死亡相结合的推定制体现了两个原则：一是保护继承人利益，二是遵循自然法则。保护继承人利益原则体现了继承法的保护公民继承权的基本宗旨，是可取的；遵循自然法则原则从人的生理角度确定死亡人的死亡先后，亦有道理。但是，如果对自然法则机械地进行适用，将会产生有违自然法则的后果。如老年长辈与壮年晚辈同时遇难，推定长辈先死亡，完全符合自然法则；但是，如果壮年长辈与幼年晚辈同时遇难，同样推定长辈先死亡，就违背了自然法则，其最终结果是损害了某些继承人的继承利益。

本条第 2 款规定的规则，是十分重要的新规则。因为两个以上相互有继承权的人在同一事故中死亡的，如果不能确定死亡的先后时间，就无法确定继承怎样进行，所以如何确定在同一事件中死亡的各死亡人的死亡时间，直接影响到各自继承人的利益。最高人民法院的上述司法解释在实践中反复适用，证明这个规则是适当的。因此，本条第 2 款采纳了这个规则。

推定相互有继承关系的数人在同一事件中死亡的先后顺序规则的要点如下。

第一，相互有继承关系的数人在同一事件中死亡，难以确定死亡时间的，推定没有其他继承人的人先死亡。这样推定的好处是，虽然同时死亡的死亡者相互有继承关系，但是，如果没有其他继承人的人是先死亡的人，那么，他因为没有继承人，又是先死亡者，即在继承关系发生前死亡，所以不发生继承，这就使继承关系简化，即只有后死亡者发生继承。由于后死亡者也已经死亡，因而他的继承人可以继承他的遗产。

第二，都有其他继承人，辈分不同的，推定长辈先死亡；辈分相同的，推定同时死亡，相互不发生继承。相互有继承关系的数人在同一事件中死亡，都有其他继承人的，首先，如果他们的辈分不同，推定长辈先死亡，晚辈后死亡，因而存在正常的继承关系，即长辈先死亡，同一事件中死亡的晚辈就可以继承其遗产，而晚辈也死亡了，就由他的其他继承人继承他的遗产。其次，如果同一事件中死亡的人辈分相同，则推定他们同时死亡，因而使他们相互之间不发生继承关系，他们的遗产由他们各自的继承人分别继承。

至于在同一事件中数人死亡，相互之间没有继承关系的，则不发生上述问题。如果在同一事件中数人死亡，能够确定死亡的先后顺序，也不适用上述规则，按照各自的死亡顺序确定继承关系。

法律适用中应注意的问题

在宣告死亡中，对于《民法典》第 48 条关于“人民法院宣告死亡的判决作出之日视为其死亡的日期”规定中的“判决作出之日”，应当如何理解，有不同看法。判决作出之日，有可能是判决书作出之日，有可能是合议庭确定判决之日，也可能是宣判之日，还可能是判决送达之日。立法机关的工作人员认为，最高人民法院《关于贯彻执行〈中华人民共和国民法通则〉若干问题的意见（试行）》第 36 条规定，“被宣告死亡的人，判决宣告之日为其死亡的日期”，这一司法解释施行多年，如无重大理由，立法应当保持实务操作的延续性。而且人民法院宣告死亡的判决具有很强的宣示性，易被接受。另外，很多情况是利害关系人多年之后才申请宣告死亡，这时，如果将被宣告死亡的时间推定为多年以前，物是人非，可能给相关法律关系带来不必要的扰动。因此，《民法典》第 48 条规定，被宣告死亡的人，人民法院宣告死亡的判决作出之日视为其死亡的日期。① 这样的解释顺理成章，应当以将“判决作出之日”确定为判决宣告之日为妥，即宣告死亡人的死亡时间为宣告死亡判决书的宣告之日，为继承开始的时间。

案例链接

罗某一、罗某二等法定继承纠纷再审案②

基本案情

1979 年 2 月 28 日，本案被继承人罗某声病故。罗某一、罗某三、罗某二、罗某七、罗某五、罗某四、罗某六、吴某、罗某八、罗某九、曾某均为罗某声遗产的法定继承人。农历某年某月初一，由曾某胞弟曾某汶执笔书写一份《立约字》，载明：今有兄弟罗某五、罗某四、罗某三、罗某椿、罗某二、罗某七分祖业，罗某声父亲遗下固定财产有城厢镇房屋一座、梧塘横街房屋三座，城厢镇古楼前一座房屋，分给罗某七掌管，任何人不得干涉，但罗某七以后结婚的一切费用由已结婚的兄弟平均负担。梧塘横街三座房屋的店面分别分予罗某四等三人，店面的后段分别分予罗某六等三人，罗某五的一份财产由继承香火的罗某二掌

① 张荣顺．中华人民共和国民法总则解读．北京：中国法制出版社，2017：142.
② 最高人民法院（2017）最高法民申 2176 号民事裁定书。

管，任何人不得干涉。该《立约字》落款有罗某五、罗某四、罗某椿、罗某三、罗某二、罗某七的签名及按指印。2005 年 9 月 12 日，罗某一向一审法院起诉罗某三、罗某五、罗某四、罗某椿、罗某二，请求判令罗某一继承罗某声的遗产。在该案审理中，罗某一明确其诉讼请求为要求确认其继承人身份，而不要求继承分割遗产。该案经一、二审历次审理后，一审法院判决确认罗某一为被继承人罗某声的法定继承人之一。

嗣后，罗某一向一审法院提起诉讼，请求：(1) 确认被继承人罗某声遗产中的房产属于罗某一与一审被告按份共有，罗某一应得份额为遗产的 1/9 即全部产权的 1/18；(2) 判决福建省莆田市荔城区××路××号店房自 2013 年 6 月起的租金的一半由罗某声的法定继承人平均分配，罗某一应得 1/9；(3) 判决罗某三将福建省莆田市荔城区××路××号店房租金中罗某一应得的部分返还给罗某一（约 25 万元）。

法院判决

二审法院认为，罗某一在一审诉讼请求中，虽有请求确认其对被继承人罗某声的遗产享有共有权的表述，但是其请求分割罗某声遗产以及对遗产经营收入请求分配和返还，这实质上仍是请求继承被继承人罗某声的遗产。一审判决认定本案为继承纠纷，适用法律并无不当。

《继承法》第 8 条规定："继承权纠纷提起诉讼的期限为二年，自继承人知道或者应当知道其权利被侵害之日起计算。但是，自继承开始之日起超过二十年的，不得再提起诉讼。"本案中，被继承人罗某声于 1979 年 2 月 28 日病故，依据《继承法》第 2 条的规定，"继承从被继承人死亡时开始"，本案继承开始之日应为 1979 年 2 月 28 日，而罗某一于 2005 年 9 月才向一审法院提起继承纠纷诉讼，已经超过了法律规定的 20 年最长诉讼时效期间。据此，一审判决认定罗某一请求继承分割遗产已超过诉讼时效，其权利不受法律保护，并无不当。故一审法院判决驳回罗某一的诉讼请求适用法律正确，对其再审申请予以驳回。

第一千一百二十二条

遗产是自然人死亡时遗留的个人合法财产。

依照法律规定或者根据其性质不得继承的遗产，不得继承。

条文对照

第三条　遗产是公民死亡时遗留的个人合法财产，包括：

（一）公民的收入；

（二）公民的房屋、储蓄和生活用品；

（三）公民的林木、牲畜和家禽；

（四）公民的文物、图书资料；

（五）法律允许公民所有的生产资料；

（六）公民的著作权、专利权中的财产权利；

（七）公民的其他合法财产。

第四条　个人承包应得的个人收益，依照本法规定继承。个人承包，依照法律允许由继承人继续承包的，按照承包合同办理。

本条主旨

本条是对遗产范围的规定。

条文详解

这一条文是对原《继承法》第 3 条和第 4 条关于遗产范围规定作出的重大修改，即由过去立法对遗产范围的“概括＋列举”式立法模式，改变为“概括＋排除”式的立法模式。

原《继承法》第 3 条的规定，是对遗产范围的列举式立法模式。这种对遗产范围的立法模式存在的最大缺陷，是列举不完全，因而必须加上一个兜底条款，即“公民的其他合法财产”。如果没有这个兜底条款，无论如何也不会将遗产范围列举穷尽。例如，在以往的有关继承法的讨论中，由于对遗产范围规定为列举式，就会出现诸如经济适用房、廉租房等是否为遗产的问题。而适用概括式的立法模式规定遗产范围，就不会存在这样的问题。例如，《德国民法典》第 1922 条规定：“因人之死亡（继承之开始），其财产（遗产）概括移转于其他一人或数人继承（继承人）。”[①] 其中所说的财产（遗产），就是遗产范围。

一、遗产的概念和特征

遗产，是继承法律关系的要素之一，是继承法律关系的客体，是继承人享有

① 台湾大学法律学院、台大法学基金会．德国民法典．北京：北京大学出版社，2017：1393.

的继承权的标的。没有遗产就不存在继承法律关系。本条规定，遗产是在自然人死亡时遗留的个人合法财产，但是依照法律规定或者根据其性质不得继承的除外，这准确界定了遗产的范围。

这一概念包含四方面的意思：第一，遗产是自然人死亡时遗留下的财产，不是在自然人死亡时遗留下的财产不会成为遗产；第二，遗产是自然人的个人财产，不属于个人的财产不能成为遗产；第三，遗产是自然人的合法财产，不是自然人合法取得和合法享有的财产，不能成为遗产；第四，依照法律或者根据财产的性质不得被继承的财产，也不属于遗产。

对遗产的范围存在两种立法例：一种规定遗产包括两部分，即积极财产和消极财产，积极财产是指被继承人遗留下来的财产和财产权利，而消极财产是指被继承人的债务。德国、瑞士、日本等的立法采此立法例。另一种规定，遗产不包括债务，专指继承人、受遗赠人净得的财产和财产权利。英美法系采此立法例，在继承开始后先由信托人清偿债务，剩余的财产才是遗产。本条规定的遗产限于财产和财产权利，包括积极财产和消极财产。

遗产的法律特征如下。

第一，时间上的限定性。被继承人死亡的时间是划定遗产的特定时间界限。在被继承人死亡之前，该自然人具有民事权利能力，依法享有各种权利和承担各种义务，有权对自己的财产进行占有、使用、收益和处分，其他任何单位和个人均不得非法干涉。自然人死亡，不再有民事权利能力，不能享有权利和负担义务，所以，于该自然人死亡时，其财产即转变为遗产。

第二，内容上的财产性。遗产只能是在自然人死亡时遗留的个人财产，因而具有财产性。虽然在学说上对遗产范围的认识存在分歧，但是，根据继承法的规定，遗产的范围仅仅包括被继承人遗留的财产和财产权利，而不包括诸如被继承人的姓名权、肖像权、名誉权、生命权、健康权等人身权利。因侵害自然人的人身权利致其死亡应当承担损害赔偿责任的，死者的继承人可以请求侵权人负责赔偿，所得到的损害赔偿金属于遗产（如死亡赔偿金等）。在某些人身权利上，在被继承人死亡后还会存在一定的财产利益，如因肖像权、隐私权等人格利益利用而产生的财产利益，对此，依照《民法典》第 994 条的规定，其近亲属作为保护人予以保护，但不能继承。

第三，范围上的限定性。遗产必须是在自然人死亡时遗留的个人财产，只有在被继承人生前属于其个人所有的财产，才能作为遗产。虽于被继承人生前为其占有，但是，不为被继承人所有的他人的财产，例如被继承人生前租赁、借用而于死亡时尚未返还的财产，不属于遗产；被继承人占有的、但是是其与他人共有的财产，不属于被继承人的那一部分财产，也不属于遗产。自然人与他人共有的财产，如果是按份共有，则于该人死亡时，应将其份额从共有财产中分出，作为遗产；如果是共同共有，则原则上应将其潜在应有份额从共有财产中分出，作为遗产。

第四，性质上的合法性。自然人死亡时遗留下的财产，无论是积极财产还是消极财产，并非都是遗产，只有依法可以由自然人拥有的，并且被继承人有合法取得根据的财产，才为遗产。自然人没有合法根据而取得的财产，例如非法侵占国家的、集体的或者其他人的财产，不能作为遗产；依照法律规定或者根据其性质，不允许自然人个人所有的财产，也不能为遗产。

第五，处理上的流转性。遗产是要转由他人承受的在被继承人死亡时遗留的财产，因而必须具有流转性。反言之，虽为被继承人生前享有的财产权利和负担的财产义务，但是，因其具有专属性而不能转由他人承受的，也不能被列入遗产的范围。例如，以人身关系为基础的财产权利义务，以当事人的相互信任为前提的财产权利义务，一般都不能转让，不能作为遗产。

二、遗产的范围

对于遗产范围的界定，有不同的立法例：一是排除式，即仅规定何种权利义务不能继承，将不能继承的财产权利义务排除出遗产范围，未被排除的权利义务可为遗产；二是列举式，即规定何种财产权利义务可以继承，列举出遗产包括的财产权利义务的范围，未被列举为遗产的财产权利义务不属于遗产；三是列举式与排除式相结合，既列举可为遗产的财产范围，又规定不能列入遗产的财产权利义务。①

本条改变了原《继承法》对遗产范围采取的立法例，采用“概括＋排除”式的立法模式规定遗产范围。这种立法模式具有立法优势，理由是，对遗产的列举是永远也无法列举全面的，即使加上兜底条款，也仍然会存在大量的疑问，在法律适用上也会存在不同看法；立法采取概括式的规定，将具体内容交由法官判断，即只要是被继承人的合法财产就是遗产，容易操作。至于有些财产在继承上受到限制，加上排除的条款即可。原《继承法》采取列举方式规定遗产范围，主要是为了宣示，通过适当列举遗产内容，既能够确定主要的遗产项目，又能够宣示主要的遗产范围，有利于群众掌握。相比之下，还是民法典继承编现在的立法模式更好。

按照本条规定，遗产的范围如下。

---

① 郭明瑞，等．继承法．2版．北京：法律出版社，2004：86.

(一) 自然人死亡时遗留的个人合法财产

自然人死亡时遗留的个人合法财产，都属于遗产。只要是属于个人的合法财产，在其死亡时，就全部转化为遗产。这样规定，就与《民法典》第 124 条第 2 款关于“自然人合法的私有财产，可以依法继承”的规定相一致。

按照这一规定，确定死者的遗产范围，不再按照列举的具体财产来确定，而以死者遗留的财产是不是个人合法财产作为标准，只要是符合这个标准要求的财产，就是遗产。判断的要素是：第一，是不是死者生前的财产；第二，是不是死者个人的财产；第三，是不是目前还存在的财产；第四，是不是合法所有的财产。如果这四个问题都得到了肯定回答，那么，被继承人遗留的这样的财产，就是遗产。

(二) 依照法律规定或者根据其性质不得继承的财产不是遗产

不过，即使是上述四个问题都得到肯定回答的财产，也仍然要有所排除。要排除的，就是依照法律规定不得继承的财产和根据其性质不得继承的财产。

1. 依照法律规定不得继承的财产，自然人可以依法取得和享有，但是，不得作为遗产继承，继承人要从事被继承人原来从事的事业，应当重新申请并经主管部门核准，不能基于继承权而当然取得，例如国有资源的使用权。自然人可以依法取得和享有某些国有资源的使用权，如采矿权、海域使用权等。这些权利虽然从性质上说，都是用益物权，但因其取得须经特别程序，权利人不仅享有使用、收益的权利，同时也负有管理、保护和合理利用的义务。国有资源使用权是由特定人享有的，不得随意转让，不得作为遗产。享有国有资源使用权的自然人死亡后，继承人要从事被继承人原来从事的事业，须取得国有资源使用权的，应当重新申请，并经主管部门核准，不能基于继承权而当然取得。又如，自留山、自留地的继续经营权和使用权。自留山和自留地是指农村集体经济组织分配给农民个人使用的少量的土地和山坡地或山岭地，农民个人享有使用权，并且具有专属性。在现实农村生活中，农村集体经济组织对自留山、自留地都是按家庭人口、劳动能力，以农户为单位分配的，一般不作过多调整，以保持其稳定性。家庭个别成员死亡，并不妨碍农户其他成员对自留山、自留地的继续经营权和使用权。但是，这并不是继承，自留山、自留地的继续经营权和使用权不是遗产，只是家庭共同生活的人在继续经营和使用而已。

2. 根据其性质不得继承的财产，如与自然人人身不可分离的具有抚恤、救济性质的财产权利，如抚恤金、补助金、残疾补助金、救济金、最低生活保障金等的财产权利，专属于自然人个人，不能作为遗产由其继承人继承。遗产须有财产性，非财产性的权利不能作为遗产，例如，与被继承人人身密不可分的人身权利。这些财产权利专属于自然人个人，随着符合救济条件而享有该财产权利的自然人死亡而终止，不能转移，不能作为遗产由其继承人继承，继续领取。不过，该自然人生前已经根据此种权利而取得或应取得的部分，可以作为遗产继承。自然人因侵权行为而死亡的，虽然损害赔偿金作为遗产可以由其继承人予以继承，但损害赔偿中具有专属于特定人的具有救济性质的部分不得作为遗产，比如被扶养人生活费赔偿部分，应当作为个人财产直接给予需要扶养的未成年人或者丧失劳动能力又无其他生活来源的成年近亲属。

法律适用中应注意的问题

本条主要规范的是遗产范围。原《继承法》采取的是“概括＋列举”式，既概括地规定遗产范围，又列举可为遗产的财产范围。本条改变了这种立法例，采取的是“概括＋排除”式，在概括规定遗产是自然人死亡时遗留的个人合法财产之后，再规定依照法律规定或者根据其性质不得继承的财产除外。

在司法实践中适用本条，应当改变以前的观念。过去一提到遗产范围，观念中反映的就是依照法律规定的财产进行“对号入座”，找到了相应财产目录的，就认定其为遗产，找不到的，再分析判断其是不是遗产，即按照法律规定的具体判断标准确定其是否为遗产。

按照本条的规定，首先，要依照遗产范围的概括性的判断标准，确认财产是否符合遗产的要求，凡是符合遗产要求的，就确认为遗产。其次，按照法律规定和根据财产的性质，确认其是否属于不得继承的财产，只要不属于这种财产，就是遗产。

应当看到的是，判断遗产范围适用排除方式，方法比较简单，内容比较精确，比较容易确认。在前文的列举中，将主要的依照法律规定不得继承和根据其性质不得继承的财产，基本上都列举了，范围并不宽。在判断时，一是看法律规定，二是看财产的性质，只要不属于不得继承的财产，就都是遗产，都可以被继承。例如，关于经济适用房是不是可以继承的财产，法律没有确定其为不得继承的财产，根据其性质，其也不属于不得继承的财产；存在的障碍是，经济适用房主要是未缴纳或者少缴纳了国有土地使用权的出让金的房产，那么，在补交了土地出让金之后，就能够排除其作为遗产的障碍，直接进行继承就可以了。

案例链接

李某祥诉李某梅继承权纠纷案[①]

基本案情

被告李某梅与原告李某祥系姐弟关系。农村土地实行第一轮家庭承包经营时，原、被告及其父李某云、母周某香共同生活。当时，李某云家庭取得了6.68亩土地的承包经营权。此后，李某梅、李某祥相继结婚，并各自组建家庭。至1995年农村土地实行第二轮家庭承包经营时，当地农村集体经济组织对李某云家庭原有6.68亩土地的承包经营权进行了重新划分，李某祥家庭取得了1.8亩土地的承包经营权，李某梅家庭取得了3.34亩土地的承包经营权，李某云家庭取得了1.54亩土地的承包经营权，三个家庭均取得了相应的承包经营权证书。1998年2月，李某云将其承包的1.54亩土地流转给本村村民芮某宁经营，流转协议由李某梅代签。2004年11月3日和2005年4月4日，李某云、周某香夫妇相继去世。此后，李某云家庭原承包的1.54亩土地的流转收益被李某梅占有。李某祥向法院起诉，主张对该土地流转收益享有继承权，要求依法继承。

法院判决

人民法院经审理认为，《中华人民共和国农村土地承包法》（2002年）（以下简称《农村土地承包法》）第3条第2款规定，农村土地承包采取农村集体经济组织内部的家庭承包方式，不宜采取家庭承包方式的荒山、荒沟、荒丘、荒滩等农村土地，可以采取招标、拍卖、公开协商等方式承包。因此，我国的农村土地承包经营权分为家庭承包和以其他方式承包两种类型。

以家庭承包方式实行农村土地承包经营，主要目的在于为农村集体经济组织的每一位成员提供基本的生活保障。依据《农村土地承包法》第15条的规定，家庭承包方式的农村土地承包经营权，其承包方是本集体经济组织的农户，其本质特征是以本集体经济组织内部的农户家庭为单位实行农村土地承包经营。因此，这种形式的农村土地承包经营权只能属于农户家庭，而不可能属于某一个家庭成员。《继承法》第3条规定，遗产是公民死亡时遗留的个人合法财产。农村土地承包经营权不属于个人财产，故不发生继承问题。

---

① 江苏省南京市江宁区人民法院（2009）江宁民二初字第198号判决书。

家庭承包中的林地承包和针对“四荒”地的以其他方式的承包，由于土地性质特殊，投资周期长，见效慢，收益期间长，为维护承包合同的长期稳定性，保护承包方的利益，维护社会稳定，《农村土地承包法》第 31 条第 2 款、第 50 条规定，林地承包的承包人死亡，其继承人可以在承包期内继续承包。以其他方式承包的承包人死亡，在承包期内，其继承人也可以继续承包。但是，继承人继续承包并不等同于继承法所规定的继承。而对于除林地外的家庭承包，法律未授予继承人可以继续承包的权利。当承包农地的农户家庭中的一人或几人死亡，承包经营仍然是以户为单位的，承包地仍由该农户的其他家庭成员继续承包经营；当承包经营农户家庭的成员全部死亡，由于承包经营权的取得是以集体成员权为基础的，该土地承包经营权归于消灭，农地应收归农村集体经济组织另行分配，不能由该农户家庭成员的继承人继续承包经营。否则，会对集体经济组织其他成员的权益造成损害，对农地的社会保障功能产生消极影响。

在本案中，讼争土地的承包经营权属于李某云家庭，系家庭承包方式的承包，且讼争土地并非林地，因此，李某云夫妇死亡后，讼争土地应收归当地农村集体经济组织另行分配，不能由李某云夫妇的继承人继续承包，更不能将讼争农地的承包权作为李某云夫妇的遗产处理。故判决驳回原告的诉讼请求，土地应由其所有权人即当地的集体经济组织予以收回。

第一千一百二十三条

继承开始后，按照法定继承办理；有遗嘱的，按照遗嘱继承或者遗赠办理；有遗赠扶养协议的，按照协议办理。

条文对照

第五条　继承开始后，按照法定继承办理；有遗嘱的，按照遗嘱继承或者遗赠办理；有遗赠扶养协议的，按照协议办理。

本条主旨

本条是对遗赠扶养协议、遗嘱继承和法定继承优先顺序的规定。

条文详解

《民法典》继承编规定的继承方式有法定继承、遗嘱继承，还包括遗赠和遗赠扶养协议。当在一个继承法律关系中，既存在法定继承，又存在遗嘱继承，以及遗赠和遗赠扶养协议时，应当怎样选择适用的法律，这是一个问题。本条规定就是解决这个问题的。

一、法定继承、遗嘱继承和遗赠、遗赠扶养协议的立法宗旨

（一）法定继承的立法宗旨

说到底，法定继承就是按照法律的规定进行的继承，其在确定继承人、继承人的顺序、继承的份额、继承的方法等方面，都是按照法律规定的规则进行的。

这里的问题是，既然遗产继承是按照被继承人的意志对其死亡后的遗产进行分配，那么，为什么要由法律进行规定呢？适用法定继承的前提，是被继承人没有合法、有效的遗嘱。如果被继承人有合法、有效的遗嘱，当然就会按照被继承人的遗嘱分配遗产，这完全体现了被继承人支配自己的合法财产的意愿。但是，如果被继承人没有遗嘱，或者虽然有遗嘱但遗嘱因不合法而无效，就等于被继承人对其死亡后如何处置自己的遗产没有明确的意愿。在这时，法律按照其继承人与被继承人的亲属关系远近，确定法定继承的规则，推定这样的规则就体现了被继承人支配自己死亡后遗产的真实意志，按照法律规定的规则进行继承就实现了被继承人支配遗产的意志。这是不得已的推定，也是最符合实际的推定。因而，法定继承虽然是法定的，但仍然是按照推定的被继承人的意志进行的继承。

（二）遗嘱继承和遗赠的立法宗旨

遗嘱继承和遗赠，都是被继承人或者遗赠人在其生前，通过遗嘱表达了自己死亡后分配其遗产的真实意志。遗嘱继承是在自己继承人的范围内分配的遗产，遗赠是在自己的继承人之外的范围分配遗产。不论怎样，两者都是按照遗嘱这种单方意思表示进行的遗产分配。因此，遗嘱继承和遗赠是最能够表达被继承人分配其遗产真实意志的遗产处理方式。

（三）遗赠扶养协议的立法宗旨

遗赠扶养协议，既是遗赠，也是扶养协议，因此，是综合遗赠和扶养的具有身份性质的合同。由于参加遗赠扶养协议的遗赠人是继承人之外的人，且该当事人是要对遗赠人的生养死葬负有义务的人，因而这种遗赠具有重要的价值。遗赠扶养协议不仅可以使死者处理自己死亡后的遗产，更重要的是，在处理遗产之前，当事人要对被扶养人生养死葬负有照顾的义务，具有鲜明的身份性质和社会意义，因而，在遗产分配制度中具有更重要的地位。

二、法定继承、遗嘱继承与遗赠、遗赠扶养协议的效力顺序

正是由于法定继承、遗嘱继承与遗赠以及遗赠扶养协议的立法宗旨，都是体现财产所有人对自己遗产的支配意志，体现的是财产所有人即被继承人对自己所有的合法财产变为遗产后的支配意志，因而，在同一个继承法律关系中同时存在上述三种分配遗产方式时，本条规定了这三种遗产分配方式的效力顺序。

（一）遗嘱继承和遗赠优先于法定继承

遗嘱继承和遗赠优先于法定继承，是继承法律制度的原则。这是因为，任何人对于自己的财产都有绝对的支配权，可以按照自己的意志决定自己所有的财产的命运，进行处分。同样，任何人在自己健在时，对自己死后如何支配遗产，完全有自主支配权，不受任何单位和个人的干涉。只要支配自己死后遗产处置的遗嘱不违反法律和公序良俗，就应当按照其遗嘱处置其遗产。而法定继承是在被继承人没有遗留遗嘱时，按照法律规定推定被继承人支配其遗产的意愿来处置其遗产的。相比之下，遗嘱继承和遗赠当然优先于法定继承。

遗嘱继承优先原则包括两层含义。

1. 遗嘱继承和遗赠优先于法定继承，当被继承人留有有效遗嘱时，遗嘱继承和遗赠排斥法定继承，按照被继承人的遗嘱进行继承。

2. 遗赠与遗嘱继承具有同等的效力，所不同的是，遗赠是被继承人将遗产分配给自己的继承人之外的他人。尽管如此，被继承人将遗产是分配给自己的继承人，还是分配给自己的继承人之外的其他人，体现的都是被继承人支配其财产的自我决定权，因而，遗赠与遗嘱继承具有同等效力，不发生相互排斥的问题。

（二）遗赠扶养协议优先于遗嘱继承和遗赠

遗赠扶养协议效力优先于遗嘱继承和遗赠，也是遗产继承的原则。被继承人既留有有效遗嘱（包括遗嘱继承和遗赠的遗嘱），又留有有效的遗赠扶养协议的，遗赠扶养协议优先，先按照遗赠扶养协议的约定处置遗产，这是因为遗赠扶养协议约定的是对被扶养人生养死葬负有义务，并以取得其遗产为代价，所以排斥遗嘱继承的效力。

（三）法定继承、遗嘱继承和遗赠、遗赠扶养协议的效力顺序

在一个继承法律关系中，同时出现法定继承、遗嘱继承与遗赠和遗赠扶养协议的时候，其效力顺序是：遗赠扶养协议优先于遗嘱继承与遗赠，遗嘱继承优先于法定继承。有遗赠扶养协议的，遗赠扶养协议排斥遗嘱继承和遗赠的效

力；没有遗赠扶养协议的，遗嘱继承与遗赠排斥法定继承的适用。

法律适用中应注意的问题

在继承法律关系的法律适用中，本条适用中最重要的问题，是把本条规定的效力规则与继承编规定的法定继承、遗嘱继承和遗赠以及遗赠扶养协议的规定的前后顺序相区别。

在立法上，继承编首先规定的是法定继承，其次规定了遗嘱继承和遗赠，最后才在遗产分配的规定中规定了遗赠扶养协议。从文字上的这种安排，很容易被不懂法律的人理解为法定继承最重要，是排在首位的继承制度，应当优先适用，而这种理解恰恰是错误的。本条正是为了避免出现这样的误解，才对三种不同的遗产分配制度作出了规定。

学习和掌握本法继承编，必须切记本条规定，当同一个继承法律关系中，遗赠扶养协议具有最优先的地位，排斥遗嘱继承和遗赠以及法定继承；在没有遗赠扶养协议时，遗嘱继承和遗赠优先适用，二者之间同时适用，不存在效力上的冲突；在既没有遗赠扶养协议，也没有遗嘱继承和遗赠，或者遗嘱继承和遗赠的遗嘱都无效时，才可以适用法定继承的规则进行继承。

案例链接

刘甲等诉刘丁遗嘱继承纠纷案①

基本案情

原告刘甲、刘乙、刘丙诉称：2000 年 9 月三原告的父母刘某跃、王某琴立遗嘱，将二人的共同财产，即一套 70 平方米的房屋指定由三原告继承。2001 年 9 月父亲刘某跃去世。2002 年 9 月母亲王某琴去世。被告刘丁已将该房转卖于他人。该房经鉴定价值 58 000 元。三原告多次要求被告退还房屋或房款，但被告刘丁却置之不理。原告为此诉至法院，要求被告退还房屋或房款58 000 元。

被告刘丁辩称：父亲刘某跃及母亲王某琴于 2000 年 9 月办理公证遗嘱后，父亲刘某跃于 2001 年 9 月去世后，母亲王某琴于 2001 年 12 月又办理公证遗嘱，明确表明属于自己的那一半财产不给三原告。2001 年 1 月父亲刘某跃委托我将

① 新疆维吾尔自治区昌吉市人民法院（2003）昌民一初字第 01992 号民事判决书。

该房卖给王某明，王某明已将54 000元房款付清。因父亲生前将四楼80平方米的房屋换成一楼90平方米的房屋，为此，补房屋差价支出9 750元、装修房屋支出5 115.9元、租房费支出5 022.5元。此外，被告支付父亲医疗费1 338.53元、丧葬费15 000元和母亲王某琴在世时医疗费2 814.32元、去世后丧葬费2 522元。以上费用总计4万余元，应由四人均摊，三原告总共应承担3万余元。因此，我不同意原告的诉讼请求。

法院经审理查明：2000年9月11日，原、被告的父刘某跃、母王某琴到公证处办理遗嘱公证。该公证处出具了（2000）昌证民字第347号遗嘱公证书，载明：夫妇二人将现有夫妻共同财产作如下分割，立此遗嘱：（1）二楼一套70平方米的房屋归刘丁所有，我夫妇以后由她照料、赡养；（2）四楼一套70平方米的房屋出售给他人，所得房款由刘甲、刘乙、刘丙三人平分；（3）四楼一套80平方米的房屋作为生前住房，在夫妇百年后作为遗产相互继承，二人均去世后由刘丁继承；（4）儿子刘某俊在单位集资购买房屋，我们已为他出集资款5 300元，因他有不敬老人的行为，他对三套房屋失去继承权。2001年9月22日刘某跃因病去世。2001年12月20日王某琴再次到公证处办理遗嘱公证，作出了变更遗嘱申明书，该申明书载明：我对我和老伴刘某跃于2000年9月所立的遗嘱，在此申明作如下变更：原定将四楼70平方米房屋出售后的房款分给三个女儿，现我决定我的那一半房款不给三个女儿，因为我要生活，三个女儿又不管我。遗嘱其他内容不变，上述房款由女儿刘丁代我保管，供我使用。为此，该公证处又出具了遗嘱公证书。2002年9月12日王某琴去世，去世前王某琴共用去医疗费2 814.32元，死亡后刘丁支出丧葬费2 522元。

另查明：被继承人刘某跃、王某琴共同设立的遗嘱上所指定由三原告继承的房屋位于某小区某号楼5单元。2001年被继承人刘某跃委托刘丁将该房卖给他人，得房款54 000元。本案审理过程中，三原告申请对该房屋价值进行鉴定。经本院委托司法会计鉴定所对此进行鉴定，该房屋价值为58 000元。

法院判决

法院审理认为，根据我国《继承法》的规定，公民可以立遗嘱将个人财产指定由法定继承人的一人或者数人继承；立遗嘱人也可以撤销、变更自己所立的遗嘱。被继承人刘某跃、王某琴设立遗嘱将共同财产中三套房屋分别由法定继承人原告刘甲、刘乙、刘丙，被告刘丁继承，该遗嘱系被继承人真实意思表示，且内容不违反法律规定，应认为合法、有效。现争议房屋已按被继承人王某琴的意愿出售，各继承人只能分割房款。关于该房屋的价值，应按实际卖房的价款54 000

元予以确认。刘某跃死亡后，应将属于刘某跃、王某琴二人共同财产的一半确定为刘某跃的遗产，由继承人按遗嘱进行分配。被继承人王某琴作出遗嘱变更申明书，并经过公证，原定由三原告继承的房屋属于其自己的那一半财产不分给三原告，由被告刘丁代为保管，供其使用。该遗嘱变更原先的遗嘱，改变了属于其自己的那一半财产的归属，是王某琴真实意思的表示，亦应认为合法、有效。据此，卖房所得款 54 000 元的一半即 27 000 元归属王某琴本人所有。由于王某琴遗嘱变更申明书对其死亡后该财产由谁继承未指明，该财产应按法定继承处理。王某琴生前医疗费及死后丧葬费共计 5 336.32 元，应从其遗产房款中扣除，剩余遗产款尚有 21 663.68 元，由原、被告四人按均等份额继承，即各继承 5 415.92 元。被告辩解称刘某跃租用房屋支出 5 022.2 元及支出丧葬费 15 000 元，应从其遗产房款中扣除，因被告不能提供有效证据予以证实，故法院不予确认。被告提出的其他辩解和主张也因无证据证实或不符合情理，法院不予采纳和支持。故判决：1. 被继承人刘某跃遗产房款 27 000 元由三原告按均等份额继承。2. 被继承人王某琴遗产房款 21 663.68 元，由原、被告四人按均等份额继承。3. 以上遗产房款应由三原告继承的共有 43 247.76 元，由被告刘丁于判决生效后 10 日内给付三原告。

第一千一百二十四条

继承开始后，继承人放弃继承的，应当在遗产处理前，以书面形式作出放弃继承的表示；没有表示的，视为接受继承。

受遗赠人应当在知道受遗赠后六十日内，作出接受或者放弃受遗赠的表示；到期没有表示的，视为放弃受遗赠。

条文对照

第二十五条　继承开始后，继承人放弃继承的，应当在遗产处理前，作出放弃继承的表示。没有表示的，视为接受继承。

受遗赠人应当在知道受遗赠后两个月内，作出接受或者放弃受遗赠的表示。到期没有表示的，视为放弃受遗赠。

本条主旨

本条是对放弃继承和接受或者放弃受遗赠的规定。

条文详解

本条规定继承的放弃和接受，采用的方法是正面规定。放弃继承权，须以明示方式确定放弃继承权；接受继承采取默示方式，没有表示的，视为接受继承。无论是接受还是放弃受遗赠，均需以明示方式作出表示。这些规定，与原《继承法》第25条的规定基本一致，没有原则上的改变。

一、继承权的放弃

（一）继承权放弃的含义

继承权放弃，又称继承权拒绝、继承权抛弃，是指继承人于继承开始后、遗产分割前所作出的，放弃其继承被继承人遗产的权利的意思表示。

继承权放弃是继承人自由表达其意志、行使继承权的表现，是一种单方民事法律行为，无须征得任何人的同意。

早期罗马法规定家父权下的当然和必然继承人绝对不能拒绝继承，既为继承人，永为继承人。至裁判官法时代，罗马法才开始予以当然和必然继承人“拒绝继承的特权”。家主以遗嘱解放的奴隶，同时指定其为继承人的必然继承人，是不得拒绝继承的。只有外来继承人（即任意继承人）才有接受和拒绝继承的自由，可以放弃继承权。① 近代各国继承法基于个人责任的原则，继承人不再为家、家族、家产或祭祀的继承，而纯粹为个人遗产的继承，无论对于任何人，以不强制其承受继承为原则。一般继承人有抛弃继承的自由，一般不受限制。②

中国近代法律尽管允许继承人放弃继承，但实际上奉行“父债子还”的原则，被继承人的子女不能以放弃继承来拒绝承受被继承人的债务。中华人民共和国成立之后，长期的司法实践一直承认继承权放弃，保护继承人接受或放弃继承的自由。《继承法》第25条明确规定了继承人可以放弃继承权。民法典继承编坚持这个规则。

放弃继承权与丧失继承权，都使继承人不能取得遗产，也都使其直系晚辈血亲不能代位继承，在后果上具有相同性，但是，在性质上则完全不同：第一，放弃继承权所放弃的是继承既得权；而丧失继承权所丧失的是继承期待权。只有没有丧失继承权的人才可以放弃继承权，丧失继承权的继承人并无继承权可放弃。第二，放弃继承权是继承人自愿作出的意思表示，并不需要有何事由；而丧失继

① 周枏．罗马法原论：下册．北京：商务印书馆，2001：585.

② 史尚宽．继承法论．北京：中国政法大学出版社，2000：325.

承权却是因发生了法定事由而当然发生的，当事人不认为其继承权丧失的，法院得以裁决确认其丧失继承权。因此，放弃继承权是继承人对自己权利的一种处分，而丧失继承权则是法律对实施违法行为的继承人的一种民事制裁。第三，放弃继承权只能在继承开始后、遗产分割前实施，在继承开始前不能发生继承权的放弃；而丧失继承权的事由可以发生在继承开始以前，而且有的事由（如遗弃被继承人）只会发生在继承开始以前。①

（二）继承权放弃的要件

继承权虽得以继承人的自由意志予以放弃，但并非无所限制，放弃继承权须符合以下要件。

1. 必须在继承开始后、遗产分割前放弃

这是放弃继承权的时间要件。由于继承人只有于继承开始后才享有继承既得权，故继承权的放弃只能于继承开始后实施。在继承开始前，继承人并不享有可以处分的继承既得权，仅享有继承期待权，而继承期待权只是一种资格，是不得放弃的，即使放弃也不发生效力。又因为继承权的放弃是继承人对自己继承权的处分，继承权的放弃也只能在遗产分割前实施。在遗产分割后，继承人再作出的不接受遗产的意思表示，属于放弃遗产，即放弃的不是继承权，而是放弃了已经取得的遗产的所有权。

为了促使继承人尽快作出决定，稳定继承关系，对继承人放弃继承权有具体的期限规定。本条只是笼统地规定放弃继承权的期限为继承开始后至遗产分割前。由于遗产处理并无明确的时间限制，因而在遗产处理前，遗产为继承人共有，而一旦某继承人放弃继承，遗产的共有状态就会发生变化。如果许可继承人在较长的时间里可以放弃继承，则不利于财产关系的稳定和对交易安全的保护。不过，本条对受遗赠权放弃的具体期限作了规定，受遗赠人应当在知道受遗赠后60日内，作出接受或放弃受遗赠的表示。因而似乎可以将继承人放弃继承的期限与受遗赠人接受遗赠的期限作为相同的规定，即继承人放弃继承的，应当在知道继承开始后，60日内作出放弃的意思表示，逾期未作表示的视为接受。不过，继承权的放弃不必采取这样的时间限制，理由有两点：一是放弃继承权的时间终点为遗产分割之前，这其实是明确的，没有必要规定具体的时间要求；二是即使继承人放弃继承权的意思表示作出的时间超过了上述时限，其后果是接受继承，也不会出现继承秩序的混乱，因而没有必要再规定具体的时限。

① 郭明瑞，等．继承法．2版．北京：法律出版社，2004：78.

2. 原则上由继承人本人放弃

这是放弃继承权的主体要件。继承权的放弃为单方民事法律行为，应当由继承人本人亲自实施，不得代理。不过，对于无民事行为能力和限制民事行为能力的继承人而言，允许其法定代理人代理其放弃继承，以保护无民事行为能力和限制民事行为能力的继承人的利益。

在继承权的放弃与接受是否能由继承人的债权人行使问题上，有肯定说与否定说两种观点。肯定说认为，继承权于继承开始之前仅为一种期待权，该期待权因与身份不能分离，故其不能为他人代为行使，但一旦继承开始后，被继承人财产上的一切权利义务即概括地移转于继承人所有，放弃继承的单独行为不过为财产法上的无偿处分行为，故如有诈害债权情形时，债权人自得行使撤销权。① 否定说认为，虽继承权具财产属性，但是其取得，是以一定身份为前提的，如无该身份，则不得为继承人；且继承权的抛弃与结婚、离婚、收养子女或非婚生子女认领相同，属身份行为，具有人身专属性，纵因该行为而间接地对债权人的财产产生不利影响，债权人亦不得撤销，继承的承认或放弃不能作为债权人代位权的标的。② 笔者认为，放弃继承权必须以不能侵害他人的权益为限，如果继承人故意通过放弃继承权的方式逃避债务或法定义务，则相关的权利人可以对继承人的放弃继承权行为行使撤销权。最高人民法院《关于贯彻执行〈中华人民共和国继承法〉若干问题的意见》第 46 条规定："继承人因放弃继承权，致其不能履行法定义务的，放弃继承权的行为无效。"这一规定是十分明确的。

3. 放弃继承权不得附加条件

许多国家继承法明文规定，继承人放弃继承权不得附加条件。原《继承法》没有规定继承人放弃继承权不得附加条件，《民法典》中的本条也没有规定。在司法实践与民法学界，都倾向于不允许继承人在放弃继承权时附加条件。对于继承人在放弃继承时提出的将其放弃的遗产让与某人的附加条件，继承人所附加的条件和保留的意见，应当视为继承人在接受继承以后对自己的继承份额所作的处分。③

4. 不得部分放弃

对于继承人是否可以部分放弃继承权，本条没有明文规定。继承的放弃具有不可分性，应当及于全部继承的财产。如果继承人部分放弃继承权，应当视为继

① 戴东雄．继承法实例解说．台北：三民书局，1999：199.
② 史尚宽．继承法论．北京：中国政法大学出版社，2000：341－343.
③ 刘春茂．中国民法学·财产继承．北京：中国人民公安大学出版社，1990：182.

承人接受继承的财产后，对自己继承的遗产份额所作的处分，这不是继承权放弃，而是继承人对自己财产权的处分。

（三）继承权放弃的方式

继承权放弃的方式是指继承人放弃继承权时表达意思表示的方式，分为明示与默示两种方式。

本条第1款关于“继承开始后，继承人放弃继承的，应当在遗产处理前，以书面形式作出放弃继承的表示；没有表示的，视为接受继承”的规定，表明继承权放弃的方式是明示方式，并且须为书面形式即要式行为。原《继承法》没有明确规定继承权放弃的具体方式，因而可以是以口头方式，也可以是以书面方式，向其他继承人作出。由于继承人用口头方式表示放弃继承的，如果继承人事后不承认，又没有其他充分的证据证明继承人表示过放弃继承权，容易形成纠纷，因而，民法典本条规定放弃继承的方式为书面形式，以口头形式作出的放弃继承的意思表示无效。

二、继承权接受

继承权接受，是指继承人在继承开始后、遗产分割前，以一定的方式作出愿意接受被继承人遗产权利的意思表示。

（一）继承权接受的立法例

各国法关于继承权接受的意思表示的方式与效力的规定，与遗产的移转方式即继承的样态有关，大致有以下四种立法例①：一是当然继承主义，认为继承权利义务的归属，系属当然，不以继承人的承认为其取得遗产的必要条件。该立法例源于日耳曼法，后为德国、法国等国民法从之。二是承认继承主义，认为遗产并不因被继承人的死亡而当然地归属于继承人，须俟继承人为承认继承之意思表示后，始发生归属效力。这种立法例为罗马法所采。三是法院交付主义，认为遗产须于法院决定将其交付于继承人时，始生归属效力。故继承权接受，乃请求继承财产交付之意思表示。奥地利民法采此立法例。四是剩余财产交付主义，认为遗产先归属于遗产管理人或遗嘱执行人，经其清算后尚有财产时，继承人始得请求其交付。故继承权接受为财产交付请求权之行使。该立法例为英国法所采。

本条第1款规定的方法是，继承开始后，继承人放弃继承的，应当在遗产处理前，以书面形式作出放弃继承的表示。没有表示的，视为接受继承。因此可以断定，我国对此采纳的是当然继承主义。

① 戴炎辉，等．中国继承法．台北：三民书局，1998：161－162.

（二）继承权接受的方式

继承权接受的方式，在大陆法系国家，根据继承人对继承权接受是否附加条件（主要是对被继承人生前所欠债务是否表示以其所继承的遗产范围为限），划分为单纯承认和限定承认两种方式。

1. 单纯承认

单纯承认，是指继承人无所保留地、确定地继承被继承人财产的单方意思表示。① 换言之，此种承认使继承人无限地承受被继承人财产上的一切权利和义务。不过，现代立法的单纯承认与罗马法时的单纯承认不同，在现代的单纯承认情形下，虽然继承人对于被继承人的遗产予以概括承认，但是，其继承标的仅限于财产而不及于身份权或祭祀权。

单纯承认的情形包括：一是本于继承人的自由选择而为的单纯承认，称为“一般的单纯承认”或“任意的单纯承认”；二是本于法律强制而为的单纯承认，称为“法定的单纯承认”或“强制的单纯承认”。这两种情形虽有差异，但是，在承继遗产的无限性上并无不同。② 一般的单纯承认为不要式行为，且继承人承认的意思表示无须向相对人为之，仅以将其意思表达于外部为已足。究竟为明示抑或默示，在所不问。③ 至于法定的单纯承认，则多因继承人的不正行为而发生，在此情形下，继承人不仅不许主张限定承认，亦不得为放弃继承。其实质为民法对继承人不正行为的制裁，使其对遗产债务承担无限责任。至于不正行为的种类，一般包括：一是隐匿财产；二是虽为限定承认，但在遗产清册上为虚伪记载；三是意图诈害被继承人之债权人权利而为遗产处分等几种情况。④ 实际上，单纯承认多因继承人未于法定期间内为限定承认或抛弃继承之意思表示而由法律推定成立。⑤

2. 限定承认

限定承认，也称限定继承，是指继承人附加限制条件地接受被继承人的全部遗产的意思表示。一般的限定条件是以继承所得之遗产偿还被继承人债务。如果继承人采取限定承认，则意味着继承人只对被继承人生前所欠债务负有以其所继承的被继承人的遗产为限的清偿责任，对超出部分不负责清偿。

限定承认与单纯承认的最大区别在于责任承担上的有限性。在限定承认条件下，即便被继承人的债务超过遗产，继承人亦无须以其自己原有财产为清偿。

---

① 戴炎辉，等．中国继承法．台北：三民书局，1998：171.

②③ 陈棋炎，等．民法继承新论．台北：三民书局，2001：214、215.

④ 参见《法国民法典》第 792 条、《日本民法典》第 921 条、我国台湾地区“民法”第 1163 条。

⑤ 郭明瑞，等．继承法研究．北京：中国人民大学出版社，2003：37－38.

虽然放弃继承也可达成此目的，但是，于继承开始之际，继承人未必能确切明了被继承人的债务是否超过遗产，若盲目作出放弃的表示，后又发现遗产尚有剩余，则将悔之无及。不如自始作出限定承认，则可于承担有限责任与接受剩余财产之间两全。另外，同单纯承认相比，限定承认必须为要式行为。一些立法例规定，限定承认必须在法定期限内以明示的方式作出，并且还要按照法律规定将限定承认的意思表示出来。

民法典继承编以继承人承担有限责任为原则，不认可单纯承认。而且在继承权接受方面，不论是通过明示方式还是通过默示方式均可。如果在继承开始后、遗产分割前继承人未作出明确的表示，视为接受继承。

三、接受或者放弃受遗赠

当遗嘱人所立遗嘱将其遗产遗赠给受遗赠人时，受遗赠人应当作出接受还是放弃受遗赠的意思表示。

受遗赠与继承不同。继承法律关系中的被继承人和继承人之间具有亲属身份关系，因此，在继承开始之后即使继承人没有明示表示接受继承，也认为其只要没有表示放弃继承就是主张继承。这皆因身份关系使然。而遗赠则不同，受遗赠人并不是被继承人的继承人，因而，即使遗嘱人在遗嘱中确定了遗赠，也存在受遗赠人是否接受的问题。

因此，本条第2款规定，受遗赠人在知道自己可以接受遗赠的有效遗嘱后，有60日的时间可以考虑是否接受遗赠或者放弃遗赠。受遗赠人应当在此时间内，作出接受或者放弃遗赠的意思表示，按照其确定的意思处理。如果超过60日的期间没有作出明确意思表示，应当视为其放弃受遗赠，拒绝接受遗赠。

法律适用中应注意的问题

在实践中，放弃继承和限定继承的效力不同，分别如下。

（一）继承权放弃的效力

继承权放弃的效力，指的是继承权放弃后的法律效果。继承权放弃不仅对继承人自己会产生法律约束力，而且对于放弃继承权的继承人的直系晚辈血亲、被继承人的其他继承人也会产生一定的效果。

1. 对放弃继承权的继承人的效力

继承人放弃继承权，也就丧失了参加继承法律关系的资格，应当退出继承法律关系。自继承人放弃继承权时开始，继承人不承受被继承人生前的债务，也不得继承被继承人生前的财产权利。继承人放弃继承权的效力，溯及自继承开始之时，并不是其作出放弃继承之时。

虽然继承人放弃继承权后对被继承人的遗产丧失了权利，但是，该继承人如果已经实际占有被继承人的遗产，则应当担负一定的义务。放弃继承权的继承人应当将自己占有的遗产移交给遗产管理人或其他继承人，在未进行移交前，负有继续管理义务。放弃继承权的继承人不能因为自己放弃了继承权，就对原来由自己保管的遗产置之不理，这会有损于其他继承人、受遗赠人和被继承人的债权人的权益。此外，如果被继承人生前与继承人之间有债权债务关系，该债权债务也不因继承人放弃继承而消灭，仍为遗产权利义务。

2. 对放弃继承权人的直系晚辈血亲的效力

继承人放弃继承的，其应继份是否发生代位继承，有两种立法例。一种认为，放弃继承的人“视为自始即非继承人”，未曾拥有继承权，因此，放弃继承不发生代位继承。另一种视放弃继承权人于“继承开始前死亡”或遗产自始对其“未发生归属”，因放弃继承的继承人曾有主观继承权，所以，放弃继承的继承人的直系晚辈血亲可代位继承。我国继承法仅仅将被继承人的子女先于被继承人死亡，以及被继承人的兄弟姐妹先于被继承人死亡，作为代位继承的产生原因。在被代位继承人死亡时，尚未发生其可以放弃继承权的时限，不实施放弃继承权的行为。因而，对直系晚辈血亲或者其子女的代位继承不产生影响。

3. 对被继承人的其他继承人的效力

继承人放弃继承权的，其放弃的应继份应当按照法定继承处理。第一顺序的法定继承人中有人放弃继承权的，其放弃的应继份归属于同一顺序的其他继承人；没有同一顺序的继承人的，放弃的应继份归属于第二顺序的继承人；两个顺序的继承人均放弃继承权或者均不存在的，按照无人继承的遗产处理。如果遗嘱继承人放弃继承权，则遗嘱对该继承人所指定的应继份按照法定继承处理。

4. 放弃继承权的表示撤回的效力

继承人放弃继承权的，其后可否撤销其放弃继承的意思表示，应当以继承权放弃的意思表示是否有瑕疵为标准判断。如果继承人放弃继承权的意思表示有瑕疵，是受欺诈或胁迫而放弃的，或者因行为能力欠缺而放弃，则根据民事法律行为规则，该行为应属于无效或可撤销的民事行为，应当允许放弃继承权的继承人予以撤销。

对于不存在意思表示瑕疵的放弃继承权能否撤回，有不同规定。我国原《继承法》对此没有明确规定，最高人民法院《关于贯彻执行〈中华人民共和国继承法〉若干问题的意见》第50条规定："遗产处理前或在诉讼进行中，继承人对放弃继承翻悔的，由人民法院根据其提出的具体理由，决定是否承认。遗产处理后，继承人对放弃继承翻悔的，不予承认。"依最高人民法院的这一规定，法院可以决定承认继承人对放弃继承的翻悔。

继承人放弃继承的撤回，应当受严格限制，不能随意为之。一方面，不允许随意撤回，否则影响遗产的分割和处理，不利于生产和生活。另一方面，即使允许撤回，也应当在一定的期间内为之，该时间界限，就在于遗产是否已经分割：分割之前可以撤回，分割之后不得撤回。

（二）限定承认的效力

《继承法》对继承权接受采取限定承认方式，其效力主要体现于以下三个方面。

1. 继承人参与继承法律关系

继承人作出限定承认的意思表示后，其法律地位可以得到确定其取得继承既得权，可以实际参与继承法律关系，对遗产进行占有、管理，并有权请求分割遗产。由于我国法律采取当然继承主义，继承人还须履行一定的义务，比如在继承遗产的限度内清偿遗产债务。继承权的限定承认须由本人实施，不得代理。不过，如果继承人是无民事行为能力人或限制民事行为能力人，其法定代理人可以代理，但是，不得损害无民事行为能力人或限制民事行为能力人的权益。如果在继承开始时有胎儿继承人，则由其母代为进行继承权接受。

2. 继承人责任的限制

在限定承认时，继承人仅需以继承所得的积极财产为限，对全部遗产债务承担清偿责任。即继承人唯就遗产负物的有限责任。① 对于遗产债权人而言，其债权额并未因继承人的有限责任而减少，债权人仍可以就其债权额之全部请求继承人偿还，只不过继承人享有以遗产为限承担责任的抗辩而已。倘若继承人以自己的固有财产清偿遗产债务，则由于债权为有效存在，遗产债权人的受偿并不构成不当得利，继承人事后不得以其不知享有抗辩为由请求返还。在限定承认下，继承人虽可就遗产债务承担有限责任，但是，遗产债务的保证人或连带债务人则不得享受此待遇，保证人与连带债务人仍须对全部遗产债务负偿还责任。② 保证人与连带债务人履行清偿责任后，依法享有对继承人的追偿权。

---

① 史尚宽．继承法论．北京：中国政法大学出版社，2000：278.

② 陈棋炎，等．民法继承新论．台北：三民书局，2001：234.

3. 继承人固有财产与遗产分离

由于限定承认使继承人仅负物的有限责任，为公平保护遗产债权人和继承人的权利，充分实现遗产上的物的责任，必须对继承人的固有财产与遗产进行分离，使其各自享有独立的法律地位。此种分离，一方面体现为遗产与继承人财产的区分，即两者在物质形态上的分别管理与处置。继承人不得侵吞、隐匿或非法处分遗产；遗产债权人亦不得申请法院就继承人的固有财产为强制执行，否则，继承人可以第三人身份提出异议。另一方面还体现为继承人对于被继承人的权利义务，不因继承而消灭。[①] 这些规定都有必要，否则，如果继承人对被继承人享有债权时，该债权将因混同而消灭，不能从遗产中求得清偿，其结果无异于将继承人的固有财产用于清偿遗产债务；反之，如继承人对于被继承人负有债务时，该债务也将因混同而不能归入遗产，亦无异于侵害了遗产债权人的利益。这两种情形皆与限定继承的本意不合，故应特设例外规定，以阻止混同效果的发生。[②] 我国继承法对后一种分离虽无明确规定，但从法理角度而言，后一种分离亦应与前一种分离为同一解释。

此外，还需强调的是，前面所说的不因继承而消灭的权利义务，不仅包括债权，亦应包括用益物权及担保物权。在因继承清算完毕而使遗产丧失独立法律地位之前，继承人与被继承人之间的一切财产上的权利义务，均不因混同而消灭。

案例链接

刘某与王某等继承纠纷案[③]

基本案情

原告刘某系被继承人张某英之外甥女。被继承人张某英生前未婚，亦未生育子女。被继承人的父母已先于被继承人死亡，共生育子女六人，分别是张某六、张某英、张某七、张某四、张某香、张某五。其中张某七与原告刘某系母女关系。张某香于 1995 年 11 月 11 日死亡。张某香与被告王某系母子关系。被继承人张某英于 2011 年 10 月 14 日去世。继承人张某六于 2014 年 9 月 11 日去世。

① 史尚宽．继承法论．北京：中国政法大学出版社，2000：282.

② 陈棋炎，等．民法继承新论．台北：三民书局，2001：236.

③ 天津市滨海新区人民法院（2015）滨塘民初字第 100 号民事判决书。

继承人张某七于2014年9月10日去世。原告刘某与被继承人张某英虽未形成收养关系，但其自幼时起至被继承人死亡时止，一直和被继承人共同生活，对被继承人照顾扶养较多。

另查明，坐落于天津市塘沽区久安里×××号房屋系被继承人张某英的遗产，原告刘某现在该房屋内居住。审理中，原、被告一致认可诉争房屋价值36万元。

再查明，被继承人张某英于2009年8月24日在天津市塘沽公证处订立公证遗嘱书一份，遗嘱事项为：我叫张某英，至今未婚，无子女。在我名下有位于天津市塘沽区久安里×××楼房一处，建筑面积36平方米，此房属于我的个人财产。经过慎重考虑，我决定：在我去世后，上述房产归我的外甥王某所有，与其他人无关。在2009年8月24日谈话笔录中，塘沽公证处向被继承人张某英告知："遗嘱内容属于遗赠，根据相关法律规定受遗赠人应当在其知道其有受遗赠权之日起两个月内表示接受遗赠，否则将丧失受遗赠权。"被继承人张某英去世后，被告王某在知道其享有受遗赠权利之日起2个月内未到公证处办理表示接受遗赠的手续，亦未向其他继承人出示该公证书并作出接受遗赠的意思表示。

原告诉请法院判决继承被继承人遗留的遗产房屋中属于原告的份额。被告王某辩称被继承人已经将该遗产房屋通过公证遗嘱赠与自己所有。

法院判决

法院认为，本案中原、被告的争议焦点之一，在于受遗赠人王某是否接受了被继承人张某英的遗赠。被告王某在一审中表示，其在2009年8月28日取得了该公证书，直到涉及诉讼才出示该公证书，认为该份公证遗嘱是赠与合同，被继承人张某英已经将该房产赠与自己，其已经表示接受该赠与，双方均系真实意思表示，如果没有证据证明被告王某放弃了赠与，该房屋应由其继承。对此，原告刘某、被告张某五均不予认可。法院认为，依据《继承法》第25条之规定，继承开始后，继承人放弃继承的，应当在遗产处理前，作出放弃继承的表示。没有表示的，视为接受继承。受遗赠人应当在知道受遗赠后2个月内，作出接受或者放弃受遗赠的表示。到期没有表示的，视为放弃受遗赠。对此，被告王某未提供证据证实其在知悉享有受遗赠权利之日起2个月内，到公证处办理过接受遗赠的手续，或向其他继承人出示该公证书并作出接受遗赠的明确意思表示，应视为其放弃受遗赠。法院对于被告王某已接受遗赠的主张无法支持，本案遗产继承应按照法定继承办理。判决讼争遗产房屋的所有权归刘某所有，刘某给付其他法定代理人相应份额的房屋折价款若干。

第一千一百二十五条

继承人有下列行为之一的，丧失继承权：

（一）故意杀害被继承人；

（二）为争夺遗产而杀害其他继承人；

（三）遗弃被继承人的，或者虐待被继承人情节严重；

（四）伪造、篡改、隐匿或者销毁遗嘱，情节严重；

（五）以欺诈、胁迫手段迫使或者妨碍被继承人设立、变更或者撤回遗嘱，情节严重。

继承人有前款第三项至第五项行为，确有悔改表现，被继承人表示宽恕或者事后在遗嘱中将其列为继承人的，该继承人不丧失继承权。

受遗赠人有本条第一款规定行为的，丧失受遗赠权。

条文对照

第七条　继承人有下列行为之一的，丧失继承权：

（一）故意杀害被继承人的；

（二）为争夺遗产而杀害其他继承人的；

（三）遗弃被继承人的，或者虐待被继承人情节严重的；

（四）伪造、篡改或者销毁遗嘱，情节严重的。

本条主旨

本条是对丧失继承权和丧失继承权后宽宥的规定。

条文详解

这一条文是对继承权丧失的事由和继承权丧失后被继承人宽宥的规定，与原《继承法》第7条规定相比较，最主要的修改，一是增加了新的丧失继承权的事由，二是补充了被继承人宽宥的规则。

一、继承权的丧失

（一）继承权丧失的概念和种类

继承权的丧失，是指继承人因发生法律规定的事由，失去继承被继承人遗产的资格。故继承权的丧失又称继承权的剥夺[①]，即有继承权人之人，因一定之行为，被法律剥夺其继承权。[②]

早在古罗马和日耳曼的法律中，即有“染血之手不得取得遗产”原则的规定，体现了继承权丧失制度的萌芽。在罗马法中，虽死者未另为意思表示，但是，继承人或受遗赠人对于被继承人或遗赠人为不道德的行为的（例如杀害被继承人或遗嘱人，依诈欺胁迫遗赠人遗嘱之作成、变更或提出无理由的不伦遗嘱之诉），在被认为不配为继承人时，法律上虽仍为继承人，然已取得之遗产，可被剥夺，归属国库，并曰国库清偿遗产债务，履行遗赠。[③] 不过，这种制裁既有民事制裁性质，也有刑事制裁性质。后世公法与私法严格划分，将丧失继承权的人原本可能分得的遗产给予其他继承人，不再没收归公。

基于继承权丧失的重要性，近代各国民法基本上都对继承权的丧失作出了规定，但是，具体制度的设计各具特色，主要有继承人缺格与继承人废除、特留份剥夺等几种不同立法例。继承人缺格，是指于一定的事由发生时，继承人基于法律的规定丧失作为继承人的资格。继承人废除，是日本民法上特设的制度，即除继承人缺格外，另特设继承人废除制度。设置继承人的缺格与废除的目的，均在于对继承人加以制裁，从而产生丧失继承权的效果。特留份剥夺，与日本民法上的继承人废除的机能大致相同。德国民法的特留份权是遗产债权，特留份权利人纵然因被继承人的死后处分而被排除于继承之外，仍得主张特留份。特留份剥夺，是特别为剥夺此特留份权利而设的制度。

（二）我国的继承权丧失

我国原《继承法》第 7 条规定了继承权丧失，仅指继承人缺格，不包括继承人废除和特留份剥夺。《民法典》第 1125 条的规定虽有所扩充，但是仍然如此。我国的继承权丧失有以下特征。

1. 继承权的丧失是继承人继承期待权的丧失

继承权丧失的客体是继承期待权，而不是继承既得权。因为继承权丧失仅仅是继承被继承人遗产资格的丧失。而继承既得权在继承未开始前尚不存在，无从丧失。即使在被继承人死亡后发生继承权丧失的法定事由，也因继承权的丧失的效力溯及继承开始时，继承既得权也无从丧失。

2. 继承权的丧失是继承人继承期待权的自然丧失

继承权的丧失，是在发生法定事由时，继承人继承期待权的自然丧失，无须

---

① 郭明瑞，等．继承法．2 版．北京：法律出版社，2004：61.

② 李谟．继承新论．上海：大东书局，1932：26.

③ 史尚宽．继承法论．北京：中国政法大学出版社，2000：94.

采取什么程序。虽然因为继承权的丧失会引致纠纷，有时需要提交法院裁判，但是，法院裁判的不是继承权丧失效力的发生根据，只是从司法机关的角度进行确认。这同继承权剥夺是完全不同的，继承权的剥夺需要被继承人采取一定的行为或立遗嘱，而且还应当履行一定的程序。

3. 继承权的丧失是在发生法定事由时丧失

继承权的丧失必须存在法定事由，非有法定的事由，任何人不得非法剥夺。至于何为法定事由，各国根据自身的情况作出了不同的规定。考察继承权的丧失，关键的是看继承权丧失的法定事由是否发生。

二、继承权丧失的类型和法定事由

（一）继承权丧失的类型

根据继承权丧失后能否得以恢复，继承权丧失分为继承权绝对丧失和继承权相对丧失，其区分的标准是，继承权丧失后是否可以宽宥。

1. 继承权绝对丧失

继承权绝对丧失，是指因发生某种使继承人丧失继承权的法定事由时，该继承人对特定被继承人的继承权便终局地丧失，该继承人再不得也不能享有对特定被继承人已丧失的继承权的继承制度。

继承权绝对丧失是不可改变的，不依被继承人或者其他人的意志而变化。本条没有明确规定哪些事由导致的继承权丧失是绝对丧失，但是，根据本条第 2 款规定可以推知，因故意杀害被继承人而丧失继承权，因争夺遗产杀害其他继承人而丧失继承权，这两种继承权丧失都不得予以宽宥，因此，都是继承权绝对丧失。

2. 继承权相对丧失

继承权相对丧失，是指虽因发生某种法定事由而使继承人的继承权丧失，但是在具备一定条件时，继承人的继承权也可以最终不丧失的继承制度。所以，继承权相对丧失，又称继承权的非终局丧失。

法律规定继承权相对丧失并不是为了继承人的利益，而是为了促使继承人改恶从善，尊重被继承人的意愿，贯彻养老育幼的原则。

遗弃被继承人或者虐待被继承人情节严重而继承人丧失继承权，因伪造、篡改、隐匿或者销毁被继承人的遗嘱情节严重而丧失继承权，以欺诈、胁迫手段迫使或者妨碍被继承人设立、变更或者撤回遗嘱情节严重而丧失继承权，都属于继承权相对丧失的事由。如果继承人其后确有悔改的表现，被继承人生前又表示宽恕的，可确认继承人不丧失继承权。因此，因上述三种情形而丧失继承权的，即属于继承权相对丧失，可以因宽宥而恢复继承权。

（二）继承权丧失的法定事由

继承权丧失的法定事由，也就是可以依法取消继承人继承权的原因或者理由。继承权丧失是对继承人继承权的取消，是一种严厉的制裁。本条规定，以下五种事由为继承权丧失的法定事由。

1. 故意杀害被继承人

继承人故意杀害被继承人，是一种严重的犯罪行为，不论其是否受到刑事责任的追究，都丧失继承权。

继承权的丧失事关继承人的重大利益，构成故意杀害被继承人丧失继承权的事由须具备以下三个条件。

一是须为继承人实施。对被继承人的故意杀害行为须由继承人实施，如果是继承人之外的人实施的，不存在继承权丧失的问题。故意杀害被继承人丧失继承权的，既可以是法定继承人，也可以是遗嘱所指定的继承人。继承人教唆杀害被继承人的，应当认定为杀人共犯，丧失继承权。

二是须为杀害被继承人的行为。一种观点认为，继承人故意杀害被继承人，指继承人故意侵犯被继承人人身权利，情节严重的行为，主要指故意杀人、故意伤害、诬陷、奸淫幼女、抢劫、暴力干涉婚姻自由等犯罪行为。笔者认为，杀害以剥夺生命权为目的，不能扩大解释为包括“杀”和“害”，不能解释为既包括杀人，也包括伤害。因此，继承人实施的行为须是以剥夺被继承人生命权为目的的，才能构成杀害行为。如果继承人对被继承人实施的不法行为虽为危害人身安全的行为，但却不是以剥夺其生命为目的的，则不能构成杀害行为。反之，只要继承人实施的行为有剥夺被继承人生命的图谋，不论出于何种动机，不论采取何种手段杀害，不论是直接杀害还是间接杀害，不论是亲手杀害还是教唆他人杀害，都构成杀害被继承人的行为。有人认为，为了“大义灭亲”而杀害有严重劣迹的被继承人的，不应丧失继承权。这种认识是不对的。从刑法上说，即使被继承人有严重劣迹，他人也无私自将其杀害的权利，对其杀害行为可构成犯罪；继承人不论出于何种动机杀害被继承人，都不会影响其继承权的丧失。①

三是须继承人主观上有杀害的故意。至于继承人的杀害故意是直接故意还是间接故意，均无影响。但是，继承人如果在主观上并无杀害被继承人的故意，则不丧失继承权。例如，继承人因过失而致被继承人死亡的，因其并无杀害的故意，不构成故意杀害被继承人，不能丧失继承权。

---

① 郭明瑞，等．继承法．2版．北京：法律出版社，2004：64.

在故意杀害被继承人行为丧失继承权方面，有以下两个问题应当注意。

第一，继承人因正当防卫而杀害被继承人的继承权丧失问题。主流观点认为，正当防卫是在行为人受到他人不法侵害时，对侵害人所实施的一种合法的、正当的自救措施，因而，正当防卫是一种合法行为，并不具有违法性。因此，即使继承人因正当防卫而杀害被继承人，也不丧失继承权。但是，如果继承人实施的防卫行为过当而构成故意杀人罪，继承人仍应丧失继承权。① 根据我国刑法理论，对于正当防卫造成的伤害，行为人不承担刑事责任，这说明法律对正当防卫合法性的认可，因此，也不应当让因正当防卫杀害被继承人的继承人丧失继承权。对于防卫过当，《刑法》规定行为人应当对过当行为造成的损害承担刑事责任，这说明刑法对防卫过当持否定性评价。因防卫过当的防卫反击而杀害被继承人的继承人，应当丧失继承权。

第二，未成年人故意杀害被继承人的继承权丧失问题。有的学者认为："凡故意杀害被继承人的，不论其是否成年，也不论是否追究其刑事责任，都应丧失继承权。不满 10 周岁（现为 8 周岁）的未成年人杀害被继承人的，因其为无民事行为能力人，无民事行为能力也就无民事责任能力，无民事行为能力人不能认识其行为的性质和后果，主观上也就不存在故意过失问题，其杀害行为也就构不成故意。因不满 10 周岁（现为 8 周岁）的继承人杀害被继承人的，并不为故意杀害，所以其才不因此而丧失继承权，而并非因其他理由不丧失继承权。"② 这种主张具有合理性，也比较容易操作。但是，民事行为能力与刑事责任能力不同。如果继承人为 14 周岁以上的未成年人，实施杀害被继承人的行为，依据《刑法》的规定，该未成年人达到了刑事责任年龄，具有刑事责任能力，应当承担刑事责任；如果是 14 周岁以下的未成年继承人杀害被继承人的，则该未成年人不承担刑事责任。将继承权的丧失同故意杀害被继承人的继承人是否承担刑事责任相结合，才是正确的。未成年人故意杀害被继承人的，如果被判令承担刑事责任，则继承权相应丧失；如果未被判令承担刑事责任，则应当不丧失继承权。

2. *为争夺遗产而杀害其他继承人*

继承人故意杀害其他继承人，是指继承人中的一人或数人出于争夺遗产的动机，而杀害居于同一继承顺序的其他继承人，或者杀害先于自己继承顺序的继承人，或者杀害被继承人在遗嘱中指定的遗嘱继承人。若实施杀害行为的继承人无知，认为后一顺序的继承人会妨碍他继承全部遗产而杀害了后一顺序继承人，其也丧失继承权。

---

①② 郭明瑞，等．继承法．2 版．北京：法律出版社，2004：64，64－65.

构成继承人为争夺遗产杀害其他继承人的行为，须具备以下两个条件。

一是继承人杀害的对象是其他继承人。继承人杀害其他继承人，是继承人实施剥夺其他继承人生命的违法犯罪行为。其主体为继承人，只要是继承人实施该杀害行为，其不论是直接杀害，还是教唆他人实施杀害行为，均可构成。但是，继承人的配偶或其他亲属独立实施杀害行为的，不发生继承人丧失继承权的后果。被杀害的对象只能是其他继承人，而不能是继承人以外的其他人。继承人杀害继承人以外的其他人的，尽管构成杀人罪，应受刑事责任的追究，但是，不能因此而丧失继承权。继承人杀害其他继承人，既包括法定继承人杀害遗嘱继承人的情形，也包括遗嘱继承人杀害法定继承人的情形；既包括后一顺序的继承人杀害前一顺序的继承人，也包括前一顺序的继承人杀害后一顺序的继承人，还包括继承人杀害同一顺序的继承人。

二是继承人杀害的目的是争夺遗产。杀害行为人必有主观上的故意，其目的是争夺遗产。继承人杀害其他继承人不是为了争夺遗产，而是为了其他目的的，虽然也会受刑事责任的追究，但是，不能因此而丧失继承权。即使因继承人杀害了其他继承人而使继承人实际上可以多得到遗产，只要继承人杀害的动机和目的不是争夺遗产，其继承权也不因此而丧失。在国外立法中，一般并不将争夺遗产的动机作为继承权丧失的限定条件，仅规定故意杀害其他继承人而被判刑的，就丧失继承权。对此，我国的规定有所不同。

3. 遗弃被继承人的，或者虐待被继承人情节严重

继承人遗弃被继承人，是指继承人对没有劳动能力又没有生活来源、没有独立生活能力的被继承人拒不履行扶养义务。构成遗弃行为的条件是：（1）被遗弃的对象是没有独立生活能力的被继承人，例如，年老、年幼、有残疾等的被继承人。被继承人虽有生活来源，但是并没有独立生活能力的，仍然可以成为被遗弃的对象。如果被继承人有独立生活能力，继承人尽管不尽扶养义务是不合法、不道德的，也不构成遗弃。（2）继承人有能力尽扶养义务而拒不尽扶养义务。继承人如果本身也是没有独立生活能力的人，无力尽扶养义务，则不构成遗弃。遗弃行为是一种置被继承人于危险境地而不顾的严重的不道德、违法行为，不限于积极的行为，消极的不作为也可构成。对于因家庭矛盾或被继承人的误解所引起的关系冷淡、联系不密切或短时期不来往，不能认定为继承人遗弃被继承人。继承人遗弃被继承人的，均丧失继承权，而不问其是否被追究刑事责任。继承人遗弃被继承人以后确有悔改表现，而且被继承人生前又表示宽恕的，可不确认其丧失继承权。

虐待被继承人情节严重，是指继承人在被继承人生前对其以各种手段进行身

体上或者精神上的摧残或折磨，达到相当程度。例如，继承人对被继承人经常进行打骂，迫使其从事不能从事的劳动，限制其人身自由等。虐待行为与遗弃行为的后果不同。继承人虐待被继承人的，并不当然丧失继承权；只有虐待情节严重的，才丧失继承权。最高人民法院《关于贯彻执行〈中华人民共和国继承法〉若干问题的意见》第10条第1款规定，继承人虐待被继承人情节是否严重，可以从实施虐待行为的时间、手段、后果和社会影响等方面认定。如果继承人对被继承人的虐待具有长期性、经常性，并且手段比较恶劣，社会影响很坏，则可认定为虐待情节严重。如果继承人对被继承人只是一时的不予以关心、照顾，或者因某些家务事发生争吵，甚至打骂，则不应认定为情节严重。继承人只要虐待被继承人情节严重，不论其行为是否构成犯罪，其是否被追究刑事责任，均丧失继承权。①

同继承人遗弃被继承人的情形一样，如果继承人虐待被继承人虽然情节严重，但是以后确有悔改表现，且受虐待的被继承人表示宽恕的，可不确认其丧失继承权。

4. 伪造、篡改、隐匿或者销毁遗嘱，情节严重

被继承人的合法遗嘱受法律保护，任何人不能非法改变被继承人通过遗嘱表现出来的生前意愿。伪造、篡改、隐匿或者销毁被继承人遗嘱，违背了被继承人生前的真实意愿，继承人实施这类行为往往从利己的目的出发，为使自己多得或者独得遗产，因而侵害其他继承人的合法利益。这是违反社会道德和法律的行为，对于这种行为应当进行制裁，通过使其丧失继承权，维护遗嘱人的合法权益。

伪造遗嘱，是指被继承人生前未订立遗嘱或者未订立与其有关的遗嘱，继承人以被继承人的名义制作假遗嘱的行为。有的学者认为，继承人为了夺取或独吞遗产而制造假遗嘱的行为，才为伪造遗嘱的行为。② 继承人伪造遗嘱，一般是为了多得或独吞遗产，但是，继承人制造虚假遗嘱的动机或目的，并不是构成伪造遗嘱的要件，本条未对此强加要求。伪造的遗嘱，根本就不是被继承人生前的意思表示，不能体现被继承人生前的意志。伪造遗嘱一般是在被继承人未立遗嘱的情形下实施的，但是，被继承人立有遗嘱，继承人将被继承人所立的遗嘱隐藏起来另制作一份假遗嘱的，也是伪造遗嘱。在现实生活中，伪造遗嘱的人不一定都是法定继承人范围之内的人，也有可能是法定继承人范围之外的人。

---

① 参见最高人民法院《关于贯彻执行〈中华人民共和国继承法〉若干问题的意见》第10条第2款。

② 刘文．继承法比较研究．北京：中国人民公安大学出版社，2004：48.

篡改遗嘱，是指继承人改变被继承人所立遗嘱内容的行为。这种行为改变了被继承人生前的意志，限制被继承人对其生前合法财产的处分。有学者认为，篡改遗嘱是指，法定继承人发现被继承人生前所立的遗嘱对自己不利，为了夺取或独吞遗产而进行篡改。[①] 继承人篡改被继承人的遗嘱，一般是因为被继承人所立的遗嘱对自己不利，对遗嘱予以篡改，以使其内容对自己有利，但是，这不是构成篡改遗嘱的必要条件，本条也未对此强制要求。只要继承人改变了被继承人所立遗嘱的主要内容，就是篡改遗嘱。

隐匿遗嘱，是指继承人将被继承人所立的遗嘱隐藏起来拒不交出。隐匿遗嘱，通常表现为被继承人所立遗嘱对该继承人不利，继承人因而将其藏匿，使被继承人的遗产不能依照被继承人在遗嘱中体现的支配遗产的意愿实现。

销毁遗嘱，是指继承人将被继承人所立的遗嘱完全破坏、毁灭。这是一种完全否定被继承人生前意愿的行为，是对被继承人生前财产处分权的剥夺。继承人之所以销毁被继承人的遗嘱，一般是因为其要达到多得或者独吞遗产的目的，但是，继承人因何目的和动机而销毁遗嘱，并不影响销毁遗嘱行为的构成。

继承人伪造、篡改、隐匿或者销毁被继承人的遗嘱，情节严重的，才丧失继承权。继承人伪造、篡改、隐匿或者销毁遗嘱，侵害了缺乏劳动能力又没有生活来源的继承人利益，并造成其生活困难的，应当认定其行为情节严重。继承人如果伪造、篡改、隐匿或者销毁被继承人的遗嘱，并未侵害缺乏劳动能力又没有生活来源的继承人的利益，或者虽侵害其利益但是未造成其生活困难的，不丧失继承权。除此之外，继承人伪造、篡改、隐匿、销毁遗嘱，具有其他严重情节的，也应当认定为构成丧失继承权的情形。

继承人伪造、篡改、隐匿或者销毁被继承人的遗嘱，并不限于继承人亲自实施的行为。继承人授意他人伪造、篡改、隐匿或者销毁被继承人遗嘱的，只要情节严重，同样丧失继承权。但是，这类行为须有继承人的故意才能构成。继承人因过失而使被继承人的遗嘱损毁的，不能认定为销毁遗嘱。例如，某被继承人把遗嘱和其他文件书报放在一起，后来其继承人在清理文件书报时，因粗心大意而将遗嘱和过时的文件书报一起销毁的，不应被认定为继承权丧失。[②]

5. 以欺诈、胁迫手段迫使或妨碍被继承人设立、变更或者撤回遗嘱情节严重

前述四项法定事由，是原《继承法》规定的继承权丧失的法定事由。该规定同国外立法例规定的继承权丧失事由相比之下，显得过于狭窄。国外立法例除了

---

① 刘文．继承法比较研究．北京：中国人民公安大学出版社，2004：48.

② 刘春茂．中国民法学·财产继承．北京：中国人民公安大学出版社，1990：144.

前述的法定事由外，规定妨碍被继承人设立、变更或者撤回遗嘱，诬告被继承人，知道被继承人被谋杀而不告发，都导致继承人丧失继承权。本条增加了以欺诈或者胁迫的手段，迫使或者妨碍被继承人设立、变更或者撤回遗嘱，情节严重的行为，作为继承权丧失的事由之一。

欺诈，是指继承人故意告知被继承人虚假情况，或故意隐瞒真实情况，诱使被继承人作出违背其真实意愿设立、变更或者撤回遗嘱的行为；胁迫，是指继承人以给被继承人或其亲友的生命健康、荣誉、名誉、财产等造成损失为要挟，迫使被继承人作出违背其真实意思设立、变更或者撤回遗嘱的行为。设立遗嘱的权利，是被继承人的基本权利和自由，受法律保护。以欺诈或者胁迫的手段，迫使或者妨碍被继承人设立、变更或者撤回遗嘱，严重侵犯了被继承人的遗嘱自由和权利，使被继承人所立遗嘱违背其内心的真实意思。继承人有上述行为并且情节严重的，应剥夺其继承权。

（三）受遗赠人故意杀害被继承人丧失受遗赠权

本条第 3 款规定，受遗赠人有本条第 1 款规定行为的，丧失受遗赠权。故受遗赠人故意杀害被继承人，为争夺遗产而杀害其他继承人，遗弃被继承人或者虐待被继承人情节严重，伪造、篡改、隐匿或者销毁遗嘱情节严重，以欺诈、胁迫手段迫使或者妨碍被继承人设立、变更或者撤回遗嘱情节严重的，丧失受遗赠权，不得主张接受遗赠。

这种受遗赠权的丧失，不适用宽宥的规定。

三、因宽宥而恢复继承权

（一）宽宥的概念和意义

在继承法领域，以法定继承权的丧失为前提，宽宥特指被继承人在情感上对继承人的故意或过失行为的谅解和宽恕，表达被继承人对继承人继承身份或资格的再次认可、肯定与承认，恢复其已丧失的继承权。

在继承人丧失继承权后，只要被继承人对继承人宽宥，就应当恢复继承人已丧失的继承权。宽宥作为被继承人的单方意思表示，不需要相对方即继承人作出任何意思表示便产生法律效力。

（二）建立宽宥制度的理由和概念选择

本条第 2 款规定了继承权丧失后的宽宥制度。

1. 建立宽宥制度的理由

在继承人因法定事由丧失继承权时，尽管不同国家根据其价值选择及立法倾向，对宽宥制度的态度各异，但是，基本趋势均是以宽宥来防止对被继承人意志自由的过度干预，让其能在私权领域自由决断，以当事人的意思自治来修正或限制继承权丧失制度的刚性。从保障被继承人的个人财产处分权出发，在对继承人的违法犯罪行为依法予以刑事处罚的同时，以宽宥能够恢复全部已丧失的继承权来建构我国的宽宥制度，既能保证充分尊重被继承人的意思自治，又能准确表达法律对继承权的价值选择。

基于继承权的私权属性，公权力对私权领域的民事行为自由侵入应当得到控制，不应当侵害被继承人的意思自治。当继承人实施与遗产继承有关的严重违反伦理道德而不得不对其进行惩处的违法行为时，法律采取相应的措施对其进行惩处，继承人的继承权因此被剥夺；对行为严重、构成犯罪的，法律还以刑事责任的形式予以惩处。这直接表达了法律对该类行为的价值判断与选择，继承人也为自己的违法行为付出了应有的代价。如果被继承人知道继承人对其实施了相应的违法行为，却仍然对继承人为遗嘱处分或财产处分，或者明确表示对继承人曾有的过错行为予以宽宥，就意味着被继承人对继承人的过错行为已经原谅或宽恕，乐意将自己的遗产留归已被法律剥夺了继承权的继承人。此时，以宽宥来恢复已丧失的继承权，既不会与科以继承人刑罚处分的法律规范相抵触，也与私法自治的精神相符合，还为私法领域亲情关系的重续与再造提供积极的方向与途径。对此，法律应开方便之门，承认宽宥行为的效力，以示对被继承人意愿的尊重。继承人也有了具体的改过自新的动力与缘由，被继承人也能重新体会给予亲人财产的快乐及亲情的温馨，更能通过自由处分财产的方式感受到法律给予的自由。

特别是对那些因严重违法触犯刑律而被判处刑罚的继承人，法律对被继承人的宽宥更不应该无视甚至禁止。即使从继承人严重违法应受刑事惩罚的角度来说，对其犯罪行为的依法惩处也已经让其领受牢狱之苦，其付出的代价已经足以与应受的道德非难相适应。在继承人为自己的行为付出必需的代价后回归社会时，其最需要的便是亲人的关怀、接纳及社会的宽容，在其最需要被继承人对之宽恕、接纳且被继承人自愿如此时，法律却以强行法的方式对宽宥行为明令予以禁止。这种对已受到应有处罚后弃恶从良、改恶从善的人弃之不顾的做法，无论是与我国监狱工作方针，还是与法律的宗旨，甚至与人道主义精神，都直接相违背。所以，在对继承人因遗产继承所为的严重违法犯罪行为进行严格惩处并使其丧失法定继承权之后，更应该将处分财产的自由权利交由被继承人自行决断，法律不应该再强行介入。以被继承人的宽宥来恢复其继承权，不仅能保证遗嘱人的意志自由不被过分限制，还对继承人的悔悟及改过具有积极的促进作用。这既能体现对被继承人意愿的尊重，保障自然人的自由权利与维护继承权的私权性质，又有利于促使继承人积极改恶从善，以亲情关系的重建来有效促使其更好地回归社会。

2. 对宽宥概念的选择

各国对宽宥概念的具体表述各不相同，说明表达被继承人对继承人已经谅解，继承人因此而恢复已丧失的继承权的方式有多种。无论是用确定的词汇来明确表达，还是用描述性的语言来表述，其本质含义都相同，都表明被继承人对继承人曾有的过错行为已经谅解，不希望继承人继续承担因其过错行为而不得继承遗产的不利后果。

从法律用词须具体、确定、准确的要求出发，针对各国规定不一的现状，使用具体明确的词汇，清楚表达出被继承人对继承人的态度，始为正确。因此，结合宽宥、宽恕、宥恕等词的具体含义，使用宽宥这一概念更为妥当。它所包含的宽容、饶恕、宽恕、原谅之意，能全面概括被继承人对继承人虽有过错但仍为谅解的复杂含义。

(三) 宽宥的具体规则

适用宽宥须具备的法定条件如下。

1. 继承人的继承权已经丧失

继承人因实施本条第 1 款第 3～5 项规定的行为，丧失了继承权。凡是具有上述本条第 3～5 项规定的事由的，即遗弃被继承人，或者虐待被继承人情节严重；伪造、篡改、隐匿或者销毁遗嘱，情节严重；以及以欺诈、胁迫手段迫使或者妨碍被继承人设立、变更或者撤回遗嘱，情节严重，因而丧失继承权的，都具备宽宥的第一个条件。

2. 丧失继承权的继承人确有悔改表现

我国对宽宥的适用附加了继承人须“确有悔改表现”的前提条件。对此，其他立法例都认为仅具备被继承人单方对继承人表示宽宥的条件即可，无须再有继承人的表现或其他法定前提条件，更无须由第三方来判断继承人是否确有悔改。这是因为，基于宽宥的本质，实为被继承人的单方意思表示行为，不应该再对被继承人的意志自由附加任何束缚或限制。不过，本条明确规定，丧失继承权的继承人须具备“确有悔改表现”这一前提条件，应当依照法律的规定确认这一要件。

3. 被继承人表示宽宥或者事后在遗嘱中将其列为继承人

宽宥是单方法律行为，被继承人须表明宽宥的意思表示，或者事后在遗嘱中将丧失继承权的继承人列为继承人。

至于宽宥是否必须为要式行为，有学者认为，为了慎重，并为了减少纠纷，应当将被继承人宽宥的行为规定为要式法律行为。[①] 将宽宥规定为要式行为，的确可

① 陈苇，宋豫．中国大陆与港、澳、台继承法比较研究．北京：群众出版社，2007：191.

以减少纠纷，但是，这种过于苛刻的要求，会束缚当事人的意志自由，也与宽宥的单方意思行为的本质相抵触。所以，对宽宥的形式也不应作特别要求，无论是被继承人以口头或遗嘱直接表达对继承人的原谅、宽恕，还是被继承人接受继承人的扶养、与之共同生活、赠与财产等，均应视为被继承人已对继承人表示了宽宥。如果被继承人在遗嘱或公证书内未明示恢复继承人已经丧失的继承权，但是，遗嘱人在明知继承人丧失继承权的情况下，仍向其作出遗嘱处分，则丧失继承权的人可以在有关遗嘱处分的限度内继承财产。这其实是一种默示的宽宥意思表示。

法律适用中应注意的问题

本条规定在适用中应当注意的两个问题如下。

一、继承权丧失的效力

继承权丧失的效力，是指继承权丧失所引致的法律后果。继承权丧失的效力包括时间效力和对人效力两个方面。

（一）继承权丧失的时间效力

继承权丧失的时间效力，是指继承权的丧失于何时产生效力。继承权丧失的事由多发生在继承开始前，比如继承人故意杀害被继承人的、遗弃被继承人的、虐待被继承人情节严重的等，但是，也有发生在继承开始后的，如继承人篡改、销毁遗嘱的等。继承权丧失的事由无论发生在继承开始前还是继承开始后，均应自继承开始之时发生效力。如果继承权的丧失是于继承开始后由人民法院确认的，则人民法院对继承人继承权丧失的确认溯及自继承开始之时产生效力。

（二）继承权丧失的对人效力

继承权丧失不仅对继承人本身产生丧失继承权的效力，还对被继承人的其他继承人、丧失继承权的继承人的直系晚辈血亲以及从丧失继承权的继承人处取得遗产的第三人产生约束力。

1. 继承权丧失对被继承人的其他继承人的效力

继承人丧失继承权会对被继承人的其他继承人产生重大影响。如果继承人因法定事由丧失继承权，则其应继份（无论是法定应继份还是遗嘱应继份）都转归同顺序的或后顺序的其他法定继承人享有。这涉及遗嘱指定的继承人是否受其他继承人丧失继承权的影响。由于遗嘱指定了遗嘱继承人的应继份，则该部分不受其他继承人丧失继承权的影响，不过，由于我国民法典继承编规定遗嘱继承人只能在法定继承人范围内指定，如果其他继承人丧失继承权，该遗嘱继承人还可以作为法定继承人获得因其他继承人丧失继承权而增加的应继份。

2. 继承权的丧失对继承人的直系晚辈血亲的效力

继承权的丧失对继承人的直系晚辈血亲的效力，实际上就是丧失继承权的直系晚辈血亲能否代位继承。各国法律对此规定不一：第一种是继承权的丧失对继承人的直系晚辈血亲不产生效力，继承人丧失继承权的，继承人的直系晚辈血亲仍然得代位继承。第二种是继承权的丧失对继承人的直系晚辈血亲产生效力，即继承人丧失继承权的，其直系晚辈血亲也不得代位继承。

我国民法典继承编未规定继承人丧失继承权时，其直系晚辈血亲可否代位继承问题。最高人民法院《关于贯彻执行〈中华人民共和国继承法〉若干问题的意见》第28条规定："继承人丧失继承权的，其晚辈直系血亲不得代位继承"。依此可见，我国继承法是采取第二种立场的，承认继承权的丧失对继承人的直系晚辈血亲发生效力。[①] 民法典继承编继续坚持这一立场。

3. 继承权的丧失对取得遗产的第三人的效力

在某些情形下，丧失继承权的继承人可能已经对被继承人的遗产的全部或一部分进行了处分，继承权的丧失对取得遗产的第三人是否产生效力，对此也有两种观点。一种观点认为，继承权的丧失对善意第三人不产生效力，不得以继承人丧失继承权而对抗善意第三人。[②] 另一种观点认为，继承人丧失继承权的，对一切第三人都产生效力，可以继承无效来对抗从丧失继承权的人取得遗产的所有第三人。如果善意第三人丧失从继承权的继承人处取得遗产的，虽然其他继承人会因丧失继承权的继承人的处分行为受到损害，但是，为了保护交易安全和善意第三人的利益，不应当使继承权的丧失具有对抗善意第三人的效力，而且善意第三人在取得遗产时根本无从知晓继承人丧失继承权的情形，让其承担不利后果显然不公。再者，其他继承人即使因丧失继承权的继承人的处分行为受到了损害，也可以要求丧失继承权的继承人返还不当得利，赔偿损失。如果第三人是无偿取得财产，或者其在取得财产上有恶意，则继承权丧失对第三人产生效力，其他继承人向第三人请求返还时，第三人应当返还。

二、宽宥制度的适用范围仍然过窄

民法典继承编规定宽宥制度，是正确的立法选择，符合社会需求。但是，将故意杀害被继承人和为争夺遗产而杀害其他继承人两种情形完全排除在宽宥之外，还是值得斟酌的。理由是，故意杀害被继承人和为争夺遗产故意杀害其他继

① 我们认为这一规定未必合适。对此，在代位继承问题中具体说明理由。

② 张玉敏．继承法律制度研究．北京：法律出版社，1999：67.

承人的，并非都是严重的犯罪行为，其中犯罪未遂和犯罪预备，同样也是犯罪，但是，并非不可以原谅。在这两项规定中，没有区别具体情节，一律不准宽宥，就限制了被继承人的意思自治，确有欠妥之处。因此，对故意杀害被继承人和为争夺遗产而杀害其他继承人，实施的犯罪行为表现为预备或者未遂，情节不够严重的，应当也可以适用宽宥的规定。

对此可以认为，这两种故意杀害被继承人或者其他继承人的行为，如果是预备或者未遂的，应当认定为不属于杀害的行为。因为对杀害的界定，应当是“杀”并且“害”，即应当是杀害既遂的行为，预备实际上还是未实施杀害行为，未遂则是实施了杀的行为但未达到害的程度。因此，笔者认为，本条规定的因杀害行为而丧失继承权中的杀害行为，应当是既遂的杀害行为。由于预备和未遂的杀人行为，未达到杀害的程度，因而不认为构成丧失继承权的要件。即使将预备和未遂的杀人行为认定为丧失继承权，也应当认为被继承人可以对此进行宽宥。

案例链接

李某一与刘某法定继承纠纷案[①]

基本案情

被继承人李某二及其配偶罗某三于某年某月某日自愿登记结婚，婚后于1983年10月6日生育了原告李某一。李某二于1953年9月2日出生，于2014年4月11日死亡。罗某三于1955年6月12日出生，于2014年4月10日死亡。李某二的父亲李某三于2009年6月12日死亡，李某某的母亲为被告刘某。2014年5月14日，海珠区卫生局组织人事科出具证明，证明罗某三的父亲罗某一、母亲罗某二、配偶李某二、女儿李某一之间的亲属关系。罗某一于2010年5月24日因死亡注销户口、罗某二于2011年5月28日因死亡注销户口。

2014年4月14日广东省广州市公安局荔湾区分局作出穗公荔字（2014）00417号《破案告知书》，内容为罗某三被杀一案经该局侦查，已破获该案，犯罪嫌疑人为李某二。

原告李某一起诉主张，被继承人的遗产，原告应当继承四分之三的份额，被告继承四分之一的份额。

---

① 广东省广州市荔湾区人民法院（2017）粤0103民初4494号民事判决书。

法院判决

人民法院经审理认为：被继承人李某二名下在光大证券股份有限公司广州花地大道营业部持有的股票中国建筑（证券代码：601668）20 700 股、中国银行（证券代码：601988）116 000 股，正虹科技（证券代码：000702）42 000 股以及资金台账号为 21×××00 的资金余额 78 076.35 元是李某二和罗某三在婚姻存续期间所得的财产，属于夫妻共同财产，双方应各占二分之一份额，即李某二和罗某三各占中国建筑 10 350 股、中国银行 58 000 股、正虹科技 21 000 股以及资金余额 39 038.175 元。被继承人罗某三于 2014 年 4 月 10 日死亡，其所占的中国建筑 10 350 股、中国银行 58 000 股、正虹科技 21 000 股以及资金余额 39 038.175 元作为其遗产，在没有遗嘱和遗赠的情形下，由罗某三的法定继承人依法继承。依据《继承法》第 10 条的规定，遗产按照下列顺序继承：第一顺序：配偶、子女、父母。由于罗某三的父母均先于罗某三死亡，故上述遗产应由罗某三的第一顺序继承人即李某二和原告李某一继承。《继承法》第 7 条第 1 项规定，继承人有下列行为之一的，丧失继承权：故意杀害被继承人的。由于被继承人罗某三是被李某二故意杀害死亡的，故李某二丧失对罗某三遗产的继承权。因此判决，罗某三在夫妻共同财产所占的二分之一份额，即中国建筑 10 350 股、中国银行 58 000 股、正虹科技 21 000 股以及资金余额 39 038.175 元，李某二不得继承，全部由原告李某一继承。刘某因李某二丧失对罗某三的继承权，因而不能继承对罗某三丧失继承权的这一部分遗产。

法院判决支持了原告的诉讼请求。

第二章

法定继承

民法典继承编的第二章章名是“法定继承”，规定了法定继承的规则。这一章共有 7 个条文，与原《继承法》规定相比较，有 2 处重要的修改。

这一章 7 个条文规定的主要规则是：继承权男女平等原则，法定继承人的范围和法定继承人的继承顺序，代位继承，丧偶儿媳与丧偶女婿作为第一顺序法定继承人，继承份额的确定，继承人以外的人的酌分遗产请求权，处理继承问题的一般方法。

这一章对法定继承的重要修改是：第一，被继承人的兄弟姐妹的子女可以代位继承；第二，扩大酌分遗产请求权的主体范围。

第一千一百二十六条

继承权男女平等。

条文对照

第九条　继承权男女平等。

本条主旨

本条是对继承权男女平等的规定。

条文详解

《民法典》第 4 条规定，平等原则是民法的基本原则，继承权平等原则是民法平等原则在继承编中的具体化。

一、法定继承的基本内容

本条规定的是继承权男女平等原则。这一条文是“法定继承”一章中的第一个条文，实际上是作为法定继承必须遵循的基本规则规定的。因此，理解本条规定，首先应当研究法定继承的基本内容。

（一）法定继承的概念和含义

法定继承，是指继承人范围、继承顺序、继承条件、继承份额、遗产分配原则及继承程序均由法律直接规定的继承方式。

对法定继承概念的界定，有两种不同意见：一是继承方式说，认为“法定继承，是指由法律直接规定继承人的范围、继承的先后顺序以及遗产分配原则的一种继承方式”①。二是法律制度说，认为“法定继承是继承人的范围、顺序和遗产的分配原则都由法律直接规定的继承制度”②。这两种看法都认可法定继承是法律直接对继承人的范围、顺序等予以规定，只不过在认定法定继承是一种继承方式还是一项法律制度上存在不同看法。

将法定继承认定为继承方式或者继承法律制度，并不矛盾，因为法定继承是继承人进行遗产继承时的一种方式，但是，法定继承也是由若干有关继承人范围、继承顺序、遗产分配等规则组成的法律制度，只不过在界定时所选取的角度不同。由此可见，法定继承是同遗嘱继承相对应的一种继承方式，也是同遗嘱继承相对应的一种继承法律制度。

法定继承的含义如下。

1. 法定继承是一种基本继承方式

被继承人死亡后，其遗留的财产必须作为遗产转移给他人，而转移遗产的两种基本方式就包括法定继承与遗嘱继承。法定继承是依照法律直接规定的继承人范围、顺序、份额等将死者遗产转归继承人的一种继承方式。

2. 法定继承是由法律直接规定的继承人继承遗产的继承方式

在法定继承中，哪些人为继承人，继承人依何种先后次序参加继承，都由法律直接规定，而不由被继承人或者其他人决定。

3. 法定继承是由法律直接规定继承人遗产分配原则的继承方式

在法定继承中，继承人应如何分配遗产，各个继承人应继承多少份额的遗

---

① 刘素萍．继承法．北京：中国人民大学出版社，1988：185.

② 张玉敏．继承法律制度研究．北京：法律出版社，1999：189.

产，也是由法律直接规定的，不是由被继承人决定的，继承人对此也不得改变。

4. 法定继承是不直接体现被继承人意志的继承方式

法定继承是依照法律的直接规定来继承遗产的，不是直接依照被继承人的意愿进行的。所以，法定继承制度直接体现了国家的意志，而不直接体现被继承人的意志。当然，法定继承也并非完全不体现被继承人的意思，不过，继承人不是直接按照被继承人的意思继承，而是依推定的被继承人的意思进行继承。①

（二）法定继承的沿革

法定继承的语源来自罗马法，原意为“无遗嘱继承”。法定继承早于遗嘱继承，是原始社会后期最先在习惯法上确立的制度。法定继承在《汉穆拉比法典》中就已初步成形，内容大体有：法定继承人的范围限于家庭成员之内，法定继承人的继承权可在一定条件下被剥夺，遗嘱继承优先于法定继承。在罗马法时期，法定继承制度渐趋完备，《优士丁尼法典》详尽规定了继承人的范围、继承顺序、应继份、代位继承等。日耳曼法最初完全没有遗嘱的痕迹。在古代社会，法定继承是最主要的基本继承方式。梅因在评价遗嘱继承时指出：“在所有自然生长的社会中，在早期的法律学中是不准许或是根本没有考虑到过‘遗嘱权’的，只有在法律发展的后来阶段，才准许在多少限制之下使财产所有者的意志能胜过他血亲的请求。”② 这一看法正确地说明了法定继承在历史上的地位和存在的原因。近现代资本主义各国都存在法定继承制度，只是两大法系的规定略有差异，英美法系以遗嘱继承为主，以法定继承为辅，例如原本实行遗嘱绝对自由的英国，现在也已对遗嘱自由加以一定限制③；而大陆法系各国主要继受罗马法，大多以法定继承为主。当然，这种区别也与不同国家的亲属制度有关。

我国古代的继承主要是法定继承，着重于祭祀和身份，以嫡长子继承为主，女子一般无继承权，根据宗法关系来确定继承人的范围，是宗法制度的继承。尽管也存在遗嘱继承的现象，但是，遗嘱继承仅限于财产继承，继承标的少于法定继承的。直至近代，我国的继承制度才在本质上有了变化，实行现代意义的财产继承，遗嘱继承也成为继承的重要方式，并且优先于法定继承，但是，法定继承仍为继承的主要方式。中华人民共和国成立以来，原《婚姻法》规定了近亲属间的法定继承权，其后法律实务特别重视法定继承。原《继承法》及最高人民法院《关于贯彻执行〈中华人民共和国继承法〉若干问题的意见》都对法定继承作了

① 郭明瑞，等．继承法．2版．北京：法律出版社，2004：93.

② 梅因．古代法．北京：商务印书馆，1959：101.

③ 在英美法系国家，一般使用“无遗嘱继承”（intestate succession）一词，而不用“法定继承”一词。

具体规定，形成了我国比较完善的法定继承制度。

(三) 法定继承的特征

1. 法定继承具有强烈的身份性

法定继承中的继承人是由法律直接加以规定的，而不是由被继承人指定的。各国法律规定法定继承人的范围、顺序和份额，一般依据婚姻关系、血缘关系和扶养关系，法定继承人一般只是与被继承人有亲属身分关系的人。有英国学者认为，无遗嘱继承规则源于十分流行的家庭观念，并且它可以说是家庭法的附录。① 由此可见，法定继承人具有强烈的人身性，建立在身份关系的基础之上。

2. 法定继承具有法定性

法定继承的法定性，是指法定继承的继承人范围、继承人的继承顺序、继承人的应继份以及遗产的分配原则都是由法律直接规定的，而不是由被继承人决定的。当然，法律规定法定继承是从推定被继承人的意愿出发的，而不是随意规定的。

3. 法定继承具有强行性

法律关于法定继承的规范为强行性规范，不得任意排除其适用，任何人不得改变法律规定的继承人的范围，也不得改变法律规定的继承人参加继承的先后顺序等，继承人在继承遗产时，须按照法律规定的应继份及遗产分配原则来分配遗产。在法定继承中也有任意性规范的适用，例如关于遗产的分配，就可以由继承人按照法律规定的原则协商确定，不过，这也是在遵循法律规定的遗产分配原则基础上的协商。

(四) 法定继承的适用范围

法定继承的适用范围，是指在何种情形下适用法定继承。各国继承法在法定继承与遗嘱继承的关系上，无不确认遗嘱继承优于法定继承。在继承开始后，应当首先适用遗嘱继承，不能适用遗嘱继承方式时，才按法定继承方式继承。这就是遗嘱在先原则。② 我国原《继承法》第 5 条和《民法典》第 1123 条都确立了这一原则，明确规定："继承开始后，按照法定继承办理；有遗嘱的，按照遗嘱继承或者遗赠办理；有遗赠扶养协议的，按照协议办理。"对此，应当继续坚持这样的规则。

在遵循遗嘱在先原则的基础上，结合有关实践情形，有下列情形的，适用法定继承。

1. 被继承人生前未立遗嘱

遗嘱继承虽然优先于法定继承，但是，必须以合法有效遗嘱的存在为前提。

---

① F. H. 劳森，B. 拉登．财产法．施天涛，等译．北京：中国大百科全书出版社，1998：207.

② 刘素萍．继承法．北京：中国人民大学出版社，1988：188.

如果被继承人生前未立遗嘱，则被继承人的全部遗产应当按照法定继承处理。我国自古以来就没有立遗嘱的习惯，即使在现代，立遗嘱的人也为数不多，而且劳动人民拥有的财产数额较少，法定继承仍然是普遍适用的继承方式。

2. 被继承人所立遗嘱未处分的财产

虽然被继承人生前立有遗嘱，但是，该遗嘱只是对其所拥有的部分财产进行遗嘱处分，并未对全部财产予以处分。对于未经遗嘱处分的部分遗产，不能推定按照被继承人遗嘱处理，应当按照法定继承处理，由被继承人的法定继承人取得该部分遗产。

3. 被继承人所立遗嘱无效所涉及的遗产

遗嘱的无效，分为全部无效和部分无效。如果是遗嘱全部无效，则被继承人遗嘱处分的所有遗产，都应当按照法定继承处理；如果遗嘱部分无效，遗嘱无效部分所涉及的遗产适用法定继承。

4. 遗嘱继承人放弃继承或者受遗赠人放弃受遗赠

继承开始后，遗嘱继承人可以放弃继承，受遗赠人也可以放弃遗赠。如果遗嘱继承人放弃继承和受遗赠人放弃受遗赠，其放弃继承和受遗赠的遗产部分，适用法定继承处理。如果部分遗嘱继承人放弃继承或部分受遗赠人放弃遗赠，而其他遗嘱继承人未放弃继承或其他受遗赠人未放弃受遗赠，则对其他遗嘱继承人或受遗赠人未放弃继承或受遗赠的遗产部分，不适用法定继承，只对放弃接受继承或者受遗赠部分的遗产按照法定继承处理。

5. 遗嘱继承人丧失继承权或受遗赠人丧失受遗赠权

遗嘱继承人和受遗赠人在发生法定事由时，其继承权和受遗赠权会丧失。如果遗嘱中指定的继承人在发生民法典继承编规定的丧失继承权的事由时，其继承权丧失，不得为继承人；遗嘱指定的受遗赠人丧失受遗赠权的，也不得为受遗赠人。因此，遗嘱继承人丧失继承权或受遗赠人丧失受遗赠权的，遗嘱指定由其继承或受遗赠的遗产部分，适用法定继承。

6. 遗嘱继承人、受遗赠人先于遗嘱人死亡

遗嘱继承人、受遗赠人先于被继承人死亡的，其因不具有继承能力或受遗赠能力而不能继承、受遗赠，遗嘱指定由其继承、受遗赠的财产适用法定继承。

（五）法定继承与遗嘱继承的关系

法定继承与遗嘱继承是两种基本的继承方式，两者之间存在错综复杂的关系。

1. 法定继承与遗嘱继承的联系

首先，法定继承与遗嘱继承可以并存。法定继承与遗嘱继承虽然是两种不同

的继承方式，但是，两者并非对立，可以并存适用。这也是现代各国继承法普遍采取的原则。比如，在被继承人立有合法有效遗嘱对其部分财产进行处分时，则继承开始后，对于遗嘱所处分的部分遗产应当按照遗嘱继承办理，而对于遗嘱未涉及的遗产部分则按照法定继承处理。这时，就存在法定继承与遗嘱继承并存适用的情形。

其次，法定继承是遗嘱继承的基础。虽然遗嘱继承优先于法定继承适用，但是，被继承人在订立遗嘱时，应当遵守法定继承的有关规定。在我国，虽然立遗嘱人可以指定继承人，但遗嘱继承人必须限定在法定继承人范围之内，法定继承有关法定继承人范围的规定是遗嘱继承的基础。如果立遗嘱人指定法定继承人范围之外的人承受遗产，则不再是遗嘱继承，而是遗赠。

再次，法定继承是对遗嘱继承的补充。法定继承虽与遗嘱继承并行，而且是一种主要的继承方式，但是，在效力上低于遗嘱继承的。遗嘱继承的效力优先于法定继承的。在继承开始后，如果存在合法有效遗嘱，应优先适用遗嘱继承或遗赠；只有在不存在遗嘱或者遗嘱无效以及未对有关遗产进行处分等情形时，才能适用法定继承。因此，法定继承是对遗嘱继承的补充。

最后，法定继承是对遗嘱继承的限制。在遗嘱继承中，立遗嘱人不能违反法律的限制规定，例如立遗嘱人处分必留份的遗嘱无效。尽管遗嘱继承适用在先，法定继承适用在后，遗嘱继承限制了法定继承的适用范围，但同时，法定继承也是对遗嘱继承的限制。

2. 法定继承与遗嘱继承的区别

第一，继承事项的产生基础不同。在遗嘱继承中，被继承人用遗嘱的方式，按照自己的意志指定自己的遗产由哪些人继承、继承多少，关于继承人以及应继份的确定，主要决定于被继承人对继承人的经济情况的关注以及彼此的感情好坏等。在法定继承中，法律根据血缘关系、婚姻关系以及扶养关系，直接确定继承人的范围、继承的顺序、遗产分配原则以及继承份额等。

第二，体现被继承人意愿的程度不同。法定继承与遗嘱继承都体现被继承人的意愿，但是，两者在程度上不同。在遗嘱继承中，遗嘱是被继承人意愿的直接表示与体现，根据遗嘱来确定继承人以及继承份额，则是对被继承人意愿的尊重。法定继承虽然也是对被继承人意愿的一种法律推定——被继承人愿意把自己的财产留给与自己关系最密切的近亲属，但是，在法定继承人、继承份额的确定上，都是由法律直接加以规定的，对被继承人的意愿体现得并不充分。

第三，继承人参加继承的顺序不同。在遗嘱继承中，继承开始后，遗嘱继承人就按照遗嘱的内容参加继承，获得遗产，不受法定继承顺序的限制。即使被指定的遗嘱继承人是第二顺序法定继承人中的继承人，也依遗嘱参加继承。在法定继承中，继承开始后，先由第一顺序继承人参加继承；当没有第一顺序继承人或者第一顺序继承人全部丧失继承权或放弃继承权时，第二顺序继承人才可参加继承。

二、继承权平等是法定继承必须遵守的原则

继承权男女平等，是继承权平等原则的核心和基本表现。在中国古代和近代均有女子不得继承的规定，直至 1929 年南京国民政府司法院法律解释，承认无论是已嫁或未嫁的女子，均得享受继承遗产的权利。[①] 本条明确规定，继承权男女平等。

继承权男女平等，既是对私有制古代以及近代社会中男女不平等的继承制度的根本否定，也是对我国宪法确认的男女平等原则以及国家在遗产继承问题上一贯的法律、政策的贯彻落实。继承权男女平等包含多方面的含义。

第一，男性与女性具有平等的继承权，不因性别差异而有所不同。这一点在法律上的规定是明确的，但是，在实际的民间操作上是不一样的，民间操作通常是剥夺或者削弱女子的继承权。例如，有一家兄妹三人，其中有一个妹妹。遗留的祖产被征收后，补偿其全家共七套房，协商后兄弟二人各三套，妹妹一套，妹妹很高兴地接受了这一套房。这实际上是削弱了女性的继承权，但是，却仍然是实现了部分继承权。在有的家庭里，妹妹因为是别人家的媳妇，就可能一套房子也得不到。

第二，夫妻在继承上有平等的权利，有相互继承遗产的继承权，《民法典》第 1157 条明确规定："夫妻一方死亡后另一方再婚的，有权处分所继承的财产，任何组织或者个人不得干涉。"这一点，在城市大概不难实现，但是在农村，就会有较大的实现难度。

第三，在继承人的范围和法定继承的顺序上，男女亲等相同，父系亲与母系亲平等，不得歧视和侵害女系亲和母系亲的继承权。

第四，在代位继承中，男女有平等的代位继承权。适用于父系的代位继承同样适用于母系。

法律适用中应注意的问题

本条只规定了男女继承权平等，没有对继承权平等原则作出规定。在理解和

① 汪澄之．女子继承权诠释．上海：民治书店，1929：35.

适用本条规定中，应当全面掌握继承权平等原则的完整内容。

第一，非婚生子女与婚生子女继承权平等。在国外的继承法立法例中，有的对非婚生子女的继承权进行限制。我国民法典反对这样的做法，承认非婚生子女与婚生子女的社会法律地位是平等的，受国家法律的同等保护。同样，非婚生子女与婚生子女同为子女，享有平等的继承权。本法第1127条第3款规定："本编所称子女，包括婚生子女、非婚生子女、养子女和有扶养关系的继子女。"在立法上明确了对非婚生子女与婚生子女不作区分，享有同样的继承权，并不因子女是婚生还是非婚生而有所区别。

第二，养子女与亲生子女继承权平等。我国法律一贯确认养子女与亲生子女有同等的法律地位，明确养子女与亲生子女在亲属身份关系中的法律地位平等。养子女与亲生子女在继承权上也是平等的，养子女与亲子女享有平等的继承权。

第三，儿媳与女婿在继承上权利平等。本法第1129条规定："丧偶儿媳对公婆，丧偶女婿对岳父母，尽了主要赡养义务的，作为第一顺序继承人。"儿媳或女婿只要符合丧偶的条件，且对公婆或岳父母尽了主要赡养义务，就享有继承权，并不区分儿媳与儿子、女儿与女婿的不同。所以，儿媳与女婿在继承上的权利平等，也是继承权平等的表现之一。

第四，同一顺序的继承人继承遗产的权利平等。同一顺序继承人继承遗产的份额，一般应当均等。凡为同一顺序的继承人，不分男女、长幼，也不论职业、政治状况，继承被继承人遗产的权利一律平等。

案例链接

张某一与李某、张某二、张某四、张某三继承纠纷案[①]

基本案情

张某五与李某系夫妻，二人共生育四个子女，即长女张某一、次女张某三、长子张某四、次子张某二。某街某号房屋原系张某五和李某所有，该处房屋共有北正房五间，另有西厢房、厕所和门道等。2017年1月13日，张某五因病死亡。

张某一向法院起诉，请求继承其父张某五遗留的遗产房屋的四分之一份额。

本案在审理过程中，李某放弃对于争议房屋享有的份额，只要求保留一间

① 北京市平谷区人民法院（2017）京0117民初7245号民事判决书。

房。经本院释明后，原告及四被告均不要求对西厢房、厕所和门道等进行分割。

法院判决

法院认为，公民合法的继承权受法律保护。本案中，张某五死亡后，原告及四被告作为张某五的第一顺序继承人，均有权继承张某五的遗产，并有权要求分割遗产。因张某五生前未立遗嘱，其遗产应当依照法定继承处理。李某放弃对涉案房屋享有的份额，不违反法律规定，法院予以准许。张某一不同意李某保留房产份额，不符合法律规定，对其该项意见，法院不予采纳。继承权男女平等是继承法的基本原则，张某四认为按照农村习俗，女儿不应当继承房产，该主张不符合法律规定，法院不予支持。故判决本案讼争的五间房屋，原、被告各分得一间，房屋的界墙和界梁归相邻双方共有，院内其他建筑物附属设施和树木，由原告和被告共同使用。

第一千一百二十七条

遗产按照下列顺序继承：

（一）第一顺序：配偶、子女、父母；

（二）第二顺序：兄弟姐妹、祖父母、外祖父母。

继承开始后，由第一顺序继承人继承，第二顺序继承人不继承；没有第一顺序继承人继承的，由第二顺序继承人继承。

本编所称子女，包括婚生子女、非婚生子女、养子女和有扶养关系的继子女。

本编所称父母，包括生父母、养父母和有扶养关系的继父母。

本编所称兄弟姐妹，包括同父母的兄弟姐妹、同父异母或者同母异父的兄弟姐妹、养兄弟姐妹、有扶养关系的继兄弟姐妹。

条文对照

第十条　遗产按照下列顺序继承：第一顺序：配偶、子女、父母。第二顺序：兄弟姐妹、祖父母、外祖父母。

继承开始后，由第一顺序继承人继承，第二顺序继承人不继承。没有第一顺序继承人继承的，由第二顺序继承人继承。

本法所说的子女，包括婚生子女、非婚生子女、养子女和有扶养关系的继子女。

本法所说的父母，包括生父母、养父母和有扶养关系的继父母。

本法所说的兄弟姐妹，包括同父母的兄弟姐妹、同父异母或者同母异父的兄弟姐妹、养兄弟姐妹、有扶养关系的继兄弟姐妹。

本条主旨

本条是对法定继承人和法定继承顺序的规定。

条文详解

确定法定继承顺序，首先必须确定法定继承人的范围，继承顺序就是在法定继承人的范围内确定的法定继承人的继承顺序。

一、法定继承人的范围

（一）法定继承人范围的概念

法定继承人的范围，是指在适用法定继承方式时，哪些人能够作为被继承人遗产的继承人。民法典继承编关于法定继承人范围的规定具有法定性与强行性，只有法律条文明确列举的人才可以作为法定继承人。其他人也可能取得被继承人的遗产，但是，却不是基于法定继承人的法律地位而取得的，在取得遗产的本质上是不同的。法定继承人范围的确定直接关系被继承人亲属的权益。

法定继承人范围确定依据的主要因素如下。

一是血缘关系。从古至今血缘关系的远近都是法定继承的重要依据，在决定法定继承人的范围方面起着决定性的作用。血缘关系包括亲生父母和亲生子女、同父母的兄弟姐妹之间的全血缘关系，同父异母或同母异父的父母子女关系及基于此而发生的兄弟姐妹之间的半血缘关系，养父母子女及养兄弟姐妹间的拟制血缘关系。

二是婚姻关系。婚姻关系是家庭关系的基础，基于婚姻关系形成的配偶是最重要的法定继承人，现代各国继承法都将配偶作为法定继承人。

三是扶养关系。家庭成员之间基于人身依赖关系形成的相互扶养、赡养、扶助的关系，也是决定法定继承人范围的一个重要方面。《民法典》第 1129 条规定的对公婆尽了主要赡养义务的丧偶儿媳和对岳父母尽了主要赡养义务的丧偶女婿，都可以作为第一顺序法定继承人。

四是民族传统和继承习惯。各国继承法确定法定继承人的范围，同本国的社会现实、民族传统、继承习惯等各方面因素有关。

现代各国继承立法规定法定继承人的范围有以下两种情况：一种是采取“亲属继承无限制主义”。比种立法例的法定继承人不受亲等的限制，如《德国民法典》规定的法定继承人的范围是：配偶，被继承人的直系晚辈血亲，父母及其直系晚辈血亲，祖父母（外祖父母）及其直系血亲卑血亲，曾祖父母及其直系晚辈血亲，高祖父母及其直系晚辈血亲。这实际上几乎把与死者有血亲关系的一切生存着的人，都列入法定继承人的范围。另一种是采取“亲属继承限制主义”。采此种立法例的国家有法国（以十二亲等为限）与意大利（以六亲等为限）。

我国虽然也以依血缘关系和婚姻关系所产生的亲属身份关系为基础，确定法定继承人的范围，但是，对法定继承人范围的规定却是最窄的国家之一。我国的上述规定仅限于近亲属，具体包括：配偶、子女（其直系晚辈血亲可以代位继承）、父母、兄弟姐妹（其子女可以代位继承）、祖父母、外祖父母，以及对公婆或岳父母尽了主要赡养义务的丧偶儿媳或女婿。这种立法是不完善的，本次编纂民法典也没有予以纠正，仍然采用原《继承法》第10条规定的基本规则，仅仅增加了第二顺位的兄弟姐妹的子女可以代位继承，作为可以代位继承的法定继承人。

（二）民法典规定的法定继承人的范围

《民法典》的本条和第1128条对法定继承人的范围作了规定。按照这一规定，我国法定继承人的范围如下。

1. 配偶

配偶，是指合法婚姻关系存续期间一方对另一方的称谓，夫以妻为配偶，妻以夫为配偶。在继承法中，配偶特指在被继承人死亡时没有离婚且尚生存的配偶。对于配偶的继承权采取的男女平等主义只是近代法律思想的产物。当今各国继承法对配偶的继承权有两种立法例：一是配偶为当然继承人，配偶并不是一个固定顺序继承人，在继承时根据继承法的规定，与其他继承人按一定比例获得应继份；二是配偶为固定顺序继承人，我国民法典继受原《继承法》的做法，仍然采取此立法例，将配偶规定为第一顺序继承人。配偶是共同生活的伴侣，在共同生活期间协力同心、互相关心、相互照顾，当夫妻一方死亡时，无论从家庭经济关系方面来看，还是从被继承人的意志方面来看，配偶都应当是法定继承人。不过，将配偶直接规定为第一顺序的继承人，存在较多的弊病，采取第一种立法例，其实更为妥当。①

作为继承人的配偶，必须在被继承人死亡时与被继承人之间存在合法婚姻关

① 杨立新，和丽军．我国配偶法定继承的零顺序改革．中州学刊，2013（1）．

系，在被继承人死亡时已经解除婚姻关系的，不为被继承人的配偶，不享有继承权。一方已经提起离婚，或法院一审已判决离婚，但判决尚未生效时一方死亡的，另一方是否仍然享有继承权，有学者认为赋予另一方继承权既违反死者遗愿，也不符合民族的传统伦理道德，建议参考《德国民法典》第 1933 条关于排除生存配偶的继承权和先取权的规定。[①] 笔者认为，只要夫妻双方尚未解除婚姻关系，即使在离婚诉讼中，或法院已经作出双方离婚的判决但是尚未产生效力前死亡的，另一方仍享有继承对方遗产的权利。

我国民法典婚姻家庭编规定了无效婚姻或可撤销婚姻的制度。对于无效或可撤销的婚姻，已经宣告无效或者予以撤销的，即自始无效，当事人不具有夫妻的权利和义务。在无效或被撤销婚姻中的配偶，不属于继承法所称的配偶，一方死亡的，另一方对其遗产不享有继承权。

2. 子女

子女作为被继承人的最近的直系晚辈血亲，被规定为第一顺序法定继承人。不过，关于子女范围的界定，各国做法却并不一致。有的国家仅规定婚生子女享有继承权；另外一些国家虽然规定非婚生子女有继承权，但却有种种限制，有的规定必须经过准正程序，有的规定继承份额仅为婚生子女的二分之一。本条第 3 款规定："本编所称子女，包括婚生子女、非婚生子女、养子女和有扶养关系的继子女。"

（1）婚生子女。婚生子女不论随母姓还是父姓，不论已婚还是未婚，也不论结婚后是到男方家落户还是到女方家入赘，都有继承父母遗产的权利。根据民法典对胎儿继承利益的特殊保护，不仅于父母死亡前出生的子女有继承权，而且对于父亲死亡前已受孕在其父亲死亡后活着出生的子女，也享有继承权。

（2）非婚生子女。虽然非婚生子女的父母之间的两性关系是非法和不道德的，应当受到社会舆论的谴责，但是，非婚生子女的出生只是父母的过错，非婚生子女对此完全是无辜的，其应当与婚生子女受到同等的法律保护。

（3）养子女。收养关系一经成立，养子女便取得同婚生子女同等的法律地位，当然有权继承养父母的遗产。由于其与生父母间的权利义务关系已经解除，在与生父母的权利义务关系未恢复前，养子女无权继承生父母的遗产。针对收养人与被收养人的年龄差距很大，以养祖父母与养孙子女名义生活的，在继承中应当视为养父母与养子女关系进行继承。

（4）有扶养关系的继子女。有扶养关系的继子女有双重继承权，既可以继承

① 张玉敏．继承制度研究．成都：成都科技大学出版社，1994：246.

继父母的遗产，又可以继承其生父母的遗产。对于“有扶养关系”的概念，我国民法典没有作出明确规定，也没有具体的标准衡量，造成实务中对此的认定难以统一。如何认定有扶养关系，应当由法官根据各个方面的因素综合考虑自由裁量；规定一个固定的标准可能缺乏灵活性。

(5) 非传统方式生育的子女。随着科学技术的发展，试管婴儿、代孕等非传统生育方式打破了生育的传统，且这些现象日渐增多。为保障人工生育子女和实施人工生育当事人的继承权，应赋予以这种非传统生育方式出生的子女以平等的继承权。

3. 父母

父母作为被继承人最直接的直系尊血亲，也是子女最亲近的尊亲属。由于父母子女之间具有最密切的人身关系和财产关系，各国继承法均对其继承权作了规定。根据权利义务对等原则，子女有权继承父母的遗产，父母也有权继承子女的遗产。《民法典》第1070条规定，父母和子女有相互继承遗产的权利。不过，大多数国家未对父母的范围加以明确界定，一般仅以生父母为限，其实应当包括生父母、养父母和有扶养关系的继父母。本条第4款明确规定：“本编所称父母，包括生父母、养父母和有扶养关系的继父母。”

(1) 生父母。生父母对其亲生子女有继承权，不论该子女为婚生子女还是非婚生子女。但是，亲生子女已由他人收养的，在收养关系解除前，生父母不得继承该子女的遗产。即使在收养关系解除后，若被收养的子女未与生父母恢复法律上的权利义务关系，则生父母对该子女的遗产依然无继承权。

(2) 养父母。养父母的继承权以收养关系的存在为前提，在养子女死亡前已经解除收养关系的，不论解除收养关系的原因为何，也不论解除收养关系的被继承人是否与其生父母恢复权利义务关系，收养人均无权继承其遗产。

(3) 继父母。继父母对继子女的遗产是否享有继承权，应当依其是否对继子女形成扶养关系而定，只有形成扶养关系的继父母才有继承权。继父母与继子女形成了扶养关系，相互间产生法律上的权利义务关系，继父母有权继承其继子女的遗产。若继父母与继子女之间只存在名义上的关系，并未形成实际上的扶养关系，则继父母无权继承继子女的遗产。

4. 兄弟姐妹

兄弟姐妹是被继承人最近的旁系血亲，兄弟姐妹一般都在家庭中共同生活多年，生活上相互照顾，经济上互相帮助，精神上相互慰藉，而且有负担能力的兄姐，对于父母已经死亡或父母无力扶养的弟妹有扶养的义务，因而兄弟姐妹间有相互继承的权利。民法典继承编规定，兄弟姐妹为第二顺序继承人，范围界定为同父母的兄弟姐妹、同父异母或者同母异父的兄弟姐妹、养兄弟姐妹、有扶养关系的继兄弟姐妹。至于堂兄弟姐妹和表兄弟姐妹，则不属于继承法上的兄弟姐妹的范畴，相互之间不享有继承权。

（1）有血缘关系的兄弟姐妹。有血缘关系的兄弟姐妹包括具有全血缘关系的兄弟姐妹与有半血缘关系的兄弟姐妹。同父母的兄弟姐妹具有完全的血缘关系，互为继承人。同父异母或同母异父的兄弟姐妹具有半血缘关系，对其继承权有不同于同父母的兄弟姐妹的规定。例如，有的国家对同父异母或同母异父的兄弟姐妹规定虽有继承权，但是，继承份额仅是同父母兄弟姐妹的一半。在我国，无论全血缘关系还是半血缘关系的兄弟姐妹，毕竟都存在血缘关系，他们之间相互继承遗产的权利是这种血缘关系的必然结果。根据继承权平等原则的要求，应当赋予兄弟姐妹间平等的继承权，不应当存在继承份额上的差异。

（2）养兄弟姐妹。收养关系产生拟制血缘关系，亲生子女与养子女及养子女相互之间也是兄弟姐妹，互有继承权，法律没有将其排除在外的理由。只要收养关系不解除，养兄弟姐妹的法律地位如同同胞兄弟姐妹的法律地位，相互有继承遗产的权利。如果被收养人与亲兄弟姐妹间的权利义务关系已因收养解除而消灭，则其不能再继承亲兄弟姐妹的遗产。

（3）继兄弟姐妹。在现代各国法中，大多不承认继兄弟姐妹间的继承权，认为继兄弟姐妹间是姻亲关系而非血缘关系。继兄弟姐妹间虽没有血缘关系，但是，因其父母再次结婚而形成姻亲关系，并且形成扶养关系的继兄弟姐妹间产生了权利义务关系，因而形成扶养关系的继兄弟姐妹之间应当相互有继承权。

5. 祖父母、外祖父母

祖父母、外祖父母与孙子女、外孙子女之间，是除父母子女以外的最近的直系血亲，彼此间的血缘联系密切。在现实生活中，祖父母、外祖父母与孙子女、外孙子女共同生活，彼此间形成抚养、赡养关系的十分普遍。在国外立法例中，有的直接将祖父母规定为一个独立顺序的继承人，有的将祖父母规定为与父母相同的尊亲属继承顺序。民法典继承编将祖父母与外祖父母规定为第二顺序法定继承人。

6. 对公婆或岳父母尽了主要赡养义务的丧偶儿媳或丧偶女婿

丧偶儿媳对公婆，丧偶女婿对岳父母尽了主要赡养义务的，作为第一顺序继承人。儿媳与公婆、女婿与岳父母之间是姻亲关系，相互之间本无继承权。依据《民法典》继承编的规定，当上述姻亲关系具备法定要件时，确认丧偶儿媳或者丧偶女婿对公婆或者岳父母有继承权。要件是：（1）必须存在丧偶情况，即儿媳或者女婿丧失配偶；（2）对公婆或者岳父母尽了主要赡养义务，如提供主要经济来源，或者给予劳务方面的主要扶助。具备这两个要件，丧偶儿媳或丧偶女婿取得继承权。

7. 孙子女、外孙子女等直系晚辈血亲

孙子女和外孙子女是被继承人的二亲等直系血亲，三代以内直系卑血亲；曾孙子女和曾外孙子女是被继承人的三亲等直系血亲，四代以内直系卑血亲；玄孙子女和玄外孙子女是四亲等直系血亲，是五代以内直系卑血亲。按照我国的服制，这些亲属均是未出五服的直系晚辈血亲，都应当是主要的继承人，甚至是第一顺位的法定继承人。不过，我国继承法律制度一直将孙子女和外孙子女等直系晚辈血亲排除在法定第一继承顺序之外，只是列为代位继承人，当然更不用说曾孙子女和曾外孙子女以及玄孙子女和玄外孙子女了。

8. 兄弟姐妹的子女

在民法典立法中，多数专家学者建议在民法典中扩大法定继承人的范围，增加法定继承顺序。但是，立法机关没有采纳这些建议，只是将兄弟姐妹的子女规定为代位继承人，对法定继承人的范围作了有限度的扩展。

兄弟姐妹是第二顺序法定继承人，兄弟姐妹的子女就是侄子、侄女和外甥、外甥女。在兄弟姐妹先于被继承人死亡的情况下，侄子、侄女或者外甥、外甥女作为代位继承人，参加第二顺序的法定继承。

二、法定继承人的继承顺序

（一）法定继承人继承顺序的概念和特征

法定继承人的继承顺序，又称法定继承人的顺位，是指法律直接规定的法定继承人参加继承的先后次序。

法定继承人皆有一定的继承顺序，顺序在先者有优先继承权，对于顺序在后者，得绝对排除之。[①] 法定继承人的继承顺序，关系着各继承人以何地位参加继承，谁有权继承，谁无权继承，谁是合法继承人，谁是不当继承人等问题，可以避免继承中许多不应发生的争议与纠纷，作用非常重要。各国继承立法都在法律条文中对法定继承人的继承顺序加以明确规定，以防滋生纷争。

法定继承开始后，法定继承人按照《民法典》继承编规定的法定继承顺序参加继承，即先由前一顺序的继承人继承，没有前一顺序的继承人继承时，才由后一顺序的继承人继承。法定继承人的继承顺序具有以下特征。

1. 法定性

继承人法定顺序的法定性，是指法定继承人的具体继承顺序是由法律根据继

① 罗鼎．继承法要论．上海：大东书局，1947：37.

承人与被继承人之间关系的亲疏程度、密切程度直接规定的，而不是由当事人自行决定的。这同遗嘱继承不同。在遗嘱继承中，遗嘱继承人参加继承无先后次序之分，是按照被继承人遗嘱的指定直接参加继承的。

2. 强行性

法律确定法定继承人参加继承的先后次序的目的，是保护不同情况的法定继承人的继承利益。在适用法定继承方式时，对于法律规定的继承顺序，任何人、任何单位都不得以任何理由加以改变，即使是被继承人本人也无权改变，除非其设立遗嘱排除法定继承的适用。即使前一顺序的继承人也不得变更自己的顺序，作为后一顺序的继承人参加继承。换言之，继承人只可以放弃继承权，但是不能放弃自己的继承顺序。此外，“随意改变法定继承人的继承顺序，势必破坏法定继承方式，并给处于优先继承顺序的法定继承人的合法利益带来损害，并导致继承纠纷的发生，给社会秩序造成消极影响”①。

3. 排他性

在法定继承中，继承人只能依法定的继承顺序，依次参加继承，前一顺序的继承人总是排斥后一顺序继承人继承。只要有前一顺序的继承人继承，后一顺序的继承人就不能取得和实现继承既得权，无权主张继承遗产。只有在没有前一顺序的继承人，或者前一顺序的继承人全部放弃继承或全部丧失继承权，或者前一顺序的继承人丧失继承权且其余的继承人全部放弃继承的情况下，后一顺序的继承人才有权参加继承。②

4. 限定性

作为遗产继承的两种基本方式，法定继承人的继承顺序只限定在法定继承中适用，各法定继承人须按照法律规定的继承顺序，依次取得被继承人的遗产。而在遗嘱继承中，遗嘱继承人不受法定继承人的继承顺序的限制，遗嘱人可以在遗嘱中指定由后一顺序的继承人继承遗产，而不由前一顺序的继承人继承遗产。

（二）法定继承人继承顺序的确定

法定继承人的继承顺序问题，不纯粹是一个立法技术问题，还涉及具体国情、历史、文化、宗教、民族特点、风俗习惯的差异，这些也决定了法定继承人继承顺序的差异。综观当今世界各国继承立法关于法定继承人继承顺序的规定，虽立法颇有差异，但是，确定法定继承顺序的依据，不外乎血缘关系、婚姻关系、被继承人与继承人间相互扶养关系的亲疏和民族传统与习俗。法定继承人的继承顺序是从两

① 刘素萍．继承法．北京：中国人民大学出版社，1988：212.

② 郭明瑞，等．继承法．2版．北京：法律出版社，2004：107.

个方面规定的：一个是配偶的继承顺序；另一个是血亲的继承顺序。

1. 配偶的继承顺序

各国继承立法在对待配偶的继承顺序上，有两种作法：一是将配偶列入一定的继承顺序，如我国民法典继承编将配偶规定为第一顺序继承人；二是将配偶作为继承人单列，没有固定的继承顺序，将血亲继承人依据亲疏划分为若干顺序，配偶得与任何一个顺序的血亲继承人一同继承遗产，只不过其应继份因血亲继承人的顺序不同而不同。

2. 血亲的继承顺序

在确定血亲的继承顺序及地位方面，各国的继承立法有不同的规定。有的依照亲系继承制确定，有的依照亲等继承制确定，还有的兼采这两种方法。①

（三）我国法定继承人的继承顺序

民法典继承编沿袭原《继承法》的做法，只规定了两个继承顺序，即第一顺序为配偶、子女、父母，以及对公婆或岳父母尽了主要赡养义务的丧偶儿媳或女婿，第二顺序为兄弟姐妹、祖父母与外祖父母。

1. 配偶、子女、父母为第一顺序法定继承人

（1）配偶。配偶是因婚姻关系的成立和存续而形成的夫妻之间的亲属身份关系，他们之间虽无血缘关系，但是，相互之间感情最为密切，在经济上一般不分彼此，财产共有，在精神上相互慰藉，相互扶持，互为终身的伴侣和依靠。民法典婚姻家庭编明确规定夫妻之间有相互扶助的义务，无论从亲属身份关系的亲疏程度上，还是从扶养关系的密切程度上，将配偶作为第一顺序法定继承人乃理所当然，也体现了配偶在家庭中的地位和他们之间的密切关系。

（2）子女。古今中外，子女都是第一顺序法定继承人。自罗马法以降，许多国家的法律还明确规定，父母没有正当的理由，不能剥夺、取消子女的继承权。实际上，子女和父母是最近的血亲，关系最为密切，在经济关系上，父母子女之间互负抚养和赡养的义务；从所有人处分身后财产的意志来看，父母总是愿意把财产留给自己的子女，以达财产传承的目的；现代各国继承立法都把子女作为第一顺序法定继承人。民法典继承编规定子女为第一顺序继承人，当然妥当，只不过在具体语词表述上与国外继承立法有些差异。各国继承法一般规定“直系晚辈血亲”为第一顺序法定继承人，而不是本法所用的“子女”这一语词。用“直系晚辈血亲”表述虽然具有概括性，包括了不同辈分的直系晚辈血亲，但是，由于本法实行“亲等近者优先”的继承原则，在直系晚辈血亲中的子女不能继承时，

① 刘文．继承法比较研究．北京：中国人民公安大学出版社，2004：119.

孙子女、外孙子女等卑亲属都能够以第一顺序继承人的身份参与继承。通说认为，被继承人的孙子女、外孙子女优先于被继承人的父母继承，与以亲属身份关系的亲疏划分继承顺序的依据有悖。民法典继承编已经以“子女”作为第一顺序继承人，虽然存在一定的问题，但是表述还是比较明确的。对其他直系晚辈血亲的继承权保护，可以通过代位继承制度来解决。这种意见仍然值得斟酌，将第一顺序直接规定为“直系晚辈血亲”其实是更为稳妥的办法，因为遗产向下流转是遗产继承的基本规律。

（3）父母。我国历史上受宗祧继承观念的影响，认为继承是男性后裔对父祖的继承，包括父母在内的直系尊亲属不能作为子女等直系晚辈血亲的继承人，如果子女无后，由父母承受遗产，但是，遗产承受人与遗产继承人是不同的。① 父母作为子女的最近的直系血亲尊亲属，他们无论是在经济上还是在情感上都有极为密切的关系，而且父母子女关系是家庭关系中的基本关系，父母子女在亲属身份关系上有相互抚养和赡养的义务，所以将父母列为继承人是合适的。但是，父母是否是第一顺序继承人，在各国法上规定不一，大多数国家将父母列于子女之后，是作为第二顺序法定继承人的。有学者主张，在我国，父母列于子女之后为第二顺序法定继承人更为合适。② 有的学者认为，随着社会经济发展和个人财产逐步增加，规定父母为第一顺序法定继承人更有利于对老人的赡养，若将父母规定为子女与配偶之后的第二顺序法定继承人，他们将很难得到子女的遗产。笔者认为，在通常情况下，父母先于子女死亡，因而子女继承父母的遗产是常态，父母继承子女的遗产为非常态；同时，父母作为第一顺序继承人继承遗产，将面临遗产向横向流转的可能，也不符合遗产流转的规律。当然，立法没有采纳这些意见，这些意见只能作为不同看法，不能改变立法的规定，更不能用于司法实践。

2. *兄弟姐妹、祖父母、外祖父母为第二顺序法定继承人*

（1）兄弟姐妹。兄弟姐妹之间为旁系血亲，虽然共同生活于或曾经共同生活于一个家庭，但是，在法律上一般没有相互扶养、扶助的权利义务，因此，不应作为第一顺序法定继承人。不过，毕竟兄弟姐妹在生活上互相帮助，感情上也很密切，而且在父母双亡或父母无力抚养的情况下，有负担能力的兄、姐对未成年的弟、妹负有扶养的义务，由兄、姐扶养长大的有负担能力的弟、妹，对丧失劳动能力、孤苦无依的兄、姐也负有扶养的义务，将兄弟姐妹列为第二顺序法定继承人，是比较合理的。

---

① 史尚宽．继承法论．北京：中国政法大学出版社，2000：55.

② 张玉敏．继承法律制度研究．北京：法律出版社，1999：208.

(2) 祖父母、外祖父母。祖父母、外祖父母与孙子女、外孙子女间为二亲等直系血亲，在通常情况下，子女由父母抚养，祖孙之间不发生直接扶养的权利义务关系。不过，他们之间相互关系的密切程度虽次于父母子女关系的，但也是非常高的。有负担能力的祖父母、外祖父母，对于父母双方已经死亡或者父母双方均丧失抚养能力，或父母一方死亡，另一方确实无能力抚养的未成年孙子女、外孙子女，有抚养的义务；有负担能力的孙子女、外孙子女，对于子女已经死亡或子女确无赡养能力的祖父母、外祖父母，有赡养的义务。基于此，将祖父母、外祖父母规定为第二顺序法定继承人，也是比较合理的。

法律适用中应注意的问题

应当看到的是，本法关于法定继承人范围和继承顺序的规定，是不尽完善的，存在较大的缺陷。不过，法律既然已经规定，当然具有法律效力，因此，在实践中应当具体适用。应当注意如下内容。

第一，对于法定继承人范围，应当注意民法典继承编有了有限度的扩展，这是适当扩展法定继承人范围的一个举措，尽管不能解决存在的主要问题，但是，毕竟是有了一定程度的扩展。因而，应当将兄弟姐妹的子女纳入法定继承人的范围，对其按照享有代位继承权的法定继承人的地位对待。

第二，法定继承顺序具有强制性，不可以任意更改。在司法实践中，任何不按照法定继承顺序进行继承的做法，都是不正确的。

第三，对孙子女、外孙子女等直系晚辈血亲的继承问题，应当通过代位继承来解决。在适用代位继承规则进行继承时，如果被代位继承人因故丧失继承权，或者放弃继承权，孙子女、外孙子女是否仍然可以继承，通常认为是否定的。对此，笔者认为应当适当放宽，使孙子女、外孙子女有更多的继承机会。

案例链接

刘某三、刘某二等与刘某四、陈某法定继承纠纷案[①]

基本案情

被继承人刘某五与许某系原配夫妻，共生育四个子女：刘某六、刘某二、刘

① 北京市东城区人民法院（2017）京0101民初11386号民事判决书。

某一、刘某四。刘某五于2004年9月29日去世，许某于2017年1月10日去世。刘某六于2011年6月19日去世，其与原配妻子陈某生育一子刘某三。

登记在刘某五名下位于北京市东城区××园×号楼××号房屋系刘某五与许某的夫妻共同财产。原、被告均认可诉争房屋价值为每平方米9.2万元，房屋建筑面积为73.44平方米。

原告刘某一、刘某二、刘某三向法院起诉主张，原、被告应当按照法定继承方式继承，由三原告继承房屋，并对被告按照市场价值给予经济补偿。

法院判决

法院认为，继承开始后，按照法定继承办理；有遗嘱的，按照遗嘱继承或者遗赠办理；有遗赠扶养协议的，按照协议办理。在本案中，被继承人未留有遗嘱或遗赠抚养协议，故位于北京市东城区××园×号楼××号房屋应当按照法定继承办理。依照《继承法》第13条第1款关于"同一顺序继承人继承遗产的份额，一般应当均等"的规定，被继承人刘某五去世后，其享有的诉争房屋的产权份额应按法定继承依法分割。《继承法》第10条第1款第1项规定："遗产按照下列顺序继承：第一顺序：配偶、子女、父母"，故刘某五的上述遗产由法定继承人许某、刘某六、刘某二、刘某一、刘某四均等继承。法院判决，将讼争遗产房屋判归刘某四所有，刘某四对陈某、刘某一、刘某二、刘某三分别予以经济补偿款若干。

第一千一百二十八条

被继承人的子女先于被继承人死亡的，由被继承人的子女的直系晚辈血亲代位继承。

被继承人的兄弟姐妹先于被继承人死亡的，由被继承人的兄弟姐妹的子女代位继承。

代位继承人一般只能继承被代位继承人有权继承的遗产份额。

条文对照

第十一条　被继承人的子女先于被继承人死亡的，由被继承人的子女的晚辈直系血亲代位继承。代位继承人一般只能继承他的父亲或者母亲有权继承的遗产份额。

本条主旨

本条是对代位继承的规定。

条文详解

本条是对被继承人的子女的直系晚辈血亲和被继承人的兄弟姐妹的子女的代位继承的规定。原《继承法》规定代位继承只是被继承人的子女的直系晚辈血亲的代位继承，范围比较窄，本条规定增加第2款，规定了被继承人的兄弟姐妹的子女的代位继承，扩大了代位继承的范围，有利于遗产在旁系血亲中的流转。

一、代位继承的概念和沿革

（一）代位继承的概念

代位继承是指被继承人的子女先于被继承人死亡时，由被继承人子女的直系晚辈血亲代替先亡的被继承人的子女，或者由被继承人的兄弟姐妹的子女代替先亡的被继承人的兄弟姐妹，继承被继承人遗产的法定继承制度。

在代位继承中，被继承人的子女或者兄弟姐妹为被代位继承人，承继应继份的被继承人子女的直系晚辈血亲，或者被继承人的兄弟姐妹的子女，为代位继承人。应继份，是指各继承人对于遗产上一切权利义务所得继承之成数或分率。[①]

（二）代位继承的沿革

代位继承是各国继承法的一项重要法定继承制度，其渊源甚早。在罗马法时代，代位继承就已经出现。在生产力有所提高，大家庭的所有制被小家庭的私有制取代之后，血亲继承渐占主要地位，被继承人遗留的财产即按照感情疏密、亲等远近而定其继承的顺序，先由第一亲等的亲属继承。如果第一亲等的亲属中有先于被继承人死亡，或丧失继承权的，第二亲等的亲属代替他们来继承，但是，以第一亲等的亲属生前没有放弃继承权为条件。因为应推定被继承人对其直系晚辈血亲有同等的感情，特别是对在子女中先死亡的，其所遗留的年幼尚不能自行谋生的儿童，更有予以照顾的必要。[②] 起初，在罗马法中只是先死亡或受家父权免除者之子，承继父之应继份，后来，代位继承扩展到旁系亲属间。日耳曼法最初没有代位继承制度，受罗马法的影响，在中世纪才确立了代位继承制度。现代世界各国继承法大多规定了代位继承制度。这从一个侧面反映了代位继承制度是

---

① 罗鼎．继承法要论．上海：大东书局，1947：38.

② 周枏．罗马法原论：下．北京：商务印书馆，2001：476.

一种具有蓬勃生命力的制度。

关于代位继承的发生原因，有三种不同的立法例：（1）以被代位继承人先于被继承人死亡为代位继承发生的唯一原因，《法国民法典》属于这种类型，第744条第1款规定："对健在的人，不得替代其为代位继承，代位继承仅得对已去世的人设置。"（2）被代位人先于被继承人死亡和丧失继承权，都可以引起代位继承[①]，日本、韩国、意大利等国民法和我国台湾地区"民法"属于这一类型。（3）被代位继承人先于被继承人死亡、丧失继承权或抛弃继承权，均发生代位继承。德国、瑞士等国民法与我国澳门地区民法属于这种类型。我国原《继承法》采用第一种类型，民法典继承编沿袭了这样的做法。

代位继承仅限于被代位继承人先于被继承人死亡这一种情形，失之过窄，不利于代位继承公平与育幼价值功能的实现。为了更充分发挥代位继承制度的作用，应规定在享有法定继承权的人于继承前死亡或丧失继承权时，都可以发生代位继承，将代位继承的发生原因改采第二种立法例。代位继承界定得更宽一些，可使被继承人的子女在继承前死亡或丧失继承权时，由其直系晚辈血亲代位继承其应继份。这样规定的社会意义显然更为重要。因此，最高人民法院《关于贯彻执行〈中华人民共和国继承法〉若干问题的意见》第28条关于"继承人丧失继承权的，其直系晚辈血亲不得代位继承"的规定，就值得研究。这是一个不好的规定。

二、代位继承的性质

代位继承的性质，主要有固有权说和代表权说两种不同学说。

固有权说认为，代位继承人参加继承是自己本身固有的权利，代位继承人是基于自己的权利而继承被继承人的遗产，不以被代位继承人是否有继承权为转移。依这种学说，只要被代位继承人不能继承，代位继承人就得代位继承，即使在被代位继承人丧失继承权或放弃继承权的情况下，代位继承人也得依自己的权利继承被继承人遗产。在日本及我国台湾地区民法学界，此说为通说，而且有的继承立法明确采用了固有权说，如《瑞士民法典》第541条规定，丧失继承权的"丧失继承资格的人，其直系卑亲属可以对被继承人进行继承；其情形与丧失继承资格的人先于被继承人死亡的情形相同"。

代表权说又称代位权说，认为代位继承人继承被继承人的遗产，不是基于自己本身固有的权利，而是代表被代位继承人参加继承，也就是代位继承人是以被

① 罗鼎．民法继承论．上海：上海法学编译社，1946：62.

代位继承人的地位而取得被代位继承人的应继份的。依这种学说，在被代位继承人丧失继承权或放弃继承权的情况下，不发生代位继承。法国民法采取这一学说，《法国民法典》第751条规定：代位继承是法律上的一种拟制，其效果是召唤取代被代位人权利的代位人继承遗产。

我国原《继承法》在代位继承性质上采取的是代表权说，本条继续坚持这样的立场。

基于我国现行法的规定，学者对代位继承的性质也大多持代表权说，也有学者主张采取固有权说为妥当，并提出了如下理由论证固有权说的合理性。

第一，按照民法基本法理，自然人的民事权利能力始于出生，终于死亡。自然人死亡，其继承法律地位便不复存在。因此，不管被代位继承人是死亡还是丧失继承权，其代位继承人都不可能去代替一个实际上已不存在的法律地位进行继承。代表权说违反民法关于自然人权利能力的基本原理，是不能成立的。

第二，代表权说不能解释法律为什么规定一些继承人先于被继承人死亡，其直系晚辈血亲可以代位继承，而另一些继承人先于被继承人死亡，其直系晚辈血亲则不能代位继承。只有固有权说才能圆满地解释这一问题。按照固有权说，代位继承人本来就是法定继承人范围以内的人，不过在被代位人生存时，按照“亲等近者优先”的继承原则，他们被排斥于继承之外，当被代位继承人先于被继承人死亡或丧失继承权时，他们基于自己的继承人资格和权利，按照被代位继承人的继承顺序和应继份，直接继承被继承人的财产。法律关于哪些继承人先于被继承人死亡可以发生代位继承的规定，实质上就是关于法定继承人范围的规定。因此，哪些继承人先于被继承人死亡或丧失继承权，其直系晚辈血亲可以代位继承，这取决于立法者所确定的法定继承人的范围。

第三，从制度上考察，代位继承是基于亲系继承和按支继承这样两种继承制度的，没有亲系继承和按支继承，就不会有代位继承。亲系继承反映的是某个亲系的血缘亲属继承应当优先于其他血缘亲属继承这样一种观念。按支继承反映的则是在每一亲系中，应当按支而不按人分配遗产的观念。基于按支继承制度，某一支中与被继承人亲等最近者先于被继承人死亡的，其应继份当然应留在该支内由其直系晚辈血亲代位继承，而不是转归他支。这些制度和观念都证明了固有权说的合理性。①

笔者赞同代位继承权的性质采取固有权说。除上述理由外，即使是从民法典规定的法定继承人的范围上考虑，也应当采取固有权说。理由如下。

---

① 张玉敏．代位继承比较研究．中央政法干部管理学院学报，1997（3）．

第一，我国民法典继承编仅规定子女为第一顺序法定继承人，而且在第二顺序继承人中也未将孙子女、外孙子女列为继承人。相比之下，国外立法一般规定直系晚辈血亲为法定继承人，并且实行“亲等近者优先”原则，在前一亲等被继承人的直系晚辈血亲不能继承时，后一亲等被继承人的直系晚辈血亲可以直接进行继承。因此，在我国当前法律环境下，被继承人的子女的直系晚辈血亲并不是法定继承人，如果采取固有权说，赋予被继承人子女的直系晚辈血亲固有的代位继承的权利，只要被继承人的子女因死亡或丧失继承权不能继承时，其就有权以固有的权利进行代位继承，可以在一定程度上弥补我国继承法对孙子女、外孙子女等直系晚辈血亲继承权益保护不足的缺陷。

第二，在国外立法例上，虽然大多认为法国采纳的是代表权说，但法国的代位继承形式上是代表权说，实质上也是固有权说。可以说，代位继承采取固有权说为一种趋势。① 总之，只要被继承人的子女先于被继承人死亡，被继承人的子女的直系晚辈血亲就应有权代位继承，这应属于代位继承人自己的权利，而不应依被代位继承人的权利状况而转移。即使先于被继承人死亡的子女有丧失继承权的情形，也不应因此而影响其直系晚辈血亲的代位继承权。因已死亡父母的违法或犯罪行为，而让子女承担不能继承被继承人遗产的不利后果，与我国继承法律的基本精神未必相符。

三、代位继承的要件

代位继承须符合一定的要件才会发生。由于代位继承制度的共通性，代位继承的要件在各国立法上差别不大，但是，由我国原《继承法》立法时的历史条件、法学理论等因素所限，我国在代位继承的要件方面存在一些欠缺。民法典继承编有所改进，但是仍然存在不足。

（一）子女的直系晚辈血亲的代位继承的构成要件

1. 须被继承人的子女在继承开始前已经死亡

被继承人的子女先于被继承人死亡是代位继承发生的必要条件，只有出现这一条件时，才有可能适用代位继承。如果被继承人的子女于被继承人死亡后未表示放弃继承或接受继承而死亡，不适用代位继承，应当适用转继承。这也是代位继承与转继承的根本区别。

被继承人的子女先于被继承人死亡，包括自然死亡和宣告死亡。值得注意的是，在被继承人的子女与被继承人同时死亡时，是否适用代位继承。一般认为，

① 李红玲．继承人范围两题．法学，2002（4）．

推定同时死亡的，彼此不发生继承，由他们各自的继承人继承，应无适用代位继承的余地[①]，但是，基于代位继承权是代位继承人的固有权利，应当适用代位继承。另外，如果被继承人除子女外，没有其他第一顺序继承人或其他第一顺序继承人放弃继承权或者丧失继承权，两个以上的被继承人的子女全部先于被继承人死亡，且被继承人的子女都有直系晚辈血亲，那么此时被继承人子女的直系晚辈血亲进行继承，是代位继承还是本位继承？过去大多主张是本位继承，由各继承人平均继承，不按支（股或房）继承。如果按本位继承对待，则会出现不合理之处。例如，被继承人的已死亡或丧失继承权子女的子女较少者，其应继份因此而减少，而子女较多者，其应继份随之增加，这与代位继承权为固有权的性质不符，也有欠公允。因此，在此情形下，仍应适用代位继承，先按支分配遗产，再在支内平均分割。

在其他立法例中，丧失继承权也是代位继承的要件。继承权的丧失一般发生在继承开始前，如为争夺遗产而杀害其他继承人的；伪造、篡改、隐匿或者销毁遗嘱情节严重的，也有可能发生在继承开始后。被继承人的子女在继承开始前丧失继承权的，应当适用代位继承。但继承开始后被继承人的子女丧失继承权的，是否适用代位继承，有学者认为，仍应解释为溯及于继承开始时发生效力，而有代位继承的适用。[②] 一般认为，“继承开始前已经死亡”与“丧失继承权”为两个不同的代位继承发生原因，“丧失继承权”不受继承开始前的限制，即使丧失继承权发生在继承开始后，也应当适用代位继承，只不过代位继承的效力溯及于继承开始时。

丧失对被代位继承人的继承权者，是否可以作为代位继承人继承被继承人的遗产？罗马法采取肯定说。《法国民法典》第 744 条仿效罗马法。在理论上，有肯定和否定两种主张。笔者赞同肯定说，理由是：第一，代位继承人系基于自己的固有权利直接代位继承被继承人遗产，而不是基于对被代位继承人的继承权间接继承被继承人遗产；第二，丧失继承权仅具有相对的效力，丧失对被代位继承人的继承权，不影响其对被继承人的继承权；第三，各国民法对此均无禁止性规定。

各国规定代位继承发生原因的范围广狭不一，而我国自《继承法》以来，一直只规定被继承人的子女先于被继承人死亡一种发生原因。这样的规定与我国立法及司法实践中对代位继承的性质以代表权说为基础有关，但是，通过上述对代

---

① 韩家勇．试析代位继承中的几个问题．中南政法学院学报，1988（3）．

② 史尚宽．继承法论．北京：中国政法大学出版社，2000：86.

位继承性质的分析，代位继承权的性质应以采固有权说为妥。在被继承人的子女丧失继承权时，也应适用代位继承。但是不能仿效德国、瑞士立法例，将被继承人的子女放弃继承权也作为代位继承的发生原因。理由是，根据继承权的性质，继承权的放弃只能发生在继承开始后，继承人放弃继承权后其应继份归属于其他同一顺序继承人或后顺序继承人，不存在适用代位继承的可能。不过，民法典继承编没有接受这个意见，仍然坚持原《继承法》的规定。

2. 被代位继承人是被继承人的子女

被代位继承人必须是被继承人的血亲继承人，配偶一方先亡的不发生其子女代位继承的问题，这是各国继承法的一致原则。

至于那些血亲继承人能够作为被代位继承人，各国的规定不一，有四种类型：一是被代位继承人限于被继承人的直系晚辈血亲；二是被继承人的直系晚辈血亲和兄弟姐妹及其直系晚辈血亲都可以作为被代位继承人；三是被代位继承人的范围包括直系晚辈血亲、父母及其直系晚辈血亲和祖父母及其直系晚辈血亲；四是被代位继承人的范围包括直系晚辈血亲、兄弟姐妹及其直系晚辈血亲、祖父母及其直系晚辈血亲。

子女的直系晚辈血亲的代位继承是第一种类型。本条第1款规定，被继承人的子女先于被继承人死亡的，由其直系晚辈血亲代位继承，这将被代位继承人限于被继承人的子女。我国台湾地区“民法”将直系晚辈血亲列为被代位继承人，规定第一顺序继承人有于继承开始前死亡或丧失继承权者，由其直系卑亲属代位继承其应继份。直系晚辈血亲的范围较为宽泛，实际上被代位继承人仅是被继承人的子女，则被继承人的子女以下的直系晚辈血亲在继承时都是代位继承人，代位继承人不受辈分的限制，如果被继承人的孙子女也先于被继承人死亡时，被继承人的曾孙子女有权继承其父母应继承的遗产份额。

子女，包括婚生子女、非婚生子女、养子女及有扶养关系的继子女。无论是婚生子女还是非婚生子女，都与被继承人有着天然的血缘关系，是被继承人的直系晚辈血亲，其作为代位继承中的被代位继承人，自不待言。养子女由于同被继承人产生了拟制血缘关系，且同其生父母间的亲属身份关系消灭，也可以作为被代位继承人。对于继子女是否为代位继承中的被代位继承人，各国有不同的看法。大多数国家不承认继子女对继父母的遗产享有继承权，且认为继子女非继父母的直系卑血亲，而是直系姻亲，故不承认继子女可为被代位继承人。我国《继承法》规定，继子女若与继父母形成扶养关系，继子女对继父母也享有继承权，而且根据代位继承的固有权性质，有扶养关系的继子女亦可为被代位继承人。

有的学者认为，丧偶儿媳对公婆，丧偶女婿对岳父母尽了主要赡养义务的，且又先于公婆、岳父母死亡的，也可以作为被代位继承人。[①] 笔者不赞同这种意见。《民法典》第1129条规定的尽了主要赡养义务的丧偶儿媳与丧偶女婿可作为第一顺序继承人，实际上与继承法以血缘关系为基础相违背，损害了整个继承法的体系性，而且若其作为被代位继承人，也与被代位继承人为“被继承人的子女”的定义不符。

3. 代位继承人必须是被代位继承人的直系晚辈血亲

代位继承人必须是被代位继承人的直系晚辈血亲，这是代位继承的基本原则。在这个问题上，各国的规定基本上是一致的，但是，也有个别例外，如《韩国民法典》规定，妻子可代亡夫继承公婆的财产。值得注意的是，代位继承人必须是被代位继承人的直系晚辈血亲，但是，不一定是被继承人的直系晚辈血亲。实际上，在大多数国家，代位继承人的范围大大超出了被继承人直系晚辈血亲的范围。例如，承认父母或兄弟姐妹可以作为被代位继承人的立法，代位继承人的范围就扩及侄子女、甥子女及其直系晚辈血亲；承认祖父母为被代位继承人的立法，代位继承人的范围就扩及叔、伯、姑、舅、姨及其直系晚辈血亲。我国新增加的被继承人的兄弟姐妹的子女的代位继承，就是这样的规定。

虽我国古代封建社会法律有守志之妇继承夫份的规定，但是原《继承法》和民法典继承编没有采纳这样的传统，规定代位继承人仅是被继承人的直系晚辈血亲，包括被继承人的孙子女、外孙子女等。

对于养子女，多数国家规定可以作为代位继承人继承其养父或养母的直系尊亲属的财产。这种主张有利于稳定收养关系。美国等一些国家则认为，收养是收养人和被收养人之间的事，收养合同的效力不及于收养合同以外的其他人。养子女不能代养父或养母之位继承养父或养母的直系尊亲属或其他血亲的财产。被代位继承人的养子女与被继承人产生了拟制的血缘关系，养子女亦可作为代位继承人。

外国法律不承认继子女法律地位，除非继子女被继父或继母收养后，按养子女对待，否则无权利义务关系。因此，在代位继承中，“继父母子女，非直系血亲关系，而为直系姻亲，继子女自不能代位继承其继父母，尤为明了”[②]。本法对此没有明确规定，有的学者基于继子女与继父母属姻亲关系、养子女与继子女在继承中的地位不同和最高人民法院的司法解释，认为继子女无代位继承权。[③]

① 韩家勇．试析代位继承中的几个问题．中南政法学院学报，1988（3）．

② 陈棋炎，等．民法继承新论．台北：三民书局，2001：59．

③ 韩来壁，等．被代位继承人的继子女无权代位继承．法学，1989（9）．

本条明确规定代位继承人为被继承人子女的直系晚辈血亲，且继子女不为血亲，其仅有权对其生父或生母代位继承，不得对继父或继母代位继承。这样解释似乎有道理。但是，《民法典》第1127条第3款明确规定，有扶养关系的继子女也是子女，这是因为形成扶养关系的继父母子女关系视为血亲关系。因此，形成扶养关系的继父母子女，适用代位继承的规定。

代位继承人是否应当限于被代位人死亡时已存在的直系晚辈血亲，如果被继承人的子女先于被继承人死亡而发生代位继承，除其死亡时已有其胎儿的以外，当然不可能在其死亡之后再有其他直系晚辈血亲，这种情形下，不会出现问题。

符合上述三个要件的要求，子女的直系晚辈血亲即可进行代位继承。

（二）被继承人的兄弟姐妹的子女代位继承的构成要件

1. 须被继承人的兄弟姐妹在继承开始前已经死亡

这一要件要求的是，在法定继承中，没有第一顺序法定继承人，因此才有了作为第二顺序法定继承人的兄弟姐妹实现继承权的机会。但是，仅此还不足以成立这一要件，还须被继承人的兄弟姐妹在继承开始之前已经死亡。兄弟姐妹作为继承人发生的继承，不是纵向的继承关系，而是横向的继承关系，当兄弟姐妹有权继承被继承人的遗产，而又在继承开始前死亡的，兄弟姐妹的子女才有代位继承的机会，据此构成兄弟姐妹的子女代位继承的第一个要件。

2. 被代位继承人是被继承人的兄弟姐妹

在兄弟姐妹的子女代位继承中，被代位继承人是被继承人的兄弟姐妹，兄弟姐妹与被继承人是二亲等旁系血亲，是最密切的旁系血亲同辈亲属。只有在被继承人没有第一顺序法定继承人的情况下，兄弟姐妹才能成为有资格继承被继承人遗产的法定继承人。

3. 代位继承人必须是被代位继承人的子女

在这种代位继承中，代位继承人是兄弟姐妹的子女，也就是仅限于被代位继承人的子女，而不是直系晚辈血亲，即侄子、侄女和外甥、外甥女。

从这些要件看，对兄弟姐妹的子女代位继承要件的要求更高，代位继承人的范围更窄。

四、代位继承的法律效力

适用代位继承产生的法律效力，主要为代位继承人的应继份。考察主要国家的继承立法，都确认代位继承人应当继承被代位继承人的应继份。比如，在数个代位继承人代位被代位继承人继承遗产时，数个代位继承人只能继承该被代位继承人的应继份，《法国民法典》把这种情况称为按房继承，瑞士、德国、奥地利等国则称之为按股继承。

代位继承权是代位继承人的固有权利，代位继承是继承顺序的提前，因此，代位继承人的应继份应根据被代位继承人的应继份确定，按房或支来分割遗产。若在同一支内有两个以上的代位继承人，则由他们按人数均分被代位继承人的应继份。例如，被继承人原有甲、乙两子，甲已于继承开始前死亡，甲留有子女丙、丁二人，在被继承人死亡时，乙、丙及丁三人共同继承，但是，各人的应继份不同，乙应得遗产的二分之一，丙与丁各得遗产的四分之一。对此，本条也作了规定："被继承人的子女先于被继承人死亡的，由被继承人的子女的直系晚辈血亲代位继承。""代位继承人一般只能继承被代位继承人有权继承的遗产份额。"

法律适用中应注意的问题

本条第2款规定被继承人的兄弟姐妹的子女代位继承的主要价值，是扩大法定继承人的范围。民法典继承编规定的法定继承人范围过于狭窄，在旁系血亲中只有兄弟姐妹是法定继承人。将被继承人的兄弟姐妹的子女规定为代位继承的法定继承人，就有可能使侄子、侄女、外甥、外甥女成为代位继承的法定继承人，能够代位继承其伯、叔、姑、舅、姨的遗产，减少无人继承的遗产。

应当注意区别的是，被继承人父母的子女的直系晚辈血亲的概念比较宽，包括孙子女、外孙子女、曾孙子女、曾外孙子女甚至玄孙子女、玄外孙子女等；而兄弟姐妹的子女，只包含兄弟姐妹的一代直系晚辈血亲。因此，兄弟姐妹的子女的代位继承范围比父母的子女的直系晚辈血亲的代位继承范围要窄得多。

案例链接

成某一、成某二等与成某六法定继承纠纷案[①]

基本案情

被继承人周某云、成某寿系原告成某一、成某二、成某三、成某四、被告成某六及成某淼的父母，原告成某五系成某淼与原告秦某之子。1997年8月，周某云、成某寿夫妇原住房动迁，被安置于讼争房屋（建筑面积51.42平方米）。

① 上海市浦东新区人民法院（2017）沪0115民初19736号民事判决书。

2000 年 11 月 28 日，讼争房屋产权登记为周某云、成某寿共同共有。2005 年 12 月 1 日，周某云去世。2011 年 9 月 3 日，成某森病故。2016 年 6 月 15 日，成某寿死亡。周某云、成某寿、成某森生前均未留有遗嘱。周某云的父母均先于周某云死亡。成某寿的父母均先于成某寿死亡。

原告成某一、成某二、成某三、成某四、秦某、成某五向法院起诉，主张依法定继承继承周某云、成某寿名下遗产即讼争房屋。

诉讼中，原告秦某表示在讼争房屋中属其继承所得的产权份额自愿赠归儿子成某五所有。众原告均表示讼争房屋产权归原告成某三所有，由原告成某三给付讼争房屋的折价款，讼争房屋的价格按当地房价的均价每平方米 6 万元计算。

法院判决

法院认为，遗产是公民死亡时遗留的个人合法财产。继承开始后，按照法定继承办理；有遗嘱的，按照遗嘱继承或者遗赠办理；有遗赠扶养协议的，按照协议办理。讼争房屋产权系被继承人周某云、成某寿共同共有，两人在该房屋中各享有二分之一的产权份额。周某云死亡后，其生前未留遗嘱，周某云在讼争房屋中的产权份额属其遗产，由其法定的第一顺序继承人，即成某寿、成某一、成某二、成某三、成某四、成某六、成某森继承。成某森继承所得的产权份额，属其与秦某的夫妻共同财产。成某森死亡后，其生前未留有遗嘱，其继承所得产权份额中的二分之一属其遗产，由其法定的第一顺序继承人即成某寿、秦某、成某五继承。成某寿死亡后，其生前未留有遗嘱，其在讼争房屋中的产权份额由其法定的第一顺序继承人继承。法律又规定被继承人的子女先于被继承人死亡的，由被继承人的子女的直系晚辈血亲代位继承。代位继承人一般只能继承他的父亲或者母亲有权继承的遗产份额。故成某寿在讼争房屋中的产权份额由原告成某一、成某二、成其三、成某四、成某五及被告成某六继承。故判决讼争房屋归成某三所有，成某三给付各位原告若干诉争房屋的折价款。

第一千一百二十九条

丧偶儿媳对公婆，丧偶女婿对岳父母，尽了主要赡养义务的，作为第一顺序继承人。

条文对照

第十二条 丧偶儿媳对公、婆，丧偶女婿对岳父、岳母，尽了主要赡养义务的，作为第一顺序继承人。

本条主旨

本条是对丧偶儿媳和丧偶女婿作为第一顺序继承人的规定。

条文详解

本条规定与原《继承法》第12条的规定基本相同，只是在文字上作了修改。在民法典编纂过程中，很多学者、专家都对本条持有异议，建议改正，但是，立法机关没有接受这样的意见，坚持了原有的规定。

一、丧偶儿媳和丧偶女婿视为第一顺序继承人的规则

本条规定将对公婆或岳父母尽了主要赡养义务的丧偶儿媳或丧偶女婿作为第一顺序继承人，这在立法上是没有先例的，是少见的将姻亲（血亲的配偶和配偶的血亲）规定为法定继承人的做法，为我国继承法所独有，称得上具有中国特色，被有的学者认为是我国继承法在继承人顺序上的一个突出特色，也是对中华人民共和国成立以来司法实践的总结和发展。①

儿媳或女婿继承公婆或岳父母的遗产，应当具备下列条件。

第一，必须存在丧偶的情形。儿媳与公婆、女婿与岳父母之间是姻亲关系，他们之间没有相互扶养、赡养的权利和义务。如果丈夫或妻子在世，儿媳或女婿对公婆或岳父母进行赡养，被认为是代丈夫或妻子履行义务，符合传统和伦理。如果公婆或岳父母死亡，基于夫妻关系存续期间一方继承的遗产为夫妻共同财产的规定，儿媳或女婿可以通过在世的丈夫或妻子参加继承，获得遗产。因此，只有在发生丧偶时，儿媳或女婿才有可能以自己的名义作为继承人继承公婆或岳父母的遗产。至于丧偶儿媳或女婿是否再婚，在所不问。

第二，必须存在丧偶儿媳或女婿对公婆或岳父母尽了主要的赡养义务的情形。这是儿媳或女婿取得继承权的必备条件。最高人民法院《关于贯彻执行〈中华人民共和国继承法〉若干问题的意见》第30条规定："对被继承人生活提供了主要经济来源，或在劳务等方面给予了主要扶助的，应当认定其尽了主要赡养义务或主要扶养义务。"儿媳或女婿只要具备了这样的条件，就可以作为第一顺序继承人参与继承，取得遗产，而且不论有无代位继承人代位继承。

---

① 何勤华，等．中华人民共和国民法史．上海：复旦大学出版社，1999：313.

二、我国规定丧偶儿媳和丧偶女婿作为第一顺位继承人的不当之处

民法典继承编继续坚持原《继承法》的规定，赋予对公婆尽了主要赡养义务的丧偶儿媳，对岳父母尽了主要赡养义务的丧偶女婿，作为第一顺序继承人的地位，使其参加继承，获得遗产。笔者认为，该规定仍然不妥。

继承权是基于特定身份而享有的财产权利，继承人享有继承权必须与被继承人存在一定的亲属身份关系。各国关于这一亲属身份关系的范围规定虽然不尽相同，但是，都公认须为与被继承人关系最亲密的亲属，姻亲从来不在其中，这也是古今中外继承法所信守的法则。儿媳与公婆、女婿与岳父母毕竟不存在血缘关系，他们只是姻亲关系，而非血亲关系，应当不发生继承问题。规定其为第一顺序继承人，与法定继承人以血缘关系为基础的基本规则相违背，会破坏整个继承法的体系。

原关于《继承法》作此规定的立法理由，王汉斌在《关于〈中华人民共和国继承法〉（草案）的说明》中认为："丧偶儿媳赡养公、婆直至其死亡，丧偶女婿赡养岳父、岳母直至其死亡，为第一顺序继承人。这些规定都是为了有利于更好地赡养老人。"这一立法理由缺乏说服力。原《继承法》作此规定，立法意旨在于通过赋予丧偶儿媳与女婿继承权以激励其赡养老人，但是，因儿媳对公婆、女婿对岳父母无论其丧偶与否，在法律上都无赡养义务，如此规定，实际上是将本应由道德规范调整的问题纳入了法律规范调整的范围，是立法上的失误。对于赡养老人、淳化社会风俗的目的，完全可以借助另一路径达致，如丧偶儿媳对公、婆，丧偶女婿对岳父、岳母，尽了主要赡养义务，形成事实上的扶养关系的，可以分得适当的遗产。为了强调丧偶儿媳与女婿的特殊身份，强调这种赡养行为的特殊意义，还可以规定，分给他们的遗产可以比照第一顺序继承人的应得份额，这样既可坚持继承人资格的确定性和严肃性，又可坚持权利义务的一致性。① 笔者赞同这种意见。遗憾的是，立法机关没有接受这样的意见。

法律适用中应注意的问题

尽管对于本条规定专家学者大多数都予以质疑，但是，这毕竟是法律规定的制度，在实践中应当予以适用。

应当注意的是，丧偶儿媳和丧偶女婿作为第一顺序继承人，是否与其他第一顺序继承人有所区别呢？笔者认为，将丧偶儿媳和丧偶女婿作为第一顺序法定继

① 李红玲．继承人范围两题．法学，2002（4）．

承人，实际上就是将其认定为第一顺序法定继承人，与其他第一顺序法定继承人没有实质区别。当具备法律要求的要件后，丧偶儿媳和丧偶女婿作为第一顺序继承人，就与其他第一顺序继承人一样，按照第一顺序法定继承人应当继承的份额进行继承，不得予以歧视。

案例链接

张某与李某等法定继承纠纷案[①]

基本案情

杨某庆与汤某英系夫妻关系，双方生育有一女杨某。杨某庆在顺义区×镇×村×大街×号有宅院一处，内建有正房五间。

1965年，孙某瑞与杨某庆经协商签订了《送子协议》，该协议载明：立送子字人孙某瑞与姨兄杨某庆哥俩协好双方亲族人同意，情愿将亲生第三子孙某安（即本案杨某友）给予杨某庆立后，当即抚养教育以至长大成人愿意奉养姨兄杨某庆，不与亲族人相干。双方各无反悔，恐口无凭，立字为证。该单据左侧标注有：立字人孙某瑞，中人张某斌、孙某为、杨某利、杨某德，代笔人杨某茂。后杨某友与李某结婚，婚后双方生育有一子张某。1982年11月25日，杨某庆立下字据，内容为：立修改过继字人杨某庆，于六五年旧历正月初五日，过继前××庄姨弟孙某瑞之三子，现名杨某友，因时局和条件的变化故修改之，继承现所属瓦房五间及一切财产，他人均不得干涉。日后其父杨某庆的生活及费用等，由子杨某友奉养，直至送终。恐后无凭，立字为证。该单据左侧标注有：立字人杨某友、杨某，证明人孙某瑞、杨某清、杨某利、杨某德、肖某何、张某斌、杨某山，代笔人杨某义。

另查，汤某英于1967年4月去世，杨某庆于2004年12月去世。杨某友于1995年12月去世。杨某友去世后，李某与张某旺于1996年结婚，婚后李某、张某旺、张某与杨某庆一起居住生活在涉诉院落内。

原告张某向法院起诉，主张本案讼争的遗产正北房屋五间，东侧三间归原告所有，西侧两间归被告李某所有。

法院判决

人民法院经审理认为，根据杨某庆与孙某瑞在1965年签订的《送子协议》，

① 北京市顺义区人民法院（2018）京0113民初1424号民事判决书。

杨某友在三岁时即被过继给了杨某庆，并由杨某庆抚养成人，因此，杨某友与杨某庆之间形成了继（养）子女关系，依据《继承法》的第 10 条的规定，子女不仅包括婚生子女、非婚生子女、养子女，也包括有扶养关系的继子女。因此，杨某庆与杨某友之间应形同父子关系。

在杨某友被过继给杨某庆后，杨某庆于 1982 年 11 月 25 日又立下字据，对自己所有的财产进行了处理，该行为从法律性质上看，应当属于赠予，即杨某庆已将涉诉宅院内的正北房屋五间赠与了继子杨某友，因此在该字据生效后，涉诉的正北房屋五间属于杨某友的个人财产。

遗产是公民死亡时遗留的个人合法财产。在杨某友去世后，其受赠的正北房屋五间即转化为其遗留的遗产。因杨某友生前并未留有遗嘱，所以在其死亡后，对其遗产的继承应当按照法定继承予以继承。李某作为其妻子、张某作为其儿子、杨某庆作为其父亲，依照法定继承的相关规定，同为杨某友遗产的第一顺位继承人，均有权继承该遗产，故法院确认李某、张某、杨某庆每人对涉诉的正北房屋五间各享有三分之一的份额。

2004 年杨某庆去世后，其继承的涉诉正北房屋五间的三分之一份额转化为其遗留的遗产。因杨某庆生前也并未留有遗嘱，故在其死亡后，对其遗产的继承也应当按照法定继承予以处理。依据《继承法》第 11 条的规定：被继承人的子女先于被继承人死亡的，由被继承人的子女的直系晚辈血亲代位继承。代位继承人一般只能继承他的父亲或者母亲有权继承的遗产份额。该法第 12 条规定：丧偶儿媳对公、婆，丧偶女婿对岳父、岳母，尽了主要赡养义务的，作为第一顺序继承人。因杨某友先于杨某庆去世，所以张某作为杨某友的儿子，其可代位继承杨某友有权继承的遗产份额；而李某作为杨某友的妻子，在杨某友去世后，与张某、杨某庆仍一起居住生活，可视为其对杨某庆尽了主要赡养义务，因此其可作为第一顺序继承人继承杨某庆的遗产。

法院判决，原告张某对讼争房屋享有九分之四的份额，被告李某享有九分之四的份额，被告杨某享有九分之一的份额。

第一千一百三十条

同一顺序继承人继承遗产的份额，一般应当均等。

对生活有特殊困难又缺乏劳动能力的继承人，分配遗产时，应当予以照顾。

对被继承人尽了主要扶养义务或者与被继承人共同生活的继承人，分配遗产

时，可以多分。

有扶养能力和有扶养条件的继承人，不尽扶养义务的，分配遗产时，应当不分或者少分。

继承人协商同意的，也可以不均等。

条文对照

第十三条　同一顺序继承人继承遗产的份额，一般应当均等。

对生活有特殊困难的缺乏劳动能力的继承人，分配遗产时，应当予以照顾。

对被继承人尽了主要扶养义务或者与被继承人共同生活的继承人，分配遗产时，可以多分。

有扶养能力和有扶养条件的继承人，不尽扶养义务的，分配遗产时，应当不分或者少分。

继承人协商同意的，也可以不均等。

本条主旨

本条是对法定应继份的规定。

条文详解

一、法定应继份的概念

应继份，是指各个继承人应该取得的被继承人遗产的份额。应继份分为法定应继份、指定应继份及约定应继份。如果继承人仅为一人，其应继份为遗产的全部。如果继承人为数人，则应继份应当按照比例和一定的方法确定。

法定应继份，是指定应继份的对称，是指在法定继承中，由法律直接规定的各法定继承人应得的遗产份额。多数国家规定，法定应继份在同一顺序的共同继承人之间平均分配。少数国家的规定为不均等分。

指定应继份，是指在遗嘱继承中，由被继承人在遗嘱中确定的遗嘱继承人应当继承的遗产份额。指定应继份不是由法律规定的，而是由被继承人在遗嘱中确定的。

约定应继份，是指在法定继承中，继承人相互之间协商同意，每一个继承人不按照法定应继份分割遗产，而是按照约定的内容，确定特定的继承人应当分得的遗产份额。本条第5款规定的，就是约定应继份。

二、法定应继份的确定规则

(一) 一般规则

确定法定应继份的一般规则是，同一顺序法定继承人继承遗产的份额，一般应当均等；在特殊情况下，也可以不均等。

均等份额，应当是在法定继承范围内适用的，且不存在特定继承人多分、少分或者不分的法定情形。

确定每个继承人的应继份，不是以遗产分割的时间为准的，而是按照继承开始时确定的遗产总额计算的。例如，继承人是否属于生活有特殊困难的缺乏劳动能力的人，应当以继承开始时的具体情况加以确定。即使在分配遗产时，根据继承人的具体情况有的可以多分，有的应当不分或少分，也应当以继承开始时的状况为准。

具体的问题是，遗嘱继承人依遗嘱取得遗产后，是否还有权依照民法典本条的规定，享有法定应继份呢？对此，答案是肯定的，遗嘱继承人依照遗嘱取得遗产后，仍然有权依本条的规定，取得在遗嘱未处分的遗产中自己应当得到的应继份。

例外的情形是，如果继承人经过协商同意，也可以确定应继份不均等。不过，这已经不是法定应继份了，而是约定应继份。

(二) 法律规定的不均等分配遗产的情形

依照本条第 2～4 款的规定，符合以下情形的继承人，在确定法定应继份的基础上，可以适当多分或者少分遗产。

1. 对生活有特殊困难又缺乏劳动能力的继承人，分配遗产时，应当予以照顾。这种适当多分，是对生活有特殊困难又缺乏劳动能力的继承人的照顾，使他们多继承一些遗产，能够改善生活境遇。

2. 对被继承人尽了主要扶养义务或者与被继承人共同生活的继承人，分配遗产时，可以多分。这是根据权利义务相一致原则，对尽了主要扶养义务的继承人或者与被继承人共同生活的继承人付出的补偿，对被继承人尽的义务多，就可以多分遗产，公平合理。

3. 有扶养能力和有扶养条件的继承人，不尽扶养义务的，分配遗产时，应当不分或者少分。这同样是根据权利义务相一致原则作出的规范，继承人既有扶养能力，又有扶养条件，而不尽扶养义务，当然应少分或者不分遗产。

三、约定应继份

约定应继份的处理原则，是继承人经协商同意，按照约定的不均等的份额确定应继份。约定应继份的基础，在于所有的继承人的协商一致，具有确定应继份的合意，因此，约定应继份具有合理性。约定应继份的合意，应当是全体继承人协商一致的。不过，这个全体继承人是具有继承既得权的继承人，不是同一顺序的法定继承人。

约定应继份的基本特点是可以不均等分配遗产。如果均等分配遗产，就不必进行约定，而适用法定应继份的规定。

约定应继份的效力高于法定应继份的效力。当全体继承人约定了应继份后，约定应继份的适用排斥法定应继份的适用。

法律适用中应注意的问题

在适用本条第2～4款规定的规则时，应当注意以下问题。

第一，对生活有特殊困难又缺乏劳动能力的继承人，分配遗产时，应当予以照顾。对于何种继承人属于生活有特殊困难又缺乏劳动能力的继承人，应当根据实际情况掌握，只要符合生活有特殊困难而不是一般困难，且缺乏劳动能力的，就可以认定其为这种继承人。分配遗产时予以照顾，就是在法定应继份的基础上适当多分，具体标准，属于法官自由裁量的范围。

第二，对被继承人尽了主要扶养义务或者与被继承人共同生活的继承人，分配遗产时，可以多分。符合这种要求的继承人为两种，一是对被继承人尽了主要扶养义务的继承人，二是与被继承人共同生活的继承人。认定对被继承人尽了主要扶养义务的标准，是对被继承人生活提供了主要经济来源，或在劳务等方面给予了主要扶助的，应当认定其尽了主要赡养义务或主要扶养义务。对与被继承人共同生活的继承人的判断，采用客观标准，即在一起共同生活。共同生活的继承人当然要对被继承人尽到更多的扶养义务，因此可以多分遗产。

第三，对有扶养能力和有扶养条件的继承人，不尽扶养义务的，分配遗产时，应当不分或者少分。不分或者少分的标准，应当根据继承人不尽扶养义务的程度确定，首先应当考虑的是不分，情节不十分恶劣的，可以少分。继承人有扶养能力和扶养条件，愿意尽扶养义务，但是，被继承人因有固定收入和劳动能力，明确表示不要求扶养的，不属于继承人不尽扶养义务的情形，因而在分配遗产时，不应因此而影响其继承份额。有扶养能力和扶养条件的继承人，与被继承人共同生活，对需要扶养的被继承人不尽扶养义务的，由于有共同生活关系，因而分配遗产时，可以少分或者不分，首先考虑的是少分，情节恶劣的可以不分。

案例链接

戴某民等与戴某珍等法定继承纠纷案[①]

基本案情

被继承人戴某宽（2002年12月30日报死亡）与妻子卞某华（1996年10月5日死亡）系夫妻关系。共育有子女六人，即原告戴某民、原告戴某芳、原告戴某成、被告戴某珍（患精神分裂症）、被告戴某香、被告戴某英。两被继承人生前留有两处房屋，即上海市××路××××号房屋及上海市×××路××弄××号甲房屋，两被继承人均未留有遗嘱，2011年1月28日、2009年8月31日两处房屋均被动迁。被继承人戴某宽、卞某华在上海市××路××××号房屋动迁中所应获得的动迁款额为590 000元，在上海市×××路××弄××号甲房屋动迁中所应获得的动迁款额为570 000元。两被继承人在××路××××号房屋动迁中所获得的动迁款已由原、被告六人进行了分割；两被继承人在×××路××弄××号甲房屋动迁中所获得的动迁款已由被告戴某珍将一部分即95 000元支付给了原告戴某成，现因戴某珍尚未将其余钱款进行分割而成讼。戴某民等三原告向法院起诉，主张分割。审理中，三原告诉称，由于动迁时动迁部门已经考虑到戴某珍家庭的困难，予以了多分，故不同意被告戴某珍多分，即使法院判决多分，平均每人也应当分得79 100元，原告也不同意将多出的零头让给戴某珍，三被告则坚持辩称意见。由于双方意见不一，致调解未成。

法院判决

法院认为，继承从被继承人死亡时开始，遗产是公民死亡时遗留的个人合法财产，包括：公民的收入、公民的房屋、储蓄和生活用品、公民的其他合法财产等。继承开始后，按照法定继承办理，有遗嘱的，按照遗嘱继承或者遗赠办理，有遗赠扶养协议的，按照协议办理，同一顺序继承人继承遗产的份额，一般应当

① 上海市闸北区人民法院（2011）闸民一（民）初字第3999号民事判决书。

均等，对生活有特殊困难的缺乏劳动能力的继承人，分配遗产时，应当予以照顾。本案原、被告系同胞兄弟姐妹关系，两被继承人死亡时均未留有遗嘱，故本案所涉遗产应按法定继承进行继承。现原、被告双方就上海市××路××××号房屋动迁中属于两被继承人遗产部分已经进行了分割，且已分割完毕，故本案不再处理。至于原告戴某成已就上海市×××路××弄××号甲房屋动迁中关于两被继承人的遗产进行了继承，双方当事人均做了确认，故本案也不再作出分割处理。现就被告戴某珍处的属于两被继承人的尚未分割的遗产 475 000 元如何分割，原、被告意见不一，原告戴某民、戴某芳认为戴某珍在动迁中，动迁部门已经考虑到戴某珍家庭的特殊情况予以了多分，故不同意戴某珍在本案中再次进行多分，而三被告认为被告戴某珍丧失劳动能力，其儿子闵某患有白血病，家庭状况极其困难，上海市×××路××弄××号甲原属公房，被继承人购置房屋产权时，所用的钱款为被告戴某珍支付，故要求戴某珍予以多分。依照继承法规定的对生活有特殊困难的缺乏劳动能力的继承人，分配遗产时，应当予以照顾原则，三被告的主张符合法律规定，法院予以准许。故法院判决戴某珍处等遗产现金，各继承人获得一份，戴某珍获得两份。

第一千一百三十一条

对继承人以外的依靠被继承人扶养的人，或者继承人以外的对被继承人扶养较多的人，可以分给适当的遗产。

条文对照

第十四条　对继承人以外的依靠被继承人扶养的缺乏劳动能力又没有生活来源的人，或者继承人以外的对被继承人扶养较多的人，可以分配给他们适当的遗产。

本条主旨

本条是对继承人以外的人酌情分得遗产的规定。

条文详解

一、酌情分得遗产权

酌情分得遗产权，是指继承人以外的其他人依靠被继承人扶养，或者继承人以外的人对被继承人扶养较多，在被继承人死亡后，可以适当分得遗产的权利。能够分得适当遗产的权利，被称为酌情分得遗产权。

酌情分得遗产权既不属于继承权，也不属于受遗赠权，而是我国法定继承制度中的一项独特的权利。①

继承权与酌情分得遗产权相比，区别在于：第一，继承权既存在于法定继承中，也存在于遗嘱继承中，而酌情分得遗产权只在法定继承中才会存在。继承权的权利主体是法定继承人范围之内的人，而酌情分得遗产权的主体具有特定性，仅限于法定继承人之外的与死者生前形成某种扶养关系的人。第二，酌情分得遗产的份额同继承人的份额也不同，可以少于法定继承人的继承份额，也可以均等甚至可以高于法定继承人的继承份额。而继承权的法定应继份通常是均等的。

二、酌情分得遗产权的权利人

酌情分得遗产权的权利人有两种。

一是继承人以外的依靠被继承人扶养的人。对于这种人，本条规定与《继承法》第 14 条规定相比，减少了认定的条件。原《继承法》第 14 条规定："对继承人以外的依靠被继承人扶养的缺乏劳动能力又没有生活来源的人。"其中缺乏劳动能力又没有生活来源的条件，过于严苛，要求过高，不仅要求是继承人以外的依靠被继承人扶养的人，还要求须是缺乏劳动能力又没有生活来源的人。对这种酌情分得遗产的人的界定，实际上要具备三个要件：第一，依靠被继承人扶养；第二，缺乏劳动能力；第三，没有生活来源。本条减掉了后两个条件，即只要是依靠被继承人扶养的人，就可以分给适当的遗产。

二是继承人以外的对被继承人扶养较多的人。继承人以外的人，就是指不是继承人的人，其实际上对被继承人并没有扶养义务。如果这样的人也对被继承人扶养较多，按照权利义务相一致原则，尽管其不是继承人，也应当在遗产中对其酌情分配一部分。

法律适用中应注意的问题

依照本条规定，酌情分得遗产是对继承人以外的依靠被继承人扶养的人，或者继承人以外的对被继承人扶养较多的人，可以根据实际情况分给适当遗产。在实践中适用这一规定时，在确定了属于这种酌情分得遗产权的权利人之后，应怎

① 刘文．继承法比较研究．北京：中国人民公安大学出版社，2004：33.

样确定分得遗产的数额？主要的标准就是本条规定的“适当”二字。

确定酌情分得遗产人的分得遗产的数额，属于法官自由裁量权的范围。具体标准，可以是与继承人的法定应继份相同，也可以低于或者高于法定应继份。可以根据被继承人对其扶养的程度，或者其对被继承人扶养的程度确定。上述程度相当于法定继承人的程度的，可以与法定应继份相似；程度较低的，可以低于法定应继份；程度较高的，可以高于法定应继份。

案例链接

李某一等与孙某法定继承纠纷案①

基本案情

孙某与李某系夫妻。李某于2010年12月7日死亡。2009年4月7日，李某作为被拆迁人，就41号房屋与北京市门头沟区××镇政府××村村民委员会签订拆迁补偿安置协议，认定房屋建筑面积为133.92平方米，被拆迁房屋内正式户口二人，分别为孙某、李某，二人获得安置房两套，其中，一居室一套，小两居一套。2014年11月8日，孙某与北京市门头沟区××镇政府××村村民委员会就41号房屋签订了拆迁补偿安置协议补充协议，约定补偿款总数为434 976元。701室和1103室安置房现均已具备交付条件。李某死亡后，李某二将230 000元存款移交给孙某；434 976元补偿款因双方有纠纷尚未发放；超期补偿款144 000元，其中72 000元在李某二处，剩余72 000元在孙某处。原告李某一（系李某二之子）、李某二向法院起诉，诉请法院依法分割遗产房屋的使用权及存款，二人共同继承争议房屋的使用权和现金41.7万元。被告否认收养的事实。

庭审中，李某二为证明其与李某和孙某之间存在养父母子女关系，对李某尽了主要赡养义务，陈述为李某办理了全部丧葬事宜，并曾就41号建房的事实向法院申请证人安某、樊某一、张某一、张某二、刘某、杨某、樊某二、张某三到庭作证。证人到庭做如下陈述：李某二成年后过继给李某，双方对外以叔侄相称，李某的后事由李某二料理，并披麻戴孝、摔盆、抱骨灰；李某二在41号有过建房行为；李某曾表示要将拆迁所得一套60平方米的房屋给李某一。被告孙某认为上述证人与李某二存在利害关系，李某二到××村的时候已

① 北京市门头沟区人民法院（2015）门民初字第1183号民事判决书。

经成年，不符合收养的条件。李某和孙某当时只有四十多岁，生活完全可以自理。故孙某对上述证据的证明目的不予认可，但认可李某二在41号院内北房的西边建了一间房。

另查，李某夫妇无子女，李某二为李某的侄子。李某二夫妇自1986年至1996年和李某、孙某共同生活在41号院。李某二夫妇和李某夫妇于1996年后各自独立生活。李某二和李某、孙某夫妇对外并未以父子、母子相称。李某住院期间，李某二对其进行了照顾，去世后李某二按照当地风俗为李某披麻戴孝、摔盆、抱骨灰。

法院判决

关于李某二是否属于继承人以外的对被继承人扶养较多，可分得遗产的人，人民法院经审理认为，《继承法》第14条规定：对继承人以外的依靠被继承人扶养的缺乏劳动能力又没有生活来源的人，或者继承人以外的对被继承人扶养较多的人，可以分配给他们适当的遗产。根据查明的事实，李某二和李某夫妇共同生活十年时间，且李某夫妇并无其他子女，李某死亡后李某二负责相关丧葬事宜并按照当地风俗披麻戴孝，同时41号院中亦有李某二的建房。综合以上事实，法院认为李某二符合《继承法》第14条关于“继承人以外的对被继承人扶养较多的人，可以分配给他们适当的遗产”之规定，故李某死亡后，李某二据此主张适当分得相应遗产的意见，法院予以确认。

法院判决，701室房屋使用权由孙某享有，1103室房屋使用权归李某二享有，拆迁款归孙某所有，李某二向孙某返还若干补偿款。

第一千一百三十二条

继承人应当本着互谅互让、和睦团结的精神，协商处理继承问题。遗产分割的时间、办法和份额，由继承人协商确定；协商不成的，可以由人民调解委员会调解或者向人民法院提起诉讼。

条文对照

第十五条　继承人应当本着互谅互让、和睦团结的精神，协商处理继承问题。遗产分割的时间、办法和份额，由继承人协商确定。协商不成的，可以由人民调解委员会调解或者向人民法院提起诉讼。

本条主旨

本条是对遗产分割原则及时间、办法、份额的规定。

条文详解

一、遗产分割的原则

遗产分割应在一定的原则指导下进行。

(一) 遗产分割自由原则

遗产分割自由原则，是指共同继承人得随时请求分割遗产的规则。继承开始后，各共同继承人对遗产共同共有。但是，遗产共同共有与普通的共同共有相比，具有特殊性，即普通的共同共有在存续期间，共有人原则上不得请求分割共有财产，而遗产共同共有是一种暂时的共有关系，允许继承人随时可以请求分割，以更好地满足继承人的生活和生产需要。

继承人享有的这种遗产分割请求权是遗产分割自由原则的基础。继承人得随时行使遗产分割请求权，任何继承人不得拒绝分割。否则，请求分割遗产的继承人可通过诉讼程序分割遗产。遗产分割请求权的性质是形成权，继承人可以随时行使，不因时效而消灭。

遗产分割自由也是一种相对自由，在特定情形下，继承人不得请求分割遗产。各国关于遗产自由原则的限制主要有：非经遗产债务清偿，不得分割遗产；遗嘱禁止在一定期间内分割的，不得分割遗产；继承人协议在一定期间内不得分割的，不得分割遗产；在有尚未出生的继承人的情况下，暂时禁止分割遗产。

(二) 互谅互让、协商分割原则

互谅互让、协商分割原则，是民法典继承编有关遗产分割的特有原则。在遗产分割时，强调继承人之间互谅互让、协商分割遗产，有利于促进家庭的和睦团结，有利于精神文明建设。互谅互让要求继承人在分割遗产时要相互关心、相互照顾，对法律规定需要特殊照顾的继承人，如缺乏劳动能力、生活特殊困难的继承人，应当适当多分给遗产；协商分割要求继承人在遗产分割时，对于遗产的分割时间、分割办法、分割份额等都应当按照继承人之间协商一致的意见处理。

二、遗产分割时间、办法和份额的确定方法

(一) 遗产分割时间、办法和份额确定方法的一般规则

遗产分割时间、办法和份额的确定方法，原则上由继承人协商确定。继承开

始后，继承人为一人的，继承人可以自作主张，全部继承被继承人的遗产。继承人为多人的，由继承人协商确定具体办法。

如果多个继承人对遗产分割时间、办法和份额协商不成，无法达成协议，则可以由人民调解委员会进行调解，也可以向人民法院提起诉讼，由人民法院作出判决或调解。

（二）遗产分割时间的一般方法

继承从被继承人死亡时开始，在继承开始后，继承人有权随时请求分割遗产，而遗产分割时间就是在继承人提出分割请求后进行实际分割遗产的时间。

1. 遗产分割时间的确定

遗产分割时间须在继承开始之后。对于遗产分割在继承开始后的什么时间内进行，民法典继承编没有作出规定。按照遗产分割自由原则，在继承开始后的任何时间内，继承人都有权要求分割遗产。具体的分割时间由继承人协商确定；继承人协商不成的，可以通过调解确定，也可以通过诉讼程序由人民法院确定。如果继承人经过协商，确定在一定期限内不分割，或者继承人都不提出分割遗产的要求，这种遗产的共有状况就将持续下去。无论持续多长时间，继承人想分割遗产的，都有权请求分割。即使在继承开始 20 年以后，继承人仍然有权要求分割遗产。

在遗产分割的时间问题上，应当将遗产分割时间与继承开始时间区别开来，二者的区别主要体现在：第一，继承开始时间是法定的，它只能是被继承人死亡的时间，继承人或其他任何人都不能加以变更；而遗产分割时间是约定的，它可以是继承开始后的任何时间，其具体时间是经过继承人协商或以其他方式确定的。第二，继承开始时间是一个具体的时间，一般具体到日，有的还可能具体到时、分；而遗产分割时间可以是一个具体的期日，也可以是期间，即在一段时间内分割遗产，但一般不会具体到时。第三，继承开始时间产生的是继承人取得继承既得权的效力，继承人可以行使继承权，但是不能处分其应继份；而遗产分割时间产生的是继承人实际取得遗产的单独所有权的效力，继承人可以对其分得的遗产加以处分。

2. 对遗产分割时间的限制

继承人虽得自由行使遗产分割请求权，但是，有时也会受到一定限制，这就是对遗产分割时间的限制问题。限制遗产分割时间的具体事由主要有以下几种。

第一，非经遗产债务清偿，不得分割遗产。在遗产债务清偿与遗产分割问题上，各国继承立法有两种不同规定：一是非经清偿遗产债务，不得分割遗产。二是清偿遗产债务不是分割遗产的前提，遗产债务未清偿前，继承人可以分割遗产。民法典继承编对此没有明确规定，司法实践一般采取以下两种方法：（1）先清偿债务后分割遗产。先清偿债务后分割遗产是一种总体清偿方式。按照这种清偿方式，共同继承人首先从遗产中清算出遗产债务，并将清算出的相当于遗产债务数额的遗产交付给债权人；然后，根据各继承人应继承的份额，分配剩余遗产。（2）先分割遗产后清偿债务。先分割遗产后清偿债务是一种分别清偿方式。按照这种清偿方式，共同继承人首先根据他们应当继承的遗产份额，分割遗产，同时分摊遗产债务；然后，各继承人根据自己分摊的债务数额向债权人清偿。遗产已被分割而未清偿债务的，如果有法定继承又有遗嘱继承和遗赠，首先由法定继承人用其所得遗产清偿债务，不足清偿时，剩余的债务由遗嘱继承人和受遗赠人按比例用所得遗产偿还；如果只有遗嘱继承和遗赠，由遗嘱继承人和受遗赠人按比例用所得遗产偿还。

第二，遗嘱禁止在一定期间内分割遗产的，在此期间不得分割遗产。遗产的分割应尊重被继承人的意愿，被继承人得以遗嘱禁止遗产分割。如果被继承人在遗嘱中禁止分割遗产的时间过长，或无期限地禁止分割，使遗产长期或永远处于共同共有状态，将有碍遗产的利用。因此，许多国家规定被继承人以遗嘱禁止分割遗产的，须有一定期间限制。民法典继承编对遗嘱限制遗产分割的期限没有规定，是否应当对限制分割作出规定，立法或司法解释都没有涉及。建议对于现实中遇到的限制遗产分割的遗嘱，首先应当承认其效力，其次要进行限制，以 20 年期限为妥。

第三，继承人协议在一定期间内不得分割的，不得分割遗产。经共同继承人一致同意，可以订立不分割遗产的协议，继续维持遗产共同共有关系。只要继承人订立的协议不违反法律，不损害公共利益及善良风俗，就应当承认其效力，继承人中的一人或数人不得随时请求分割遗产。以协议禁止遗产分割，不论是就一部分还是全部遗产，均无不可。这种约定不应有时间限制。

第四，有尚未出生继承人的，暂时禁止分割遗产。这种限制是为了保护胎儿的继承利益。许多国家规定，在胎儿出生前不得分割遗产。民法典继承编没有采纳这种立法方法，而是采取遗产分割时应当保留胎儿的继承份额。胎儿出生时是死体的，保留的份额依法定继承办理。民法典继承编虽然并不限制在存在胎儿的情况下继承人分割遗产，但是，为防止继承人之间串通，损害母亲及婴儿的合法权益，特别是在胎儿为多胞胎的情况下，采用在胎儿出生后分割遗产的方法较为合适。

第五，遗产分割的暂缓。遗产的分割应有利于财产效用的发挥，而不应损害遗产的价值。如果对遗产即时分割将会严重损害其价值，法院应继承人的请求，可以判决暂缓分割。暂缓分割可适用于全部遗产或仅适用于遗产中的一部分。

（三）遗产分割方法

遗产分割方法，是指继承人取得遗产应继份的具体方法。有学者认为遗产分割方法有三种，即按遗嘱指定分割、继承人协商分割、法院裁判分割。[①] 被继承人可以在遗嘱中指明对有关遗产的分割方法，或者委托他人代为决定遗产的分割方法。按照遗嘱或遗嘱委托人的指定方法分割遗产，属于遗嘱的执行问题。受遗嘱指定的属于遗嘱继承，而遗产分割是在法定继承中进行的，因而遗产分割的方法不包括遗嘱指定分割方法，只有当事人协商分割、人民调解委员会调解分割和法院裁判分割这三种方法。

1. 当事人协商分割

当事人协商分割方法，是指全体继承人进行协商，确定具体遗产分割的方法。当事人协商分割，有利于家庭的和睦团结，有利于家庭的稳定，也是我国现实生活中的主要遗产分割方式。

2. 人民调解委员会调解分割

各继承人如果对遗产的分割协商不成，可以向人民调解委员会申请调解，通过调解确定遗产如何分割。在具体的分割方式上，应当遵照实物分割、变价分割、补偿分割与保留共有的分割方式进行。

3. 法院裁判分割

诉讼作为最终的争议解决方式，在各继承人协商或调解不成时，继承人可以向法院提起诉讼，请求裁判确定如何分割遗产。法院裁判的具体方式，也应当遵照实物分割、变价分割、补偿分割与保留共有的分割方式进行。共同继承人诉请法院解决遗产分割的案件，很少有单纯的就遗产分割方法提起的诉讼，往往与继承权的确认、应继份的确定等问题联系在一起。法院应当对存在争议的继承问题作出裁判，对纠纷进行彻底解决。

（四）遗产分割份额

对于遗产分割的份额，应当依照本法第 1130 条的规定进行。具体方法是：基本的遗产份额分割原则是，同一顺序继承人继承遗产的份额，一般应当均等。特殊的情况是：第一，对生活有特殊困难又缺乏劳动能力的继承人，应当予以适当照顾；第二，对被继承人尽了主要扶养义务或者与被继承人共同生活的继承人，可以多分；第三，有扶养能力和扶养条件的继承人，不尽扶养义务的，可以不分或者少分；第四，继承人协商同意的，也可以不均等分割遗产份额。

---

① 王利明．中国民法典学者建议稿及立法理由．人格权编・婚姻家庭编・继承编．北京：法律出版社，2005：519.

法律适用中应注意的问题

遗产分割的时间、方法和份额，主要根据继承人的协商确定。上述对其进行的说明都是示范性的，当事人可以选择，也可以自己确定。只有《民法典》第1130条规定的法定继承份额的确定，须依照法律进行，但是也可以由继承人协商确定。

案例链接

黄某葱与潘某琳所有权确认纠纷案[①]

基本案情

1995年3月31日，黄某岳作为买方、被告潘某琳作为共有人与广东省深圳市住宅局签订《深圳经济特区福利商品房买卖合同》，约定深圳市住宅局将位于深圳市××村×栋×××号房出售给买方，建筑面积为88.57平方米，核定房款为75 729.29元，一次付清按85%计价后的房款为64 369.90元。合同签订当日，黄某岳付清了购房款64 369.90元。

2014年1月11日，黄某岳、被告潘某琳作为乙方与深圳市住房和建设局作为甲方签订《房屋征收补偿协议书》，约定乙方同意甲方按补偿方案将其在××村×栋×××号房进行征收。被征收房产面积为88.57平方米，应补偿的建筑面积104.51平方米，乙方选择的产权调换房屋户型为120平方米。

2015年6月22日，黄某岳在美国死亡。2015年6月25日，原告黄某葱、被告潘某琳及第三人黄某签订《协议书》，对黄某岳和潘某琳夫妻共有财产以及儿女的继承权问题，达成了分配协议，其中第3条约定：潘某琳具有在深圳市××路××村的不动产房里居住的合法权利，同时房产权50%属于潘某琳，另外的50%房产权属于黄某葱。

2017年12月5日，被告潘某琳与深圳市住房和建设局签署《鹿丹××××区综合改造工程产权调换房屋×××苑选房结果确认书》，确认书载明原××村×栋×××号业主黄某岳、潘某琳授权潘某琳选定的鹿丹××××区综合改造工程产权调换房屋为×××苑小区×栋××，建筑面积为121.17平方米。该房屋

① 广东省深圳市罗湖区人民法院（2018）粤0303民初68号民事判决书。

为争议房屋。

关于黄某岳的继承人情况，法院分别向北京市公安局及深圳市公安局调取相关户籍信息。根据北京市公安局出具的《证明信》及深圳市公安局出具的《深圳市常住人口登记表》可以确认，原告黄某葱为黄某岳的儿子，被告潘某琳为黄某岳的妻子，第三人黄某为黄某岳的女儿。另，广州市公证处出具的出生公证书也载明，黄某葱于1968年12月29日在北京市出生，黄某葱的父亲是黄某岳，母亲为李某芬。

原告黄某葱向法院起诉，主张确认自己对争议房屋享有50%的所有权。

法院判决

法院认为，被继承人黄某岳于2015年6月22日死亡，黄某岳生前并没有立遗嘱或遗赠扶养协议，因此，其遗产应按法定继承处理。根据北京市公安局出具的《证明信》及深圳市公安局出具的《深圳市常住人口登记表》可以确认，黄某岳的第一位顺序继承人包括其儿子黄某葱、妻子潘某琳及女儿黄某。法院确认黄某葱为黄某岳的儿子，对黄某岳的遗产享有继承权。

《继承法》第15条规定，继承人应当本着互谅互让、和睦团结的精神，协商处理继承问题。遗产分割的时间、办法和份额，由继承人协商确定。协商不成的，可以由人民调解委员会调解或者向人民法院提起诉讼。本案中，原告黄某葱与被告潘某琳及第三人黄某就黄某岳遗产的分配签署了《协议书》。《协议书》为各方当事人的真实意思表示，内容也未违反法律和行政法规的强制性规定，也符合《继承法》第15条的规定，合法有效。根据《协议书》的约定，位于深圳市××路××村房产的50%产权归原告黄某葱，50%产权归被告潘某琳。

法院判决，原告黄某葱与被告潘某琳及第三人黄某签订的《协议书》合法有效；争议房屋的50%的产权归原告黄某葱所有。

第三章

遗嘱继承和遗赠

民法典继承编对遗嘱继承和遗赠规则的规定，是继承编中的重头部分，共有12个条文。与原《继承法》规定相比较，《民法典》继承编增加了一项新规则，修改了三个原来的规则，使遗嘱继承的法律规则比先前有了较大进步。

这一章规定的规则是：自然人设立遗嘱和指定遗嘱执行人的权利，自书遗嘱，代书遗嘱，打印遗嘱，录音录像遗嘱，口头遗嘱，公证遗嘱，遗嘱见证人的资格，遗嘱须保留必留份，遗嘱的撤回与变更以及立有数份遗嘱内容相抵触的遗嘱设立在后效力优先原则，遗嘱无效的事由，遗嘱继承或者遗赠负有义务。

这一章的重要修改的内容是：第一，确认打印遗嘱是有效的遗嘱形式；第二，补充规定录像遗嘱是有效的遗嘱形式；第三，其他不具有见证能力的人不能做遗嘱见证人；第四，确立数份遗嘱内容相抵触的遗嘱设立在后效力优先原则，废除公证遗嘱效力优先原则。

第一千一百三十三条

自然人可以依照本法规定立遗嘱处分个人财产，并可以指定遗嘱执行人。

自然人可以立遗嘱将个人财产指定由法定继承人中的一人或者数人继承。

自然人可以立遗嘱将个人财产赠与国家、集体或者法定继承人以外的组织、个人。

自然人可以依法设立遗嘱信托。

条文对照

第十六条 公民可以依照本法规定立遗嘱处分个人财产，并可以指定遗嘱执行人。

公民可以立遗嘱将个人财产指定由法定继承人的一人或者数人继承。

公民可以立遗嘱将个人财产赠给国家、集体或者法定继承人以外的人。

本条主旨

本条是对遗嘱继承和遗赠的规定。

条文详解

一、遗嘱继承

（一）遗嘱继承的概念和沿革

遗嘱继承，是指于继承开始后，继承人按照被继承人合法有效的遗嘱，继承被继承人遗产的继承方式。在遗嘱继承中，具体的继承人、继承顺序、应继份、遗产管理、遗嘱执行等，都由被继承人在遗嘱中指定，故遗嘱继承也被称作指定继承，与法定继承相对应。

在遗嘱继承中，生前立有遗嘱的被继承人称为遗嘱人或立遗嘱人，依照遗嘱的指定享有遗产继承权的人为遗嘱继承人。不过在遗嘱继承开始后，享有遗嘱继承权的人为遗嘱继承人，其他任何人（包括遗嘱继承人之外的法定继承人）作为义务主体，对遗嘱继承人的继承权都负有不得侵害的义务。遗嘱继承所指向的客体为被继承人指定的遗产份额。

遗嘱继承肇始于古巴比伦王国。公元前 18 世纪古巴比伦王国的《汉穆拉比法典》第 165 条规定："倘自由民以田园、房屋赠与其所喜爱之继承人（即爱子），且给他以盖章之文书，则父死之后，兄弟分产之时，此子应取其父之赠物，此外诸兄弟仍应均分父之家产。"[①] 不过，通说认为遗嘱继承源于罗马法。古罗马的《十二铜表法》第 5 表第 3 条规定："凡以遗嘱处分自己的财产，或对其家属指定监护人的，具有法律上的效力。"公元前 200 年，遗嘱在罗马已为普通市民所使用。罗马法确认遗嘱继承的目的，在于保持人格继承、祭祀继续及家产，而不是将财产从家族中分离出去。因此，遗嘱继承是把家族代表权转移给指定继

① 刘文．继承法比较研究．北京：中国人民公安大学出版社，2004：168.

承人的手段，是为了保持“灵魂不死”；遗嘱的主要作用是决定继承人，而不是单纯的财产分配；遗嘱继承完全排除法定继承，任何人不得就一部为遗嘱，以一部为遗嘱的为“无遗嘱而死亡”[①]。中世纪的欧洲接受了古罗马的遗嘱继承制度。14 世纪后的法国与 15 世纪后的德国，将遗嘱继承适用于一般庶民。[②] 中世纪遗嘱继承的流行同当时的教会有关。在当时，宗教基金几乎完全来自私人遗赠，教会鼓励人们立遗嘱，把遗产赠给教会，据说这样做能够拯救死者的灵魂。[③] 此时的遗嘱继承的目的已从保持人格继承、祭祀继续及家产转化为财产所有人能够任意处分身后财产。

到了近代，遗嘱继承得到充分发展，在个人意思自治、所有权神圣的理念指引下，在财产继承中盛行遗嘱继承，强调遗嘱自由原则，遗嘱继承优先于法定继承。在一些国家，如英国、美国，甚至实行绝对的遗嘱自由原则，使遗嘱继承占据主导地位。

进入 20 世纪后，随着立法社会本位理念的确立，许多实行遗嘱绝对自由的国家也开始对遗嘱自由加以一定限制，如英国 1938 年的《家庭供养条例》及 1952 年的《无遗嘱继承条例》、美国 1969 年的《统一继承法典》都对遗嘱自由施加了限制。

我国古代也有遗嘱继承制度。例如，《唐律·丧葬令》规定：“诸身丧户绝者，所有部曲、客女、奴婢、店宅、资财，并令近亲（亲依本服，不以出降）转易货卖，将营丧事及量营功德之外，余财并与女（户虽同，资财先别者亦准此）。无女，均入次近亲，无亲戚者、官为检校。若亡人在日，自有遗嘱处分，证验分明者，不用此令。”[④] 在我国古代，虽遗嘱继承得以存在，但是，由于受宗法制度的严格限制，加之封建社会漠视个人的权利与自由，并未形成完整的遗嘱继承制度。《大清民律草案》对遗嘱继承作了规定，这是我国立法首次明确规定遗嘱继承，但未及实施。其后，中华民国国民政府于 1930 年颁布的民法继承编，详尽规定了遗嘱继承制度，1985 年修订，仍然在我国台湾地区实施。

我国原《继承法》总结长期的司法实践，明确规定了遗嘱继承制度。民法典继承编继续规定遗嘱继承制度。

遗嘱继承的特征如下。

---

① 郭明瑞，等．继承法．2 版．北京：法律出版社，2004：133.
② 史尚宽．继承法论．北京：中国政法大学出版社，2000：395.
③ 刘素萍．继承法．北京：中国人民大学出版社，1988：249.
④ 宋刑统．北京：中华书局，1984：198.

1. 遗嘱继承以事实构成作为发生依据

遗嘱继承除了必须具备被继承人死亡这一法律事实外，还须被继承人设立的合法有效的遗嘱这一法律事实，这两个法律事实缺一不可，两者构成一个完整的事实构成。遗嘱继承中的遗嘱要件是合法有效的遗嘱，如果被继承人所设立的遗嘱无效，则遗产须按法定继承办理，不适用遗嘱继承。

2. 遗嘱继承直接体现被继承人的意志

虽然遗嘱继承与法定继承在一定程度上都是被继承人意志的体现，但是，二者的体现方式与程度是不同的。法定继承通过推定被继承人愿意把遗产留给关系亲密的亲属来体现被继承人的意志，而遗嘱继承则通过对被继承人的遗嘱的执行与实现来直接体现被继承人的意志。在遗嘱继承中，不仅继承人，甚至继承人的顺序、继承人继承的遗产份额或者具体的遗产，都是被继承人在遗嘱中指定的。按照遗嘱进行继承是充分尊重被继承人对自己财产处分的自由的体现。

3. 遗嘱继承具有效力优先性

世界各国继承法都规定，遗嘱继承的效力优于法定继承的。在继承开始后，有合法有效遗嘱的，先要按照遗嘱进行继承。遗嘱继承在效力上的优先性，关系到谁可以实际参与继承，关系到遗嘱继承人可以得到多少遗产份额。

4. 遗嘱继承的主体具有限定性

这是我国遗嘱继承的一个特点。在遗嘱继承人的确立上，各国立法规定有以下做法：一是规定遗嘱继承人可以是法定继承人范围之内的人，也可以是法定继承人范围之外的人，但只能是自然人；二是规定遗嘱继承人不仅可为法定继承人范围之外的自然人，也可以是法人、国家；三是规定遗嘱继承人只能是法定继承人范围之内的自然人。我国采取第三种做法，体现了遗嘱继承的主体具有限定性，将遗嘱继承限定在一定的范围之内。

（二）遗嘱继承的适用条件

遗嘱继承的适用，必须具备一定的条件，这就是遗嘱继承的适用条件。只有具备以下条件时，才能按照遗嘱继承办理。

1. 须立遗嘱人死亡

在遗嘱继承中，被继承人就是立遗嘱人。按照继承法的原理，遗嘱继承的适用，必须满足立遗嘱人死亡的条件。继承只有在被继承人死亡后才能开始，如果立遗嘱人还没有死亡，则遗嘱继承无法适用。

2. 须被继承人立有合法有效的遗嘱

作为遗嘱继承的事实构成之一的遗嘱，必须是被继承人生前订立的遗嘱，而且该遗嘱须合法有效。在实践中，虽然被继承人生前订立了遗嘱，但是，并非所有订立的遗嘱都会有效，还要考察遗嘱是否符合法律规定的有效条件。如果存在被继承人无遗嘱能力、遗嘱处分了他人都财产等情形，则遗嘱归于无效，不具有可以执行的效力。

3. 须指定继承人未丧失或放弃继承权

在适用遗嘱继承时，遗嘱指定的继承人也会因法定事由丧失继承权，此时，指定继承人就不具有继承资格，不能享有继承权。遗嘱中指定的由该丧失继承权的指定继承人继承的遗产，须依照法定继承处理。指定继承人可以对遗嘱继承放弃，只要符合放弃继承的要求，就会产生放弃继承的效果，也就是指定继承人对遗嘱指定的遗产不再享有继承权。此时，遗嘱中指定的由其继承的遗产也须按照法定继承处理。

4. 须指定继承人继承开始后尚生存

在遗嘱继承中，被继承人一般都是提前立下遗嘱的，在继承开始前，指定的遗嘱继承人可能会先于被继承人死亡，此时，遗嘱涉及该指定继承人的部分不发生代位继承，也不发生转继承，只能适用法定继承。在法定继承中可能发生代位继承或者转继承的问题，因此，遗嘱指定继承人的生存是适用遗嘱继承必不可少的要件。

5. 须没有遗赠扶养协议

遗赠扶养协议具有最优先适用的效力，遗嘱继承与法定继承都不能对抗遗赠扶养协议，应当先执行遗赠扶养协议，在执行完遗赠扶养协议后，再适用遗嘱继承或法定继承。被继承人在签订遗赠扶养协议对某项财产予以约定后，如果还通过遗嘱对该项财产进行遗嘱处分，应当先执行遗赠扶养协议，不能先按遗嘱继承办理。

当具备这些要件时，遗嘱继承得以适用。基于继承的非强制性，在遗嘱继承开始后，遗嘱指定的继承人也可以放弃继承。放弃继承应当按照《民法典》第1124条的规定进行，须以明示的方式作出意思表示，并且在特定的时间内作出，否则即视为接受继承。遗嘱指定继承人明确表示放弃继承时，其放弃继承的遗产部分，不再适用遗嘱继承，而应按法定继承办理。

（三）遗嘱继承的意义

遗嘱继承自确立以来，在人类历史上发挥了重大作用。我国《继承法》对遗嘱继承予以规定，而且经过长时间的运作，也体现出了其重要意义。民法典继承编继续规定遗嘱继承，并对其规则进行了一定程度的完善。

遗嘱继承的意义如下。

第一，有利于保护自然人的私有财产权和继承权。我国《宪法》第13条明确规定："公民的合法的私有财产不受侵犯。""国家依照法律规定保护公民的私有财产权和继承权。"国家不仅应当保护自然人生前在不违反国家法律的前提下，按照自己的意志对自己的私有财产行使占有、使用、收益、处分的权利，而且对于自然人生前对自己私有财产的身后处分也应当保护，后者就是对自然人继承权的保护。遗嘱继承正是自然人生前对自己私有财产进行的处分，使自己的财产按照自己的意愿传承到继承人手中，体现了自然人的私有财产权和继承权的支配性。

第二，有利于体现被继承人的意志。私有财产权作为私权，国家法律没有对其进行过度干预的必要，只要权利人不违法，就应当予以尊重。在遗嘱继承中，被继承人对自己的私有财产通过遗嘱进行处分，并且对遗嘱继承人、继承的顺序、继承的份额、遗嘱的执行、遗产的管理等事项，都根据自己的意志进行安排，充分地体现了被继承人的意志。尊重遗嘱，就是尊重被继承人的意志。

第三，有利于减少继承争议、稳定家庭关系。由于遗产的价值属性，在发生继承时，法定范围内的继承人出于逐利的目的，都希望谋求自己利益的最大化，因而在遗产分割时纷争不断。遗嘱继承同法定继承相比，是由被继承人在遗嘱中对遗嘱继承人、遗产份额等予以明确的继承方式，只要遗嘱合法有效，有关的当事人就应当执行，这能够避免继承纠纷。尊重自然人生前对自己财产的遗嘱处分，也有利于稳定家庭关系，促进家庭成员间的和睦团结。

二、遗赠

（一）遗赠的概念和特征

遗赠，是指自然人在生前订立遗嘱，将其个人财产赠与法定继承人以外的自然人或者国家、集体，而于其死亡后才发生法律效力的单方民事法律行为。或言之，遗赠者，遗赠人以遗嘱对于他人无偿给与财产上利益之谓也。① 立遗嘱的自然人为遗赠人，被指定赠与财产的人为受遗赠人，遗嘱指定赠与的财产为遗赠财产或遗赠物。

遗赠在古罗马时代就已出现。罗马法认为，遗赠是以继承人的指定为使命的，遗赠不过是遗嘱的从属部分。中世纪欧洲的遗嘱，开始以死因赠与作为中心内容，这是遗赠的前身。奥地利、瑞士等在继承人的指定之外，容许为遗赠的遗嘱。② 后来，遗赠被各国教会广泛利用。教会从教徒那里接受遗赠，为教会增加财产，遗赠成为遗嘱继承的方式。

---

① 范扬．继承法要义．北京：商务印书馆，1935：183.

② 史尚宽．继承法论．北京：中国政法大学出版社，2000：498.

近代各国继承法对遗赠基本上都作了规定。各国民法典确立了遗赠制度，主要是为了充分实现财产所有人处分自己财产的自由意志，使其把财产遗赠给自己希望的受遗赠人。在受遗赠人的范围上，不区分继承人与受遗赠人，不仅在法定继承人范围之外的人可以受遗赠，而且在法定继承人范围之内的人也可以受遗赠。

遗赠的法律特征如下。

1. 遗赠是一种单方法律行为

在遗赠中，遗赠人必须以遗嘱的形式进行遗赠，否则不为遗赠。遗赠的成立并不以受遗赠人的意思表示为必要，只需有遗赠人一方的意思表示就可以成立。因此，遗赠是一种单方法律行为。

2. 遗赠是一种无偿法律行为

遗赠的标的是遗赠物，该遗赠物为财产利益，既可以为现有的积极财产，也可以为债权等消极财产，但均须是遗赠人给予他人的财产利益，不能通过遗赠为他人设定债务。国外继承法存在概括遗赠，遗赠中所指定的受遗赠人既承受遗赠人的权利，也承受遗赠人的义务。我国原《继承法》和《民法典》继承编没有规定概括遗赠，遗赠必须是给他人财产利益。因此，遗赠是一种无偿法律行为。在遗赠中，遗赠人可以对遗赠附加某种负担，但是，即使附加了负担，所附加的负担也不是遗赠的对价，无损于遗赠的无偿性。

3. 遗赠是死因行为

虽然遗赠得以遗赠人通过遗嘱作出遗赠的意思表示而成立，但是，遗赠的成立不等于遗赠的生效，遗赠只有在遗赠人死亡后才能产生效力，这是因为遗赠是通过遗嘱设立决定的。即使存在遗赠，且遗嘱中指定的受遗赠人也已知道自己被遗赠，受遗赠人在遗赠人生前也无权请求执行遗赠。遗赠是一种死因行为，遗赠人在其生前可以随时变更或撤销自己的遗赠，任何人不得干涉。

4. 遗赠是须由受遗赠人亲自接受的行为

遗赠是遗赠人给予特定的受遗赠人财产利益的行为，受遗赠的主体具有不可替代性。受遗赠人的受遗赠权也只能由自己亲自享有，不得转让。如果遗赠人将财产遗赠给国家或者社会组织，由国家或者社会组织的代表机构或者负责人予以接受。受遗赠人为自然人的，该自然人必须亲自接受遗赠；如果受遗赠的自然人先于遗嘱人死亡，遗赠不能产生效力。即使受遗赠人在遗赠人死亡后、作出接受遗赠的意思表示前死亡，遗赠也不能发生。受遗赠权存在承认和抛弃的问题，如果受遗赠人在遗赠人死亡后，抛弃其受遗赠权，其效力溯及遗赠人死亡之时。①

---

① 黄右昌．民法第五编继承法．北京：北京大学法律丛书版：155.

有学者认为，受遗赠权属于财产权，应当可以继承，并主张应当规定受遗赠人在规定的期限内未及时作出是否接受遗赠的意思表示而死亡的，其继承人可以代其作出接受或放弃受遗赠的表示。① 这种意见值得商榷，因为遗赠是遗赠人对特定的受遗赠人进行的赠与，如果该受遗赠人在接受遗赠前死亡，令其继承人继承，则该受遗赠人的继承人未必是遗赠人愿意给予财产的人。而且遗赠是一种无偿行为，不令受遗赠人的继承人继承也不会造成损害。因此，这种意见欠妥。

5. 遗赠是对特定范围内的组织、个人赠与财产的行为

国外继承立法都不区分受遗赠人与法定继承人，受遗赠人的确立根据遗赠人的指定。民法典继承编明确规定，只能将财产赠给国家、集体或者法定继承人以外的组织、个人。这说明在法定继承人范围之内的人只能成为指定的遗嘱继承人，不能成为受遗赠人。因此，遗赠是对特定范围内的组织、个人赠与财产，在受遗赠人的范围上具有特定性。

(二) 遗赠的分类

民法典继承编对遗赠的规定比较原则，具体内容简洁，没有划分遗赠的种类。遗赠的标的范围广泛，权利义务关系也各有不同，有必要对遗赠进行分类。

1. 概括遗赠与特定遗赠

这是根据遗赠标的的不同进行的分类。概括遗赠又称包括遗赠，是指遗赠人把自己的全部财产权利和义务一并遗赠给受遗赠人。概括遗赠的受遗赠人具有继承人的地位。特定遗赠是指遗赠人将其某一特定财产（并非只限于特定物）遗赠给受遗赠人，而不是将财产义务一并遗赠。

我国在实践中也有以国家、集体为受遗赠人予以概括遗赠的，有的学者也认为，"从我国继承法的立法精神看，是承认概括遗赠的"②。不过，我国原《继承法》和《民法典》继承编规定的遗赠，不包括概括遗赠，只包括特定遗赠。因为如果认可概括遗赠，就与遗赠的无偿性相违背，受遗赠人的地位实际上等同于继承人的地位，这也与我国继承法关于继承人的规定不符。

2. 单纯遗赠与附负担遗赠

这是根据遗赠是否附有义务而进行的分类。单纯遗赠是不附任何条件或义务的遗赠，遗赠人就遗赠附加某种义务或某种条件的遗赠为附负担遗赠。

在我国，遗赠既可以是单纯遗赠，也可以是附负担遗赠。在实践中，无论是单纯遗赠还是附负担遗赠都存在。

---

① 郭明瑞，等．继承法研究．北京：中国人民大学出版社，2003：143.

② 刘文．继承法比较研究．北京：中国人民公安大学出版社，2004：286.

（三）遗赠与遗嘱继承和赠与的区别

因遗赠是在遗产继承中发生的赠与他人财产的法律现象，所以，遗赠与遗嘱继承、赠与有相似之处，但它们是不同的法律行为。

1. 遗赠与遗嘱继承

遗赠与遗嘱继承，都是被继承人以遗嘱处分个人财产的方式。各国立法基本上都同时规定遗赠与遗嘱继承，但是，在如何区分遗赠与遗嘱继承的问题上，各国和地区立法大体有以下三种立法例。

一是以承受遗产的人所承受的遗产内容来区分遗赠与遗嘱继承。遗嘱人既可以指定法定继承人范围以内的人为继承人，也可以指定法定继承人以外的人为继承人；既可以指定法定继承人范围以外的组织、个人为受遗赠人，也可以指定法定继承人范围以内的人为受遗赠人。但是，继承人须对遗产权利义务同时承受，即既须继承遗产权利，也须同时继承遗产债务；而受遗赠人继受的只能包括遗产权利，不能包括遗产债务。德国民法、瑞士民法等均采此立法例。这种立法例，以遗嘱中指定的人被指定继受的遗产的内容来区分遗嘱继承与遗赠，凡是遗嘱指定某人概括继受遗产的，为遗嘱继承；凡是遗嘱指定某人仅单纯继受权利的，为遗赠，至于被指定的人是否为法定继承人，则在所不问。同时，这种立法例是以继承责任的非有限性为前提的，遗嘱继承人对遗产债务的清偿承担无限责任，而受遗赠人对遗产债务不负清偿责任。若遗嘱继承人对遗产的债务清偿仅以其实际继承的遗产数额为限，则遗嘱继承与遗赠之间并无多大的实质性差别。

二是以继受遗产的人与遗嘱人的关系来区分遗赠与遗嘱继承。依此种立法例，遗嘱中指定在法定继承人范围以内的人继受遗产的，为遗嘱继承，且继承人须概括地继受遗产的全部或部分；遗嘱中指定法定继承人范围以外的人继受遗产的，为遗赠，且受遗赠人只能承受积极财产，而不承受消极财产。遗嘱继承人只能是法定继承人范围以内的人，而受遗赠人只能是法定继承人范围以外的组织、个人。

三是不区分遗赠与遗嘱继承。凡遗嘱人将遗产通过遗嘱的方式指定给他人继受的，则继受人一概被称为受遗赠人，而不被称为继承人。依此种立法例，遗赠分为概括遗赠和特定遗赠。

我国原《继承法》以及民法典继承编采第二种立法例，遗赠与遗嘱继承的区别主要有以下几点。

第一，受遗赠人和遗嘱继承人的范围不同。受遗赠人可以是法定继承人以外的任何自然人，也可以是国家和集体，而不可以是法定继承人范围之内的人。遗嘱继承人则只能是法定继承人范围之内的人，而不能是法定继承人以外的自然人或单位。

第二，受遗赠权与遗嘱继承权客体的范围不同。受遗赠权的客体只包括遗产中的财产权利，不包括财产义务，受遗赠人接受遗赠时只能承受遗产中的权利而不能承受遗产中的债务。如果遗赠人将其全部遗产遗赠给国家、集体或某自然人，而其生前又有债务时，则受遗赠人只能接受清偿债务后剩余的财产，但是，这种清偿只能是对被继承人债务的处理，受遗赠人本身并不承受被继承人的债务。而遗嘱继承权的客体是遗产，而且遗嘱继承人对遗产的继承是概括的承受，在承受遗产的同时，还担负着清偿被继承人债务的义务。

第三，受遗赠权与遗嘱继承权的行使方式不同。受遗赠权是一种形成权，而且60日的期间为受遗赠权的除斥期间，从知道受遗赠后60日内未作出接受的表示的，即视为放弃受遗赠。受遗赠人表示接受遗赠的，得要求遗嘱执行人向其移转遗赠的标的，受遗赠权优先于继承人的继承权，继承人只能继承执行遗赠后剩余的遗产。而遗嘱继承中在继承开始后，继承人放弃继承的，应当在遗产处理前，作出放弃继承的表示。遗嘱继承人自继承开始至遗产分割前未明确表示放弃继承的，视为接受继承，放弃遗嘱继承权的，须于此期间内作出明确的意思表示。

2. 遗赠与赠与的区别

遗赠与赠与都是将自己的财产无偿给予他人的行为，但两者是不同的民事法律行为，存在以下区别。

一是性质不同。遗赠是单方法律行为，只需要有遗赠人一方赠与的意思表示即可，无须征得对方的同意。而赠与是一种双方法律行为，是一种合同关系，不仅要有赠与人赠与的意思表示，而且要有受赠人接受赠与的意思表示，只有双方的意思表示一致才能成立赠与。

二是方式不同。遗赠必须以遗赠人订立的遗嘱方式进行，而且是一种要式法律行为，具体事项由继承法予以调整。而赠与采取合同方式，属于非要式法律行为，书面或口头形式都可以，具体事项由合同法予以调整。

三是发生法律效力的时间不同。虽然遗赠与赠与都属于诺成法律行为，自行为人作出意思表示即成立，但是两者产生法律效力的时间不同。遗赠必须在遗赠人死亡后才能产生法律效力，是一种死因行为。而赠与是生前行为，赠与合同自成立时就生效，受赠人可以要求赠与人进行赠与。

应当注意遗赠与死因赠与的区别。死因赠与是指赠与人生前与受赠人订立的，于赠与人死亡后才发生赠与财产利益效力的双方法律行为。死因赠与虽然未被民法典的继承编与合同法编明确规定，但是，在人们现实生活中较为常见。由于遗赠与死因赠与都在赠与人死亡后才发生效力，具有相似性，因而，有的国家规定，关于遗赠的规定准用于死因赠与。但是，二者的性质还是不同的。遗赠是单方法律行为，而死因赠与为双方法律行为。两者的调整规范也不同，遗赠由继承法律调整，而死因赠与由合同法律调整。

(四) 遗赠的效力

1. 遗赠发生效力的要件

由于遗赠是遗赠人单方的意思表示，而且是通过遗嘱形式进行的行为，因而遗赠也须具备一定的要件才能产生效力。

一是遗赠人须有遗嘱能力。遗赠以遗嘱的形式进行，遗赠人应具有遗嘱能力。只有具有遗嘱能力的完全民事行为能力的人，才可以进行遗赠，无遗嘱能力的无民事行为能力人、限制民事行为能力人，不能为遗赠。在遗赠人有无遗嘱能力的判断上，应当以立遗嘱时遗赠人的情况为准。

二是遗赠人须为缺乏劳动能力又没有生活来源的继承人保留必留份。同遗嘱继承一样，遗赠也不能损害缺乏劳动能力又没有生活来源的继承人的合法权益。如果继承人中有缺乏劳动能力又没有生活来源的人，而遗赠人又没有为其保留必留份，涉及这一必留份的遗赠是无效的。继承人中有无缺乏劳动能力又没有生活来源的人，以遗赠人死亡时继承人的状况为准。我国也应规定特留份制度以限制遗嘱自由，遗赠须不违反有关特留份的规定。如果遗赠侵害了继承人的必留份权、特留份权，受侵害的继承人于保全必留份、特留份必要的限度内，得主张遗赠无效。①

三是遗赠人所立的遗嘱符合法律规定的形式。由于遗赠以遗嘱的形式进行，因而，遗赠人设立的遗嘱必须符合法律规定的形式，不符合法定形式的遗嘱无效，遗赠当然也无效。遗赠人的遗嘱是否符合法定形式，应当以遗嘱设立当时的法律要求为准。

四是受遗赠人须为法定继承人范围以外，且在遗赠人的遗嘱生效时生存之人。依民法典继承编的规定，受遗赠人须为法定继承人范围之外的人。受遗赠人须于遗赠人死亡时具有民事权利能力。先于遗赠人死亡或者与遗赠人同时死亡的自然人，不能成为受遗赠人，因为其已不具有民事权利能力。遗赠人死亡时已受孕的胎儿可以作为受遗赠人，但是，也应以其活着出生的为限。如果胎儿出生时为死体，则遗赠溯及既往地自始无效。未成立的法人也不能为受遗赠人，但是，正在设立中的法人可以作为受遗赠人。

五是须受遗赠人未丧失受遗赠权。受遗赠权会因法定事由的发生而丧失。《民法典》第 1125 条第 3 款规定："受遗赠人有本条第一款规定行为的，丧失受

---

① 郭明瑞，等．继承法．2 版．北京：法律出版社，2004：178.

遗赠权”。受遗赠人故意杀害遗赠人的，丧失受遗赠权，不产生遗赠的效力。

六是须遗赠人死亡。遗赠是死因行为，必须在遗赠人死亡后才产生效力。遗赠效力的产生必须具备遗赠人死亡这一要件，否则，即使遗赠人进行了遗赠，也不具有效力，因为遗赠人可以撤销或变更，而且受遗赠人也无权在遗赠人死亡前要求执行遗赠。

2. 遗赠的具体效力

民法典继承编认为，受遗赠权不是物权。因为在遗赠执行前，受遗赠人对遗赠的标的物不享有物权权能，不处于物权人地位，其所享有的，只是请求有关的遗嘱执行人或继承人交付遗赠标的物的权利。从这一点上来看，受遗赠权具有债权的效力。但是，受遗赠权又不完全等同于一般的债权，因为对被继承人的一般债权，应当进行清偿；而对遗赠，如果被继承人的遗产在清偿债权后没有剩余遗产，则不执行遗赠，受遗赠人不能基于债权人的地位请求清偿。因此，受遗赠权具有自身的特殊性，不能简单等同于物权或债权。不过，在遗赠的具体效力上，不论遗赠的标的是否为特定物，受遗赠人都不能直接支配遗赠的标的，只能向遗嘱执行人或继承人请求执行遗赠，即要求其给予遗赠的标的。

三、遗嘱信托

遗嘱信托是指通过遗嘱而设立的信托，也叫死后信托。委托人以立遗嘱的方式，把自己的遗产交付信托，就是遗嘱信托。委托人应当预先以立遗嘱的方式，将财产的规划内容，包括交付信托后遗产的管理、分配、运用及给付等，订立在遗嘱中。待遗嘱生效时，再将信托财产转移给受托人，由受托人依据信托的内容，管理处分信托的遗产。

遗嘱信托的功能，一是遗嘱信托能够很好地解决财产传承问题。通过遗嘱信托，可以使财产顺利地传给后代，也可以通过遗嘱执行人的理财能力，弥补继承人无力理财的缺陷；二是遗嘱信托能够减少因遗产产生的纷争。因为遗嘱信托具有法律约束力，特别是中立的遗嘱继承人介入，使遗产的清算和分配更公平。

遗嘱信托的特点是其在委托人死亡后才生效。通过遗嘱信托，由受托人确实依照遗嘱人的意愿分配遗产，并为照顾特定人而做财产规划，不但有立遗嘱防止纷争的优点，而且因结合了信托方式而使该遗产对继承人更有保障。

遗嘱信托的遗嘱，应当符合民法典继承编的规定；遗嘱信托的信托，应当符合《信托法》的规定。

遗嘱信托包括下列三方当事人：一是委托人即被继承人。二是受托人即遗嘱执行人。遗嘱信托指定的受托人（遗嘱执行人），应当是具有理财能力的律师、会计师、信托投资机构等专业人员或专业机构。三是受益人即继承人。遗嘱信托的受益人可以是法定继承人中的一人或者数人。遗嘱人可以将遗产受益人指定为法定继承人以外的人。

遗嘱信托分为遗嘱执行信托和遗产管理信托两种不同方式。遗嘱执行信托是为了实现遗嘱人的意志进行的信托业务，其主要内容有清理遗产、收取债权、清偿债务、税款及其他支付、遗赠物的分配、遗产分割等。遗嘱执行信托是短期性的，一般遗嘱执行的成立有死亡者立的遗嘱作为依据，继承人均已存在，因而不易发生制约。遗产管理信托是主要以遗产管理为目的而进行的信托业务。遗产管理信托的内容与遗嘱执行信托的内容虽有交叉，但侧重在管理遗产方面。遗产管理人可由法院指派，也可由遗嘱人或者其亲属会议指派。

法律适用中应注意的问题

遗赠符合构成要件的要求，即产生法律效力。遗赠产生效力并不意味着受遗赠人实际取得遗赠物，还存在遗赠的执行问题。遗赠的执行是指在受遗赠人接受遗赠后，有关的遗嘱执行人按照遗嘱人的指示将遗赠的遗赠物移交给受遗赠人的制度。

第一，遗赠执行的义务人。受遗赠的义务人是遗赠执行的义务人，也就是遗嘱执行人。在遗嘱执行前，继承人尽管为被继承人遗产的承继人，但是，在遗嘱执行前，继承人并不能处分遗产。而遗赠属于遗嘱的内容，有遗嘱就有遗嘱的执行，所以，应以遗嘱执行人为遗赠执行的义务人。

第二，遗赠执行的权利人。遗赠执行的权利人为受遗赠人。受遗赠人在知道受遗赠后60日内，向遗嘱执行人作出接受遗赠的意思表示的，即享有请求遗嘱执行人依遗赠人的遗嘱将遗赠物交付其所有的请求权。遗赠执行人应依受遗赠人的请求交付遗赠物。

第三，遗赠执行的内容。受遗赠权不是一种债权，遗赠人的债权人的债权优先于受遗赠人的受遗赠权，受遗赠人不能与遗赠人的债权人平等地分配遗产。因此，遗赠执行人不能先以遗产用于执行遗赠，执行遗赠不得妨碍清偿遗赠人依法应当缴纳的税款和债务。遗赠执行人应于清偿完被继承人生前所欠的税款及债务后，才能在遗产剩余的部分中执行遗赠。如果在清偿被继承人生前依法应当缴纳的税款和债务后没有剩余的遗产，则遗赠不能执行，受遗赠人的权利也就消灭，遗赠执行人也就没有执行遗赠的义务。如果遗赠人是以特定物为遗赠物的，而该物又已不存在的，则因遗赠失去效力，遗赠执行人当然无执行的义务。

此外，对于遗嘱的公证人、见证人及其配偶可否作为受遗赠人，有不同观点。一种观点认为，遗嘱的公证人、见证人参与遗嘱的设立过程，若允许他们作为受遗赠人，容易导致不公平现象的发生，因此，不能允许遗嘱的公证人、见证人及其配偶为受遗赠人。有的国家立法明文规定上述人等及其直系血亲不能作为受遗赠人。这种观点是有道理的。如果遗嘱的公证人为受遗赠人，公证人应当回避；如果受遗赠人为见证人，不具有见证效力。故并非遗嘱的公证人、见证人及其配偶、直系血亲不能为受遗赠人，而是这些人作为公证人、见证人的遗嘱应属于形式上有瑕疵的遗嘱。对于这样的遗嘱，利害关系人有权予以撤销。

案例链接

朱某一与蒋某、杨某一遗嘱继承纠纷案①

基本案情

被继承人李某花，女，1981 年 1 月 13 日出生，与朱某二于某年某月某日非婚生育女儿朱某一。李某花因病于 2017 年 11 月 9 日死亡，死亡时遗留位于佛山市××广场×座×××号的房屋一间（建筑面积 98.13 平方米），与位于佛山市××广场×××号小车位一个（建筑面积 33.07 平方米）。之前，李某花于 2017 年 8 月 31 日在广东×××律师事务所律师的见证下，立下一份遗嘱，指定上述房屋和小车位由朱某一继承。

另查明，李某花之前与杨某二于某年某月某日登记结婚，于某年某月某日生育女儿杨某一。2010 年 6 月 29 日，重庆市合川区人民法院作出（2010）合法民初字第 2322 号民事判决书，判决准予李某花与杨某二离婚，婚生女儿杨某一由杨某二抚养。该判决于 2010 年 8 月 1 日发生法律效力。此后，李某花没有再登记结婚。李某花的父亲为李某孝，母亲为蒋某，李某孝于 2016 年 6 月 1 日死亡。

为继承案涉房屋和车位，朱某一于 2019 年 2 月 1 日向法院提起诉讼，请求判决争议房屋一间和小车位一个，由朱某一继承，被告协助办理产权过户手续。

法院判决

人民法院经审理认为，依据《继承法》第 16 条第 1 款、第 2 款规定："公民可以依照本法规定立遗嘱处分个人财产，并可以指定遗嘱执行人。公民可以立遗嘱将个人财产指定由法定继承人的一人或者数人继承。"经审查，被继承人李某花于

① 广东省佛山市顺德区人民法院（2019）粤 0606 民初 3738 号民事判决书。

2017 年 8 月 31 日所立的遗嘱，有两名律师在场见证签名，且由其中一名代书，再由遗嘱人李某花签名，符合《继承法》第 17 条第 3 款的要求，该遗嘱合法有效，现朱某一据此遗嘱请求继承李某花的本案房屋和车位的遗产，于法有据，人民法院予以支持。法院判决被继承人李某花的房屋一间、小车位一个，由原告朱某一继承。被告蒋某和杨某一协助办理上述房屋和车位的所有权过户手续。

第一千一百三十四条

自书遗嘱由遗嘱人亲笔书写，签名，注明年、月、日。

条文对照

第十七条第二款　自书遗嘱由遗嘱人亲笔书写，签名，注明年、月、日。

本条主旨

本条是对自书遗嘱的规定。

条文详解

一、自书遗嘱的概念和发展

自书遗嘱，又称亲笔遗嘱，是指以遗嘱人亲笔书写方式设立的遗嘱。自书遗嘱不需要见证人参加，只要遗嘱人亲笔书写出自己的意思表示即可。自书遗嘱对遗嘱人没有特别要求，只要遗嘱人有文字书写能力，就可以独立作出自书遗嘱。

自书遗嘱最早源于罗马法，自书遗嘱仅须由遗嘱人自己书写遗嘱全文，无须证人在场加以证明，即能产生法律效力。① 中世纪时，自书遗嘱在法国成为一种较为普遍的遗嘱形式，但是，在法国的习惯法中，订立自书遗嘱要有见证人。自书遗嘱后来为《法国民法典》第 969 条确立，该条规定遗嘱得自书作成。后来，大多数国家的民法都确立了自书遗嘱，也使自书遗嘱成为应用最广泛的遗嘱形式。我国确认自书遗嘱的形式，在实践中适用广泛。

二、自书遗嘱的形式要件

自书遗嘱应当符合以下形式要件的要求。

---

① 周枏．罗马法原论：下册．北京：商务印书馆，2001：485.

（一）须由遗嘱人亲笔书写遗嘱的全部内容

自书遗嘱必须由遗嘱人亲自书写，不能让他人代写，而且还只能由遗嘱人用笔将其意思记录下来。用打字机、打印机打印等方式制作的遗嘱，属于打印遗嘱，遗嘱人应当亲笔签名，以便识别真伪。遗嘱的书写语言，可以采用通用的汉语言，也可以采用少数民族语言，还可以采用外国语言，只要字迹清楚、意思完整、用词准确即可。

（二）须是遗嘱人关于其死亡后财产处分的正式意思表示

自书遗嘱记载的，须是遗嘱人对其死后财产处分的正式意思表示，如果不是正式制作的，仅是在日记或有关的信件中提到准备在其死亡后对某财产作如何处理的，不应认定为自书遗嘱。不过，自书遗嘱只要求是遗嘱人处分遗产的真实意思的书面记载，也不要求须有“遗嘱”标题的字样。如果遗嘱人在有关的文书中对其死亡后的事务作出安排，也包括对其死亡后的财产处理作出安排，又无相反证明，则应当认定该文书为遗嘱人的自书遗嘱。司法经验认为，自然人在遗书中涉及死后个人财产处分的内容，确为死者真实意思表示，有本人签名，并注明了年、月、日，又无相反证据的，可按自书遗嘱对待。

（三）须由遗嘱人签名

遗嘱人签名，是自书遗嘱的基本要求，它既证明遗嘱确为遗嘱人亲自书写，也证明遗嘱是遗嘱人的真实意思表示。如果只有遗嘱的全部内容，而没有遗嘱人的签名，则没有遗嘱的法律效力。在自书遗嘱中，须由遗嘱人亲笔书写上自己的名字，而不能以盖章、按指印、画押等方式代替遗嘱人的签名。至于签名后是否需要加盖遗嘱人的私章，法律没有强制要求，但是也不加禁止，遗嘱人可以自便。

（四）须注明年、月、日

自书遗嘱的年、月、日非常重要，不仅可以确定自书遗嘱的成立时间，在发生纠纷时方便辨明遗嘱的真伪，而且可以判明遗嘱人在立自书遗嘱时是否具有遗嘱能力，以确定遗嘱是否有效。同时，注明自书遗嘱的时间，还有助于辨明多份遗嘱的先后顺序，以确定哪份遗嘱是最后的具有法律效力的自书遗嘱。因此，自书遗嘱中必须注明设立遗嘱的时间，而且必须是年、月、日齐备，遗嘱中未注明日期，或者所注的日期不具体的，例如只注明年、月，而未写日的，遗嘱都不能有效。

（五）增删或涂改处须遗嘱人签名并注明时间

自书遗嘱关系到遗产的处理，要求字迹清楚、意思明确，应当尽量避免增删、涂改。如果遗嘱人对自书遗嘱进行了涂改、增删，须于涂改、增删处签名，并注明时间，否则，其涂改、增删的内容无效。

法律适用中应注意的问题

自书遗嘱，是最能真实体现被继承人分配遗产意思的书面形式，因此，是遗嘱最重要的表现形式。在司法实践中，由于真实、合法的遗嘱具有分配遗产的最高效力，因此，对遗嘱形式要件的要求非常严格，一旦遗嘱的形式要件存在瑕疵，将会引发继承人之间的利益关系变动。正因为如此，自书遗嘱的形式要件具有特别重要的意义。

由于自书遗嘱是被继承人自己制作的遗嘱，可能会存在不规范的问题，因而，本条规定了自书遗嘱最基本的形式要件的要求，只有符合这些形式要件要求的自书遗嘱，才具有遗嘱的效力。

在遗嘱继承中，由于继承人之间的利益冲突，当被继承人以自书遗嘱的方式处分遗产时，利益相关的继承人往往是从自书遗嘱的形式要件入手，确定自书遗嘱的真实性，进而否定自书遗嘱的效力，否定遗嘱继承效力，实行法定继承，保护自己的权益。因此，自书遗嘱的形式要件具有决定性的价值。法官在审理涉及自书遗嘱的遗嘱继承纠纷案件时，必须严格按照本条的要求，确定自书遗嘱的真实性和效力，正确适用法律。

案例链接

谭某一与谭某六等遗赠纠纷案①

基本案情

谭某忠（2015 年 4 月 10 日去世）与于某敏（2017 年 1 月 9 日去世）系夫妻关系，二人共育有五子女，分别为长女谭某二、次女谭某六、长子谭某四、次子谭某五、三女谭某三。原告谭某一系谭某五之子。

谭某忠、于某敏于 2000 年购买位于北京市通州区某房屋一套（以下简称 y 室），并在此居住直至去世。此房屋为小产权房。谭某忠、于某敏去世后，关于 y 室之归属，原、被告产生争议。原告谭某一主张 y 室由其受遗赠取得，并提供《谭氏家务料定》一份在案佐证，其中载明：兹因我们老两口已垂暮之年，想提早将

① 北京市通州区人民法院（2017）京 0112 民初 15491 号民事判决书。

家务事料理一下，以防万一。针对现时家庭情况，确定以下支配办法。(1) 七个儿孙六个都有房住，能安居落叶。只剩一个二十七八岁的孙子谭某一还与父母三口挤在一个一居室。确定将我们老两口现住的两室一厅楼房给谭某一，待我们辞世后入住……落款处为“谭某忠”“于某敏”签字及各自手印，落款日期为 2012 年 3 月 8 日。庭审中，原告谭某一称，《谭氏家务料定》系 2017 年 4 月 18 日由其父谭某五交给自己的，本人当日向谭某五表示接受遗赠。被告谭某五称，此《谭氏家务料定》系其父谭某忠自行书写并签字，因母亲于某敏不识字，签名系父亲谭某忠代签。谭某忠于去世前 2 个月，将《谭氏家务料定》交给自己。后为保险起见，其要求父母在落款处各自按捺了手印。按手印时，在场人有当时家中保姆及二姐谭某六。现保姆已无法找到。

被告谭某二、谭某三、谭某四认为，被告谭某五几乎没有照管过父母，父母不可能立遗嘱把房产给侄子谭某一，因此《谭氏家务料定》系伪造。

原告谭某一向法院起诉，主张确认被继承人的自书遗嘱合法有效，确认被继承人的争议房屋由原告合法使用。

在本案 2019 年 4 月 9 日庭审过程中，经各方当事人确认，法院通过被告谭某二手机联系谭某六核实情况。关于《谭氏家务料定》一节，谭某六称父母按手印时其在场，看见了，自己也知道其中内容，同意按照父母遗愿办理，当时也有保姆在场。父母告诉其他们也将《谭氏家务料定》的内容告诉其他子女了。2019 年 4 月 22 日，法院前往谭某六家中进一步核实情况，其所述内容与庭审电话陈述的一致。

法院判决

法院认为：公民可以立遗嘱将个人财产赠给国家、集体或者法定继承人以外的人。自书遗嘱由遗嘱人亲笔书写，签名，注明年、月、日。本案争议焦点为《谭氏家务料定》的真实性。在庭审中，被告谭某五、被告谭某六在案陈述内容能够相互印证，可以证实《谭氏家务料定》确为谭某忠书写并由谭某忠、于某敏二人按捺手印，法院对《谭氏家务料定》的真实性予以确认。该《谭氏家务料定》作为自书遗嘱，形式上亦无不妥。故，谭某忠、于某敏通过《谭氏家务料定》将二人财产 y 室遗赠给原告谭某一，真实有效，法院对此予以确认。原告谭某一要求确认其为 y 室的合法使用人，理由正当，法院对此予以支持。法院故判决，确认谭某忠、于某敏 2012 年 3 月 8 日出具的《谭氏家务料定》有效；确认原告谭某一为争议房屋的合法使用人。

第一千一百三十五条

代书遗嘱应当有两个以上见证人在场见证，由其中一人代书，并由遗嘱人、代书人和其他见证人签名，注明年、月、日。

条文对照

第十七条第三款　代书遗嘱应当有两个以上见证人在场见证，由其中一人代书，注明年、月、日，并由代书人、其他见证人和遗嘱人签名。

本条主旨

本条是对代书遗嘱的规定。

条文详解

一、代书遗嘱的概念

代书遗嘱，亦称代笔遗嘱①，是指由他人以代为书写的方式设立的遗嘱。遗嘱人无文字书写能力，或者由于其他原因不能亲笔书写遗嘱的，为了保护遗嘱人的遗嘱自由，允许遗嘱人在符合法定条件的情形下，请他人代为书写遗嘱。

代书遗嘱简便易行，节省费用，而予遗嘱人以便利，且教育未十分普及，故有必要特设此方法以应需要。② 我国原《继承法》第17条第3款对此作出了规定，本条继续沿用这一规定。

二、代书遗嘱的形式要件

代书遗嘱须符合以下形式要件的要求。

(一) 须由遗嘱人口授遗嘱内容并由代书人代书

遗嘱是必须由遗嘱人亲自进行的行为，不允许他人代理。设立代书遗嘱，遗嘱人也必须亲自表述自己处分身后财产的意思，进行口述，由他人代笔书写下来。代书人仅仅是遗嘱人口授遗嘱的文字记录者，不是遗嘱人的代理人，不能就遗嘱内容提出任何意见。代书人须忠实地记载遗嘱人的意思表示，不得对遗嘱人的意思表示作篡改或修正。

(二) 须有两人以上在场见证

代书遗嘱的见证人是参加代书遗嘱、能够证明代书遗嘱真实性的人。为了保

①② 陈棋炎，等. 民法继承新论. 台北：三民书局，2002：331、333.

证代书遗嘱的真实性，本条规定，应当有两个以上见证人在场见证。如果代书遗嘱只有代书人一人在场代书，不具有代书遗嘱的效力。

（三）须代书人、其他见证人和遗嘱人在遗嘱上签名并注明年、月、日

代书人在书写完遗嘱后，应当向遗嘱人宣读遗嘱，在其他见证人和遗嘱人确认无误后，在场的见证人和遗嘱人都须在遗嘱上签名，并注明年、月、日。遗嘱人可以用按指印来代替签名，法律规定代书遗嘱的原因，主要是有的人不具备自书遗嘱的能力，事实上，确有许多人连自己的姓名也不会写，所以，遗嘱人如确实是不会书写自己姓名的，可用捺印或者盖章方式代替签名。但是，遗嘱的见证人、能够书写姓名的遗嘱人，须在遗嘱上签名，而不能以按指印或盖章方式代替签名。代书遗嘱同样要注明立遗嘱的年、月、日，否则代书遗嘱无效。

法律适用中应注意的问题

在实践中，代书遗嘱由于有代书人代书，有见证人见证，并且代书人通常具有相当的法律知识，因而，因代书遗嘱的效力问题而产生继承纠纷的相对少一些。尽管如此，代书遗嘱的形式要件也是十分重要的，只要不符合代书遗嘱形式要件之一，就会导致代书遗嘱无效，无法实现遗嘱人处分遗产的意愿。在以往的案例中，就有律师作为见证人见证代书遗嘱，由于律师事务所只派了一个律师作为见证人，因而代书遗嘱无效，遗嘱继承人的继承权丧失，造成了遗嘱继承人的损失，律师事务所对此承担了赔偿责任。

在代书遗嘱中，应当注意的问题如下。

第一，代书人应当懂得继承法律知识，了解代书遗嘱的形式要件要求，避免因代书人的法律知识不足而造成代书遗嘱无效。

第二，首先要符合两名见证人见证的要求，其次要在场见证，最后要在代书遗嘱上签名。

第三，至于签名和注明年、月、日的要求，都是一样重要的要求，务必符合代书遗嘱的形式要件要求，特别是签名，遗嘱人、代书人和见证人都须签名或者盖章、按指印。凡是不符合上述形式要件要求的代书遗嘱，不认可其遗嘱的法律效力。

案例链接

上海祁某宇律师事务所诉瞿某凤、瞿某华继承纠纷上诉案①

基本案情

瞿某禾于2017年3月3日死亡，生前未婚，无子女。2017年2月28日，瞿某禾委托上海祁某宇律师事务所订立代书遗嘱，言明：在我百年后，将我拥有的上海市广灵一路×××号×××室房屋产权，给我的弟弟瞿某华和妹妹瞿某凤两个人继承，每人各继承一半。“立遗嘱人”处由祁某宇律师代瞿某禾签字，注明“祁律师（代签）”，并由瞿某禾捺指印。代书人为祁某宇律师，见证人为祁某宇和李某两位律师。同日，上海祁某宇律师事务所为该份遗嘱出具律师见证书。瞿某禾支付律师见证费6 000元。

2017年5月，瞿某凤、瞿某华以遗嘱继承纠纷为由，起诉案外人瞿某一、瞿某二、瞿某三，要求按照遗嘱由瞿某凤、瞿某华各半继承瞿某禾名下上海市广灵一路×××号×××室房屋产权。一审审理中，证人李某出庭作证称：此次见证由祁某宇律师主要承办，据祁某宇律师说，2017年2月28日，瞿某华来事务所与祁某宇联系，称被继承人瞿某禾想订立遗嘱，并将相关人员的身份证件和房产证文本交与祁某宇律师。同日下午4点左右，我和祁某宇还有一个助理三个人到新华医院，为瞿某禾订立遗嘱。瞿某禾见到我们，就表示系争房屋由瞿某凤、瞿某华继承，瞿某凤、瞿某华一人一半产权。谈话过程中，我们询问了瞿某禾的身份情况、系争房屋地址等，从我们与瞿某禾的对话来看，瞿某禾神志清晰，只是中气不足。在谈话中，助理负责拍照，但未制作谈话笔录，也没有录音录像。了解被继承人意愿后，三人返回律所，根据之前瞿某禾的口头表述为瞿某禾制作遗嘱，房产证、瞿某华和瞿某凤的身份证复印件应该是瞿某华在委托的时候已经提交给祁某宇了，所以遗嘱中我们写了瞿某凤、瞿某华的身份证号码。之后我和祁某宇返回新华医院，分别用上海话和普通话为瞿某禾宣读遗嘱，并要求瞿某禾签字，但瞿某禾的手无力握笔，最后祁某宇在立遗嘱人处签字，让瞿某禾捺指印，每份遗嘱有四个捺印，目的是保证有清晰的手印，印泥是我们随身携带的。被继承人捺印后，我们当场在见证书上盖了律所的公章。遗嘱一式三份，一份律所保留，一份留在瞿某禾的病床上，另一份交给瞿某华、瞿某凤保管。此次见证收取了律师费，也出具了律师费发票，但我没有看到过委托合同，律师费发票复

① 上海市第二中级人民法院（2018）沪02民终10369号民事判决书。

印件也是庭前祁某宇交给我的。

上海市虹口区人民法院于2017年9月27日作出（2017）沪0109民初19198号民事判决书，认为系争遗嘱并非代书人在遗嘱人口述遗嘱内容时的当场记录，而是代书人根据自己的记忆在事后整理的版本，整理过程中也没有遗嘱人口述时的谈话笔录、录音录像等资料可供参考，并不符合时空一致性的要求，无法证明遗嘱系遗嘱人的真实意思表示，且遗嘱应由遗嘱人签名确认，原告（瞿某凤、瞿某华）与证人均未提供遗嘱人立遗嘱时无法握笔的证据，故遗嘱人仅在遗嘱上捺印并不符合代书遗嘱的形式要求，认定2017年2月28日瞿某禾的遗嘱无效。法院判决上海市广灵一路×××号×××室房屋产权由瞿某凤、瞿某华、瞿某二、瞿某一、瞿某三按份共有，各占20%产权份额。

一审判决后，瞿某凤、瞿某华不服，向上海市第二中级人民法院提起上诉。二审中，瞿某凤、瞿某华提供新华医院呼吸内科孙某渊医师于2017年10月16日出具的证明一份，证明瞿某禾入院时双上肢肌力严重下降，无法抬离床面，难以完成书写动作。上海市第二中级人民法院未将该证明作为新的证据予以采信，并于2017年12月25日作出（2017）沪02民终10065号民事判决书，认为瞿某禾所订立的代书遗嘱并非代书人在遗嘱人口述遗嘱内容时的当场记录，而系代书人返回律所后根据记忆整理而成，且无整个过程的录音录像等证据予以佐证，故不符合代书遗嘱时空一致性要求，也无证据证明该遗嘱系遗嘱人的真实意思表示，一审法院认定遗嘱无效且按法定继承处理，并无不当，二审法院判决驳回上诉，维持原判。

上述判决生效后，瞿某凤、瞿某华起诉上海祁某宇律师事务所，赔偿因代书遗嘱无效而造成的损失。一审审理中，依瞿某凤、瞿某华申请，法院委托上海某房地产土地估价有限公司对上海市广灵一路×××号×××室房屋2017年12月25日的市场价值进行评估，估价结果总价值为1 980 000元。上海祁某宇律师事务所对估价报告有异议，申请重新评估，因未提供证据证明估价报告存在法律规定应予重新评估之情形，故未获准许。二审审理中，2018年4月18日，法院前往新华医院调取瞿某禾2017年2月22日至2017年3月1日住院病程记录，该记录显示上述期间瞿某禾日日神志清晰。

法院判决

一审法院认为，律师是依法取得律师执业证书，接受委托或者指定，为当事人提供法律服务的执业人员。律师事务所是律师的执业机构。律师担任诉讼法律事务代理人或者非诉讼法律事务代理人的，应当在受委托的权限内，维护委托人的合法权益。瞿某凤、瞿某华之兄瞿某禾生前委托上海祁某宇律师事务所代书并见证遗嘱，目的是通过熟悉法律事务的专业人员提供法律服务，使其所立遗嘱具有法律效力。作为专门从事法律服务的机构，上海祁某宇律师事务所应当明知瞿某禾的这一签约目的，在收取对价后，有义务为瞿某禾提供完善的法律服务，以维护委托人的合法权益。但是在代书遗嘱过程中，遗嘱人口述遗嘱内容时，上海祁某宇律师事务所指派的两位律师既没有做谈话笔录，也没有录音录像，而是回到律师事务所后仅凭自己的记忆整理出遗嘱版本，致使代书遗嘱因不符合时空一致性的要求，无法证明系遗嘱人的真实意思表示，而被人民法院生效判决确认为无效，瞿某禾名下的房屋按法定继承处理。《律师法》第54条规定，律师违法执业或者因过错给当事人造成损失的，由其所在的律师事务所承担赔偿责任。律师事务所赔偿后，可以向有故意或者重大过失行为的律师追偿。瞿某禾立遗嘱行为的本意，是要将遗嘱中所指的财产交由瞿某凤、瞿某华继承。现瞿某凤、瞿某华不能按遗嘱继承瞿某禾遗产的根本原因，是上海祁某宇律师事务所没有给瞿某禾提供完善的法律服务，以致瞿某禾立下了无效遗嘱。上海祁某宇律师事务所因在履行自己职责中的过错，侵害了瞿某凤、瞿某华依遗嘱继承瞿某禾遗产的权利，由此给瞿某凤、瞿某华造成损失，应当承担赔偿责任。至于上海祁某宇律师事务所辩称遗嘱被确认为无效是瞿某凤、瞿某华在遗嘱继承纠纷一案中存在重大失误所致，事实证明，即使瞿某凤、瞿某华提供了瞿某禾因病无法正常握笔书写的证明，也无法改变代书遗嘱不符合法定生效要件的客观事实，故该抗辩意见不成立。至于赔偿范围，应以瞿某凤、瞿某华因遗嘱被生效判决确认为无效而减少的继承份额为限。故判决上海祁某宇律师事务所应于判决生效之日起10日内赔偿瞿某凤、瞿某华经济损失1 188 000元。案件受理费15 600元、评估费6 638元，由上海祁某宇律师事务所负担。

上海祁某宇律师事务所不服上述一审判决，提出上诉。二审审理中，当事人没有提交新证据。一审查明事实无误，上诉审予以确认。上诉审法院认为，当事人对自己的主张，有责任提供证据。上诉人的有关律师，因违反代书遗嘱订立的法律程序，导致所订立的代书遗嘱被法院认定为无效遗嘱，上述情形已被生效法律文书认定为法律事实。根据上诉人的律师在被继承人瞿某禾遗嘱继承纠纷案件中的陈述以及法院查明的被继承人瞿某禾订立代书遗嘱时的身体及精神状态，被继承人瞿某禾具有遗嘱能力。依据被继承人瞿某禾所订立的“代书遗嘱”的相关内容，若该代书遗嘱符合《继承法》第17条所规定的代书遗嘱的法律要件，或者上诉人的律师以《继承法》规定的其他遗嘱方式完成被继承人瞿某禾委托的订立遗嘱事务，则被上诉人瞿某凤、瞿某华可以取得被继承人瞿某禾的遗产，但是上诉人的律师所订立的代书遗嘱却因严重违反法律程序而无效，进而使被上诉人实际丧失了获得相应遗产的遗嘱继承权。依据上述法律事实，上诉人的律师在执业行为中显然存有过错，且造成了被上诉人的损失，上诉人应承担的责任在《律师法》第54条有明确规定，一审法院也已论及，本院予以认同并不再赘述。关于上诉人应承担的损失范围，一审法院的认定有事实和法律依据，本院予以确认。上诉人主张不应承担全部的责任，缺乏相应依据，本院不予采纳。综上所述，上诉人的上诉请求不能成立，应予驳回；一审判决认定事实清楚，适用法律正确，应予维持。依照《民事诉讼法》第170条第1款第1项之规定，判决驳回上诉，维持原判。

第一千一百三十六条

打印遗嘱应当有两个以上见证人在场见证。遗嘱人和见证人应当在遗嘱每一页签名，注明年、月、日。

条文对照

原《继承法》没有相应的条文，这是民法典继承编规定的新规则。

本条主旨

本条是对打印遗嘱的规定。

条文详解

这一规定是对打印遗嘱的规定，是遗嘱继承制度中的一项新规则。

一、确立打印遗嘱的必要性

原《继承法》在遗嘱的形式中，没有规定打印遗嘱，主要是立法当时电脑尚未普及，打印遗嘱还不是普遍存在的遗嘱形式。在电脑普及之后，打印遗嘱越来越多。原因是自然人在书写中，通常以电脑打印方式进行，用笔书写已经越来越不多见了。因而，用电脑写作、用打印机打印的遗嘱已经成了遗嘱的主要形式。

问题在于，不仅我国《继承法》没有规定打印遗嘱的形式，而且司法实践对打印遗嘱合法、有效的形式要件无从把握，无法确定打印遗嘱应当比照何种遗嘱形式适用法律。在实践中，不同的法院有不同的做法，无法统一裁判的尺度，有的适用自书遗嘱的形式要件要求，有的适用代书遗嘱的形式要件要求，都不够妥帖。在编纂民法典继承编的过程中，专家学者都建议增加打印遗嘱的规定。不过，至今其他国家正式承认打印遗嘱效力的还是少数。

在编纂民法典的过程中，专家学者反复研究讨论这个问题，都认为不规定打印遗嘱是不正确的，但是，将其认定为自书遗嘱也是不正确的。首先，在社会中主要的书写方式已经变为电脑写作的情况下，不承认打印遗嘱的效力，不是实事求是的态度，也会对司法实践确定遗嘱效力造成困惑和麻烦，不易统一裁判尺度。其次，笼统地认定打印遗嘱就是自书遗嘱也不正确，尽管打印遗嘱也是自己写出来的，带有自书遗嘱的性质，但是，自书遗嘱靠的是其亲笔书写的字迹的真实性，来判断遗嘱是否为遗嘱人的真实意思表示。虽然打印遗嘱是遗嘱人在电脑上亲自写作的，但是，由于电脑写作不具有亲笔书写文字的身份特征，因而无法依据打印遗嘱打印的文字，来确定是否为当事人的真实意思表示。在这种情况下，确定打印遗嘱是否为遗嘱人的真实意思表示，就必须明确规定确认遗嘱真实性的其他条件，使打印遗嘱能够依据这些条件而被确定是否为遗嘱人的真实意思表示。

立法机关采纳了这种意见，在本条规定了打印遗嘱的形式和要求，这是根据实际情况作出的规定，弥补了我国遗嘱形式的空白，适应了社会生活和司法实践的需要。

二、打印遗嘱的概念与性质

打印遗嘱，是指遗嘱人通过电脑制作，用打印机打印出来的遗嘱。

打印遗嘱的特点是：第一，打印遗嘱是遗嘱人自己亲自写作的，是自己处分自己遗产的真实意思表示。第二，打印遗嘱虽然是遗嘱人亲自写作，但却不是用笔和纸写作的，而是用电脑写作，用打印机打印的。第三，打印遗嘱尽管是遗嘱人自己亲自写作的遗嘱，但是由于在电脑上写作，通过打印机打印，文本储存在电脑之中，有可能出现他人代笔，以及被篡改的情况，因而，与自书遗嘱所具有的可鉴别性相比，有较大的差别。

对于打印遗嘱的性质，多有不同看法。在电脑应用普及后，通过电脑写作和打印已经是书写方式的常态，打印遗嘱越来越多。民法典继承编规定了打印遗嘱的形式和要件，确认其为单独的有效遗嘱形式，统一了对打印遗嘱的认识。相信将来的打印遗嘱会更多。

三、打印遗嘱的形式要件要求

鉴于打印遗嘱应用的普遍性和判断的复杂性，本条采纳专家的意见。首先，规定了打印遗嘱是法定的遗嘱形式，符合条件的，应当确认其法律效力。其次，规定了打印遗嘱有效的要件。

打印遗嘱形式要件如下。

第一，遗嘱为电脑制作、打印机打印出来的遗嘱的文本形式，而非遗嘱人的自书遗嘱和代书遗嘱。至于打印遗嘱究竟是不是遗嘱人亲自通过电脑打印，已经无关紧要，可以通过其他要件进一步认定。

第二，打印遗嘱应当有两个以上的见证人在场见证，并在打印遗嘱文本的每一页都签名。应当注意的是，见证人要有两名，且要在场见证，并要在遗嘱的每一页上都签名。

第三，遗嘱人也必须在打印遗嘱文本的每一页都签名，以证明打印遗嘱的每一页都是经过遗嘱人认可的。

第四，在遗嘱的文本上须注明立遗嘱的年、月、日。注明年、月、日的方法，应当是遗嘱人亲笔所为，例如在打印遗嘱的年、月、日处打印为空白，由遗嘱人用笔填写具体日期；或者由遗嘱人在打印遗嘱的最后手写年、月、日。

具备这些要件的，打印遗嘱发生遗嘱效力。

法律适用中应注意的问题

就目前情况看，对打印遗嘱有效条件的要求比较严格，比代书遗嘱的条件的要求还要严格。不过，这些对形式要件的要求，都是为了保证打印遗嘱的真实性，是根据打印遗嘱的特殊性提出来的，只有规定这些要件，才能够确定其是否为遗嘱人的真实意思表示。

在实践中适用关于打印遗嘱的法律规定，要特别注意审查打印遗嘱的形式要件。凡是形式要件不符合要求，其他继承人有争议的，应当否定该打印遗嘱的效力。

案例链接

乔某、何某一与何某二遗嘱继承纠纷案[①]

基本案情

原告乔某与何某光原是夫妻关系（1998 年 6 月 13 日结婚，双方均属再婚），原告何某一与何某光是继父子关系。被告何某二与何某光是父女关系，被告于 1989 年随生母去美国生活至今。被继承人何某光于 2010 年 11 月 30 日去世。双

① 广西壮族自治区北海市中级人民法院（2013）北民一终字第 54 号民事判决书。

方均确认何某光在去世之前神志是清晰的，是能正确表达自己意愿的。原告乔某持有被继承人何某光于2010年10月24日立下的遗嘱一份，该遗嘱主要载明何某光立下遗嘱，明确表示把属于其所有财产全部由乔某及何某一共同继承，以前无论对任何人曾经有过的任何形式的承诺均以该遗嘱为准。被告何某二持有被继承人何某光于2010年8月8日立下的遗嘱一份，该遗嘱主要载明何某光去世后，属于他的财产全部由其亲生女儿何某二继承。上述两份遗嘱经中国人民大学物证技术鉴定中心作出的司法鉴定意见书认定，两份遗嘱的签名均是何某光本人的亲笔签名。另查明，原告乔某与何某光在夫妻关系存续期间共同购置有：(1) 位于北京市石景山区××××号房产；(2) 位于北海市H型住宅楼××号房产；(3) 位于北海市G型住宅楼底层××号车库；(4) 位于北海市202号房产；(5) 位于北海市302号房产；(6) 车牌号为京××××××的雪佛兰牌小型越野车；(7) 被继承人何某光对聊城××电子有限公司享有的债权（本金926 000元及至2012年8月30日止的利息202 573元)。位于北京市石景山区××××号房产，位于北海市202号、302号房产向银行办理了按揭贷款。

原告乔某、何某一起诉，要求判令何某光的全部遗产由两原告继承；反诉原告何某二主张原告出具的打印遗嘱无效，反诉要求判令何某光的全部遗产由反诉原告继承。

法院判决

关于乔某、何某一所持有的2010年10月24日的遗嘱是否有效，二审法院经审理认为，乔某、何某一所持有的2010年10月24日的遗嘱，内容为打印机打印，立遗嘱人处的何某光签名经鉴定为何某光本人亲笔所签。虽然《继承法》第17条对遗嘱的形式有严格的要求，但随着科学技术的不断发展，通过计算机打印文字、视频录像传输等形式表达行为人内心意愿，已成为现代社会通行的行为方式。本案中，证人刘某伟证实，2010年10月24日的遗嘱为何某光本人亲自打印后签署姓名，该打印行为可视为何某光亲自书写行为的延伸。根据最高人民法院《关于贯彻执行〈中华人民共和国继承法〉若干问题的意见》第40条的规定："公民在遗书中涉及死后个人财产处分的内容，确为死者真实意思的表示，有本人签名并注明了年、月、日，又无相反证据的，可按自书遗嘱对待。"所以，2010年10月24日何某光亲自打印的遗嘱，应视为自书遗嘱，为合法有效之遗嘱。法院故判决支持原告乔某、何某一的诉讼请求，驳回上诉，维持原判。

第一千一百三十七条

以录音录像形式立的遗嘱，应当有两个以上见证人在场见证。遗嘱人和见证人应当在录音录像中记录其姓名或者肖像，以及年、月、日。

条文对照

第十七条第四款 以录音形式立的遗嘱，应当有两个以上见证人在场见证。

本条主旨

本条是对录音录像遗嘱的规定。

条文详解

一、录音录像遗嘱的概念

原《继承法》第17条只规定了录音遗嘱形式，规定的条件也比较简单，只要有两个见证人在场见证就可以了。本条规定，一是增加录像遗嘱形式；二是增加规定应当有两个以上的见证人在场见证，同时，遗嘱人和见证人应当在录音录像中记录其姓名或者肖像，以及年、月、日。

录音录像遗嘱，是指以录音或者录像方式录制下来的遗嘱人的口述遗嘱。①随着科学技术的发展录音遗嘱的形式应当予以扩展。因为现在不仅录音普及，录像机、电脑等也日益普及，影像技术大为进步，应当将录音录像遗嘱扩展为视听遗嘱，即使是遗嘱人通过摄像机等拍摄的音像资料，只要符合录音录像遗嘱的要求，也应当予以认可的。事实上，录音录像遗嘱就是用录音录像技术记录的视听遗嘱。

有一个关于理解的问题，即录音录像遗嘱究竟是一种遗嘱方式，还是两种遗嘱方式呢？在录像遗嘱中，自然包括录音，但是，在录音遗嘱中就不一定有录像。按照当前的技术发展，制作视频并非存在较大难度，差不多有手机的人都会制作视频。其实，将录音录像遗嘱改为视听遗嘱更为妥当。不过，就目前来说，仍然有单纯的录音遗嘱存在的可能性，例如用录音笔制作的遗嘱。因此，将录音录像遗嘱分为两种不同方式的遗嘱，还是有道理的。

---

① 郭明瑞，等．继承法．2版．北京：法律出版社，2004：146.

二、录音录像遗嘱的形式要件要求

录音录像遗嘱应当符合下列形式要件。

(一) 须有两个以上的见证人在场见证

见证人在场见证的目的，是保证录制的遗嘱确为遗嘱人的真实意思。在录制遗嘱时，见证人应当把各自的姓名、性别、年龄、籍贯、职业、所在工作单位和家庭住址等基本情况予以说明。

(二) 须由遗嘱人亲自叙述遗嘱的内容

遗嘱人必须亲自清楚地口述遗嘱的全部内容，即不能由他人代述或转述遗嘱内容，口述的内容要清楚、明白，不能含糊不清。口述的内容应当具体，对有关财产的处分，应当说明财产的基本情况，说明财产归什么人承受。

(三) 须遗嘱人、见证人在录音录像中记录其姓名或者肖像、注明日期

在遗嘱人录制完遗嘱后，见证人也应当将自己的见证证明录制在录制遗嘱的音像磁带上，并在录音录像中记录其姓名或者肖像，注明设立遗嘱的年、月、日。由于录音带、录像带等视听资料容易被他人剪辑、伪造，需要履行严格的封存，只有这样才能确保录音录像遗嘱的真实性。遗嘱人与有关见证人在封存遗嘱时，应在封缝处共同签名，并注明年、月、日。

(四) 须当众开启录音录像遗嘱

录音录像遗嘱必须在继承开始后，在参加制作遗嘱的见证人和全体继承人到场的情况下，被当众启封，从而维护录音录像遗嘱的真实性。

符合以上形式要件要求的录音录像遗嘱，是有效的遗嘱。

法律适用中应注意的问题

在实践中比较困难的是，录音录像的遗嘱中怎样能做到“遗嘱人和见证人应当在录音录像中记录其姓名或者肖像，以及年、月、日”。以目前技术来看，遗嘱人和见证人应当在录音录像遗嘱中说明自己的姓名，且录像遗嘱中应当留有肖像，并且述说年、月、日。如果就录音录像遗嘱的真实性产生争议，在产生争议后核对遗嘱的真实性时，应当通过声纹鉴定和肖像比对，以确认遗嘱人和见证人的身份、日期和遗嘱内容的真实性。

案例链接

文某与王某、邵某遗赠纠纷案[①]

基本案情

被告王某、邵某系王某一的父母亲，原告文某系王某一的朋友。1999年2月13日，王某一与案外人褚某登记结婚，于2000年9月8日离婚，婚姻存续期间未生育子女。王某一于2012年11月28日因病死亡。另查明，坐落于上海市浦东新区×××室房屋产权人为王某一。某船务技术咨询有限公司于2001年9月27日登记成立，注册资本500 000元，股东为王某一、文某，其中王某一实缴出资300 000元。××科技（上海）有限公司于2012年3月27日登记成立，注册资本2 000 000元，股东为刘某、邵甲、王某一、文某，其中王某一实缴出资440 000元。××科技有限公司于2012年11月5日登记成立，注册资本100 000元，实收资本30 000元，股东为鲁某、王某一、文某、张某，其中王某一认缴出资35 000元，实缴出资10 500元。

审理中，原告提交录像一份，以证明王某一于2012年11月24日在上海市某医院血液科特需病房订立遗嘱。原告陈述，该录像是原告在王某一的要求下用手机拍摄的，录像中的人员为原、被告及王某一四人；录像中，王某一陈述了遗嘱的内容。被告称，拍摄该录像时，王某一和二被告均不知道原告在拍摄录像。

原告文某向法院起诉，主张依照王某一的录像遗嘱，确认遗产房屋产权、某船务技术咨询有限公司60%股权、××科技有限公司35%股权等归原告所有，被继承人王某一名下的股票、基金等和银行存款归原告所有。

法院判决

法院认为，遗嘱在形式上需符合法律规定，遗嘱形式有公证遗嘱、自书遗嘱、代书遗嘱、以录音形式立的遗嘱及口头遗嘱，以录像形式立的遗嘱可以按照以录音形式立的遗嘱来认定。根据法律规定，以录音形式立的遗嘱，应当有两个以上见证人在场见证。原告提供的录像没有两个以上的见证人予以见证，故即使王某一以录像形式订立遗嘱，但是在缺乏见证人的情况下，该遗嘱因不具备必要的形式要件而无效。且从原告提供的录像内容可知，在录制该录像时，王某一与

① 上海市浦东新区人民法院（2013）浦民一（民）初字第4604号民事判决书。

本案原、被告的谈话内容虽涉及房产、公司股份等财产的处理，但是其并无订立遗嘱的明确意思表示。据此，对于原告的全部诉讼请求，法院难以支持，判决驳回原告的诉讼请求。

第一千一百三十八条

遗嘱人在危急情况下，可以立口头遗嘱。口头遗嘱应当有两个以上见证人在场见证。危急情况消除后，遗嘱人能够以书面或者录音录像形式立遗嘱的，所立的口头遗嘱无效。

条文对照

第十七条第五款　遗嘱人在危急情况下，可以立口头遗嘱。口头遗嘱应当有两个以上见证人在场见证。危急情况解除后，遗嘱人能够用书面或者录音形式立遗嘱的，所立的口头遗嘱无效。

本条主旨

本条是对口头遗嘱的规定。

条文详解

一、口头遗嘱的概念

口头遗嘱，是指由遗嘱人口头表述，由见证人予以见证的遗嘱，也称为口授遗嘱。①

口头遗嘱早在罗马法就已存在，是要式遗嘱的简化方式，即遗嘱人于证人前口述遗嘱内容而成立的遗嘱。② 由于口头遗嘱简便易行，后世各国对口头遗嘱莫不承认。但是，口头遗嘱的内容完全靠见证人表述证明，容易发生纠纷，各国继承法也都对口头遗嘱的适用予以严格限制。

二、口头遗嘱的形式要件要求

口头遗嘱须具备以下形式要件。

---

① 陈棋炎，等．民法继承新论．台北：三民书局，2002：334.

② 周枏．罗马法原论：下册．北京：商务印书馆，2001：484.

（一）须遗嘱人处于危急情况下，不能以其他方式设立遗嘱

危急情况，是指遗嘱人生命垂危、在战争中或者发生意外灾害，随时都有生命危险，来不及或无条件设立其他形式遗嘱的情况。如果遗嘱人不处于危急情况，可以通过自书、代书、录音录像、公证等其他的方式设立遗嘱，则无适用口头遗嘱的余地，即使遗嘱人立了口头遗嘱，该口头遗嘱也无效。

（二）须有两个以上的见证人在场见证

订立口头遗嘱必须有两个以上的与遗产继承无利害关系的见证人在场见证。订立口头遗嘱时，见证人应将遗嘱人口授的遗嘱记录下来，并由记录人、其他见证人签名，注明年、月、日；见证人无法当场记录的，应于事后追记、补记遗嘱人口授的遗嘱内容，并于记录上共同签名，并注明年、月、日，以保证见证内容的真实、可靠。

（三）须不存在危急情况解除后遗嘱人能够利用其他形式立遗嘱的情形

在危急情况解除后，遗嘱人能够用书面或者录音录像形式立遗嘱的，所立的口头遗嘱无效。口头遗嘱的效力受到限制，必须不存在危急情况解除后遗嘱人可以利用其他形式订立遗嘱的情形，危急情况一旦解除，则在一定时间内遗嘱人应当另立遗嘱，否则，即使遗嘱人没有另立遗嘱，该口头遗嘱也失去法律效力。

法律适用中应注意的问题

本条规定口头遗嘱，仍然与原《继承法》第 17 条规定的内容一样，没有明确在危急情况解除后，遗嘱人应于多长时间内另立遗嘱，即没有规定口头遗嘱的有效期间。由于口头遗嘱原属遗嘱的简易方式，不得已而用之，对于其正确之点不能无疑[①]，因而设立有效期间十分必要。学者建议，应当规定口头遗嘱在危急情况解除后，经过 3 个月而失其效力，以保障遗嘱的真实性。在危急情况解除后，遗嘱人应于 3 个月内用书面或者录音录像等方式设立遗嘱：如果遗嘱人于危急情况解除后不足 3 个月内未另立遗嘱而死亡，应当承认其所立的口头遗嘱；如果遗嘱人于危急情况解除后 3 个月后仍未设立其他形式遗嘱的，则对其所立的口头遗嘱不予认可。[②] 这一立法建议没有被立法所采纳。

按照现在的条文要求，应当理解为，口头遗嘱效力期间，应当自危急情况发生，遗嘱人用口头方式立下遗嘱开始，至遗嘱人的危急情况消除，能够用其他方

① 胡长清．中国民法继承论．北京：商务印书馆，1936：201.

② 郭明瑞，等．继承法研究．北京：中国人民大学出版社，2003：119.

式设立遗嘱为止。遗嘱人的危急情况一经消除，遗嘱人能够用其他方式设立遗嘱，遗嘱人在危急情况发生时所立的口头遗嘱即失效。在司法实践中，因遗嘱人在危急情况下所立的口头遗嘱的效力只维持到危急情况消除之时，所以确定口头遗嘱效力的终期，就是危急情况消除之时。在通常情况下，遗嘱人的危急情况，是指身体健康状况的病危，当病危通知下达后，就存在立口头遗嘱的条件，当病危通知解除后，危急情况即消除，按照规定，在这时，口头遗嘱即失效。

不过，这样的口头遗嘱效力期间似乎过短。其实，该期间除应当具备遗嘱人的危急情况消除这一条件以外，还应当具备遗嘱人能够用其他方式设立遗嘱的条件。当遗嘱人尽管已经脱离了病危状态，但是，还不能用其他方式立遗嘱时，口头遗嘱还应当具有效力。只有在遗嘱人脱离了病危状态，并且能够用其他方式设立遗嘱时，才能认为口头遗嘱已经失效，因为其能够用其他方式立遗嘱而未立其他形式的遗嘱，说明其已经不必再立遗嘱了，所以确认口头遗嘱无效是有道理的。

案例链接

毛某与潘甲、骆某等继承纠纷案[1]

基本案情

潘己、罗乙夫妇二人共生育四个子女：潘戊、潘丁、潘庚、罗甲。某年某月某日，潘戊与毛某登记结婚（双方均系再婚），潘甲系潘戊与前妻所生之子。潘庚、骆某夫妇二人共生育二子：潘丙、潘乙。潘己、罗乙与潘戊、潘庚已相继去世，上述四人去世前均未留遗嘱。位于武汉市汉阳区的某套房屋（建筑面积125.25平方米）系潘己与罗乙夫妇生前所有财产，现该房屋产权人登记为罗乙。现原告毛某起诉潘甲、骆某等至法院，请求依法继承上述房屋八分之一的产权份额，本案案件受理费用由被告承担。六被告则称罗乙生前留有口头遗嘱，原告无权继承上述房屋。

法院判决

法院认为，位于武汉市汉阳区的某套房屋（建筑面积125.25平方米）系潘己与罗乙夫妻共同财产。二人去世后，因生前均未立遗嘱，故该房屋应由其第一

① 湖北省武汉市汉阳区人民法院（2015）鄂汉阳民一初字第00032号民事判决书。

顺序继承人，即潘戊、潘丁、潘庚、罗甲依照法定继承平均继承，每人各继承该房屋四分之一产权份额。依照最高人民法院《关于贯彻执行〈中华人民共和国继承法〉若干问题的意见》第 52 条关于“继承开始后，继承人没有表示放弃继承，并于遗产分割前死亡的，其继承遗产的权利转给他的合法继承人”之规定，现潘戊、潘庚于潘己、罗乙去世后，上述房屋继承分割前去世，其二人依法应当继承的上述房屋产权份额应分别转移给该二人的合法继承人，故潘戊依法应继承的该房屋四分之一产权份额应转移给原告毛某与被告潘曰二人，每人各继承该房屋八分之一产权份额；潘庚依法应继承的四分之一产权份额应转移给被告骆某、潘丙、潘乙三人，现被告骆某自愿将其应继承的上述房屋产权份额平均赠与被告潘丙、潘乙，法院予以照准，故被告潘丙、潘乙每人各继承该房屋八分之一的产权份额。六被告主张罗乙生前以口头遗嘱形式对房屋进行了分配，依照《继承法》第 17 条第 5 款及第 18 条关于“遗嘱人在危急情况下，可以立口头遗嘱。口头遗嘱应当有两个以上见证人在场见证”“下列人员不能作为遗嘱见证人：……（二）继承人、受遗赠人；（三）与继承人、受遗赠人有利害关系的人”之规定，六被告未能提交证据证实罗乙系处于危急情况下作出上述意思表示，且六被告作为继承人及利害关系人不具备遗嘱见证人资格，故对六被告的上述主张，法院不予采信，否定了被告主张的口头遗嘱的效力，判决原告毛某继承被继承人八分之一的遗产份额。

第一千一百三十九条

公证遗嘱由遗嘱人经公证机构办理。

条文对照

第十七条第一款　公证遗嘱由遗嘱人经公证机关办理。

本条主旨

本条是对公证遗嘱的规定。

条文详解

一、公证遗嘱的概念

这一条文是对公证遗嘱的规定，与原《继承法》第 17 条第 1 款关于“公证遗嘱由遗嘱人经公证机关办理”的规定相同。

公证遗嘱，是指通过法律规定的公证形式订立的，有关的订立程序、形式都由法律规定的遗嘱。公证遗嘱与遗嘱公证不能等同，遗嘱公证是公证处按照法定程序证明遗嘱人设立遗嘱行为真实、合法的活动。公证遗嘱是经过公证机构办理的遗嘱，较之其他的遗嘱方式更能够证明遗嘱的真实性，保障遗嘱人意思表示的真实性；发生继承纠纷时，公证遗嘱是证明遗嘱人处分财产真实意思表示的可靠证据。

二、公证遗嘱的形式要件

公证遗嘱的办理要求如下。

（一）遗嘱人须亲自申办

公证遗嘱须由遗嘱人亲自申办，立遗嘱人应当亲自作出遗嘱，亲自申办公证，提供有关证件和材料，不能由他人代理办理公证遗嘱。他人代理申办的公证遗嘱无效。

（二）须于公证员面前亲自书写或者口授遗嘱

办理公证遗嘱，须遗嘱人于公证员面前亲自书写遗嘱或者口授遗嘱，由公证员对该遗嘱或者遗嘱草稿进行审核，由遗嘱人签名确立公证遗嘱，并应当注明设立遗嘱的地点和年、月、日。

（三）须公证员遵守回避的规定

办理公证遗嘱，公证员须遵守回避的规定。有回避理由的，公证员应当回避。

（四）须公证员依法作出公证

遗嘱人申办公证遗嘱，符合下列条件的，公证处应当出具公证书：一是遗嘱人身份属实，具有完全民事行为能力；二是遗嘱人意思表示真实；三是遗嘱人证明或者保证所处分的财产是其个人财产；四是遗嘱内容不违反法律规定和社会公共利益，内容完备，文字表述准确，签名、制作日期齐全；五是办证程序符合规定。

不符合前述规定条件的，公证员应当拒绝公证。

法律适用中应注意的问题

在民法典继承编的一审稿中，本条第2款规定了办理遗嘱公证的公证员人数的要求，即应当由两个以上的公证员共同公证。其实，对遗嘱公证要求两个以上的公证员共同公证是不现实的，也是对公证员的不信任。同时，一审稿对于由一个公证员进行公证的时候，须有的一名见证人究竟应当是什么身份，也没有明确的要求。遗嘱公证并非极为特殊的公证，应当由一个公证员办理就好，因有秘书或者其他工作人员在场协助，可以实现避免作弊的目的。因此，办理公证遗嘱仍然应当是由一名公证员办理。

案例链接

林某一与林某二、林某三等遗嘱继承纠纷案[①]

基本案情

林某雷和周某云夫妇共生育五个子女，分别是林某三、林某二、林某五、林某四、林某一。1995年6月28日，浙江省杭州市下城区人民法院作出（1995）下民初字第370号民事调解书，周某云与林某雷离婚。2013年9月9日，周某云立下遗嘱一份，将登记在其名下的位于太原市×××路×××号、建筑面积74.60平方米的房产，明确由林某一一人继承，该财产不作为林某一与其配偶的夫妻共同财产。同日，该遗嘱经山西省太原市城西公证处作出的（2013）并西证民字第×××号公证书，证明周某云的遗嘱行为符合《民法通则》第55条和《继承法》第17条第1款的规定。

2014年5月8日周某云去世。现该房产的房屋所有权证由被告林某五保管。原告林某一诉至法院，请求确认被继承人周某云生前房产遗嘱公证有效，按遗嘱进行继承。

法院判决

法院认为，根据继承法的规定，被继承人死亡后，有遗嘱的，按照遗嘱继承办理，没有遗嘱的，按照法定继承办理。公民可以依照继承法的规定立遗嘱处分个人财产，公民可以立遗嘱将个人财产指定由法定继承人的一人或者数人继承。遗嘱应当对缺乏劳动能力又没有生活来源的继承人保留必要的遗产份额。遗嘱的形式有：公证遗嘱、自书遗嘱、代书遗嘱、录音遗嘱和口头遗嘱。公证遗嘱由遗嘱人经公证机关办理。本案中，遗嘱人周某云所立遗嘱经山西省太原市城西公证处办理，公证遗嘱合法有效，法院依法予以确认，故判决争议房产由原告林某一继承。

---

① 山西省太原市万柏林区人民法院（2015）万民初字第1430号民事判决书。

第一千一百四十条

下列人员不能作为遗嘱见证人：

（一）无民事行为能力人、限制民事行为能力人以及其他不具有见证能力的人；

（二）继承人、受遗赠人；

（三）与继承人、受遗赠人有利害关系的人。

条文对照

第十八条　下列人员不能作为遗嘱见证人：

（一）无行为能力人、限制行为能力人；

（二）继承人、受遗赠人；

（三）与继承人、受遗赠人有利害关系的人。

本条主旨

本条是对遗嘱见证人资格的规定。

条文详解

这一条文是对遗嘱见证人资格的规定，与原《继承法》第 18 条规定相比较，本条增加了“其他不具有见证能力的人”不能作遗嘱见证人的规定，即其他不具有见证能力的人也不具有遗嘱见证人的资格。

一、遗嘱见证人的概念

遗嘱见证人，是指订立遗嘱时，亲临遗嘱制作现场，并对遗嘱真实性予以证明的第三人。除自书遗嘱和公证遗嘱之外，其他各种遗嘱皆须有见证人参与，不外乎借此确保遗嘱之真实与其他方式之正确，从而见证人之有无及信用如何与遗嘱效力关系极大。[①] 由于遗嘱见证人证明的真伪直接关系遗嘱的效力，关系对遗产的处置，因而，遗嘱人订立代书遗嘱、打印遗嘱、录音录像遗嘱、口头遗嘱时，都须有两个以上的见证人在场见证。

二、遗嘱见证人的条件

根据遗嘱见证人的目的，遗嘱见证人必须是能够客观、公正地证明遗嘱真实

---

① 胡长清．中国民法继承论．北京：商务印书馆，1936：203.

性的人，应当具备以下四个条件。

（一）具有完全民事行为能力

有完全民事行为能力的人，才能对事物有足够的认识能力和判断能力，无民事行为能力人或者限制民事行为能力人对事物缺乏足够的认识能力和判断能力。因此，未成年人、精神病患者等都不得充当遗嘱见证人。

（二）不是继承人、受遗赠人

见证人不能是继承人或者受遗赠人。如果继承人或者受遗赠人作为见证人，由于存在利益关系，可能会出现不公正的情形。

（三）与继承人、遗嘱人没有利害关系

与继承人、遗嘱人有利害关系的人参加见证，有可能受利益的驱动而作出不真实的证明，会损害遗嘱人以及有关继承人的合法权益。因此，凡是与继承人、遗嘱人有利害关系的人都不能作遗嘱见证人。

（四）知晓遗嘱所用语言

遗嘱见证人必须知晓遗嘱所用的语言，才能对遗嘱进行见证。在遗嘱见证人中，有的见证人为代书人，因而，遗嘱见证人还应当具有相应的文化知识，不能为文盲。

三、遗嘱见证人的资格限制

本法对遗嘱见证人作了限制规定，下列人员不能作为遗嘱见证人，其证明不能起到见证的效力。

（一）无民事行为能力人、限制民事行为能力人以及其他不具有见证能力的人

无民事行为能力人、限制民事行为能力人，包括未成年人和精神病人、阿尔兹海默症患者等，都不能作为遗嘱的见证人。基于见证人是证明遗嘱真实性的证人，见证人是否具有民事行为能力，应当以遗嘱见证时为准，如果于遗嘱人立遗嘱时为有完全民事行为能力的人，而其后丧失行为能力的，则不影响遗嘱见证的效力。相反，如果见证时为无民事行为能力或者限制民事行为能力人，后其虽具有完全民事行为能力，也不能认定其为遗嘱见证人，于不具有完全民事行为能力时对遗嘱人所作的见证仍不具有效力。

成年人为无民事行为能力人、限制民事行为能力人的，应经人民法院宣告。未经人民法院宣告为无民事行为能力人或限制民事行为能力人的成年人，其虽为精神病患者等，但是，于遗嘱人立遗嘱时确属于神志正常的，也应当认定其为见证人。

此外，即使具有完全民事行为能力的人，如果具有一定程度的智障等不能被

认定为限制民事行为能力的情形，也属于不具有见证能力的人，不能做遗嘱见证人。

（二）继承人、受遗赠人

继承人、受遗赠人与遗嘱有直接的利害关系，由他们作见证人难以保证其证明的客观性、真实性，易生弊端，所以，继承人、受遗赠人不能作为遗嘱的见证人。

（三）与继承人、受遗赠人有利害关系的人

与继承人、受遗赠人有利害关系的人是指继承人、受遗赠人能否取得遗产、取得多少遗产会直接影响其利益的人，因此应当包括：继承人、受遗赠人的近亲属（如配偶、子女、父母、兄弟姐妹、祖父母、外祖父母），以及继承人、受遗赠人的债权人和债务人、共同经营的合伙人。① 这部分人因与遗嘱实际上有着间接的利害关系，也有可能影响对遗嘱作出客观、公正的见证。所以，与继承人、受遗赠人有利害关系的人也不能作为遗嘱见证人。

不具备遗嘱见证人资格的人不能作为遗嘱的见证人，其所作的见证不具有法律效力。但是，这并不是说，不具备遗嘱见证人资格的人不能出现在设立遗嘱的现场。例如，遗嘱人设立代书遗嘱，当时有 3 人在场，其中有一个人不具备见证人的资格，如果该人为代书人，则该遗嘱不合法定形式要件；但是，如果该人不为代书人，不过是作为一般见证人在遗嘱上签名，则不能因此而认定该遗嘱不符合法定形式。因为虽然该人不具备见证人的资格，其见证无效，但该遗嘱仍有两个人在场见证，其他两个具有见证人资格的人的见证应当是有效的。②

法律适用中应注意的问题

本条没有规定遗嘱见证人的见证事项。遗嘱见证人见证事项包括以下几个方面。

第一，证明立遗嘱人的遗嘱能力。遗嘱见证人应当证明遗嘱人在订立遗嘱时的遗嘱能力，也就是遗嘱人是否为完全民事行为能力人，是否存在不具有遗嘱能力的情形。

第二，证明立遗嘱时的情况。这主要是证明遗嘱人立遗嘱时是否出于自愿，

① 最高人民法院《关于贯彻执行〈中华人民共和国继承法〉若干问题的意见》第 36 条规定："继承人、受遗赠人的债权人、债务人，共同经营的合伙人，也应当视为与继承人、受遗赠人有利害关系，不能作为遗嘱的见证人。"

② 郭明瑞，等．继承法．2 版．北京：法律出版社，2004：149.

有无不当影响。见证口头遗嘱，遗嘱见证人还应当证明遗嘱人当时所处的危急情况是否存在，是否真实。

第三，记录遗嘱内容。在代书遗嘱中，应当由其中一名见证人代书，该见证人应当记录遗嘱内容。在口头遗嘱中，也需要见证人记录遗嘱内容。

第四，在遗嘱上签名，并注明年、月、日。在代书遗嘱、录音录像遗嘱中，有关见证人应当在代书遗嘱与封存的磁带上签名，并注明年、月、日。

案例链接

邵某娟与邵某波遗嘱继承纠纷案[①]

基本案情

邵某财与武某志系夫妻关系，二人育有一女一子，分别为原告邵某娟、被告邵某波。邵某财于 2016 年 11 月 19 日去世、武某志于 2011 年 9 月 30 日去世，邵某财、武某志的父母均先于其本人去世。邵某财、武某志生前共同居住在位于济南市长清区××小区×××号房屋内，该房屋属拆迁安置房，面积为 80 平方米，系按邵某财、武某志各享有 40 平方米安置分配。2016 年 9 月 26 日，邵某财立遗嘱一份，载明：立遗嘱人：邵某财（手印），男，汉族，生于 1952 年 6 月 18 日；遗嘱受益人：邵某娟，女，汉族，生于 1978 年 11 月 16 日。遗嘱内容：我叫邵某财（手印），男，汉族，生于 1952 年 6 月 18 日，我妻子叫吴某志，我与妻子吴某志结婚后，生育一女一子，大女儿叫邵某娟，二儿子叫邵某波，2005 年因大学城建设，我所在的××村集体搬迁，我分得安置房一处（手印），位于长清区××小区（手印）×××室，面积 80 平方米，储藏室面积 5 平方米，我妻子吴某志 2010 年患肠癌，2011 年国庆节前去世，治病期间所花医疗费约 30 万元由我女儿邵某娟拿的。2011 年我因脑出血住院，花去医疗费 11 万元，由我女儿负担，生病期间全是我女儿邵某娟照顾我，自我生病康复出院后，我的生活起居全部由我女儿照顾，我平时吃的保健药也是我女儿花钱（手印）给我买的。我决定在我百年后将我的位于长清区（手印）××小区×××号房产让我女儿邵某娟（手印）继承，我现在头脑清楚，没有受任何人的威胁胁迫，是我的真实（手印）意思表示。立遗嘱人：邵某财（手印）；代书人：高某；在场人：康某；2016 年 9 月 26 日。

① 山东省济南市长清区人民法院（2017）鲁 0113 民初 1377 号民事判决书。

原告为要求确认邵某财于2016年9月26日所立遗嘱有效并由被告承担诉讼费，诉至法院。

另查，涉案遗嘱中书写的“吴某志”系笔误，应为“武某志”。邵某财的第一顺序继承人为原告邵某娟、被告邵某波，此外无其他第一顺序继承人。遗嘱的见证人高某、康某系完全行为能力人，且非与原、被告有利害关系的人。

法院判决

人民法院经审理认为，依据《继承法》第5条、第17条第3款、第18条之规定，继承开始后，按照法定继承办理；有遗嘱的，按照遗嘱继承办理。代书遗嘱应当有两个以上见证人在场见证，由其中一人代书，注明年、月、日，并由代书人、其他见证人和遗嘱人签名。下列人员不能作为遗嘱见证人：(1) 无行为能力人、限制行为能力人；(2) 继承人、受遗赠人；(3) 与继承人、受遗赠人有利害关系的人。本案遗嘱系代书遗嘱，代书人为高某，见证人为高某、康某，为此，原告邵某娟提供遗嘱原件一份、录像光盘一张，被告均予认可。该遗嘱符合上述法律规定的代书遗嘱条件。综上，邵某财于2016年9月26日所立遗嘱系邵某财真实意思表示，内容及形式均符合法律规定，当属有效遗嘱。法院故判决支持原告的诉讼请求，判决邵某财于2016年9月26日所立遗嘱为有效遗嘱。

第一千一百四十一条

遗嘱应当为缺乏劳动能力又没有生活来源的继承人保留必要的遗产份额。

条文对照

第十九条　遗嘱应当对缺乏劳动能力又没有生活来源的继承人保留必要的遗产份额。

本条主旨

本条是对遗嘱继承不能剥夺必留份的规定。

条文详解

本条规定的“遗嘱应当对缺乏劳动能力又没有生活来源的继承人保留必要的遗产份额”，就是必留份。遗嘱非法处分必留份的，该部分遗嘱内容无效。

一、必留份的概念及价值

必留份，又称“必留财产”、“必继份”或者“保留份”，是指被继承人在遗嘱继承或者遗赠中，必须依法留给缺乏劳动能力又没有生活来源的继承人的，不得通过遗嘱自由处分的遗产份额。必留份是对被继承人行使权利处分自己遗产的一种法律限制。

必留份与特留份相似，但又不同。特留份源于罗马法，多数国家都有规定，尽管内容有所不同。特留份是指法律规定的遗嘱人不得以遗嘱取消的，由特定的法定继承人继承的遗产份额。特留份的实质是通过对特定的法定继承人规定一定的应继份来限制遗嘱人的遗嘱自由①，一面承认遗嘱自由主义，尊重被继承人之意思，另一面为维持其亲属之关系，采取特留份制度，俾继承人不至于因被继承人滥用其自由处分权，而于继承开始后，其生活状况或骤受影响。② 遗嘱人在设立遗嘱时，如果没有给特留份权利人保留法定的份额，则其相应部分的处分无效。一般说来，特留份的数额依被继承人的亲等不同而相应增减。除法律特别规定外，被继承人不得剥夺继承人的特留份。我国继承法律制度没有对特留份作明确规定，只有必留份的规定。本条规定的遗嘱应当对缺乏劳动能力又没有生活来源的继承人保留必要的遗产份额，就是必留份。

必留份与特留份的主要区别是，必留份仅指为缺乏劳动能力又没有生活来源的继承人保留必要的遗产份额，只适用于这一种情况；而特留份保留的是法律规定范围内的继承人的应继份，法律规定的享有特留份权的继承人范围较宽，不仅包括缺乏劳动能力又没有生活来源的继承人，还包括其他特留份权利人。至于其价值和意义都是为了限制遗嘱人自由处分遗产的行为，保障特留份权利人和必留份权利人享有的权利。

法律规定必留份的意义是：第一，对遗嘱自由给予一定的限制，对于通过遗嘱处分必留份的，认定处分的这一部分遗产的意思表示无效，限制遗嘱自由；第二，有利于保护那些缺乏劳动能力又无生活来源的继承人的利益，使这些继承人不因遗嘱继承或者遗赠而使自己应当继承的遗产无法继承；第三，可以减轻社会的负担，以防遗嘱人将应由家庭承担的义务推给社会。③

---

① 林秀雄．继承法讲义．台北：元照出版公司，2006：317.

② 刘含章．继承法．北京：商务印书馆，1946：237－238.

③ 刘春茂，陈跃东．完善我国继承法的几点建议．南开大学学报，1993（4）.

二、遗嘱剥夺必留份的效果

必留份权是一种权利，为缺乏劳动能力又没有生活来源的继承人所享有。遗嘱人在遗嘱中未为缺乏劳动能力又没有生活来源的继承人保留必要份额的，也称为违反保留“必要的遗产份额”的规定，即侵害了必留份权利人的必留份权。

遗嘱未对缺乏劳动能力又没有生活来源的继承人保留必留份的，其法律后果是认定相应部分的遗嘱内容无效。①

第一，享有继承“必要的遗产份额”的继承人，必须同时具备缺乏劳动能力和没有生活来源这两个条件。有劳动能力而没有生活来源，或者缺乏劳动能力而有生活来源的继承人，都不在此列。基本生活需要是指能够维持当地群众一般生活水平的需要。

第二，法定继承人是否为缺乏劳动能力又无生活来源的人，应以继承开始时为准，不能以遗嘱人立遗嘱时的继承人的状况为准。立遗嘱时为缺乏劳动能力又没有生活来源的人，于继承开始时具有了劳动能力或有了生活来源的继承人，不在此限。立遗嘱时有劳动能力或有生活来源而于被继承人死亡时丧失劳动能力又没有生活来源的继承人，属于应为其保留必要遗产份额的继承人，遗嘱没有为其保留必要的遗产份额的，仍然无效。缺乏劳动能力又没有生活来源的法定继承人，应当是被继承人死亡之时生存之人，此为当然。

第三，遗嘱中未为缺乏劳动能力又没有生活来源的继承人保留必要的遗产份额时，遗嘱并非全部无效，而仅仅是涉及处分应保留份额遗产的遗嘱内容无效，其余内容仍可有效。遗产处理时，应当为该继承人留下必要的遗产，所剩余的部分，可以按照遗嘱确定的分配原则处理。

法律适用中应注意的问题

在立法过程中，很多专家学者都提出应当规定特留份制度，因为现有的必留份不能代替特留份。不过，也有人认为特留份与必留份是一样性质的规定，有了必留份就不用规定特留份，因而，立法机关没有采纳规定特留份制度的立法建议。这种意见是不对的。

第一，特留份制度是限制被继承人不当处分遗产的必要措施。反对增加规定特留份制度的主要理由之一，是特留份制度限制了遗嘱自由，使被继承人无法自

① 郭明瑞，等．继承法．2版．北京：法律出版社，2004：159－160.

由处分遗产。诚然，特留份制度确实是对遗嘱自由的限制，但是，这种限制是必要的，是保障法定继承人继承权利的必要措施。法律规定特留份的实质，是通过对特定的法定继承人规定一定的应继份，来限制遗嘱人因不当处分遗产而侵害法定继承人的权利。遗嘱人在设立遗嘱时，如果没有给特留份权利人保留法定的特留份额，则其遗嘱处分遗产的相应部分即应无效，以此保护法定继承人的权利。由于我国民法没有规定特留份制度，因而对于被继承人通过遗嘱不当处分遗产，剥夺了法定继承人继承遗产权利的行为无法处置，会造成法定继承人权利的损害。在司法实践中，在出现了被继承人不当处分遗产的情形，法官或者无法应对，眼睁睁地看着法定继承人的权利受到侵害而束手无策；或者不适当地适用公序良俗原则宣告被继承人的遗嘱无效，不仅会使遗嘱继承的优先效力受到破坏，而且会限制遗嘱自由，甚至会剥夺被继承人的遗嘱自由，后果更为严重。同时，自由处分自己的遗产是被继承人的合法权利，并非违法。如果规定了特留份制度，被继承人处分遗产是否合法，就看其是否违反特留份的法律规定，是否侵害了法定继承人的特留份权。没有侵害特留份权，其遗嘱就是合法的；侵害了特留份权，遗嘱的这一部分就无效。

第二，必留份制度不能代替特留份制度。反对增加规定特留份制度的另一个理由，是必留份制度可以替代特留份制度，因而，没有必要规定或者单独规定特留份制度。我国原《继承法》规定必留份，借鉴的是《苏俄民法典》第535条的规定。必留份制度存在的主要问题，一是适用范围过窄，适用条件仅限于缺乏劳动能力又没有生活来源的继承人，不能保护其他法定继承人的权益；二是适用标准存在歧义，所规定的“没有生活来源”的认定标准不确定；三是“必要的遗产份额”是一个不确定概念，在司法实践中操作存在困难。因而，必留份制度与特留份制度不同，二者不能相互替代。尽管在限制被继承人不当处分遗产，保护法定继承人继承权的目的上，两种制度是一致的，但是，并不能因为有了必留份制度，就否认特留份制度的价值，也不能通过充实必留份制度，以替代特留份制度。这是因为，特留份制度并不要求法定继承人必须具备缺乏劳动能力以及没有生活来源的条件，只要是法律规定的享有特留份权的法定继承人，被继承人在通过遗嘱处分自己遗产的时候，就必须给其留下必要的份额，否则，在以遗嘱处分的遗产中就必须予以扣除。可见，特留份制度有独立存在的必要，既不能不规定，也不能以必留份制度替代特留份制度，或将二者合并成一个制度。

第三，特留份权利人与必留份权利人的范围不同。各国和地区继承法关于特留份权利人范围的规定不完全相同，有的规定为法定继承人的全部，有的则将特留份权的主体限定于法定继承人中的某些人，例如：一是被继承人的直系晚辈血亲被死因处分排除在继承顺序之外的，该直系晚辈血亲可以向继承人请求特留份。特留份价额为法定继承份价额的一半。二是被继承人的父母或者配偶被死因处分排除在继承顺序之外的，享有同样的权利。有的规定，特留份继承人是那些由法律规定为他们的利益保留一部分遗产或者其他权利的人，如配偶、婚生子女、非婚生子女以及直系尊亲属。而必留份权利人只有一种，即缺乏劳动能力又没有生活来源的继承人，范围显然过窄。

例如，"泸州'二奶'遗赠案"就是一个典型案例。黄某与其妻蒋某感情不和而分居，后与张某同居。数年后，黄某患肝癌，张某精心照料。黄某为感激张某，立遗嘱将自己价值大约六万元的部分遗产遗赠给张某，遗嘱经过公证。黄某去世后，张某向法院起诉，主张实现遗嘱，分得这部分遗产。法院以黄某的遗嘱违反公序良俗为由，判决无效。这既剥夺了黄某的遗嘱自由权利，也剥夺了张某接受遗赠的权利。这样的做法是不正确的。黄某因与其妻感情不和分居而与张某同居，与包"二奶"完全不同；张某对患病的黄某不离不弃，黄某心存感激，遗赠部分遗产，无论如何也不能认为是违反公序良俗的。如果规定了特留份制度，只要遗赠没有侵害特留份权利人的权利，就应当认定遗嘱有效。

在司法实践中，通过适用必留份的规定而认可特留份，难度较大。最大的问题是，本条对必留份的范围限制得很死，即只有一种适用对象。如果需要扩大适用，应当作出立法解释或者司法解释。

案例链接

代某香与姜甲等继承纠纷案①

基本案情

代某香系被继承人姜某学再婚妻子，姜甲、姜乙、姜丙系被继承人姜某学子女。姜某学生前留有位于济南市历下区×××室的房产一套，该房产系其于1999年5月6日通过职工购房方式取得（购房表中为×区××-×-×××）。2003年10月17日，代某香、姜某学于济南市历下区民政局登记结婚。2007年12月26日，济南市中心医院出具死亡医学证明书显示，姜某学于2007年12月26日死亡。2016年4月19日，姜乙受姜甲、姜丙委托，与济南市历下区住房和城市建设局、济南市历下区房屋征收服务中心，就上述房屋签订《济南市国有土

① 山东省济南市历下区人民法院（2017）鲁0102民初489号民事判决书。

地上房屋征收补偿协议》，涉案房屋以货币补偿方式征收，货币补偿总额为976 816.60元。涉案房屋补偿款共计976 816.60元，姜甲、姜乙、姜丙对此均予以认可，称打入姜乙账户，由姜甲、姜丙两人分割。

对有争议的证据和事实，法院认定如下。姜甲提交姜某学生前的遗嘱内容为：本人姜某学是济南××集团离休干部，现住历下区××号楼×单元×××室，我去世后住房赠于姜甲、姜乙，由其兄弟二人共同继承，以我一生所获的最高荣誉奖章为证，望妻子、子女遵守此嘱。立遗嘱人为姜某学，代书人刘某航，证人刘某，时间为2007年11月7日。刘某航、刘某均出庭作证，证明遗嘱是姜某学的真实意思表示。对此，代某香称姜某学当时已经病重，遗嘱不是姜某学本人的真实意思表示，并申请对遗嘱的形成时间和立遗嘱人签字进行鉴定。法院就遗嘱书写时间是否是2007年11月7日，以及遗嘱上的签名是否是姜某学本人书写进行司法鉴定。2017年12月4日，法院技术室回函显示，需提供与姜某学书写遗嘱时间相近的签名原件，同时告知鉴定是否是2007年11月7日书写形成，需提交2007年11月左右的对比样本，时间前后不超过一个月。代某香对此回函不予认可，称无事实和法律依据。姜乙提交代某香提供给厂里老干部科的遗嘱复印件显示，涉案房屋在姜某学去世后由代某香居住，只有居留权无处理权，立遗嘱时间为2007年4月16日，有姜某学、代某香签名与捺印，但系复印件，姜乙称原件在代某香手中。对此，代某香称不予认可。姜甲提交的2017年2月3日济南××集团离退部二区离退科提供的证明显示：代某香系我单位已故离休干部姜某学之妻，每月享受遗属生活困难补助费552元。代某香对此证明真实性有异议，认为是460元，并提交2017年1月4日济南××集团离退部二区离退科提供的证明，显示：代某香系我单位已故离休干部姜某学遗属，每月由济南市社保办发放460元遗属补助费，特此证明。并盖有济南××集团有限公司离退休干部工人管理处西区离退科章。两份证明系同一部门出具，应以最后一份为准，故法院认定代某香遗属生活困难补助费为522元。

代某香向法院提出诉讼请求：判令代某香对济南市历下区房屋补偿款享有四分之一继承权，即244 204.15元（变更为235 000元），由姜甲、姜乙、姜丙向代某香支付；诉讼费由姜甲、姜乙、姜丙承担。

法院判决

法院认为，本案系继承纠纷。遗产是公民死亡时遗留的个人合法财产。涉案房屋系姜某学婚前的个人财产，对此，代某香、姜甲、姜乙、姜丙均无异议。因此，涉案房屋自姜某学去世时，应当认定为其遗产。涉案房屋现已拆迁，该房屋的拆迁补偿款976 816.60元应为遗产。继承开始后，按照法定继承办理；有遗嘱的，按照遗嘱继承。遗嘱可以采取代书遗嘱的形式，代书遗嘱应当有两个以上见证人在场见证，由其中一人代书，注明年、月、日，并由代书人、其他见证人和遗嘱人签名。姜甲提交的姜某学所立的遗嘱符合法定形式，同时代书人、见证人均出庭作证，应当认定为合法的遗嘱形式，本案应当按照遗嘱继承。同时，遗嘱应当对缺乏劳动能力又没有生活来源的继承人保留必要的遗产份额。遗嘱人未保留缺乏劳动能力又没有生活来源的继承人的遗产份额的，遗产处理时，应当为该继承人留下必要的遗产。代某香作为姜某学之妻，是其合法的法定继承人，既缺乏劳动能力，也无生活来源，因此，应当为代某香留有必要的遗产。当事人均未提交被继承人姜某学尚有其他遗产的证据，故对于代某香要求继承的请求，法院酌情支持。结合济南××集团对遗属的生活困难补助（每月522元）、代某香的年龄（已满68周岁）以及2016年度山东省农村年人均消费性支出，法院酌情以12年计算，应为代某香保留的遗产数额为（9 519－552×12)×12＝34 740元，遂判决被告姜甲、姜乙于判决生效之日起10日内各自向原告代某香支付17 370元。

第一千一百四十二条

遗嘱人可以撤回、变更自己所立的遗嘱。

立遗嘱后，遗嘱人实施与遗嘱内容相反的民事法律行为的，视为对遗嘱相关内容的撤回。

立有数份遗嘱，内容相抵触的，以最后的遗嘱为准。

条文对照

第二十条　遗嘱人可以撤销、变更自己所立的遗嘱。

立有数份遗嘱，内容相抵触的，以最后的遗嘱为准。

自书、代书、录音、口头遗嘱，不得撤销、变更公证遗嘱。

本条主旨

本条是对遗嘱撤回、变更及内容相抵触遗嘱效力的规定。

条文详解

这一条文是对遗嘱撤回、变更和遗嘱效力冲突的规定。其中特别重要的新规则是，明确规定数份遗嘱内容抵触以最后的遗嘱为准原则，删去了公证遗嘱效力优先的错误规则。

一、遗嘱变更和遗嘱撤回

（一）遗嘱变更和遗嘱撤回的概念

遗嘱变更是指遗嘱人在遗嘱订立后对遗嘱内容的部分修改。遗嘱撤回是指遗嘱人在订立遗嘱后又通过一定的方式收回原来所立的遗嘱。

原《继承法》第20条规定的是遗嘱撤销，而不是遗嘱撤回，本条将其改为遗嘱撤回。本条所作的这种改变，是由于遗嘱是单方意思表示，在遗嘱人作出遗嘱之后死亡之前，其实遗嘱一直都没有生效。而撤销是指在意思表示已经生效之后又否认意思表示的效力，因而只能是撤回，而不能是撤销。

遗嘱变更与遗嘱撤回的区别，主要在于遗嘱人对原立的遗嘱内容改变的程度不同。变更仅是遗嘱人部分地改变了原设立遗嘱时的意思，是对遗嘱部分内容的撤回；而撤回是遗嘱人改变原设立遗嘱时的全部意思，是对遗嘱内容的全部变更。

遗嘱变更与遗嘱撤回，与一般民事法律行为的变更与撤回有所不同。

第一，是否无因不同。一般民事法律行为的变更、撤回须有法定的变更或撤回民事行为的事由，或者须征得对方当事人同意，否则不得变更或撤销。而遗嘱的变更或撤回是遗嘱人的自由，遗嘱人可以单方面随意、随时、随地撤回或变更原来所立的合法遗嘱，而无须提供其撤回或变更遗嘱的原因。

第二，对象不同。遗嘱变更或撤回的对象为已经成立、尚未发生效力的遗嘱，而一般民事法律行为的变更或撤销的对象，是已经发生法律效力的行为。

第三，能否代理不同。遗嘱是必须由遗嘱人亲自实施的行为，同理，遗嘱的变更或撤回也必须由遗嘱人亲自实施，不得由他人代理。而一般民事法律行为的变更或撤回、撤销，除了行为人本人可行使以外，其代理人或继承人也可以代理行使。

第四，行使的时间不同。遗嘱变更或遗嘱撤回没有时间限制，遗嘱人在生存期间，可以随时随地变更或撤回遗嘱。而一般法律行为的变更或撤回、撤销，只有在具备法定事由时才能实施，而且撤销权为形成权，受到除斥期间的限制。

（二）遗嘱变更和遗嘱撤回的要件

遗嘱人虽可在遗嘱设立后的任一时间、以任一理由变更或撤回遗嘱，但是，撤回或变更遗嘱也须具备一定条件，才能产生遗嘱变更或撤回的效力。

1. 遗嘱人须有遗嘱能力

只有具有遗嘱能力的人才能订立遗嘱，而对遗嘱的变更或撤回等于重新订立遗嘱，因此，遗嘱人只有在具有遗嘱能力的情形下，才可以变更或撤回遗嘱。若遗嘱人于设立遗嘱后丧失遗嘱能力，则其在遗嘱能力恢复前对遗嘱所作出的变更或撤销不生效力，原来的遗嘱仍有效。

2. 须为遗嘱人的真实意思表示

订立遗嘱须为遗嘱人的真实意思表示，遗嘱变更、撤回亦须为遗嘱人的真实意思表示。伪造遗嘱的变更和撤回，不为遗嘱人的意思表示，不能发生遗嘱变更和撤回的效力。遗嘱人因受胁迫、受欺诈而变更、撤回遗嘱的，不发生遗嘱变更、撤回的法律后果，原遗嘱仍有效，利害关系人可以主张撤回遗嘱人的遗嘱变更和撤回的意思表示。

3. 须由遗嘱人亲自依法定的方式和程序为之

遗嘱的订立须遗嘱人亲自进行，对原遗嘱的变更、撤回，也须由遗嘱人亲自依法定的方式和程序为之。遗嘱变更、撤回同样不适用代理，只能由遗嘱人亲自为之。遗嘱是一种要式法律行为，遗嘱变更或撤回必须采用一定的方式。遗嘱变更、撤回的方式有明示方式和推定方式两种。

遗嘱变更、撤回的明示方式，是指遗嘱人以明确的意思表示变更、撤回遗嘱。遗嘱人依明示方式变更、撤回遗嘱的，须依照法律规定的设立遗嘱的方式作出。不具备遗嘱法定形式的变更、撤回遗嘱的意思表示，不能发生遗嘱变更、撤回的效力。变更、撤回遗嘱的形式虽不要求比遗嘱设立时采用的形式要严格，但应依照单方意思表示的实施的要求进行。

遗嘱变更、撤回的推定方式，是指遗嘱人虽未以明确的意思表示变更、撤回所设立的遗嘱，但是，法律根据遗嘱人的行为推定遗嘱人变更、撤回了遗嘱。法律的这种推定，不许当事人以反证推翻。

推定遗嘱人变更、撤回遗嘱的情形主要有以下几种。

第一，遗嘱人立有数份遗嘱，且内容相抵触的，推定变更、撤回遗嘱。遗嘱人立有内容相抵触的数份遗嘱，当然应当推定最后一份遗嘱变更、撤回了前一份遗嘱。

第二，遗嘱人生前的行为与遗嘱的内容相抵触的，推定遗嘱表明撤回。生前的行为，是指遗嘱人生前对自己财产的处分行为。遗嘱人生前的行为与遗嘱的意思表示相反，而使遗嘱处分的财产在继承开始前灭失、部分灭失或所有权转移、部分转移的，遗嘱视为被撤回或部分被撤回。例如，遗嘱人在遗嘱中指定某财物由某继承人继承或者赠与某人，而其后遗嘱人自己却将该财物出卖或赠送给他人。遗嘱中有关处分该财物的内容视为表明撤回。

第三，遗嘱人故意销毁、涂销遗嘱的，推定遗嘱人撤回原遗嘱。例如，遗嘱人在立遗嘱后并未另立遗嘱撤回原遗嘱，而只是自己将原遗嘱毁坏，这表明遗嘱人废除了自己原立的遗嘱。遗嘱不是由遗嘱人自己销毁的而是由他人毁坏的，不能视为遗嘱人撤回遗嘱；遗嘱因意外的原因损毁、丢失而遗嘱人又不知道的，也不能推定遗嘱人撤回遗嘱。

（三）遗嘱变更、撤回的效力

遗嘱变更或撤回只要符合变更或撤回的条件，自作出之时即可产生效力。遗嘱变更或撤回的效力，就在于使被变更或撤回的遗嘱内容不生效力。

遗嘱变更的，自变更生效时起，以变更后的遗嘱内容为遗嘱人的真实意思表示，应以变更后的遗嘱来确定遗嘱的有效、无效，执行变更后的遗嘱。即使变更后的遗嘱内容无效而原遗嘱内容可有效的，也应按变更后的遗嘱内容确认遗嘱无效。

遗嘱撤回的，自撤回生效时起，被撤回的原遗嘱作废，以新设立的遗嘱为遗嘱人处分自己财产的真实意思表示，以新设立的遗嘱来确定遗嘱的效力和执行。遗嘱撤回后遗嘱人未设立新遗嘱的，视为被继承人无立遗嘱。

二、数份遗嘱内容相抵触的效力规则

遗嘱人设立有数份遗嘱，内容相抵触的，应当视为以后设立的遗嘱取代或者变更了原设立的遗嘱，因此，遗嘱人设立数份遗嘱，内容相抵触的，应当以最后设立的遗嘱为准，即遗嘱设立在后效力优先原则。

原《继承法》第 20 条第 3 款规定：“自书、代书、录音、口头遗嘱，不得撤销、变更公证遗嘱。”这一规定，要求在数份遗嘱内容相互抵触时，确定哪一份遗嘱具有效力，是以遗嘱的形式作为标准的，即在所有的遗嘱方式中，只有公证遗嘱具有最高的效力，任何与公证遗嘱的内容相冲突的遗嘱，都不具有真实性的效力，只有公证遗嘱才具有最高的效力。

这样的规定显然是错误的，一个遗嘱人立有数份遗嘱，内容相抵触的，不看设立遗嘱时间的先后，而是以公证遗嘱具有最高效力，任何形式的遗嘱都不能变更、撤回公证遗嘱，就有可能将不代表遗嘱人真实意思的公证遗嘱的效力绝对化。其后果是，一旦遗嘱人在设立公证遗嘱之后，如果想变更遗嘱或者撤销遗嘱，都必须通过公证遗嘱的方式才能实现。如果临终之前，遗嘱人想要撤回或者变更以前的公证遗嘱，公证机构不能及时作出新的公证遗嘱，遗嘱人的真实意思表示就无法实现，实现的却是不代表其真实意思的公证遗嘱所表达的内容。

当一个遗嘱人设立数份遗嘱，这些遗嘱的内容发生相互抵触时，究竟哪一份遗嘱最能够代表遗嘱人的真实意思呢？当然是离遗嘱人死亡的时间最近的遗嘱是其真实意思表示。因此，各国民法典对此通常的规则就是遗嘱设立在后效力优先原则。在编纂民法典的过程中，立法机关纠正原《继承法》第 20 条第 3 款规定的错误，确立了本条第 3 款的原则，即“立有数份遗嘱，内容相抵触的，以最后的遗嘱为准”的原则，改变了原《继承法》第 20 条规定的公证遗嘱优先原则，是正确的立法选择。

法律适用中应注意的问题

在适用本条规定时，应当注意以下两个问题。

第一，遗嘱人撤回的意思表示再次被撤回时，原先被撤回的遗嘱是否恢复其效力。对此，各国规定的立法例有三种：一是原先被撤回的遗嘱恢复其效力；二是原先被撤回的遗嘱不恢复其效力；三是原先的遗嘱限制恢复效力，即只有在撤回遗嘱的行为是由于被欺诈、被胁迫造成的情况下，才恢复其效力。民法典继承编对此没有明文规定。上述第三种立法例比较符合情理、符合实际。因为遗嘱人在被欺诈、胁迫的情形下撤回原先的遗嘱，这种撤回不符合遗嘱人的本意，不是遗嘱人的真实意思，在该撤回原先遗嘱的行为被撤回时，应当恢复原先遗嘱的效力。不过，在不是被欺诈、胁迫而撤回原先遗嘱的情形下，即使后来遗嘱人又撤回了撤回原先遗嘱的行为，该再次撤回也未必与原先的遗嘱意思表示相符，因此不能恢复原先遗嘱的效力。

第二，要特别注意本条对数份遗嘱内容抵触效力规则的变更。在实践中，凡是出现一个遗嘱人订立了数份遗嘱且内容相抵触的，应当适用本条第 3 款规定的规则，以最后的遗嘱为准，其具有优先效力。

案例链接

肖某一与肖某二等遗赠纠纷案①

基本案情

张某与肖某六系夫妻关系，二人共生育五子女，即肖某三、肖某四、肖某五、肖某七、肖某八。刘某与肖某八系夫妻关系，二人共生育一女即原告肖某

① 北京市通州区人民法院（2014）通民初字第 14171 号民事判决书。

一。被告肖某二系肖某七之女。肖某八于2005年9月21日去世，肖某七于2014年3月8日去世，张某于2014年7月10日去世，肖某六于1989年去世。

位于北京市通州区宋庄镇×号院内有正房四间（以下简称诉争房屋），系1992年建成。诉争房屋建成后，由肖某八一家与张某共同居住。2004年，肖某八与刘某对诉争房屋进行了部分翻修。2011年张某起诉刘某、肖某一等，要求继承诉争房屋。后法院判决诉争房屋归张某所有。刘某及肖某一不服提起上诉，二审维持原判。现诉争房屋由刘某及原告肖某一居住。

2013年6月22日，张某立下遗嘱，明确将诉争房屋归肖某二继承，遗嘱有冯某晨及花某报作为见证人签字。2014年6月26日，张某再次立下遗嘱，将诉争房屋归原告肖某一继承，遗嘱有杨某富、舒某成作为见证人签字。

原告肖某一向法院起诉，主张执行遗嘱，争议的正房四间归原告肖某一所有。被告肖某二辩称，张某已经将该房屋遗赠给肖某二，不同意肖某一继承该房屋。

法院判决

法院认为：继承从被继承人死亡时开始。遗嘱人可以撤销、变更自己所立的遗嘱。立有数份遗嘱，内容相抵触的，以最后的遗嘱为准。本案中，张某去世后，原、被告作为继承人均有权继承其遗产。诉争房屋已经法院判决归张某所有，应当作为遗产进行分割。根据审理查明的事实，张某生前立有两份遗嘱，且遗嘱内容不一致，故应当以后一份遗嘱为准，即以2014年6月26日所立的遗嘱为准，故对原告以该份遗嘱要求继承诉争房屋的诉讼请求，法院予以支持，判决本案讼争的正房四间归原告肖某一所有。

第一千一百四十三条

无民事行为能力人或者限制民事行为能力人所立的遗嘱无效。

遗嘱必须表示遗嘱人的真实意思，受欺诈、胁迫所立的遗嘱无效。

伪造的遗嘱无效。

遗嘱被篡改的，篡改的内容无效。

条文对照

第二十二条　无行为能力人或者限制行为能力人所立的遗嘱无效。

遗嘱必须表示遗嘱人的真实意思，受胁迫、欺骗所立的遗嘱无效。

伪造的遗嘱无效。

遗嘱被篡改的，篡改的内容无效。

本条主旨

本条是对遗嘱无效的规定。

条文详解

一、遗嘱效力概述

遗嘱的效力，是指遗嘱人设立的遗嘱所产生的法律后果。遗嘱作为一种单方民事法律行为，只要有遗嘱人单独的意思表示就可以成立。但是，已经成立的遗嘱只有具备法律规定的条件才能产生法律效力；不具备法律规定的条件的遗嘱不能产生法律效力。

对遗嘱效力的判断，既应当从遗嘱的形式方面进行，也应当从遗嘱的实质内容方面进行。如果遗嘱人订立的遗嘱不符合法定的形式，则该遗嘱就是无效的。在内容方面，应当从遗嘱人是否具有遗嘱能力、遗嘱是否为遗嘱人的真实意思表示、遗嘱中指定财产是否可为遗嘱人处分、遗嘱中指定的继承人或受遗赠人是否生存等方面加以判断。只有对有关的要素进行准确判明后，才能对遗嘱的效力作出认定。

遗嘱效力判断的基准点，是遗嘱人死亡时。因为遗嘱人订立遗嘱后，虽然遗嘱基于遗嘱人的意思表示真实，而且符合有关的要件而成立，但遗嘱的最终生效还是取决于遗嘱人的死亡，只有在遗嘱人死亡时，遗嘱才能产生效力。自遗嘱设立之时起至遗嘱人死亡止的这段时间，遗嘱并不产生效力，只会发生遗嘱的变更或撤回，不能产生遗嘱执行问题，继承人以及其他人既无权要求知道遗嘱的内容，也不得要求执行遗嘱。

根据遗嘱订立后的具体情形，遗嘱的效力可以划分为遗嘱有效、遗嘱无效、遗嘱不生效。

二、遗嘱有效

遗嘱有效是指遗嘱符合法律规定的要素，能够产生遗嘱人预期的法律后果，有关当事人可以请求执行该遗嘱。

遗嘱有效须具备以下条件。

（一）遗嘱人须有遗嘱能力

这是遗嘱有效的前提条件。只有完全民事行为能力人才有遗嘱能力，才可以订立遗嘱。无民事行为能力人、限制民事行为能力人不具有遗嘱能力，不得订立遗嘱，即使订立遗嘱，该遗嘱也属无效遗嘱。

遗嘱能力是指被继承人依据法律享有的，在生前通过订立遗嘱，自由处分自己财产的资格。有些国家将遗嘱能力分为三种：一是立遗嘱的能力；二是遗嘱继承能力；三是遗嘱作证能力。[①] 我国的遗嘱继承能力实际上是遗嘱继承人的继承资格问题，属于继承权范畴内的问题；而遗嘱作证能力则是遗嘱见证人的资格问题。因此，遗嘱能力应当就是遗嘱人立遗嘱的资格。民法典继承编有关遗嘱能力的规定也是从订立遗嘱的角度制定的。虽然遗嘱能力与民事行为能力存在联系，都是一种资格，但两者不同：一是两者的适用范围不同，遗嘱能力仅指被继承人订立遗嘱的资格，而民事行为能力则是指民事主体（包括自然人、法人和非法人组织）能够以自己的行为独立参加法律关系，行使民事权利和设定民事义务的资格。民事行为能力的范围要广泛得多。二是两者的划分不同，两者虽然都根据行为人的行为辨别能力来进行划分，但是，在具体的划分上不一样。遗嘱能力一般划分为有遗嘱能力与无遗嘱能力两类，而民事行为能力则划分为无民事行为能力、限制民事行为能力与完全民事行为能力三类。

只有具有遗嘱能力的人才有设立遗嘱的资格，具有了完全民事行为能力即具有遗嘱能力，而无民事行为能力与限制民事行为能力则为无遗嘱能力。所以，本条第 1 款规定，无民事行为能力人或者限制民事行为能力人所立的遗嘱无效。

（二）遗嘱须是遗嘱人的真实意思表示

遗嘱是遗嘱人对自己身后财产的处分，因而遗嘱只有是遗嘱人的真实意思表示的，方为有效，被欺诈、胁迫所订立的遗嘱都属无效遗嘱。

遗嘱是否为遗嘱人的真实意思，原则上以遗嘱人最后于遗嘱中所作出的意思表示为准。

（三）遗嘱的内容须合法

遗嘱是一种法律行为，内容必须合法方为有效。遗嘱的内容如果违法或者违反公序良俗，都将无效，不得执行。例如，遗嘱人在遗嘱中指定继承人继承某物，在立遗嘱时该物并不为遗嘱人所有，因遗嘱人处分了他人的财产，遗嘱的该部分内容不合法，但是，其后遗嘱人于死亡前取得了该物的所有权，于继承开始时，遗嘱人所立的遗嘱就为合法。遗嘱的内容是否合法，应以遗嘱人死亡时为准。

（四）遗嘱的形式须符合法律规定的形式要求

遗嘱是要式法律行为，必须符合法律规定的形式，如有不合，则属无效遗

---

① 刘文．继承法比较研究．北京：中国人民公安大学出版社，2004：190.

嘱。对此，《民法典》第 1134 条至第 1139 条都规定了各种类型的遗嘱的形式要件，应当按照这些规定确定遗嘱的形式要件是否具备。遗嘱如果在形式上有欠缺，则因不符合遗嘱的形式要件要求而无效。

（五）须遗嘱人死亡

遗嘱是死因行为，只有遗嘱人死亡才能产生法律效力。即使遗嘱具备了法定的形式和内容，遗嘱人尚生存的，遗嘱也不发生效力。

符合上述要件时，遗嘱产生法律效力，可以按照遗嘱处置被继承人的遗产，实现遗嘱人支配其遗产的意思表示。

三、遗嘱无效

遗嘱无效，是指遗嘱因不符合法律规定而不能产生法律效力。遗嘱无效，也就是遗嘱人在遗嘱中处分其财产的意思表示无效，也就不能依照遗嘱来处置被继承人的遗产，遗嘱人在遗嘱中的意思不能实现，不能产生遗嘱人所预期的法律后果。

遗嘱无效主要有以下几种情况。

（一）无民事行为能力人或者限制民事行为能力人所立的遗嘱

无民事行为能力人、限制民事行为能力人属于无遗嘱能力的人，不具有以遗嘱处分其财产的资格，因此，无民事行为能力人、限制民事行为能力人所立的遗嘱无效。完全民事行为能力人于设立遗嘱后，被宣告为无民事行为能力人或限制民事行为能力人的，其原设立的遗嘱仍可有效；但是，其于民事行为能力变动以后对原设立遗嘱变更或撤回的，遗嘱的变更或撤回无效。

（二）受胁迫、受欺诈所设立的遗嘱

遗嘱必须是遗嘱人的真实意思表示，遗嘱人因受胁迫、受欺诈所立的遗嘱，不是遗嘱人真实意思表示，因欠缺遗嘱的合法要件而无效。

受胁迫所立的遗嘱，是指遗嘱人受到他人非法威胁、要挟，为避免自己或亲人的财产或生命健康遭受侵害，违心地作出与自己真实意思相悖的遗嘱。受欺诈所立的遗嘱，是指遗嘱人因受他人的故意的、歪曲的、虚假的行为或者言词的错误引导而产生错误认识，作出了与自己的真实意愿不相符合的遗嘱。胁迫、欺诈遗嘱人的人，既可以是继承人，也可以是继承人以外的人；既可以是因遗嘱人受胁迫、受欺诈所立的遗嘱得到利益的人，也可以是不会从遗嘱人的遗嘱中得到任何利益的人。胁迫和欺诈行为都是故意的，行为人不是故意而只是遗嘱人因其向遗嘱人提供了不正确的情况而改变处分财产的意思的，不能构成欺诈行为。

本条规定，受胁迫、受欺诈订立的遗嘱当然无效，任何人都可以请求确认无效。应当区别的是，《民法典》总则编将欺诈和胁迫都规定为可撤销的民事法律行为，与本条规定不同。本条规定是特别法，《民法典》总则编规定的是一般法，依照特别法优先于一般法的法律适用原则，对遗嘱的欺诈和胁迫，不应当适用民法典总则编受胁迫、受欺诈实施的民事法律行为的效力规则。况且遗嘱是单方法律行为，遗嘱人可以随时撤回或者变更遗嘱，因此，遗嘱的效力问题通常都是在遗嘱人死亡后才产生争议，只能确定该遗嘱是有效还是无效，不存在撤销的问题。对遗嘱主张无效的当事人负证明遗嘱是遗嘱人因受胁迫、受欺诈所设立的举证责任，若证明成立，就可以宣告遗嘱无效，否则该遗嘱就是有效的。

（三）伪造遗嘱

伪造遗嘱就是假遗嘱，是指以被继承人的名义设立，但根本不是被继承人意思表示的遗嘱。制造假遗嘱的人，一般是出于为自己或亲属取得财产，或者出于不因遗嘱人的处分而失去取得财产机会的目的。但是，伪造遗嘱者的动机和目的并不是伪造遗嘱的构成要件。只要不是遗嘱人的意思表示而名义上设立人是遗嘱人的遗嘱，都属于伪造遗嘱。伪造遗嘱因为根本就不是被继承人的意思表示，所以，不论遗嘱的内容如何，也不论遗嘱是否损害了继承人的利益，当然无效。主张遗嘱无效的当事人只需证明遗嘱并不是遗嘱人的意思表示即可。

（四）被篡改的遗嘱内容

被篡改的遗嘱内容，是指遗嘱人以外的其他人擅自对遗嘱的部分内容作了更改，例如，对遗嘱的修改、删节、补充等。篡改只能是遗嘱人以外的人对遗嘱人所立的遗嘱的更改，如果是遗嘱人自己对遗嘱进行修改、删节、补充，则属于遗嘱人对遗嘱的变更。被篡改的遗嘱，经篡改的内容已经不再是遗嘱人的意思表示，而是篡改人的意思表示，不再符合遗嘱的法定要件，不能发生遗嘱的效力，应为无效。遗嘱不能因被篡改而全部无效，遗嘱中未被篡改的内容仍然是遗嘱人的真实意思表示，仍然有效。

篡改遗嘱与伪造遗嘱，虽然在法律效果上都是无效，但表现不同。伪造的遗嘱不是遗嘱人的意思表示，无所谓篡改。篡改只能是对遗嘱的部分内容的更改。如果是对遗嘱的全部内容更改，则为伪造遗嘱。

法律适用中应注意的问题

民法典继承编对遗嘱无效规定的情形不足，当没有规定其他遗嘱无效的情形与遗嘱不生效的情形。这两部分的情况如下。

第一，其他遗嘱无效的情形。主要包括以下三种情形。

一是遗嘱中处分不属于遗嘱人自己财产的部分内容。遗嘱人以遗嘱处分了属于国家、集体或他人所有的财产，遗嘱的这部分内容应认定为无效。不过，由于遗嘱在遗嘱人死亡后才生效，如果遗嘱人通过遗嘱处分的他人财产，在遗嘱人死亡时已经由遗嘱人取得的，则应当视为有效。遗嘱中处分不属于遗嘱人自己财产，仅仅是该有关不属于遗嘱人自己财产的部分无效，其他部分应当有效。

二是遗嘱非法处分必留份。遗嘱人在遗嘱中处分必留份的，该部分遗嘱内容无效。遗嘱人在遗嘱中未为缺乏劳动能力又没有生活来源的继承人保留必要份额的，也称为违反保留"必要的遗产份额"的规定，即违法处分必留份。对于遗嘱涉及的这一部分遗产的处置，采用的办法就是认定其无效。不属于必留份部分的遗产处分内容，不受这种无效的影响。

三是代理遗嘱无效。由于代理订立的遗嘱违反民法典继承编的强制性规定，因而由他人代理订立的遗嘱无效。虽然代理订立遗嘱与伪造遗嘱在法律效果上都是无效，但是却存在不同。代理订立遗嘱是经被继承人同意的，而伪造遗嘱是假借被继承人的名义订立的。如果代理订立遗嘱符合代书遗嘱的形式要件要求，代书遗嘱有效。

第二，遗嘱不生效的情形。遗嘱不生效是指遗嘱虽然合法成立，但由于某种客观原因的发生，遗嘱人死亡时该遗嘱不发生法律效力。遗嘱不生效也称为遗嘱失效[①]，无论何种原因，只要遗嘱不生效，就不能执行遗嘱，遗嘱人的意思表示就无法实现。遗嘱不生效与遗嘱无效都不产生效力，两者所涉及的遗产都应当按法定继承处理。但是，二者的根本区别在于：遗嘱不生效并非因遗嘱违法，该遗嘱的有关要件合法，只是某些客观原因致使该遗嘱不产生效力，不得依据该遗嘱进行处分；而遗嘱无效是因遗嘱不符合法律规定的条件而不能发生效力。

遗嘱不生效的情形包括以下几种。

一是遗嘱所指定的遗嘱继承人或受遗赠人已经先于遗嘱人死亡。遗嘱所指定的遗嘱继承人或受遗赠人须在继承或遗赠开始时生存，才能根据遗嘱获得遗产。如果遗嘱所指定的遗嘱继承人或受遗赠人已经先于遗嘱人死亡的，遗嘱就不能产生效力，涉及遗嘱处分的财产按照法定继承处理。

二是遗嘱继承人或受遗赠人已经丧失继承权或受遗赠权。具有丧失继承权的法定事由的，遗嘱继承人即使由遗嘱指定，也丧失遗嘱继承权，即丧失根据遗嘱继承遗产的资格，因此遗嘱不生效。

---

① 张玉敏．继承法律制度研究．北京：法律出版社，1999：266.

三是遗嘱人死亡时遗嘱中处分的财产标的已不复存在。遗嘱是遗嘱人对自己财产的身后处分，如果遗嘱处分的财产标的已不复存在，则该遗嘱将事实上不能实现。对此，应当区分遗嘱处分财产标的的具体情况进行分析。如果是被继承人将遗嘱所处分的标的物毁损、转让的，应认为遗嘱人以自己的行为撤回遗嘱，不应将其归于遗嘱不生效的情况。① 但是，如果该财产系因其他原因而不复存在，比如不可抗力、意外事件等，则涉及该财产处分的遗嘱内容不发生效力。

四是附解除条件的遗嘱在遗嘱人死亡之前或之时条件成就。遗嘱继承虽然不得附停止条件，但是，可以根据遗嘱人的意思附解除条件。在遗嘱人死亡之前或之时，遗嘱所附的解除条件成就的，则由于遗嘱尚未生效，而解除条件业已发生，因此遗嘱不生效。

五是附停止条件的遗赠，受遗赠人于条件成就前死亡。遗赠可以附停止条件，在遗嘱人死亡后所附的停止条件成就的，受遗赠人可以获得遗赠物。在附停止条件的遗赠中，如果受遗赠人在条件成就前死亡的，则该遗嘱不生效。

案例链接

于某二等与于某三等法定继承纠纷案②

基本案情

于某五、王某系夫妻关系，二人育有四个子女，即于某三、于某二、于某四、于某一。

于某五、王某在夫妻关系存续期间，取得了位于北京市×区×里×号楼×号、北京市×区×街×号×楼×门×号、××号三套房屋（其中×号和××号房屋相连），上述房屋产权均登记在于某五名下。

2011 年 12 月 12 日，于某五因病去世。

2012 年 2 月 1 日，王某、于某二、于某四以原告的身份将于某一、于某三诉至法院，要求继承于某五 2011 年 12 月和 2012 年 1 月的养老金及存款；后于 2012 年 10 月 26 日撤诉。

2012 年 3 月 1 日，于某一向法院申请宣告王某为限制民事行为能力人（案号为：2012 东民特字 04479 号）。2012 年 7 月 13 日，法院委托中国法医学会司法

① 张玉敏．继承法律制度研究．北京：法律出版社，1999：266.

② 北京市东城区人民法院（2015）东民初字第 02664 号民事判决书。

鉴定中心对王某的民事行为能力进行鉴定，2012年7月30日，中国法医学会司法鉴定中心出具的鉴定结论为：被鉴定人王某为限制民事行为能力人。2012年8月15日，法院判决宣告王某为限制民事行为能力人。

2012年2月1日至9月13日期间，被继承人王某自书遗嘱五份。一、2012年2月1日自书遗嘱为：我的生活由于某一、于某二负责，我与老伴共有的房产×街×号××号房屋由于某一、于某二继承；二、2012年4月21日自书遗嘱内容为：于某一、于某二对我未尽养老义务，我生前让于某四照顾，去世后×街×号×门××号房屋由于某四继承；三、2012年6月自书遗嘱内容为：我的生活由于某四、刘某茹照顾，我的住房×街×号×门××号由于某四、刘某茹继承，以前所有遗嘱作废；四、2012年7月13日自书遗嘱内容为：于某一用哄骗的手段让我在遗嘱上签字，之后便遗弃虐待我，现在我宣布那份遗嘱作废，我的住房×街×号×门××号由于某四、刘某茹继承；五、2012年9月13日自书遗嘱内容为：我的生活由于某四、刘某茹照顾，我去世后×街×号×门××号房屋由他们继承。

于某一和于某二向法院起诉，要求各自按照于某五和王某于2011年2月遗嘱的内容分得房屋折价款。

庭审时，原告于某二、于某一，被告于某三等均认可上述五份自书遗嘱中王某签名的真实性，但均认为王某系限制民事行为能力人，上述自书遗嘱系无效遗嘱，不能作为判决的依据。

法院判决

关于被继承人王某2012年2月1日至9月13日五份自书遗嘱的效力问题，人民法院经审理认为，2012年2月1日，被继承人王某提起民事诉讼后，法院委托鉴定机关对其民事行为能力进行了鉴定。2012年7月30日，中国法医学会司法鉴定中心出具的鉴定结论，认定王某为限制民事行为能力人。依据《继承法》第22条关于“无行为能力人或者限制行为能力人所立的遗嘱无效”之规定，被继承人王某2012年9月13日的自书遗嘱无效。被继承人王某自2012年2月1日至9月13日期间多次书写遗嘱，且遗嘱内容前后不一致，本院综合考虑王某书写遗嘱的随意性、当事人申请王某为限制民事行为能力人的时间、上述遗嘱的形成与王某被确定为限制民事行为能力人时间间隔较短、限制行为能力形成需要一定的时间等因素后，认定被继承人王某在2012年2月1日至9月13日期间所立遗嘱无效，依照法定继承，原告于某一和于某二应当继承的份额，折成房屋折价款，由被告于某四向于某一和于某二给付。

第一千一百四十四条

遗嘱继承或者遗赠附有义务的，继承人或者受遗赠人应当履行义务。没有正当理由不履行义务的，经利害关系人或者有关组织请求，人民法院可以取消其接受附义务部分遗产的权利。

条文对照

第二十一条　遗嘱继承或者遗赠附有义务的，继承人或者受遗赠人应当履行义务。没有正当理由不履行义务的，经有关单位或者个人请求，人民法院可以取消他接受遗产的权利。

本条主旨

本条是对附条件遗嘱即遗托的规定。

条文详解

一、遗托的概述

（一）遗托的概念

附义务的遗嘱继承或者遗赠，就是遗托，是指遗嘱人在遗嘱中向遗嘱继承人或受遗赠人附加提出的必须履行的某项义务要求的遗嘱继承或者遗赠。[①] 在遗托中，遗嘱继承人或者受遗赠人一面取得遗嘱继承或者遗赠的利益，一面须负担一定的义务，不像不附义务的遗嘱继承或者遗赠那样，遗嘱继承人或者受遗赠人纯得财产上的利益。[②]

遗托中的"托"，实际就是委托之"托"，即通过遗嘱形式，向遗嘱继承人和受遗赠人委托事项。只不过这种委托之"托"附有继承遗产或者接受遗赠的权利而已。[③]

构成遗托，遗嘱继承人或者受遗赠人称为负担义务人，相对人称为负担受益人，双方为遗托关系的当事人。负担义务人与负担受益人有时为同一人，如某人

---

① 刘素萍．继承法．北京：中国人民大学出版社，1988：316.

② 徐百齐．民法继承．北京：商务印书馆，1935：160.

③ 遗托制度并非只有遗赠才适用，在遗嘱继承中也同样适用。在本章阐释遗托制度，仅仅是为了篇幅的方便，而不是内容和逻辑的需要。

遗赠100万元给某学校，负担为在该校设立以遗赠人的名字为名称的奖学金基金，该遗托生效，则该学校既是负担义务人，也是负担受益人。

(二) 遗托的法律特征

1. 遗托以遗嘱方式作出

遗托须以遗嘱的形式作出，只有遗嘱人以遗嘱的方式要求遗嘱继承人或者受遗赠人履行某项义务的，才能发生遗托的法律效力。

2. 遗托是遗嘱继承和遗嘱的附加义务

遗托不是一项独立的义务，而是一项依附于遗嘱继承或者遗嘱的义务，也叫作遗赠的负担。遗嘱人只有授予遗嘱继承人和受遗赠人以遗嘱继承权和受遗赠权，才能够要求遗嘱继承人和受遗赠人履行遗托的义务。

3. 履行遗托的义务以接受遗产和接受遗赠为前提条件

履行遗托义务不是无条件的，而是有条件的，只有遗嘱指定的遗嘱继承人接受遗产以及受遗赠人接受遗赠，遗嘱继承人和受遗赠人才有义务履行遗托义务，否则，可以拒绝履行遗托义务。遗嘱继承人和受遗赠人已经接受了遗产或者遗赠的，就必须履行遗托的义务。

(三) 遗托负担的内容要求

遗托所设负担的内容必须是能够实现的一定给付，不一定必须是金钱的给付。例如托受遗赠人管理事务，照顾坟墓，都可以作为负担的内容。甚至消极的不作为也可以作为遗托的负担，例如，不公布遗嘱人的文学作品等，可以作为负担的内容。至于负担的设置究竟为谁的利益所设，是为遗嘱人的利益还是为第三人的利益，在所不论。但是一般认为，如果设定的是法律上的义务，而不是法律义务之外的约定义务，则不是负担。

设定依托负担的给付内容不能是不确定事项、不法事项，所设负担不得违背公序良俗。凡是以不确定的、违法的或者违背公序良俗的事项为负担的，一律无效。

二、遗托的效力

遗托的效力，主要表现在受遗托人接受或者承认遗托时确定其负履行负担的义务。具体表现在以下两个方面。

(一) 负担义务的归属和开始时间

遗嘱继承的负担义务人是遗嘱继承人，遗赠的负担义务人为受遗赠人，其相对人都是接受遗嘱继承或者遗赠的负担受益人。这种权利具有债权的性质，存在权利归属及其时间问题。

权利的归属，就是负担义务的承认和接受，遗嘱继承人决定接受继承或者受遗赠人承认遗赠，这时，负担受益人开始产生请求负担履行的权利。在此之前，负担受益人对于负担仅享有一种期待权，还不是现实的既得权，只有遗嘱继承人承认遗嘱继承或者受遗赠人接受遗赠，其权利才变为既得权，发生权利的归属问题。

归属的时间，是继承开始的时间，从继承开始之时起，遗托的负担受益人就产生这种权利，而受遗托人作为负担义务人产生负担义务，必须履行负担。例如在遗赠房屋而使受遗赠人负担看护及扶养自己的事例中，受遗赠人就是负担义务人，死者就是负担受益人。

在负担权利义务没有归属之前，依据有效遗嘱，负担受益人只享有接受负担的期待权，待负担权利义务归属后，即享有现实的既得权，可以请求负担义务人履行义务。本条规定的“利害关系人或者有关组织”，应为与遗产的承受有利害关系的个人或者组织，如被继承人生前所在单位或者继承开始地的基层组织、法定继承人等。附义务的遗嘱继承或遗赠，如能够履行义务，而继承人、受遗赠人无正当理由不履行，经受益人或其他继承人请求，人民法院可以取消他接受附义务那部分遗产的权利，由提出请求的继承人或受益人按遗嘱人的意愿履行义务，接受遗产。

（二）受遗托人以其所受利益为限负履行的义务

遗托负担的范围以受遗托人所接受的遗托利益为限。受遗托人的遗托负担的限度，不能超过遗托的利益范围，超过遗托利益范围的部分为无效。如果遗托人所设负担超过了遗托利益的范围，负担受益人无权请求超出遗托利益范围的负担部分。负担受益人主张负担义务人承担超出遗托利益范围的部分负担的，负担义务人有权拒绝。

确定负担义务是否超出遗托利益范围的时间标准，可以选择以遗托发生效力或者受遗托人承认和接受遗托时为准，但是，由于设置负担不得对受遗托人课以不利益，因而通说认为，应当以负担义务人履行义务时为准，即负担义务人在履行义务时，考察其所履行的义务与其所接受的遗托利益的量的关系，负担的义务应当少于遗托利益。如果出现负担利益超出遗托利益的范围的情况，并非遗托全部无效，而仅仅超出遗托利益范围的部分负担无效。如果遗托利益存在金钱以外的利益，负担义务人不抛弃遗托而准备履行负担义务时，其遗托和负担仍然为有效。如果负担义务人与负担受益人对此发生争议，应当提请人民法院裁决。

法律适用中应注意的问题

在司法实践中适用本条，应当注意两个问题。

第一，遗托与遗赠的区别。遗赠与遗托都为遗嘱人在遗嘱中指定的内容，但两者是不同的，在以下方面存在区别。

一是性质不同。遗赠是遗赠人通过遗嘱对他人赠与财产的单方民事法律行为，而遗托则是遗嘱人在遗嘱中向遗嘱继承人或受遗赠人附加提出的必须履行的某项义务的要求。由此可见，遗赠与遗托在性质上存在根本区别。

二是对象的权利不同。在遗赠中，受遗赠人获得财产利益，一般并不承担义务，即使是附负担的遗赠，其所承担的负担一般也不具有对价。在遗托中，遗托指向的义务人必须履行遗嘱中指定的义务要求，而且有的遗托中仅仅要求义务人履行义务，而不享受权利。①

三是独立性与附随性。遗赠具有独立性，只要遗赠人作出了意思表示，在遗赠人死亡后即发生效力。而遗托是附随于受遗赠权或遗嘱继承权的，受遗赠人、遗嘱继承人履行遗托的义务是以接受遗赠、遗嘱继承为前提条件的。如果受遗赠人不接受遗赠，或者遗嘱继承人放弃继承权，则无履行遗托义务的责任。

四是遗托因必须履行而具有不可免除性。② 在遗托的义务违反社会公德，违反社会公共利益，或者违法时，该遗托为无效。只要遗嘱人的遗托不违背法律和社会公德，不违反社会公共利益，又是可以履行的，接受了遗产的受遗赠人或者遗嘱继承人就必须履行遗托的义务，不得免除。

第二，遗托与附条件的遗赠。遗赠可以附条件。对于遗嘱是否可以附条件，有不同观点。一般认可遗赠可以附条件。附生效条件的遗赠，于所附条件成就时生效，而于被继承人死亡时并不生效。对于遗嘱继承，一般认为不可以附条件；有的也承认可以附停止条件，附停止条件的遗嘱自条件成就时生效。一般认为，如果通过遗嘱进行遗嘱继承，则不允许附条件，因为附停止条件，无论对于遗产的及时分配还是合理利用都是不利的；而且遗嘱继承自被继承人死亡时开始，但是，附停止条件的遗嘱则仅在条件成就时方为有效，这就使两者之间存在时间差，形成继承开始了，但遗嘱尚未生效的问题。因此，遗嘱继承不得附条件，附

---

① 史尚宽．继承法论．北京：中国政法大学出版社，2000：560.

② 郭明瑞，等．继承法．2版．北京：法律出版社，2004：177.

停止条件的，所附的条件无效，应视为未附条件，遗嘱的其他内容仍应有效。通过遗嘱进行遗赠的，由于遗赠不同于遗嘱继承，对于遗赠可以附停止条件。[①] 例如，遗嘱人立下遗嘱，将一架钢琴遗赠其侄女，但是以其侄女考上某音乐学院为条件。这就是附停止条件的遗赠，该遗赠在遗嘱人死亡后、其侄女考上某音乐学院产发生效力。

遗托与附条件的遗赠很相似，但是存在以下区别。

一是性质不同。遗托所附的义务是负担，附条件遗赠所负的是条件。遗托的负担是接受遗赠的附款，是接受遗赠应当履行的义务。而附条件遗赠中的生效条件，是遗赠生效的条件，完全不是义务。附解除条件的遗赠，其条件是某种条件的成就而使遗赠失效，而不是负担的义务。

二是发生的时间不同。遗托义务发生的时间，是受遗赠人接受遗赠之时，即接受遗赠就要承担负担的义务。遗赠附生效条件时，只有条件成就，遗赠的遗嘱才能生效，才能够发生遗赠的问题。而附解除条件的遗赠，尽管是在遗嘱生效之后发生，但并非在遗嘱生效之时发生，也与遗托不同。

三是效力不同。遗托生效后，约束遗托的负担义务人应当履行负担义务，使负担受益人产生请求权。即使遗托的负担义务人不履行负担义务，遗托也不是必然无效，而是通过负担义务履行的纠纷解决方式解决，或者继续履行，或者由负担受益人请求撤销遗赠。而附生效条件的遗赠，其所附条件不成就，遗嘱就不发生效力，不存在遗赠的效力问题。在附解除条件的遗赠中，所附条件成就，遗嘱解除，溯及既往地消灭，不再发生遗赠问题。

案例链接

陈某一、陈某二等与陈某五继承纠纷案[②]

基本案情

陈某一与胡某秀系夫妻关系，生育四子女：陈某五、陈某二、陈某三、陈某四。胡某秀于2017年2月11日死亡。位于武汉市汉阳区×××村××栋××号房屋（建筑面积62.72平方米），所有权人为陈某一，于2001年8月13日办理房屋所有权证，于2002年9月13日办理国有土地使用证。2013年3月11日，

① 郭明瑞，房绍坤，关涛．继承法研究．北京：中国人民大学出版社，2003：126－127.

② 湖北省武汉市汉阳区人民法院（2018）鄂0105民初156号民事判决书。

胡某秀在湖北省武汉市琴台公证处办理（2013）鄂琴台内证字第××××号公证书，内容为：申请人胡某秀，女，1936年12月23日出生。公证事项：遗嘱。兹证明胡某秀于2013年3月11日来到我处，在本公证员和公证人员田某龙的面前，在前面的《遗嘱》上签名。胡某秀的遗嘱行为符合《民法通则》第55条和《继承法》第17条第1款的规定。遗嘱内容为：立遗嘱人：胡某秀，女，1936年12月23日出生，现住武汉市汉阳区×××村××栋××号。我与陈某一系结发夫妻，育有四个子女，即陈某五、陈某二、陈某三、陈某四，我们没有收养、送养子女。我们共同拥有下列财产：位于武汉市汉阳区×××村××栋，房号××，混合结构，6层楼的6楼，建筑面积62.72平方米的住房一套（房屋所有权证编号：武房权证阳字第××号）。为了防止他人在我去世后为上述房产发生纠纷，现我在神志清楚的情况下，特来到武汉市琴台公证处自愿在公证员面前立遗嘱如下：一、我死后，上述房产中属于我的份额由儿子陈某五一人继承，属于陈某五个人财产。二、我的生养死葬由陈某五负责。三、我自愿请湖北省武汉市琴台公证处的余某强同志为我代书遗嘱，他所代写的遗嘱内容我均予以认可。胡某秀去世后，诉争房屋由陈某一居住。

另查明：胡某秀于2012年开始患病，除医保报销部分以外的费用四子女均有出资，胡某秀在住院期间，大部分时间都是陈某四在照顾，另外三子女也偶尔去医院照顾。胡某秀去世后，丧葬费用均由陈某一出资。

原告陈某一、陈某二、陈某三、陈某四向法院起诉，要求依法继承分割胡某秀遗留的讼争房屋一半的产权。被告陈某五辩称原告陈述不实，主张按照遗嘱继承。

法院判决

法院认为，胡某秀于2013年3月11日所立的公证遗嘱为附有义务的遗嘱，但是，根据法院查明的事实，被告陈某五并未履行遗嘱约定的义务。依据《继承法》第21条“遗嘱继承或者遗赠附有义务的，继承人或者受遗赠人应当履行义务。没有正当理由不履行义务的，经有关单位或者个人请求，人民法院可以取消他接受遗产的权利”、最高人民法院《关于贯彻执行〈中华人民共和国继承法〉若干问题的意见》第43条“附义务的遗嘱继承或遗赠，如义务能够履行，而继承人、受遗赠人无正当理由不履行，经受益人或其他继承人请求，人民法院可以取消他接受附义务那部分遗产的权利，由提出请求的继承人或受益人负责按遗嘱人的意愿履行义务，接受遗产”的规定，胡某秀去世后，其遗产不应按照胡某秀于2013年3月11日所立遗嘱内容由被告陈某五一人继承。位于武汉市汉阳区×

××村××栋××号（建筑面积62.72平方米）房屋系陈某一与胡某秀的夫妻共同财产，胡某秀去世后，属于胡某秀的份额，即该房屋二分之一的份额发生法定继承，由胡某秀的第一顺序继承人陈某一、陈某五、陈某二、陈某三、陈某四各继承五分之一的份额，即诉争房屋由陈某一享有十分之六的产权份额，陈某五、陈某二、陈某三、陈某四各享有十分之一的产权份额。法院遂作出如上判决。

第四章

遗产的处理

《民法典》继承编第四章规定的是遗产处理规则，共有19个条文，是在继承中遗产处理的操作规范，实用性强。与原《继承法》相比，这一章增加的条文最多，修改的内容最多。

这一章的主要内容是：遗产管理人的产生办法，指定遗产管理人，遗产管理人的职责，遗产管理人的责任，遗产管理的有偿性，知道被继承人死亡的继承人负有通知义务，存有遗产的人负有妥善保管义务，转继承规则，遗产分割前的析产，与遗嘱有关的部分遗产按照法定继承处理，胎儿的应继份，遗产分割原则，夫妻一方死亡后另一方再婚的遗产保持权，遗赠扶养协议，遗产债务清偿，无人继承又无人受遗赠的遗产的处理，有限继承原则，遗产债务优先于遗赠执行，取得遗产后的遗产债务清偿顺序。

这一章的新规则和修改的规则的内容是：第一，增设遗产管理人的产生办法、指定、职责、责任、有偿性五项新规则；第二，增加规定转继承规则；第三，受遗赠人丧失受遗赠权的遗产部分依照法定继承处理；第四，无人继承且无人受遗赠的遗产收归国有，用于公益事业；第五，法定继承人、遗嘱继承人及受遗赠人的遗产清偿顺序。

第一千一百四十五条

继承开始后，遗嘱执行人为遗产管理人；没有遗嘱执行人的，继承人应当及时推选遗产管理人；继承人未推选的，由继承人共同担任遗产管理人；没有继承人或者继承人均放弃继承的，由被继承人生前住所地的民政部门或者村民委员会担任遗产管理人。

条文对照

《继承法》没有相应规定。

本条主旨

本条是对遗产管理人产生方式的规定。

条文详解

对遗产管理人的产生方式，原《继承法》没有规定，仅在第 24 条规定了“存有遗产的人，应当妥善保管遗产，任何人不得侵吞或者争抢”的内容，这虽带有设立遗产管理人的意思，但没有明确规定遗产管理人。鉴于遗产管理人在遗产处理中的重要地位和作用，在编纂民法典继承编的过程中，在第 1145～1149 条明确规定了遗产管理人制度，弥补了原《继承法》没有规定遗产管理人的不足。本条规定的是遗产管理人的产生方式。

一、遗产管理人的概念

遗产管理人，是指对死者即被继承人的遗产负责保存和管理的人。

遗产管理人的重要性在于，当被继承人死亡时，其已经丧失民事权利能力和民事行为能力，遗产管理人代表被继承人的意思，保存和管理被继承人的遗产，防止其遗产被他人侵夺或者争抢，使被继承人遗嘱指定的或者法定的继承人、受遗赠人继承遗产或保障其取得遗产权利的实现。因此，遗产管理人的产生方式、指定、职责、责任、有偿性，对于保护好遗产，保障被继承人或者受遗赠人的合法权益，具有重要的意义。

遗产管理人在许多情形下都存在，比如在法定继承中，由承认继承的继承人作为管理人；在遗嘱继承中，由遗嘱执行人作为遗产管理人；在无人继承遗产的情况下，遗产管理人由指定产生；等等。对此，各国继承法都有明确规定。

二、遗产管理人的产生方式

原《继承法》只规定存有遗产的人保管遗产，对于在其他情形下的遗产管理人都未能明确规定。民法典继承编规定遗产管理人的产生方式如下。

1. 遗嘱执行人为遗产管理人

继承开始后，遗嘱执行人作为遗产管理人。被继承人在遗嘱中指定了遗嘱执行人，没有指定遗产管理人的，该遗嘱执行人即为遗产管理人，在遗嘱生效时即取得遗产管理人的身份。被继承人在遗嘱中明确指定了遗产管理人的，法律自应尊重，继承人也应服从，在遗嘱生效时遗产管理人开始履行职责。在遗嘱中，既指定遗嘱执行人，又指定遗产管理人的，遗嘱执行人和遗产管理人各负其责。遗产管理人未尽其义务或损害继承人及遗产债权人利益的，利害关系人可以请求法院予以撤换。

2. 继承人推选遗产管理人

被继承人没有指定遗嘱执行人的，继承人应当及时推选遗产管理人，以保存和管理遗产。继承人只有一人的，被继承人的遗产直接转化为该继承人的个人财产，其进行的管理就是所有权人的管理，不存在遗产管理人的问题。继承人为多人的，每一个继承人都可以作为遗产管理人，但是，为了使遗产管理更好地进行，全体继承人应当及时推选出遗产管理人，遗产管理人在确定后，应当及时进行遗产管理活动。

3. 全体继承人为遗产管理人

继承人未推选遗产管理人的，由全体继承人共同担任遗产管理人。全体遗产管理人共同管理遗产，按照共同的意思对遗产进行管理。不能取得一致意见的，应当按照多数人的意见进行管理。

4. 民政部门或者村民委员会担任遗产管理人

被继承人没有继承人或者继承人均放弃继承的，由被继承人生前住所地的民政部门或者村民委员会担任遗产管理人，由民政部门或者村民委员会对遗产进行管理。

三、遗产管理人不得辞任

在上述情形下，法定继承人、村民委员会、民政部门担任遗产管理人的，不得辞任，但是，法定继承人放弃继承权的除外。这是因为，法定继承人管理遗产，是其应尽的义务，当然不可以辞任，法定继承人只有放弃继承权的，与遗产不再有利益关系，才可以辞任。至于民政部门和村民委员会担任遗产管理人，则是其职责所在，当然不可以辞任。

法律适用中应注意的问题

本条所规定的遗产管理人的产生方式，是主要的产生方式，在实际生活中，还存在其他产生方式，例如被继承人通过遗嘱指定遗产管理人。

遗嘱指定遗产管理人与遗嘱执行人为遗产管理人是不同的。遗嘱执行人是遗嘱人在遗嘱中指定的执行遗嘱的人，并未指定其为遗产管理人。遗嘱指定遗产管理人则是遗嘱人在遗嘱中明确指定某人就是遗产管理人，由他来管理遗产；而不是遗嘱指定其为遗嘱执行人，在继承开始后，将遗嘱执行人作为遗产管理人。

被继承人在遗嘱中明确指定了遗产管理人的，属于被继承人根据自己的意志对遗产管理事项作出的安排，法律自应尊重，继承人也应当服从。当继承开始后，遗嘱指定的遗产管理人自应担负起遗产管理职责，继承人和其他利害关系人应当服从遗嘱指定的遗产管理人的管理。

遗嘱指定的遗产管理人并非不可改变。如果遗嘱指定的遗产管理人未尽应尽的注意义务或者损害继承人及遗产债权人的利益的，利害关系人可以请求法院撤销遗嘱指定遗产管理人的资格，按照本条规定的规则，由遗嘱执行人担任遗产管理人，或者由继承人推选遗产管理人，或者由继承人共同担任遗产管理人；或者依照本条规定的条件，由被继承人生前住所地的民政部门或者村民委员会担任遗产管理人。

案例链接

何某武与谢某露、谢某臣等民间借贷纠纷案[①]

基本案情

谢某与熊某于2006年7月27日登记结婚，于2016年7月1日协议离婚。被告谢某露系谢某长女；被告谢某臣系谢某与熊某的婚生子；被告曾某明系谢某的母亲。2015年9月30日，谢某向原告何某武借款50万元，并出具借条一份，原告通过重庆农村商业银行转账支付50万元到谢某尾号为4823的账户上，履行了出借义务。2017年10月15日，谢某因病死亡，原告曾于2017年11月14日向法院提起诉讼，要求三被告和熊某偿还借款20万元并支付利息。因三被告均

① 重庆市永川区人民法院（2018）渝0118民初5081号民事判决书。

明确表示放弃对谢某遗产的继承，且原告不能举证证明谢某是否留有遗产，故法院于2018年4月7日判决驳回了何某武的诉讼请求。此后，原告查明谢某死亡时留有位于重庆市永川区住房一套和福特探险者小汽车一辆。2018年5月18日，原告再次向法院提起诉讼。诉讼中，被告曾某明向法院递交了放弃继承的承诺书。庭审中，被告谢某臣明确表示放弃对谢某遗产的继承。

另查明，2017年10月18日，法院根据原告何某武的申请，作出（2017）渝0118执保字638号执行裁定书，对登记在谢某名下的位于重庆市永川区住房一套、小汽车一辆进行查封。

原告何某武向法院提出诉讼请求：要求三被告在谢某遗产（重庆市永川区住房一套、福特探险者轿车一辆）范围内清偿原告借款20万元及利息，并从2018年5月25日起至付清之日止按年利率24%支付利息；由三被告在继承谢某遗产范围内负担本案诉讼费。

法院判决

法院认为，《继承法》第3条规定："遗产是公民死亡时遗留的个人合法财产。"谢某的遗产有住房一套、小汽车一辆。被告谢某露、谢某臣、曾某明系谢某第一顺序继承人，应当在继承谢某遗产范围内清偿债务。《继承法》第33条规定："继承遗产应当清偿被继承人依法应当缴纳的税款和债务，缴纳税款和清偿债务以他的遗产实际价值为限。超过遗产实际价值部分，继承人自愿偿还的不在此限。继承人放弃继承的，对被继承人依法应当缴纳的税款和债务可以不负偿还责任。"本案中，被告曾某明、谢某臣明确表示放弃对谢某遗产的继承。根据继承法及其解释的相关规定，继承人可以从实体上放弃接受被继承人的遗产，无须对被继承人的债权人承担责任；但继承人不能放弃对被继承人的遗产清算及管理，负有以遗产实际价值清偿被继承人生前债务的责任。因为被继承人遗产状况往往只有继承人清楚，如果继承人放弃继承而又不承担清算责任，必然会侵犯被继承人的债权人的合法权益，且继承人在遗产处理前的放弃继承意思表示具有流变性，故继承人在"遗产处理前"的放弃继承行为处于一种不稳定状态，不发生确定的法律后果。因此，尽管本案继承人谢某臣、曾某明放弃继承，原告仍可向其主张权利，被告谢某露未到庭参加诉讼，对其是否放弃继承尚不明确。在遗产处理前，三被告均具备继承遗产的资格，同时也存在放任、损坏、转移或隐匿遗产的可能性。在被告谢某臣、曾某明放弃继承和被告谢某露未到庭抗辩的情况下，为了充分保护债权人的合法权益，便于债权人诉讼，应当设定遗产管理人，由于我国目前的法律没有明确规定设定遗产管理人的程序，根据本案的实际情况，可以将三被告设定为被继承人谢某的遗产管理人，在其管理遗产的实际价值范围内承担还款责任，判决谢某露、谢某臣、曾某明在管理谢某遗产的实际价值范围内清偿何某武的借款 20 万元及利息。

第一千一百四十六条

对遗产管理人的确定有争议的，利害关系人可以向人民法院申请指定遗产管理人。

条文对照

《继承法》没有相应规定。

本条主旨

本条是对就确定遗产管理人有争议的情况的规定。

条文详解

这一条文规定的是法院指定遗产管理人的新规则。在继承中，遗产管理人的产生方式，除了第 1145 条规定的产生方式之外，在特定情况下可以由法院直接指定遗产管理人。

一、可以请求法院指定遗产管理人的情形

按照本条规定和实际情况，指定遗产管理人的特定情况是指对遗产管理人的确定有争议，具体表现如下。

（一）遗嘱未指定遗嘱执行人或者遗产管理人

若遗嘱未指定遗嘱执行人或遗产管理人，继承人或者其他利害关系人对遗产管理人的选任存在争议，利害关系人可以向人民法院起诉，请求人民法院指定遗产管理人。

（二）被继承人没有继承人或者继承人下落不明

遗嘱未指定遗嘱执行人或遗产管理人，被继承人没有继承人或者继承人下落不明的，都等于没有遗产管理人，利害关系人可以向法院请求指定遗产管理人。例如，被继承人的债权人为实现自己的债权，当然可以向法院提出指定遗产管理人的请求。

（三）对指定遗产管理人的遗嘱效力有争议

遗嘱人在遗嘱中指定了遗产管理人，但是，继承人或利害关系人对该遗嘱的

效力，或者对该遗嘱指定遗产管理人的效力有争议的，可以向人民法院起诉，请求指定遗产管理人。对此，法院应当首先确定遗嘱效力或者遗嘱指定遗产管理人的效力，认定遗嘱有效或者遗嘱确定遗产管理人部分有效的，驳回其诉讼请求；遗嘱无效或者指定遗产管理人无效的，应当指定遗产管理人。

（四）被继承人的债权人认为继承人的行为损害其债权利益

没有产生遗产管理人，被继承人的债权人有证据证明继承人的行为已经或将要损害其债权利益的，被继承人的债权人可以向法院起诉，请求指定遗产管理人对遗产进行管理、保全遗产，以便实现债权。

二、法院指定遗产管理人的权力

出现上述情形之一的，利害关系人可以向法院起诉，申请指定遗产管理人。

法院应当根据实际情况，指定遗产管理人。例如，可以指定继承人单独或者共同作为遗产管理人，可以指定遗嘱执行人作为遗产管理人，也可以指定民政部门或者村民委员会作为遗产管理人。

法院在指定了遗产管理人之后，遗产管理人应当立即就位，履行遗产管理人的管理职责，保护各方当事人的合法权益。

法律适用中应注意的问题

在司法实践中，适用本条应当注意，为保证遗产的安全，避免遗产损毁、灭失，人民法院在指定遗产管理人之前，经利害关系人的申请，可以对遗产进行必要的处分，即在紧急情况下（如遗产有毁损、灭失危险时），法院可代行遗产管理人的部分职责。

案例链接

魏某、万某贞民间借贷纠纷案[①]

基本案情

万某贞与邱某原系朋友关系，双方于2014年4月22日签订《最高额借款合同》一份，约定：邱某向万某贞借款，最高金额为人民币伍佰万元，最终借款金

① 天津市第一中级人民法院（2019）津01民终1172号民事判决书。

额以借款人实际收到的银行转账金额为准。借期内每笔借款利率为月息3%，按月支付。借款期限自2014年3月10日至2016年5月30日。后万某贞于2014年4月24日至2016年5月20日共计向邱某出借款项3 220 000元。邱某陆续偿还原告借款本金968 000元，利息660 000元。2016年6月21日，邱某于某中心某房屋内跳楼自杀，尚欠万某贞借款本金2 252 000元及相应利息。魏某与邱某原系夫妻关系，2015年6月至2016年5月30日期间，邱某利用其尾号3111的农业银行卡向魏某的银行卡共计转款383 740元。

万某贞向一审法院起诉请求：判令魏某作为遗产管理人在邱某遗产范围内偿还万某贞借款本金2 252 000元，及自2017年4月14日至实际给付之日的利息（以2 252 000元为基数，按照年息24%的标准计算）；判令魏某针对上述欠款，在借款本金383 740元，及自2017年4月14日起至实际给付之日止的利息（以借款本金383 740元为基数，按照年利率24%计算）的范围内承担连带还款责任；魏某及其作为遗产管理人在邱某遗产范围内连带承担本案诉讼受理费、保全费。

在一审中，邱某的母亲及女儿均以书面形式，放弃了对邱某的遗产继承权，魏某作为邱某的妻子亦在原审答辩及重审答辩中声明放弃了对邱某的遗产继承权，并已记录在案。当庭万某贞及魏某均认可邱某已不存在遗产继承人，亦无任何证据及线索证明可能存在其他遗产继承人。

法院判决

关于邱某的遗产管理人是否为魏某，一审法院经审理认为，根据最高人民法院《关于贯彻执行〈中华人民共和国继承法〉若干问题的意见》第47条的规定，继承人放弃继承应当以书面形式向其他继承人表示。用口头方式表示放弃继承，本人承认，或有其他充分证据证明的，也应当认定其有效。第48条规定，在诉讼中，继承人向人民法院以口头方式表示放弃继承的，要制作笔录，由放弃继承的人签名。故邱某的母亲及女儿均以书面的形式放弃了对邱某的遗产继承权，魏某作为邱某的妻子亦在原审答辩及重审答辩中声明放弃了对邱某的遗产继承权，并已记录在案。故现邱某已不存在任何继承人或受遗赠人，邱某的遗产属于无人继承的状态。依据《继承法》第32条的规定，无人继承又无人受遗赠的遗产，归国家所有。因魏某与邱某为夫妻关系，且对涉案大部分遗产属于占有状态，便于对邱某遗产进行管理及处分，在法律没有其他明确规定的情形下，指定魏某为邱某的遗产管理人，判决被告魏某作为邱某的遗产管理人，在本判决生效之日起10日内，以邱某的遗产为限，偿还原告借款本金225.2万元及利息。

魏某上诉后，二审法院认为，上诉人魏某作为邱某的妻子虽放弃继承，但对于涉案部分遗产属于占有状态，一审法院认定其为邱某的遗产管理人，并无不当，故驳回上诉，维持原判。

第一千一百四十七条

遗产管理人应当履行下列职责：

（一）清理遗产并制作遗产清单；

（二）向继承人报告遗产情况；

（三）采取必要措施防止遗产毁损、灭失；

（四）处理被继承人的债权债务；

（五）按照遗嘱或者依照法律规定分割遗产；

（六）实施与管理遗产有关的其他必要行为。

条文对照

《继承法》没有相应规定。

本条主旨

本条是对遗产管理人职责范围的规定。

条文详解

这一规定是对管理人职责范围的新规则，详细地列举了管理人的职责。

一、确定遗产管理人职责的重要意义

遗产管理人的职责，关乎多方当事人的利益：一是关乎被继承人处置遗产的意愿是否能够实现；二是关乎继承人或者受遗赠人是否能够按照遗嘱指定或者依照法律规定取得应当获得的遗产；三是关乎被继承人的债权人的债权是否能够实现。

由于遗产管理人在管理遗产方面的责任重大，因而，法律必须明确遗产管理人的职责范围。遗产管理人应当按照法律规定的遗产管理人的职责范围，严格履行职责。

二、遗产管理人的具体职责范围

本条规定的遗产管理人的职责范围如下。

（一）清理遗产并制作遗产清单

遗产管理人首先要履行的职责就是清理遗产。清理遗产，是指查清被继承人遗留遗产的名称、数量、地点、价值等状况，使继承人和利害关系人对被继承人的遗产有准确的掌握。

其次，在查清有关遗产的基础上，遗嘱管理人应当编制遗产清单。编制遗产清单的要求是，全面、准确地载明遗产的具体情况，既包括对积极财产的记载，也包括对消极财产的记载。遗产清单在制作完成后，应当经过公证处的公证，从而具有公信力。

（二）向继承人报告遗产情况

遗产管理人在查清遗产、制作了遗产清单后，应当向继承人报告遗产情况，使继承人掌握遗产清单，掌握被继承人遗留财产的具体情况。

（三）采取必要措施防止遗产毁损、灭失

遗产管理人还应当对遗产负有管理职责，遗产管理人应当采取必要措施，防止遗产被毁损、灭失。首先，要保护和维护遗产的现状。其次，应当采取适当的处置措施，例如变卖易腐物品、修缮房屋、进行必要的营业行为、收取到期债权等。最后，实施这些必要的处分措施的目的是保存遗产，处分措施不能超越必要限度，如果超出必要限度，属于遗产管理人的非必要处分行为，其中对继承人、受遗赠人等造成损害的，应当由遗产管理人承担赔偿责任，如遗产管理人将遗产无偿赠与他人、将遗产故意毁坏等。

（四）处理被继承人的债权债务

对于经过清理，能够确定的被继承人的债权债务，遗产管理人在通知或者公告后，一方面，应当就被继承人的债权依法向债务人进行主张，通过非诉或者诉讼的手段，实现被继承人的债权，并将实现债权所获得的财产列入遗产范围，将不能实现的债权作为被继承人的消极遗产，纳入遗产范围；另一方面，应当对有关遗产债务进行清偿，在清偿中，应当以遗产的实际价值为限承担被继承人的清偿责任。对遗产债务的清偿应当按照一定的顺序，对同一顺序的债务无法全部清偿的，可以按一定的比例清偿。只有在清偿完毕债务后尚有剩余遗产的，才能进行遗产分割。

（五）按照遗嘱或者依照法律规定分割遗产

在继承开始后，遗产管理人应当将遗产进行集中管理，即使是不能集中管理的遗产，也应当落实保护措施，防止遗产减损。完成上述工作后，遗产管理人应当依照法律规定或者约定，开始进行遗产分割。如果只有一个继承人，遗产管理人应当及时将遗产移交给继承人。如果有两个以上继承人，遗产管理人则应当按照遗嘱指定或者法律规定，对遗产进行分割，将分割后的遗产交给继承人或者受遗赠人。

（六）实施与管理遗产有关的其他必要行为

对于被继承人的遗产，遗产管理人应当善尽管理职责，进行管理。凡是与管理遗产有关的必要行为，都在遗产管理人的职责范围之内，其都有权依法实施。

在实践中，若遗嘱执行人就是遗产管理人，则遗产管理人履行上述职责，自有根据。如果既有遗产管理人又有遗嘱执行人，则遗产管理人负责遗产清理和遗产保管的职责，处理被继承人的债权债务，在法定继承中分割遗产；遗嘱执行人应当按照遗嘱的指定，执行遗嘱处分遗产的指定，分割遗产，遗嘱中还有处分债权债务的内容的，遗嘱执行人应当依照遗嘱办理。简言之，凡是遗嘱指定的遗产处置内容，遗嘱执行人都有权执行，并排除遗产管理人的遗产处置权。

法律适用中应注意的问题

在适用本条法律规定时，应当注意遗产管理人与遗嘱执行人的区别。

第一，适用范围不同。遗嘱执行人只适用于遗嘱继承的情况，而遗产管理人还可以在法定继承、遗赠、无人继承遗产等所有继承事件中设定。

第二，产生方式不同。遗嘱执行人的确定有以下三种情况：一是由被继承人生前在遗嘱中指定；二是遗嘱人未指定遗嘱执行人或指定的遗嘱执行人不能执行遗嘱的，遗嘱人的法定继承人为遗嘱执行人；三是在遗嘱没有指定遗嘱执行人，也没有法定继承人能执行遗嘱时，由遗嘱人生前所在地或者继承开始地的基层组织为遗嘱执行人。遗嘱继承的遗嘱执行人同时也是遗产管理人，在法定继承和无人继承遗产中也可以设立遗产管理人。在法定继承中遗产管理人可以由继承人协商确定；而在特定情形下，经利害关系人申请，人民法院可以指定遗产管理人。

第三，担任条件不同。遗嘱执行人必须是完全民事行为能力人；而遗产管理人在个别情况下，可能是无民事行为能力人或限制民事行为能力人。例如在仅有一个继承人而该继承人是无民事行为能力人或限制民事行为能力人的情况下，该继承人是法定的遗产管理人，只不过其遗产管理行为应当由其法定代理人代理，限制民事行为能力人则应得到其法定代理人的同意。

案例链接

屈某与郭甲、郭乙被继承人债务清偿纠纷案[①]

基本案情

郭丙与安某原系夫妻关系，婚后生育一女即郭乙，安某与郭丙于1997年10月9日离婚，被告郭乙由安某抚养，郭丙的母亲已经去世，被告郭甲系郭丙的父亲。2012年3月27日，原告屈某以自己位于工人路的住房作抵押，向中国邮政储蓄银行股份有限公司郑州市分行中心支行（以下简称“邮政储蓄银行”）贷款38万元，并直接通过邮政储蓄银行将贷得的款项全部打入郭丙在邮政储蓄银行开户的账户，之后郭丙向原告出具了借款38万元的借条。后因原告家中有事急于用钱，郭丙于2013年3月26日向原告以现金的方式归还了借款8万元，并于当日重新给原告出具了借款30万元的借条，借期为5年。2014年6月8日，郭丙突然去世，但对原告的借款没有归还。被告郭乙、郭甲均为其第一顺序继承人，故原告诉讼至法院要求解决。鉴于郭丙的经济能力，原告屈某在本次诉讼中并没有要求全部债权，仅要求部分实现债权即100 000元。

法院判决

法院认为，郭丙生前向原告屈某借款380 000元（后偿还8万元），郭丙出具借条，原告屈某还能提供其贷款及转账凭证，郭丙借款未还事实清楚，证据充分，故对原告屈某的诉讼请求予以支持，被告郭乙、郭甲应在郭丙的遗产范围内承担还款责任。虽然被告郭乙向法院出具了放弃继承的声明，但在被继承人郭丙存在债权人而继承人放弃继承的情况下，被继承人的债权人在行使诉权时，将因没有被告而导致权利无法实现，这必然会损害债权人的合法权利。故郭丙的继承人仍应作为遗产管理人，履行清算债权债务的义务，在郭丙的遗产范围内向债权人履行清偿义务。综上所述，依照《民法通则》第108条、《继承法》第33条的规定，判决被告郭甲、郭乙在继承遗产的范围内清偿原告屈某债务100 000元。如果二继承人或者部分继承人放弃继承郭丙的遗产，则直接以郭丙的遗产或放弃部分的遗产及继承部分的遗产为限，清偿所欠原告的上述款项。

---

① 河南省郑州市中原区人民法院（2014）中民一初字第1848号民事判决书。

第一千一百四十八条

遗产管理人应当依法履行职责，因故意或者重大过失造成继承人、受遗赠人、债权人损害的，应当承担民事责任。

条文对照

《继承法》没有相应规定。

本条主旨

本条是对遗产管理人履行职责及责任的规定。

条文详解

本条是对遗产管理人故意或者重大过失造成继承人、受遗赠人、债权人损失的责任的规定。

一、遗产管理人履行职责应尽的注意义务

遗产管理人履行职责，首先要解决的是其于执行职务时应尽何种注意义务。对此，有两种不同观点：一种观点认为，管理人的注意义务应根据其是否受有报酬而有不同标准。受有报酬者，应尽善良管理人的注意义务；无偿任职者，则仅需尽与处理自己事务相同之注意义务。① 另一种观点认为，不必区分遗产管理人是否受有报酬，凡遗产管理人一律应以善良管理人的义务执行职务。其注意程度，应与宣告失踪人之财产管理人之注意义务相同。②

处理自己事务的注意义务的统一标准不好确定，不仅认定上存在困难，而且对于继承人、受遗赠人、债权人等利害关系人不利。因此，为使遗产债权人、受遗赠人等遗产权利人的利益得到更多保障，遗产管理人应当负有善良管理人的注意义务。遗产管理人须忠实、谨慎地履行管理职责。遗产管理人因不当履行上述职责或未尽应尽的注意义务而给遗产债权人造成损害的，遗产债权人有权要求遗产管理人承担民事责任。

二、遗产管理人赔偿责任的性质与构成

（一）遗产管理人赔偿责任的性质

遗产管理人承担的赔偿责任的性质，既可能是违约责任，也可能是侵权

---

① 戴炎辉，等．中国继承法．台北：三民书局，1998：224.

② 史尚宽．继承法论．北京：中国政法大学出版社，2000：374.

责任。

当遗产管理人依据委托合同产生时，遗产管理人未尽管理职责造成遗产继承人或者受遗赠人以及被继承人的债权人的利益损害的，承担的民事责任是违约责任，主要表现是未尽约定的合同义务而致损害。

在通常情况下，遗产管理人赔偿责任的性质是侵权责任，即因自己的故意或者重大过失而造成了继承人、受遗赠人以及被继承人的债权人的损害，侵害了他们的继承权、受遗赠权或者债权，造成了财产利益的损失，构成侵权责任。

（二）遗产管理人赔偿责任的构成要件

遗产管理人赔偿责任不论是违约责任还是侵权责任，都是过错责任，按照本条规定，遗产管理人须有故意或者重大过失才构成赔偿责任。

遗产管理人赔偿责任的构成要件如下。

1. 遗产管理人须有违反其遗产管理职责的行为

对此，应当按照《民法典》第 1147 条的规定或者遗产管理委托合同约定的遗产管理人的职责范围，确定遗产管理人是否履行了管理职责，履行职责是否符合法律或合同的规定，是否超出法定或约定的职责范围。遗产管理人未尽管理职责，或者履行管理职责不符合要求，或者超出了遗产管理人的职责范围构成滥用职权行为的，应当认定其构成履行管理职责违法或者违约行为。

2. 造成继承人、受遗赠人、债权人的财产损失

遗产管理人的履行管理职责违法或者违约行为，须造成继承人、受遗赠人或者债权人的财产损失后果，才能构成遗产管理人赔偿责任。受到损害的受害人须是继承人，或者受遗赠人、被继承人的债权人。受到损害的权利是继承人的继承权、受遗赠人的受遗赠权或者债权人的债权。造成的实际损失是由继承权、受遗赠权或者债权受到侵害而造成的财产利益未实现。例如，继承人应当继承的遗产没有得到，受遗赠人应当得到的遗赠没有得到，或者被继承人的债权人的债权应当实现而没有实现等。

3. 因果关系要件

遗产管理人赔偿责任的因果关系要件，表现为遗产管理人违反其遗产管理职责的行为与继承人、受遗赠人、债权人的财产损失之间具有引起与被引起的因果关系。违反遗产管理职责的行为先侵害的是继承权、受遗赠权或者债权，继而导致受害人的财产利益受到损失，两者之间具有引起与被引起的因果关系。

4. 遗产管理人须有故意或者重大过失

遗产管理人对于损害的发生有故意或者重大过失，方可构成遗产管理人赔偿

责任。如果遗产管理人只存在一般过失，即使造成遗产的损失，也不承担损害赔偿责任。遗产管理人之所以对自己的一般过失造成的损害不承担赔偿责任，是因为法律综合平衡了遗产管理人的情况，特别是不区分有偿或者无偿遗产管理人都要承担损害赔偿责任，且不主张有所区别，均采用了善良管理人的注意义务。即本应确定有偿的遗产管理人就一般过失承担损害赔偿责任，但是，为了统一标准，法律规定为遗产管理人都对故意或者重大过失造成的损害负责，而对一般过失造成的损害不负责。

法律适用中应注意的问题

遗产管理人未尽善良管理人的注意义务，不当履行职责，因故意或者重大过失造成继承人、受遗赠人、债权人损害的，应当承担民事责任，对造成的损失应当予以赔偿。对此，应当查清损害的实际情况，确定赔偿范围，对造成的全部财产损失承担赔偿责任。

其实，对不论是有偿的还是无偿的遗产管理人，在造成损害时，一律以重大过失或者故意使其应当承担赔偿责任，这在政策考量上是有一定的问题的，即不区分有偿和无偿的差别。显然，如果是无偿的管理行为造成损害，应当适当降低标准；如果是有偿的管理行为造成损害，遗产管理人只要有过失就应当承担赔偿责任。对此，在司法实践中当然应当适用法律的规定，但是，可以考虑对于有偿的遗产管理行为，在判断遗产管理人的重大过失时，适当降低标准，使其承担与其有偿行为相一致的赔偿责任。这更为妥当。

案例链接

吴某与田某、龚某一等被继承人债务清偿纠纷案[①]

基本案情

2018 年 1 月 18 日，龚某四向原告吴某借款人民币 60 000 元，并出具借条一份，约定借款期限 6 个月，每月利息 1 800 元。2018 年 3 月 1 日，龚某四另向原告吴某借款人民币 70 000 元，并出具借条一份，约定借款期限 6 个月，每月利息 2 100 元。借款期限内，龚某四已支付了上述 60 000 元借款本金截至 2018 年 6

① 湖北省鹤峰县人民法院（2018）鄂 2828 民初 713 号民事判决书。

月 18 日的利息，支付了上述 70 000 元借款本金截至 2018 年 6 月 1 日的利息。2018 年 7 月 11 日，龚某四因一氧化碳中毒，在一汽车内意外死亡，未留有遗嘱。原告诉请被告田某、龚某一、龚某二、龚某三偿还借款。田某系龚某四的妻子，被告龚某一系龚某四的父亲，被告龚某二系龚某四的儿子，被告龚某三系龚某四的女儿，上述四被告为被继承人龚某四的第一顺序法定继承人。以上四人在本案审理过程中向法院共同出具书面声明，放弃继承龚某四的遗产。

法院判决

法院认为，合法的借贷关系受法律保护。原告吴某与龚某四之间的借贷关系，合法有效。上述借贷事实虽发生于龚某四、田某夫妻关系存续期间，但欠条为龚某四个人所出具，田某表示对此并不知情，且原告吴某也无证据证明该借款是因家庭生活所负的共同债务，故案涉 130 000 元债务应当按龚某四个人债务处理。关于案涉债务利率，原告主张按年利率 24%的标准计算，不违反法律规定，应予准许，但只应计算至龚某四死亡时止。龚某四死亡以后，其作为承担民事责任的主体已经不复存在，被告田某、龚某一、龚某二、龚某三均系龚某四的第一顺序继承人，本应在继承遗产范围内承担债务清偿责任，因上述四被告明确表示放弃继承，故其对龚某四依法应当清偿的债务不负偿还责任，该笔借款只应在龚某四遗产的实际价值范围内清偿，且承担支付利息的时间只应计算到龚某四死亡时止，即 2018 年 7 月 11 日。依据查明事实，案涉 60 000 元借款截至龚某四死亡之前未付的利息为 920 元；案涉 70 000 元借款截至龚某四死亡之前未付的利息为 1 866.67 元。《民法总则》第 42 条第 1 款规定："失踪人的财产由其配偶、成年子女、父母或者其他愿意担任财产代管人的人代管。"第 43 条规定："财产代管人应当妥善管理失踪人的财产，维护其财产权益。失踪人所欠税款、债务和应付的其他费用，由财产代管人从失踪人的财产中支付。财产代管人因故意或者重大过失造成失踪人财产损失的，应当承担赔偿责任。"参照前述规定，被告田某、龚某一、龚某二、龚某三作为被继承人龚某四的全部第一顺序法定继承人，一般情况下应对遗产的种类、范围及数目等情况较为熟知，四被告虽已明确表示放弃继承龚某四的遗产，但仍应履行对遗产的管理职责，并用龚某四的遗产清偿龚某四生前所负债务，以最大限度保障债权人的合法权益。被告龚某一、龚某二经法院传票传唤，未到庭参加诉讼，依法可以缺席判决。据此，依照《民法总则》第 13 条，《合同法》第 60 条、第 206 条，《继承法》第 33 条，《民事诉讼法》第 64 条、第 144 条，最高人民法院《关于审理涉及夫妻债务纠纷案件适用法律有关问题的解释》第 2 条的规定，法院判决被告田某、龚某一、龚某二、龚某三在本判决生效后3日内，在龚某四遗产的实际价值范围内清偿原告吴某的借款130 000元，并支付截至2018年7月11日龚某四生前未付的利息2 786.67元。

第一千一百四十九条

遗产管理人可以依照法律规定或者按照约定获得报酬。

条文对照

《继承法》没有相应规定。

本条主旨

本条是对遗产管理人有权获得报酬的规定。

条文详解

遗产管理人实施遗产管理行为，相当于破产管理人对破产财产的管理，获得报酬是应该的。本条规定的遗产管理人可以依照法律规定或者按照约定取得报酬。

一、遗产管理人的管理行为通常是有偿行为

遗产管理人提供遗产管理服务，可以是有偿服务，也可以是无偿服务。例如，受委托而作为遗产管理人的，一般应当是提供有偿服务；继承人为自己的利益而为遗产管理人的，可以不收费，进行无偿管理。

在通常情况下，遗产管理人对遗产的管理是有偿提供服务的，原因是，遗产管理人为管理财产的行为，是为了实现遗产的保值，保护遗产继承各方当事人的权益，被支付管理费用理所当然。因此，遗产管理人收费是常态。

对遗产管理人应当给付的报酬，应当列入遗产管理费成本，其在分割遗产时享有优先受偿的效力，应当排在对被继承人的丧葬费之后、应当依法缴纳的税款和债务之前的优先位置。

二、确定遗产管理服务报酬的方法

确定遗产管理服务报酬有以下方法。

1. 依照法律规定

对于担任遗产管理人报酬的给付，如果有法律规定，应当依照法律规定确定付费标准。例如，律师担任遗产管理人的，可以参照律师收费标准确定报酬数额，依照管理遗产的数额的比例确定收费数额。目前，律师收费标准没有对此作出规定。日后，在积累一定经验的基础上，法律或者行政法规应当规定遗产管理服务收取报酬的标准，统一收费数额。

2. 按照约定

在当事人或者被继承人委托遗产管理人时，双方应当签订合同，约定报酬的标准和数额，遗产管理人按照约定取得报酬。如果没有约定或者约定不明确，应当按照《民法典》第 510 条的规定进行补充协商，按照协商的意见确定收费标准；如果协商不成，可以参照法定的收费标准确定报酬数额。

法律适用中应注意的问题

法律规定或者合同约定遗产管理人获得报酬的，遗产管理人的获得报酬权受法律保护。不履行给付报酬义务的，遗产管理人可以向法院起诉请求给付。

遗产管理人报酬享有优先权，应当在遗产中优先支付。虽然民法典继承编对此没有规定，但是依据法理，这是必需的。

案例链接

孙某四与孙某三等法定继承纠纷上诉案[1]

基本案情

被继承人孙某才、周某英夫妇共生育四个子女，即长女孙某一、长子孙某二、次女孙某四、次子孙某三。孙某五系孙某才、周某英夫妇于 1991 年 6 月 5 日收养的养孙女。孙某才于 2008 年 2 月 17 日去世，周某英于 2007 年 1 月 5 日去世。关于被继承人孙某才、周某英的遗产继承问题，一审法院作出的（2009）历民初字第 52 号民事判决书确认，原告孙某三、被告孙某一、被告孙某二、被告孙某四系两被继承人的第一顺序继承人，孙某五系被继承人孙某才、周某英的养孙女，养祖父母与养孙子女的关系视为养父母与养子女关系的，可互为第一顺

① 山东省济南市中级人民法院（2017）鲁 01 民终 3836 号民事判决书。

序继承人，故孙某五应当作为第一顺序继承人继承孙某才、周某英的遗产，其与原告孙某三、被告孙某一、被告孙某二、被告孙某四享有平等的继承权。坐落于济南市历下区××大街××号沿街房屋产生的租金收益应作为遗产进行分割，对于2008年下半年至2009年上半年的租金38 000元由原、被告五人进行平均分配。该判决书已经发生法律效力。

现仍然由被告孙某一管理上述房屋和收取租金。被告孙某一与承租人签订了2011年9月1日至2014年8月31日的房屋租赁合同，租期3年，年租金45 000元，每半年交付一次；签订了2014年9月1日至2017年8月31日的房屋租赁合同，租期3年，年租金55 000元，每半年交付一次。被告孙某一已收取2011年9月1日至2015年8月31日的房屋租金共190 000元，并按照五分之一的份额分别向被告孙某二、被告孙某四分配支付。原告孙某三、孙某五各主张分配上述租金中五分之一的份额，诉至一审法院。

一审审理过程中，孙某四向一审法院提出反诉请求：(1) 请求人民法院依法判令反诉被告返还反诉原告应继承存款170 000元及利息（以42 000元本金为基数，自2008年2月18日起至实际判决支付日止，以银行同期贷款利率计算）。(2) 依法按份额继承其他遗产（包括房屋拆迁安置房、拆迁补偿款及利息）。(3) 请求法院依法判反诉被告返还反诉原告变卖孙某才××北街××号院落遗产房屋中所有物品财产及房屋租赁费124 000元及利息。(4) 请求法院依法判决反诉被告交出××大街××号门头房政府裁决书一份，并办理共同房产证。(5) 请求法院依判决取消反诉被告孙某五法定继承资格身份。(6) 请求法院判反诉被告孙某一交出2008年时孙某才遗嘱一份。(7) 请求法院依法判反诉被告孙某一支付拖欠反诉原告的2015年9月1日至2016年3月30日半年房租金5 500元，并取消反诉被告与承租人签订房屋租金合同权及所掌握租金分配权。(8) 本案诉讼费用由反诉被告承担。

法院判决

一审法院认为，依据已经发生法律效力的民事判决书，可以确认原告孙某三与被告孙某一、被告孙某二、被告孙某四为被继承人孙某才、周某英的第一顺序继承人，原告孙某五系被继承人孙某才、周某英的养孙女，养祖父母与养孙子女的关系视为养父母与养子女关系的，可互为第一顺序继承人，故孙某五应当作为第一顺序继承人继承孙某才、周某英的遗产，其与原告孙某三、被告孙某一、被告孙某二、被告孙某四享有平等的继承权。两被继承人遗留的房屋产生的租金收益，由原、被告五人均等分配。被告孙某一对外出租房屋，租金收益由其持有，自2011年9月1日至2015年8月31日租金收益共计190 000元，被告孙某一仅向被告孙某二、被告孙某四分配交付，未向两原告分配交付其应得份额。依据生效判决确定的分配原则，该收益应平均分配给所有的继承人。被告孙某一未主动将租金收益分配给两原告，两原告主张分割租金收益，法院应予支持。被告孙某一认为房屋租金中应扣除其探视兄弟的费用及管理房屋的报酬，未提交证据予以证实，对其请求无法确认，法院不予支持。两原告主张自2011年9月1日计付可得租金产生的银行利息，因其所得份额系该日期后分期获得，其主张自2011年9月1日起按照银行贷款利率计算利息，无法律依据，法院不予支持。故判决被继承人遗留的房屋产生的租金收益由原告孙某三、原告孙某五、被告孙某一、被告孙某二、被告孙某四平均继承分配，各自分得38 000元。由被告孙某一向原告孙某三、原告孙某五分别支付38 000元。

孙某四不服一审判决，提起上诉。

二审法院认为，根据最高人民法院《关于适用〈中华人民共和国民事诉讼法〉的解释》第233条的规定，反诉的当事人应当限于本诉的当事人的范围。反诉与本诉的诉讼请求基于相同法律关系、诉讼请求之间具有因果关系，或者反诉与本诉的诉讼请求基于相同事实的，人民法院应当合并审理。上诉人孙某四在一审审理过程中提出的“反诉请求”，不符合法律的规定，且孙某四就其“反诉请求”已另行提起了诉讼，山东省济南市历下区人民法院业已受理，故其主张一审法院遗漏其反诉请求的上诉请求，法院不予采信。山东省济南市历下区人民法院（2009）历民初字第52号生效民事判决书确认了孙某五的继承人资格，上诉人孙某四对生效判决确认的事实有异议的，应当按照再审程序解决。现上诉人孙某四主张孙某五不具备法定继承人资格，请求取消孙某五法定继承人资格，法院不予支持。

第一千一百五十条

继承开始后，知道被继承人死亡的继承人应当及时通知其他继承人和遗嘱执行人。继承人中无人知道被继承人死亡或者知道被继承人死亡而不能通知的，由被继承人生前所在单位或者住所地的居民委员会、村民委员会负责通知。

条文对照

第二十三条　继承开始后，知道被继承人死亡的继承人应当及时通知其他继承人和遗嘱执行人。继承人中无人知道被继承人死亡或者知道被继承人死亡而不能通知的，由被继承人生前所在单位或者住所地的居民委员会、村民委员会负责通知。

本条主旨

本条是对继承开始后继承人应当履行通知义务的规定。

条文详解

一、继承开始的通知义务

被继承人死亡，知道继承人死亡的继承人负有通知义务。

继承开始的通知义务，是指知道继承人死亡的继承人等将被继承人死亡的事实通知继承人或遗嘱执行人，以便继承人及时处理有关继承问题的义务。继承开始后，通知继承人是继承的必要环节，也是继承人行使继承权的前提条件。因此，继承开始后，知道继承人死亡的继承人应当履行继承开始通知的义务。

在现实生活中，当近亲属死亡时，知道该近亲属死亡的近亲属通常要奔丧，即通知其他近亲属，赶赴治丧地祭奠。如周化礼仪规定，子女在外，如父母死，闻丧即应以哭答使者，然后详问父母死因，哭毕即着深衣戴素冠急归故乡，途中素食，凡过一处皆哀哭过境，到家则自门外号哭于堂上。如因残病、临产、生育等原因不能奔丧，则寄物以吊。可见奔丧，一是通知，二是归乡祭奠。其中的通知，就包含开始继承的通知义务。

二、通知义务的义务人

依照本条规定，在继承开始后，首要的通知义务人是知道被继承人死亡的继承人，其负有及时通知其他继承人和遗嘱执行人的义务。对其他继承人的通知，相当于民间的“奔丧”，奔丧主要是告知被继承人死亡的信息，而通知义务则是通知其他继承人被继承人已经死亡、继承已经开始、所有的继承人的继承期待权成为继承既得权的信息，继承人可以实现继承权。知道有遗嘱执行人的，还应当及时通知遗嘱执行人，以便执行遗嘱。

若继承人中无人知道被继承人死亡，或者知道被继承人死亡而不能通知的，例如通知义务人是无民事行为能力人，则被继承人生前所在单位或者住所地的居民委员会、村民委员会是通知义务人，负责对继承人和遗嘱执行人进行通知。

三、通知义务的履行

对继承开始通知的具体时间和方式，本条没有明确规定。负有通知义务的继承人或单位，应当及时发出通知。通知是否及时，应当根据具体情况确定。通知的方式，应当以将继承开始的事项传达给对方为原则，可以采取口头方式，也可以采取书面方式，还可以采取公告方式。

上述负有通知义务的继承人或单位，有意隐瞒继承开始的事实，造成其他继承人损失的，应当承担责任。

法律适用中应注意的问题

本条没有规定通知义务主体未履行通知义务的后果，因而这一通知义务有可能变成不真正义务，即软义务。通知义务主体如果未履行通知义务，造成了继承人、受遗赠人或者被继承人的债权人利益的损害，难道不应当承担赔偿责任吗？

因此，在司法实践中适用本条规定，应当遵循《民法典》第176条关于“民事主体依照法律规定或者按照当事人约定，履行民事义务，承担民事责任”的规定，确认本条规定的通知义务是法定义务，不履行该义务，造成通知权利主体财产利益损害的，违反义务的通知义务人应当承担赔偿责任。

案例链接

李某泉与李某元等侵权责任纠纷案①

基本案情

李某与王某原系夫妻关系，二人共生育五个子女，分别为长子李某元、次子李某荣、三子李某海、四子李某泉及长女李某菊。李某于1998年12月31日因病去世，王某于2013年3月31日因病去世。

原告李某泉主张，依据《继承法》第23条关于“继承开始后，知道被继承人死亡的继承人应当及时通知其他继承人和遗嘱执行人”的规定，三被告违反上述通知义务，在其母亲王某去世后，未及时通知他，导致其不能参加吊唁、祭奠

① 山东省济南市市中区人民法院民事判决书（2015）市民初字第1075号。

等仪式，亦未能参加火化、悼念等仪式，侵犯了其参加吊唁的权利，侵犯了其人格权，并据此要求三被告在省级以上媒体公开赔礼道歉，并赔偿其精神损害抚慰金 12 万元。

关于王某于 2013 年 3 月 31 日去世后的丧葬事宜，三被告主张，是由被告李某元和李某菊共同主持操办的，于 2013 年 4 月 1 日中午 12 时左右进行了遗体火化。王某去世后未设灵堂，亦未举行追悼会，只是在遗体火化前进行了告别仪式，参加葬礼的人员包括三被告及其家庭成员，以及被告李某菊的同事和被告李某菊丈夫的朋友，并没有通知亲戚朋友参加葬礼。三被告对在母亲王某去世后未通知原告李某泉的事实无异议，但均主张其并没有通知原告李某泉的义务，法律也没有规定其具有这样的法律义务。原告李某泉在母亲王某生前两年的时间内，不去看望母亲，不尽赡养义务。母亲王某生前也曾多次表达“死后不要通知原告李某泉”的意思，不通知原告李某泉母亲去世的事情，是执行母亲的遗愿。三被告同时主张，原告李某泉主张赔偿精神损害抚慰金 12 万元没有法律依据，不同意赔偿，且原告李某泉主张的该项赔偿更能够证实原告李某泉起诉的目的并不是主张尽孝道，而是索要赔偿款项。

法院判决

王某去世后，三被告是否对原告李某泉负有通知义务，人民法院经审理认为，《继承法》第 23 条规定：继承开始后，知道被继承人死亡的继承人应当及时通知其他继承人和遗嘱执行人。原告李某泉依据此规定主张的上述通知义务能否成立，应当从继承法的立法依据和立法目的，以及该条法律规范的立法目的和立法本意予以分析。我国《继承法》第 1 条规定：根据《宪法》规定，为保护公民的私有财产的继承权，制定本法。我国《宪法》第 13 条规定：“公民的合法的私有财产不受侵犯。国家依照法律规定保护公民的私有财产和继承权。”据此，我国《继承法》的立法依据是我国《宪法》对于公民享有私有财产权利的认可，立法目的是对于公民私有财产权利的取得方式即继承权的保护。同时，原告李某泉主张援引的《继承法》第 23 条规定属于该法第 4 章“遗产的处理”中的法律规范条文。据上，《继承法》第 23 条设定的知道被继承人死亡的继承人对其他继承人的通知义务的立法本意和法律释义，应当是保障被继承人的所有继承人均享有参与被继承人遗产继承的均等机会，防止损害不知晓被继承人死亡事实的继承人对于遗产继承的财产权益。因此，原告李某泉基于其所主张的“人格权”权利和保护目的，援引《继承法》第 23 条之规定，并据此主张三被告负有法定的通知义务，属于援引法律规范错误，其该项主张法院不予采纳，故判决驳回原告李某泉的诉讼请求。①

第一千一百五十一条

存有遗产的人，应当妥善保管遗产，任何组织或者个人不得侵吞或者争抢。

条文对照

第二十四条　存有遗产的人，应当妥善保管遗产，任何人不得侵吞或者争抢。

本条主旨

本条是对存有遗产的人应当妥善保管遗产的规定。

条文详解

存有遗产的人应当妥善保管遗产，这是遗产管理人的义务，也是其他存有遗产的人负有的法定义务。

一、遗产管理的一般要求

遗产管理，是指对死者遗产负责保存和管理的制度。在继承开始后，为了保护遗产不被损毁或散失，须确定遗产管理人，对遗产进行管理，以保护继承人、受遗赠人以及被继承人的债权人的财产利益，使其不受损害。

遗产管理的时间界限，是自继承开始时起，到遗产的最终分割、处理完毕时止。在此期间，由于财产的所有人已经死亡，没有所有人以所有的意思进行管理，因而，必须设置遗产管理人，对被继承人的遗产进行管理。

对遗产的管理，各国继承法主要有两种立法例：一是由法院或主管官员依职权进行管理。德国、瑞士等国继承法采取此立法例。二是由民事法院根据利

① 这个案件的裁判是存在一定问题的。当然，本案涉及的法律关系有所区别，即原告主张被告未履行通知义务，侵害其人格权，与其提出主张依据的继承法的规定似乎并不搭界，但是其实质问题是一致的。被继承人死亡，知道其死亡的继承人不通知其他继承人，就是违反了通知义务，进而也就侵害了其他继承人的继承权。本案原告依照这一法律依据，主张被告违反通知义务，尽管法律关系的性质有所不同，但是问题的实质是一样的。对于本案，尽管原告的诉讼请求被驳回，但是其可以向法院另行起诉，依据继承法律规定，主张继承权，主张被告违反继承开始的告知义务并承担侵害其继承权的赔偿责任。这样原告就能够保护自己的合法权益了。

害关系人或者检察官的请求，指定遗产管理人。法国、日本等国继承法采此立法例。

二、我国对存有遗产的人保管遗产的规定

原《继承法》第 24 条规定得比较简单，使立法在遗产的管理方面比较薄弱，没有关于遗产管理人的规定，也没有对遗产管理进行详细规定，仅仅规定这一条文，包括了对遗产管理的主要制度。其原因在于，在 1985 年制定《继承法》时，我国自然人并没有太多的财富，在被继承人死亡后，也就没有较多的遗产，加之没有立法及司法经验，所以，对遗产的管理并没有制定太多的规范。

民法典继承编改变了这一状况，全面规定了遗产管理人制度。尽管本条条文的内容没有变化，但是这一条文的性质却发生了改变，由过去规定为遗产管理的基本规则，变成了存有遗产的人的保管义务和任何组织和个人不得侵吞或者争抢遗产的具体规范。所以，本条的基本要旨如下。

第一，在继承开始后，遗产如果为特定的人所保存，存有遗产的人就负有妥善保管遗产的义务。妥善的含义，是存有遗产的人对遗产的保管负有善良管理人的注意义务，违反该注意义务，即为过失。存有遗产的人应当将存有的遗产的情况，如实报告给遗产管理人，以便其确定遗产的数额，进行遗产分割。

第二，对存有遗产的人保管的遗产，任何组织和个人特别包括遗产继承人、受遗赠人、被继承人的债权人等利害关系人，也包括存有遗产的人，都不得侵吞和争抢，侵害遗产。任何组织和个人如果侵吞或者争抢遗产，造成遗产损失的，都应当承担赔偿责任。

法律适用中应注意的问题

在司法实践中适用本条规则存在的问题仍然是，无论是对存有遗产的人还是对所谓的“任何组织或者个人”规定的义务，都没有规定相应的责任。对此，应当确定。

第一，存有遗产的人，不论是何身份，例如继承人、受遗赠人、被继承人的债权人以及其他人，只要存有被继承人的遗产，就负有妥善保管遗产的义务。存有遗产的人违反妥善保管遗产的义务，例如侵吞遗产，或者造成了遗产的损坏，损害了利害关系人，如继承人、受遗赠人、被继承人的债权人等的财产利益的，构成侵权责任，因而应当承担侵权责任，赔偿受害人的损失。

第二，其他任何人对遗产负有不得侵吞或者争抢的义务，违反这一义务，对

遗产进行争抢，造成了继承人、受遗赠人以及被继承人的债权人财产利益的损害的，也构成侵权，应当承担赔偿责任。

第三，占有遗产的人是否就是遗产管理人，并不一定。如果占有遗产的人就是遗嘱执行人，或者就是遗产管理人，其应当负有遗产管理人的职责。如果占有遗产的人并不是遗嘱执行人或者遗产管理人，而存在选定了的遗产管理人或者有遗嘱执行人的，则占有遗产的人还有向遗嘱执行人或者遗产管理人移交遗产的义务，即应当清点遗产数额、种类，编制遗产清单，向遗嘱执行人或者遗产管理人移交遗产。

案例链接

凌某强与黄某红、吴甲等保证合同纠纷案①

基本案情

2016 年 7 月 12 日，吴某军、黄某红与王村支行签订《个人借款合同》，吴某军、黄某红向王村支行借款 20 万元，贷款期限 60 个月，自 2016 年 7 月 12 日至 2021 年 7 月 12 日止，年利率 9.5%。同日，原告凌某强及妻子吴某英作为保证人与王村支行签署《保证合同》，约定由原告凌某强和吴某英为吴某军、黄某红上述借款本息提供连带保证责任担保。因吴某军于 2018 年 11 月 1 日死亡，王村支行宣布上述借款提前到期，2018 年 11 月 15 日，原告凌某强代吴某军和黄某红偿还了王村支行120 798.18 元，借款本息已结清。

黄某红系吴某军配偶，吴甲、吴乙系吴某军女儿，汪某金系吴某军母亲，吴某英、吴某平系吴某军兄弟姐妹，吴某军生前是中山社区组织成员。黄某红、吴甲、吴乙、汪某金、吴某英、吴某平均表示放弃继承吴某军全部遗产。

原告凌某强向法院起诉，主张判令黄某红偿还原告代偿款 12 万余元，其他被告在继承遗产的实际价值范围内承担连带清偿责任。

法院判决

人民法院经审理认为，依据《继承法》第 33 条规定，继承遗产应当在遗产实际价值内清偿被继承人的债务，继承人放弃继承的，对被继承人的债务可以不负偿还责任。吴某军死亡之后，其法定第一顺序继承人、第二顺序继承人均明确

① 安徽省黄山市徽州区人民法院民事判决书（2019）皖 1004 民初 108 号。

表示放弃继承吴某军全部遗产，故本案被告吴甲、吴乙、汪某金、吴某英、吴某平对吴某军该笔债务依法不负偿还责任；但是《继承法》第 24 条规定：“存有遗产的人，应当妥善保管遗产，任何人不得侵吞或者争抢。”吴甲、吴乙、汪某金、吴某英、吴某平作为吴某军的法定继承人，对吴某军遗产的种类、范围及数额最为知晓，对吴某军遗产也有妥善保管的义务。即使吴甲、吴乙、汪某金、吴某英、吴某平放弃继承权并最终不承担清偿责任，但是，他们作为遗产代管人或现实占有人，仍需承担以代管或者占有的遗产为限辅助清偿债务的责任，故判决黄某红承担 12 万余元本息的清偿义务，其他被告需妥善保管遗产并以遗产为限辅助清偿上述债务。

第一千一百五十二条

继承开始后，继承人于遗产分割前死亡，并没有放弃继承的，该继承人应当继承的遗产转给其继承人，但是遗嘱另有安排的除外。

条文对照

《继承法》没有相应规定。

本条主旨

本条是对转继承的规定。

条文详解

对于转继承，原《继承法》没有规定。本条规定了转继承的规则。

一、转继承的概念与性质

（一）转继承的概念

转继承，是指在继承开始后，继承人未放弃继承，并于遗产分割前死亡的，其所应继承的遗产份额由其继承人承受的继承制度。

转继承是对遗产份额的再继承，而非继承权利的移转。按照《民法典》第 1124 条第 1 款“继承开始后，继承人放弃继承的，应当在遗产处理前，以书面形式作出放弃继承的表示。没有表示的，视为接受继承”的规定，继承人虽死亡，但明确表示过接受继承的，继承人的法律地位当然确定；即使是未表示的，也视为接受继承，继承人的法律地位得以确定，无法律地位尚不确定的问题。通说认为，继承开始，继承人只要没有放弃继承的意思表示，就取得了遗产的所有权，遗产分割只是一种认定或宣示。所以，转继承只是对遗产份额的再继承，而非继承权利的移转。

（二）转继承的性质

关于转继承的性质，有以下两种观点。

一种是认为，转继承只是继承遗产权利的转移，处理这类案件时不应将被转继承人应继承的遗产份额，视为其同配偶的共同财产[①]；转继承的客体是被转继承人的继承权，也就是被转继承人接受和放弃继承的权利，而不是已归属于被转继承人的财产。[②]

另一种是认为，转继承只是将被转继承人应继承的遗产份额转由其继承人承受，转继承所转移的不是继承权，而是遗产所有权。应将被转继承人应继承的遗产份额视为其同配偶的共同财产（如果没有另外的特别约定）。转继承的客体是被转继承人应取得的遗产份额的那部分财产，而不是被转继承人应取得的遗产份额。[③]

笔者认为，后一种观点比较妥当，理由如下。

第一，继承开始后，被继承人所享有的财产权利和义务即由继承人承受，只要继承人没有放弃或丧失继承权，被继承人的遗产就成为继承人的合法财产。因此，被继承人死亡后，尽管继承人还没有实际接受遗产，但已成为遗产的共有人。

第二，根据民法典婚姻家庭编的规定，在婚姻关系存续期间所取得的财产，除另有约定外，归夫妻双方共同所有。在被继承人死亡时，继承人如有配偶存在，则该继承人所继承的被继承人的遗产，自应属于继承人与其配偶的共同财产。即使继承人在遗产分割前死亡，也不能改变这种性质。

第三，转继承在本质上是由两个先后发生的继承关系构成的，转继承人所继承的是被转继承人的遗产，而不是被继承人的遗产。

第四，如前所述，继承法律关系的客体为遗产，转继承作为继承制度之一种，其客体也应当为遗产，而不能为被转继承人的继承权，否则将面临继承继承权的逻辑悖论。

---

① 周水森．转继承只是继承权利的转移．法学，1987（1）．

② 张玉敏．继承法律制度研究．北京：法律出版社，1999：234－235．

③ 王作堂，等．试论转继承的性质．中外法学，1993（5）；韩家勇．转继承论析．政治与法律，1992（6）．

二、转继承的构成要件

转继承无论在法定继承中发生，还是在遗嘱继承中发生，都须具备下列要件。

（一）须继承人在被继承人死后、遗产分割前死亡

这是转继承发生的时间要件。只有继承人在被继承人死后、遗产分割前死亡的，才会发生转继承。这就限定了一个时间要件，也就是在被继承人死后至遗产分割前这一时间范围内，继承人死亡的，才存在转继承的问题。如果被继承人还没有死亡，继承尚未开始，则无论是法定继承还是遗嘱继承，都不存在转继承的问题。即使继承人先于被继承人死亡，也只会发生代位继承，不存在转继承。如果继承人于遗产分割后死亡，则该死亡继承人的继承人直接继承其遗产，而不必直接参与被继承人遗产的分割，此时也不存在转继承的问题。

（二）须继承人未丧失或放弃继承权

这是转继承发生的客体要件。如果继承人因法定事由丧失了继承权，或者其放弃了继承权，因其不能继承被继承人的遗产，则即使其于被继承人死亡后、遗产分割前死亡，也不产生其应继份由何人承受的问题，且不发生转继承，死亡继承人的继承人不得主张转继承。

（三）须由死亡继承人的继承人继承其应继承的遗产份额

这是转继承的结果要件。在转继承中，虽然继承人死亡，但是，其应继份并不归属于被继承人的其他继承人，而是归属于自己的继承人。至于具体的应继份以及死亡继承人的继承人的应得份额，应根据具体的法定继承与遗嘱继承情形进行判定。

三、转继承的效力

转继承的效力，是指在符合继承要件的情形下，转继承发生后，产生的民法典继承编规定的具体后果。

在适用转继承规则时，作为转继承的客体的被转继承人的应继份，根据死亡的被转继承人的继承方式的不同而有差异。如果死亡的被转继承人根据法定继承方式进行继承，则其应继份为根据法定继承而取得的份额；如果死亡的被转继承人为遗嘱继承人，则依照被继承人的遗嘱确定其应继份。

在转继承中，转继承人应继承的遗产份额也根据继承方式的不同而有差异。转继承人在存在合法有效遗嘱时，适用遗嘱继承取得被转继承人的遗产份额；在无有效遗嘱存在时，适用法定继承取得被转继承人的遗产份额。在现实生活中，绝大部分遗嘱都是对自己拥有的具体遗产的明确分配，而很少一部分遗嘱是被转

继承人对应继份进行遗嘱分配的，因此，转继承人获得的遗产份额，多为通过法定继承方式取得。

转继承是对被转继承人应继承的遗产份额的转移。因此，转继承的适用不能对继承关系的结果产生影响。也就是说，在不适用转继承时，如继承人有配偶，则其应继承的遗产份额为夫妻双方共有；而在适用转继承时，除另有约定外，死亡继承人的遗产份额也应当作为夫妻共同财产。因此，在死亡继承人的继承人进行转继承时，应先分出死亡继承人配偶的部分，再将剩余部分进行遗产分割。例如，甲仅有一子乙，乙与丙结婚并生有一女丁。甲死亡后其遗产归乙继承。于甲死亡后不久乙死亡，此时丁提出继承其父的遗产，与丙发生纠纷。在这一案件中，乙从甲处继承的遗产即应为夫妻共同财产（乙与丙另有约定除外），在确定乙的遗产时应当先分出归丙的一半，而不能由丙与丁平分乙所继承的甲的遗产。如果甲另有一女，其女未与乙分割父亲的遗产，乙死亡后由甲的女儿继承，由丙、丁转继承甲的遗产，乙应取得的遗产份额也应当依上述原则分配。因为这里实际上是两个继承，一个是乙继承的甲的遗产的份额转由其继承人丙、丁承受，由丙、丁与甲的女儿一同分割甲的遗产；另一个是乙的遗产的继承，乙继承的甲的遗产份额构成其遗产的一部分，但不能将甲的遗产全部列为乙的遗产。

法律适用中应注意的问题

在司法实践中，应当特别注意转继承与代位继承的区别，因为这两个继承制度最为相近。

转继承是由被继承人的继承人的继承人直接取得遗产的制度，因而转继承与代位继承在一些方面有相似性，比如从表征上看，两者都存在被继承人的子女死亡的情形，且均由其直系晚辈血亲作为继承人直接取得被继承人的遗产。但转继承与代位继承在本质上是两种完全不同的继承制度，存在根本区别，主要体现在以下方面。

第一，性质不同。转继承是一种连续发生的二次继承，是在继承人直接继承后又转由转继承人继承被继承人的遗产的法律制度，转继承人实际上享有的是分割遗产的权利，而不是对被继承人遗产的继承权；代位继承是在发生法定情形时，代位继承人基于其固有的代位继承权直接参与对被继承人遗产的继承的法律制度。有的学者认为，转继承具有连续继承的性质，代位继承具有替补继承的性质。①

① 郭明瑞，房绍坤．继承法．2版．北京：法律出版社，2004：128.

第二，发生的原因不同。转继承是因为被继承人的继承人在被继承人死亡后、遗产分割前死亡而发生的，而且被转继承人对被继承人遗产的应继份的存在是转继承的基础，如果被转继承人放弃或丧失继承权而不能获得应继份，则不可能发生转继承。例如，被继承人甲的长子乙为了争夺遗产而杀害其他继承人，继而丧失继承权，且在甲的遗产分割前死亡，则乙的继承人丙、丁也不能通过转继承继承甲的遗产。而根据代位继承人的固有权性质，被继承人的子女先于被继承人死亡的，可以发生代位继承，并且许多立法例规定被继承人的子女丧失继承权的，也可以发生代位继承。

第三，主体与客体不同。关于转继承与代位继承的主体，在转继承中，被转继承人为享有继承权的全体继承人，无论是法定继承人还是遗嘱继承人都享有继承权，而转继承人为被转继承人死亡时生存的所有继承人；代位继承的主体具有特定性，被代位继承人为被继承人的子女，代位继承人为被继承人子女的直系晚辈血亲，这些都是特定的。因此，在这个意义上，转继承发生的机会要比代位继承发生的机会多。关于转继承的客体，虽有的学者认为其是已亡继承人的继承权，具体包括继承选择权和遗产分配权①，但转继承只是对遗产份额的再继承，而非继承权利的移转，故其客体应为遗产份额；而代位继承的客体是被代位人的继承权，代位继承人的应继份应依此确定。

第四，适用范围不同。转继承既可以适用于法定继承，又可以适用于遗嘱继承；代位继承因其性质，只适用于法定继承。因为在遗嘱继承中，若遗嘱指定的继承人或受遗赠人先于被继承人死亡，遗嘱所指定份额按法定继承办理。遗嘱中指定的继承人发生法律规定的事由而丧失继承权时，遗嘱中指定的由该丧失继承权的继承人继承的遗产，也须按照法定继承被继承。

案例链接

魏某一等与孟某等转继承纠纷案②

基本案情

魏某六和王某是夫妻关系，二人育有三女二子，长女魏某二、次女魏某三、三女魏某四、长子魏某七、次子魏某一。魏某七与孟某原系夫妻，育有一女为魏

① 张玉敏．继承制度研究．成都：成都科技大学出版社，1994：276.

② 北京市顺义区人民法院（2015）顺民初字第03588号民事判决书。

某五。魏某七于1997年2月10日去世，魏某六于2014年3月9日去世，王某于2014年4月16日去世。

北京市顺义区某号前院内现有北房五间、西厢房三间以及院墙和大门。北京市顺义区人民法院（2014）顺民初字第14106号民事判决书确认，北京市顺义区某号前院（宅基地登记户主为魏某七，宅基地登记卡卡号为×××号）北房西数第一、二间，西厢房北数第二、三间以及院墙、大门为魏某七及孟某的夫妻共同财产，其中一半为魏某七的遗产，另一半归孟某所有。该判决现已生效。

现魏某一、魏某二、魏某三、魏某四向法院起诉，以孟某、魏某五为被告，因继承魏某七的遗产发生纠纷，主张判决支持其对魏某七的遗产进行转继承。经法院查询，本案四原告主张继承的北京市顺义区×室未进行不动产登记。

本案审理过程中，原告魏某二、魏某三、魏某四表示将自己应继承的遗产份额赠与原告魏某一，魏某二的丈夫谢某、魏某三的丈夫李某以及魏某四的丈夫郑某对此均无异议。

法院判决

人民法院经审理认为，遗产是公民死亡时遗留的个人合法财产，配偶、子女、父母是被继承人第一顺序继承人，继承从被继承人死亡时开始。继承开始后，按照法定继承办理；有遗嘱的，按照遗嘱继承或者遗赠办理；有遗赠扶养协议的，按照协议办理。继承开始后，继承人没有表示放弃继承，并于遗产分割前死亡的，其继承遗产的权利转移给他的合法继承人。

人民法院生效的裁判文书具有既判力。北京市顺义区人民法院（2014）顺民初字第14106号民事判决书现已生效，该判决书确认北京市顺义区某号前院北房西数第一、二间，西厢房北数第二、三间以及院墙、大门为魏某七及孟某的夫妻共同财产，则其中的一半系魏某七遗产。在魏某七生前未留有遗嘱或遗赠扶养协议的情况下，对其遗产的分配应该按照法定继承办理，魏某六、王某作为魏某七之父母，孟某作为魏某七之妻，魏某五作为魏某七之女，他们是魏某七遗产的第一顺序继承人，上述作为魏某七遗产的房屋等应由魏某六、王某、孟某、魏某五平均继承。但魏某六、王某在魏某七遗产分割之前去世，且生前未表示放弃继承，则魏某六、王某应继承魏某七遗产的权利转移给魏某六、王某的继承人，即魏某一、魏某二、魏某三和魏某四。被告所主张魏某七遗产应由魏某五代位继承之意见无法律依据，不予支持。现魏某二夫妇、魏某四夫妇、魏某三夫妇均同意将三人应继承的份额赠与魏某一，法院予以确认。

第一千一百五十三条

夫妻共同所有的财产，除有约定的外，遗产分割时，应当先将共同所有的财产的一半分出为配偶所有，其余的为被继承人的遗产。

遗产在家庭共有财产之中的，遗产分割时，应当先分出他人的财产。

条文对照

第二十六条　夫妻在婚姻关系存续期间所得的共同所有的财产，除有约定的以外，如果分割遗产，应当先将共同所有的财产的一半分出为配偶所有，其余的为被继承人的遗产。遗产在家庭共有财产之中的，遗产分割时，应当先分出他人的财产。

本条主旨

本条是对先析产后继承的规定。

条文详解

一、先析产对于后继承的重要意义

在实际生活和司法实践中处理遗产继承及其纠纷时，析产都是非常重要的一环。因此在分割遗产之前，应当先进行析产，以确定遗产的范围。

如果被继承人只有一人，其生前合法所有的财产就是单独所有。在这种情况下，不存在析产问题，因为被继承人生前遗留下来的所有的合法财产，都是遗产，不用析产就能够确定遗产的范围。

不过，在通常情况下，被继承人死亡时所遗留的遗产，是与夫妻共同财产、家庭共同财产以及其他形式的共同财产交织在一起的。在分割遗产之前，必须先进行析产，在这些共有财产中析出配偶一方、其他家庭成员以及其他共有人的财产，之后才能确定遗产的范围。因此，在遗产继承中，析产非常重要，是确定遗产范围的基本方法。

所谓析产，就是在共同财产中析出死者个人的遗产。通过析产，使遗产范围清晰，避免将与被继承人形成共同共有关系的其他共有人的财产误认为是遗产，侵害其他共同共有人的财产权利。

二、对不同的共同财产的析产

本条规定的析产类型，是夫妻共同财产的析产和家庭共同财产的析产。对这些共同共有的财产进行析产，才能确定原为共同共有人的被继承人所遗留的遗产范围。

（一）对夫妻共同财产进行析产

夫妻共同财产，除双方另有约定的以外，在分割遗产时，必须先将夫妻共同财产的一半分出来归配偶所有，其余的一半为被继承人的遗产。

这是因为，我国夫妻财产性质一般是共同共有，除非当事人另有约定。只要夫妻没有关于财产所有方式的其他约定，夫妻财产就是法定的共同共有财产。夫妻共同财产由于是不分份额的共同共有，因而，在双方夫妻关系存续期间一般不得进行分割。当配偶一方死亡时，夫妻关系消灭，因而应当将夫妻一方的财产分开，才能确定死亡的一方的财产为遗产。在夫妻关系消灭时，分割夫妻共同财产的方法，是确定每人分得共同财产的一半作为个人财产。

如果夫妻双方约定为分别财产制的，则不存在这种析产问题。

（二）对家庭共同财产进行析产

家庭共同财产的状况比较复杂，既有夫妻共同财产，又有其他家庭成员将其收入等投入家庭作为共有人的共同财产。如果是由不同的家庭成员所有而形成的家庭共同财产，家庭中又没有具有夫妻关系的家庭成员，那么家庭共同财产就都是家庭共同财产，而不进行夫妻共同财产的析产。

遗产在家庭共有财产之中的，遗产分割时，应当先分出他人的财产。这是本条第 2 款规定的在家庭共有财产中的析产，以确定被继承人的遗产范围。

具体的析产方法如下。

首先，从家庭共同财产中析出夫妻共同财产，对夫妻共同财产的析产，适用夫妻共同财产的析产方法进行。

其次，在家庭共同财产中析出其他家庭成员的财产，例如析出家庭共同财产中属于子女的财产，以确定被继承人个人的遗产范围，使被继承人在家庭共同财产中的遗产析出。

最后，析出家庭共同财产不适用析出夫妻共同财产每人一半的规则，而是按照对家庭共同财产的贡献大小确定的。

法律适用中应注意的问题

本条在法律适用中应当注意的问题是，本条没有规定其他共同共有财产中的被继承人遗产范围的析产方法。对其他共同共有财产的析产，主要是指对被继承人参与的合伙等共同财产的析产。此与夫妻共同财产或者家庭共同财产的析产基本规则相同。所不同的是，合伙共同财产的析产，在一般情况下都有合伙份额的约定，即尽管合伙合同财产是共同共有，但是，由于合伙人入伙和分红都有出资份额和分红份额的约定，因而，当作为合伙人的被继承人死亡后，应当对合伙中的被继承人合伙人的财产进行析产，首先确定被继承人的投资数额，其次应当确定在合伙收益中被继承人的应有部分，将两项财产份额加到一起，就是合伙中被继承人的遗产范围，应纳入被继承人的总体遗产范围。当合伙的剩余合伙人一致同意死亡的合伙人的继承人入伙并继承死亡合伙人的权利时，则不必析产，其继承人继承其合伙份额即可。

案例链接

董甲与董乙等继承纠纷案[①]

基本案情

董甲与成某系夫妻关系，婚后生育儿子董乙、女儿董丙。董甲与成某在婚姻关系存续期间参加房改，购买了济南市房屋一套，并取得济南市不动产权证。成某于2014年10月19日去世，未留下遗嘱，其父母都先于成某去世。现董甲诉至法院，要求将涉案房屋判归自己所有，给董乙、董丙相应价值的补偿。

庭审期间，因双方就涉案房屋价格问题未能达成一致，董甲申请价值评估。法院依法委托山东嘉和土地房地产资产评估有限公司对涉案房屋进行评估。2019年4月16日，该公司出具房地产评估报告，认定房屋价值为1 534 400元，评估费1万元由董甲垫付。评估报告送达各方当事人后，各方当事人均未提出异议。

现董甲要求房屋归己所有，分别给付董乙、董丙房屋补偿费255 733元。董乙、董丙均同意董甲的上述意见，但董乙要求董甲在给付补偿费前，不能买卖涉案房屋，经法院调解未能达成一致。

法院判决

法院认为，继承从被继承人死亡时开始。继承开始后，有遗嘱的按照遗嘱继承，无遗嘱或者遗嘱无效的按照法定继承分割。《继承法》第10条规定：遗产按照下列顺序继承：第一顺序：配偶、子女、父母。第二顺序：兄弟姐妹、祖父母、外祖父母。继承开始后，由第一顺序继承人继承，第二顺序继承人不继承。

① 山东省济南市历下区人民法院（2018）鲁0102民初9372号民事判决书。

第 13 条规定：同一顺序继承人继承遗产的份额，一般应当均等。该法第 26 条规定：夫妻在婚姻关系存续期间所得的共同所有的财产，除有约定的以外，如果分割遗产，应当先将共同所有的财产的一半分出为配偶所有，其余的为被继承人的遗产。本案中，成某在去世时未留下遗嘱，其遗产应当按照法定继承分割处理。董甲、董乙和董丙为成某的法定继承人，对成某的遗产均依法享有继承权。涉案房屋为成某和董甲的夫妻共有财产，应当先将共同所有的财产的一半分出为董甲所有，其余的为成某的遗产。由于各方就房屋价格未能达成一致，董甲申请评估，之后各方当事人均未提出异议，法院认为并无不当，予以采信。现董甲要求分得房屋，并同意按照法定继承给予董乙、董丙应继承份额的补偿，董乙和董丙没有异议，法院予以准许，判决争议的遗产房屋由原告董甲继承所有，董甲向董乙、董丙各支付补偿款 25 万余元。

第一千一百五十四条

有下列情形之一的，遗产中的有关部分按照法定继承办理：

（一）遗嘱继承人放弃继承或者受遗赠人放弃受遗赠；

（二）遗嘱继承人丧失继承权或者受遗赠人丧失受遗赠权；

（三）遗嘱继承人、受遗赠人先于遗嘱人死亡或者终止；

（四）遗嘱无效部分所涉及的遗产；

（五）遗嘱未处分的遗产。

条文对照

第二十七条　有下列情形之一的，遗产中的有关部分按照法定继承办理：

（一）遗嘱继承人放弃继承或者受遗赠人放弃受遗赠的；

（二）遗嘱继承人丧失继承权的；

（三）遗嘱继承人、受遗赠人先于遗嘱人死亡的；

（四）遗嘱无效部分所涉及的遗产；

（五）遗嘱未处分的遗产。

本条主旨

本条是对遗产有关部分按照法定继承办理的规定。

条文详解

这一条文源于原《继承法》第 27 条的规定，与原条文相比较，增加了受遗赠人丧失受遗赠权的应当依照法定继承处理的规则。

一、遗嘱继承或者遗赠转化为法定继承

本条的主旨，是使遗嘱继承或者遗赠的遗产适用法定继承，实际上是明确了遗嘱继承或者遗赠因法定事由出现而转化为法定继承的情形。

在遗嘱继承或者遗赠中，如果不存在特别的情形，就应当按照遗嘱继承或者遗赠的规则处理遗产分割。但是，在特定的情形下，有关遗嘱处分的那一部分遗产应当按照法定继承办理。这就是遗嘱继承或者遗赠转化为法定继承。

二、遗嘱继承或者遗赠转化为法定继承的法定事由

在继承领域，遗嘱继承或者遗赠优先于法定继承，因此，遗嘱继承或者遗赠排除法定继承规则的适用。遗嘱继承或者遗赠转化为法定继承须具备法定情形，方可实现这种转化。这些法定情形如下。

（一）遗嘱继承人放弃继承或者受遗赠人放弃受遗赠

被继承人死亡，遗嘱有效，遗嘱继承人或者受遗赠人接受继承或者接受遗赠的，自然按照遗嘱继承或者遗赠的规则继承遗产或者受遗赠。但是，如果遗嘱继承人放弃继承，或者受遗赠人放弃受遗赠，就不再发生遗嘱继承和遗赠的效力，遗嘱继承或者遗赠所处分的遗产部分，当然应当按照法定继承办理，不再受遗嘱的约束。

（二）遗嘱继承人丧失继承权或者受遗赠人丧失受遗赠权

遗嘱继承人实施了本法第 1125 条第 1 款规定的故意杀害被继承人的行为，或者为争夺遗产而杀害其他继承人的行为，或者遗弃被继承人或虐待被继承人情节严重的行为，或者伪造、篡改、隐匿或销毁遗嘱，情节严重的行为，或者以欺诈、胁迫手段迫使或妨碍被继承人设立、变更或撤回遗嘱，情节严重的行为的；受遗赠人实施了本法第 1125 条第 3 款规定的故意杀害被继承人等 8 种行为的，其法律后果是丧失继承权或者丧失受遗赠权，不能继承或者接受遗产。遗嘱确定遗嘱继承或者遗赠部分的遗产，应当按照法定继承办理。

（三）遗嘱继承人、受遗赠人先于遗嘱人死亡或者终止

遗嘱继承人、受遗赠人如果先于遗嘱人死亡或者终止，则使其遗嘱继承权和受遗赠权丧失，其不能继承或者接受遗嘱人的遗产，遗产应当按照法定继承

处理。

（四）遗嘱无效部分所涉及的遗产

遗嘱全部无效或者部分无效，这在实际上就对遗产不具有有效的遗嘱的拘束，遗嘱人处分其遗产的这部分内容不再具有效力，遗嘱确定的遗嘱继承人或者遗赠人就不再对这部分遗产具有遗嘱继承权或者受遗赠权，因而，遗嘱无效部分所处分的遗产部分，不再受遗嘱的约束，应当按照法定继承办理。

（五）遗嘱未处分的遗产

遗嘱未处分的遗产，不属于遗嘱继承或者遗赠的范围，当然不能依照遗嘱继承或者遗赠的方法处理，应当按照法定继承办理。这一项规定的问题在于，其实这并不是转化为法定继承，而本身就是法定继承，应当按照法定继承办理。

法律适用中应注意的问题

本条与原《继承法》第 27 条的规定相比较，增加的新规则是在第 2 项规定的事由，即“受遗赠人丧失受遗赠权”“遗产中的有关部分按照法定继承办理”。

遗嘱继承人丧失继承权的，这一部分的有关遗产应当按照法定继承办理。同样，受遗赠人丧失受遗赠权的，遗产的有关部分当然也应当按照法定继承办理。之所以原《继承法》没有作这个规定，是因为该法第 7 条只规定了继承人丧失继承权，没有规定受遗赠人丧失受遗赠权。《民法典》第 1125 条第 3 款增加规定了“受遗赠人有本条第一款规定的情形的，丧失受遗赠权”的内容，因此，民法典相应地增加了本条的这一新规则。

将这一新规则明确表述出来，就是受遗赠人故意杀害被继承人，丧失受遗赠权的，遗嘱人在遗嘱中让受遗赠人接受的这一部分遗产，应当按照法定继承办理。对此，应当将这一部分遗产纳入遗产范围，按照法定继承的规则进行继承。

案例链接

徐某一与徐某二、徐某三继承纠纷案①

基本案情

徐某六与李某一系夫妻关系，生育子女五人。长子徐某一于 1954 年出生，

① 山东省青岛市市北区人民法院（2018）鲁 0203 民初 6492 号民事判决书。

次子徐某七于1966年出生，三子徐某五（曾用名徐某八）于1968年出生，长女徐某二于1958年出生，次女徐某三于1962年出生。徐某六于2005年死亡，李某一于2018年死亡。徐某七与王某一于某年登记结婚，婚后生育一女徐某四，徐某四于1996年出生，徐某七于2009年死亡。徐某六、李某一婚后于2002年9月20日将于1999年购买的位于青岛市市北区房屋，登记在徐某六名下。李某一于2007年6月在山东省青岛市公证处办理了遗嘱公证书，遗嘱记载：在李某一去世后，涉案房产中属于李某一的一半产权份额由徐某五继承，李某一应继承徐某六的产权份额由徐某七继承。李某一生前，其名下的中国工商银行存单、银行卡由徐某五代为保管，李某一去世前在中国工商银行的存款余额为129 150.95元。

法院判决

法院认为，依据《继承法》第27条第3项之规定，“有下列情形之一的，遗产中的有关部分按照法定继承办理：……（三）遗嘱继承人、受遗赠人先于遗嘱人死亡的”。本案中，被继承人李某一于2007年6月在山东省青岛市公证处办理的遗嘱公证书，因遗嘱继承人徐某七先于遗嘱人李某一死亡，故其中涉及遗嘱继承人徐某七的财产部分应当按照法定继承办理。

第一千一百五十五条

遗产分割时，应当保留胎儿的继承份额。胎儿娩出时是死体的，保留的份额按照法定继承办理。

条文对照

第二十八条　遗产分割时，应当保留胎儿的继承份额。胎儿出生时是死体的，保留的份额按照法定继承办理。

本条主旨

本条是对胎儿应继份的规定。

条文详解

本法对于保留胎儿应继份的规定，与原《继承法》第28条规定的内容没有变化，只是将“胎儿出生时”为死体改为“胎儿娩出时”为死体。

一、胎儿的继承能力

继承能力，也称继承权利能力，是指能够享有继承权的法律资格，亦即作为继承人的资格。继承能力同民事权利能力紧密相连，是民事权利能力的一项内容。现代各国大多承认自然人自出生开始到死亡为止具有民事权利能力，因而具有继承能力，即继承人的继承能力只和自然人的生命相联系，与其他因素没有关系。[①] 继承能力与自然人年龄、智力等状况无关，不因当事人的民事行为能力状态的不同而不同。

关于胎儿是否具有继承能力的问题，有两种不同的观点和立法例。

肯定说认为，胎儿具有继承能力，因此享有继承权。具体的立法例，一是采取罗马法的一般主义，认为胎儿如果是活产者，则于出生前有权利能力，具有附解除条件的人格，于继承开始时如同已出生，具有继承能力；如果娩出时为死产者，则其权利能力溯及地消灭。二是采取个别主义，并不一般地规定胎儿的权利能力，仅就继承、遗赠、损害赔偿等个别的法律关系视胎儿为已出生；相应地，在继承问题上，承认于继承开始时已受孕但尚未出生的胎儿，视为已出生，具有继承能力。[②]

否定说认为，于继承开始时，尚未出生的胎儿不具有继承能力，但法律采取一定的措施，保护胎儿出生后的合法利益，承认于继承开始时已受孕的胎儿，在其后活着出生的，有继承能力。

胎儿继承能力是与胎儿的权利能力结合在一起的，只有具备了权利能力，才能具备继承能力。在原《民法通则》和原《继承法》中，都没有规定胎儿的权利能力问题。原《继承法》第 28 条只规定，遗产分割时，应当保留胎儿的继承份额。胎儿出生时是死体的，保留的份额按照法定继承办理。这种做法相当于否定说，即于继承开始时已受孕的胎儿在其出生时是活体的，有继承能力。

《民法典》第 16 条规定："涉及遗产继承、接受赠与等胎儿利益保护的，胎儿视为具有民事权利能力。但是，胎儿娩出时为死体的，其民事权利能力自始不存在。"这个规定就确定了我国对胎儿继承能力的立场从否定说转变为肯定说。这是一个重要的转变。笔者认为，胎儿具有准人格，只是其民事权利能力受到一定的限制。[③]

---

① 张玉敏．继承法律制度研究．北京：法律出版社，1999：24.

② 刘春茂．中国民法学·财产继承．2 版．北京：人民法院出版社，2008：83.

③ 刘召成．准人格研究．北京：法律出版社，2012：187.

从这样的立场观察，可以看出，本条规定与原《继承法》第28条规定相比，虽然只是将“出生”改为“娩出”，使文字更为准确，其根本内容并未改变；但是，在对待胎儿的继承能力的立场上，却是产生了一个极大的转变。这样的转变是好的。

二、胎儿继承应继份的具体规则

胎儿在其出生之前，并非不享有民事权利能力，亦并非不享有继承能力，其受到限制的民事权利能力不包括继承能力，受到限制的是其他部分的民事权利能力。因而，其存在的权利能力就包括继承能力。这是解决胎儿继承规则的基础。

胎儿在尚未出生时，尽管具有受限制的民事权利能力，但因其尚未出生，还不能以自己的行为接受继承，所以要在继承开始后，为其保留应继份；在出生后，其民事权利能力不再受到限制，其已经具备了完全的民事权利能力，具有实际的继承能力，可以以自己的行为接受继承了。胎儿的应继份，就是其依照法定继承应当分得的遗产份额，或者遗嘱继承的被继承人通过遗嘱指定胎儿继承的部分遗产。

如果胎儿娩出时是死体的，则其受到限制的民事权利能力中的继承能力就消灭了，其不再具有继承能力，不能继承被继承人的遗产。为胎儿保留的继承份额仍属于被继承人的遗产，保留的应继份应当按法定继承处理，由被继承人的继承人再行分割。

法律适用中应注意的问题

本条在法律适用中，应当注意两个问题。

第一，于继承开始后，利用人工生殖技术用被继承人生前保留的精子受孕的胎儿在活着出生后，可否继承被继承人的遗产，法律无明确规定。这是现代生殖技术带来的新问题。① 法律应当因应社会发展，对不违反法律和人伦道德的利用新型生殖技术孕育的胎儿，按照传统的母体孕育胎儿对待，适用本条规定办理胎儿继承。

第二，在继承开始时，如果怀孕的胎儿为一个，应继份当然就是一份。如果知道怀孕中的胎儿为多胞胎的，则应当按照胎儿的数量保留相应的应继份。如果不知道究竟怀孕了几个胎儿，而实际上只保留了一份应继份的，则在多胞胎儿出

① 郭明瑞，房绍坤．继承法．2版．北京：法律出版社，2004：53.

生后，从其他继承人已经继承的遗产中扣回其他胎儿应当继承的份额。

第三，为胎儿保留的继承份额，如果胎儿出生时为活体的，则该份额在胎儿继承后，由其亲权人即父和母（法定代理人）代为保管。

第四，胎儿娩出时是活体，之后死亡的，则为胎儿保留的继承份额成为他的遗产，在其死亡后，再由他的法定继承人依法定继承的方式继承。

案例链接

李某、郭某阳诉郭某和、童某某继承纠纷案[①]

基本案情

1998年3月3日，原告李某与郭某顺登记结婚。2002年，郭某顺以自己的名义购买了涉案建筑面积为45.08平方米的306室房屋，并办理了房屋产权登记。2004年1月30日，李某和郭某顺共同与南京军区南京总医院生殖遗传中心签订了人工授精协议书，对李某实施了人工授精，后李某怀孕。2004年4月，郭某顺因病住院，其在得知自己患了癌症后，向李某表示不要这个孩子，但是李某不同意人工流产，坚持要生下孩子。5月20日，郭某顺在医院立下自书遗嘱，在遗嘱中声明他不要这个人工授精生下的孩子，并将306室房屋赠与其父母郭某和、童某某。郭某顺于5月23日病故。李某于当年10月22日产下一子，取名郭某阳。原告李某无业，每月领取最低生活保障金，另有不固定的打工收入，并持有夫妻关系存续期间的共同存款18 705.40元。被告郭某和、童某某系郭某顺的父母，居住在同一个住宅小区的305室，均有退休工资。2001年3月，郭某顺为开店，曾向童某借款8 500元。

南京某事务所有限责任公司受法院委托，于2006年3月对涉案306室房屋进行了评估，经评估房产价值为19.3万元。

原告李某和郭某阳起诉，主张对郭某顺遗产共同继承，由于李某无固定收入且还要养育幼子郭某阳，请求分割遗产时予以照顾。被告主张郭某阳与郭某顺没有血缘关系，郭某顺立有遗嘱排除郭某阳和李某的继承权，因而不适用法定继承。

法院判决

人民法院经审理认为：本案争议焦点之一是在郭某顺留有遗嘱的情况下，对

① 最高人民法院指导案例50号。

306 室房屋应如何析产继承?《继承法》第 5 条规定:“继承开始后,按照法定继承办理;有遗嘱的,按照遗嘱继承或者遗赠办理;有遗赠扶养协议的,按照协议办理。”被继承人郭某顺死亡后,继承开始。鉴于郭某顺留有遗嘱,本案应当按照遗嘱继承办理。该法第 26 条规定:“夫妻在婚姻关系存续期间所得的共同所有的财产,除有约定的以外,如果分割遗产,应当先将共同所有的财产的一半分出为配偶所有,其余的为被继承人的遗产。”最高人民法院《关于贯彻执行〈中华人民共和国继承法〉若干问题的意见》第 38 条规定:“遗嘱人以遗嘱处分了属于国家、集体或他人所有的财产,遗嘱的这部分,应认定无效。”登记在被继承人郭某顺名下的 306 室房屋,已查明是郭某顺在与原告李某夫妻关系存续期间取得的夫妻共同财产。郭某顺死亡后,该房屋的一半应归李某所有,另一半才能作为郭某顺的遗产。郭某顺在遗嘱中,将 306 室全部房产处分归其父母,侵害了李某的房产权,遗嘱的这部分应属无效。此外,《继承法》第 19 条规定:“遗嘱应当对缺乏劳动能力又没有生活来源的继承人保留必要的遗产份额。”郭某顺在立遗嘱时,明知其妻子腹中有胎儿而没有在遗嘱中为胎儿保留必要的遗产份额,该部分遗嘱内容无效。《继承法》第 28 条规定:“遗产分割时,应当保留胎儿的继承份额。”因此,在分割遗产时,应当为该胎儿保留继承份额。综上,在扣除应当归李某所有的财产和应当为胎儿保留的继承份额之后,郭某顺遗产的剩余部分才可以按遗嘱确定的分配原则处理。

法院判决在对夫妻共有财产进行析产之后,对郭某顺的遗产部分,在给胎儿保留必要的继承份额之后,按照其遗嘱进行遗嘱继承。

第一千一百五十六条

遗产分割应当有利于生产和生活需要,不损害遗产的效用。

不宜分割的遗产,可以采取折价、适当补偿或者共有等方法处理。

条文对照

第二十九条　遗产分割应当有利于生产和生活需要,不损害遗产的效用。

不宜分割的遗产,可以采取折价、适当补偿或者共有等方法处理。

本条主旨

本条是对遗产分割原则和分割方法的规定。

条文详解

遗产继承问题，最终必须通过遗产分割解决，分割时，应当按照遗产分割原则和具体方法进行。

一、分割遗产不损害遗产效用原则

不损害遗产效用原则，是指在遗产继承具体分割遗产标的物时，从有利于生产和生活的需要出发进行，坚持发挥遗产的实际效用，不损害遗产的实际效用的准则。在继承法规范中，大都将此规定为遗产分割时应当遵循的原则。本条第1款规定的就是不损害遗产效用原则。例如，人民法院在分割遗产中的房屋、生产资料和特定职业所需要的财产时，应当根据有利于发挥该遗产的实际效用和满足继承人的实际需要，兼顾各继承人的利益进行处理，这就是不损害遗产效用原则的具体体现。

在遗产分割时，应当考虑遗产的种类、性质、效用等各方面的情况，再结合继承人的职业、性别、文化程度、经营管理能力等具体情况，确定具体遗产标的物的归属。按照不损害遗产效用原则分割遗产，有利于发挥遗产的实际效用，有利于满足继承人的生产和生活需要，从而促进整个社会财富的增加。

在实践中，不仅是法院应当按照这一原则进行分割遗产的裁判，考量有关情形，确定遗产的分配，就是继承人在协商分割遗产时或者人民调解委员会在调解继承纠纷分割遗产时，也应当遵循这一原则。

二、遗产分割的具体方法

对遗产分割的具体方法，本条只是作了原则性的规定。遗产分割的方式主要有以下四种。

（一）实物分割

遗产分割在不违反分割原则的情况下，可以采取实物分割的方法。适用实物分割的遗产可以是可分物，也可以是不可分物。对可分物，可以作总体的实物分割。如对粮食，可划分出每个继承人应继承的数量。对不可分物，不能作实物分割，可以采取折价补偿的方法进行分割。

（二）变价分割

对于不宜进行实物分割的遗产，或者继承人都不愿取得的该种遗产，可以将遗产变卖，换取价金，由继承人按照各自的应继份比例，对价金进行分割。使用变价分割方法分割遗产，实际上是对遗产的处分。遗产的变价应当经过全体继承人的同意。

（三）补偿分割

对于不宜进行实物分割的遗产，如果继承人中有愿意取得该遗产的，则由该继承人取得该遗产的所有权，由取得遗产所有权的继承人按照其他继承人的应继份比例，分别补偿给其他继承人相应的价金。如果继承人中有多人愿意取得该遗产的所有权，而又达不成协议，则应当根据继承人的实际需要和遗产的效用，确定给某个继承人，由其对其他继承人予以补偿。

（四）保留共有的分割

遗产不宜进行实物分割，继承人又都愿意取得该遗产，或者继承人出于某种生产或生活目的，愿意继续保持遗产共有状况的，可以采取保留共有的分割方式，由继承人对遗产享有共有权，其共有份额按照应继份的比例确定。共有分割之后，继承人之间就不再是原来的遗产共有关系，而变成了普通的按份共有关系。

法律适用中应注意的问题

遗产分割是继承领域中的具体问题，无论采取哪种具体的分割方法，都应当遵循不损害遗产效用原则，争取做到物尽其用，有利于生产和生活。在具体处理遗产分割纠纷时，应当尽量促使当事人协商解决。当纠纷不能协商解决，需要到法院诉讼解决时，法官也应当注意适用调解；调解不成的，在裁判时，根据实际情况，依照不损害遗产效用原则，分割好遗产，妥善解决纠纷。

案例链接

吴某与刘某二、刘某三等继承纠纷案①

基本案情

刘某一与前妻杨某生育四个子女即被告刘某二、刘某三、刘某四、刘某五。杨某于2004年9月29日死亡。2008年8月14日原告吴某与刘某一在民政部门登记结婚。

刘某一于2014年4月15日在南阳市智圣公证处办理了公证遗嘱（2014南智

① 河南省南阳市卧龙区人民法院（2018）豫1303民初3592号民事判决书。

证民字第××28号)。遗嘱内容如下。立遗嘱人:刘某一,男,1936年5月16日出生。我叫刘某一,今年78岁了,我和妻子杨某共生育四个子女,大儿子刘某二、大女儿刘某四、小儿子刘某三、小女儿刘某五,现均已成家另过,我的前妻杨某于2004年9月29日死亡。我于2008年8月14日与吴其再婚。为了不给后人留下麻烦,我特立遗嘱如下:我与前妻杨某共有房产一处,位于南阳市某家属院某单元103室,产权证号:宛市房字第××号。上述房产中属于我的份额及我应继承杨某的份额在我百年后由吴某壹人继承,其他任何人不得继承,也不得干涉。

刘某一于2014年7月25日在南阳市智圣公证处办理了公证遗嘱(证民字第2360号)。遗嘱内容如下。立遗嘱人:刘某一,男,1936年5月16日出生。我叫刘某一,今年78岁了,我和妻子杨某共生育四个子女,大儿子刘某二、大女儿刘某四、小儿子刘某三、小女儿刘某五,现均已成家另过,我的前妻杨某于2004年9月29日死亡。我于2008年8月14日与吴某再婚。为了不给后人留下麻烦,我特立遗嘱如下:在我百年后,单位发放的抚恤金全部由我的妻子吴某领取、保管、支配,其他任何人不得干涉。

刘某一于2017年11月28日因病去世。

庭审中原告提出对南阳市某家属院某单元103室,产权证号宛市房字第××号的房产进行价值评估,法院依法委托河南宏基房地产评估公司对该房产进行评估。河南宏基房地产评估公司于2018年11月27日出具了估价报告,估价结果为315 525元(含院内添建房屋价值),其中院内添建房屋未办理房屋所有权证,但有使用价值,其价值为9 269元。扣除该添建房屋价值9 269元,有证房屋实际价值为306 256元。

原告诉请:依法判决讼争103室房屋房产属于原告应继承的遗产份额,进行分割,并判归原告所有;被继承人刘某一的抚恤金归原告继承。被告辩称遗嘱无效。

法院判决

法院认为,根据继承法的规定,继承开始后,按照法定继承办理;有遗嘱的,按照遗嘱或遗赠办理。公证遗嘱由遗嘱人经公证机关办理。遗产分割应当有利于生产和生活需要,不损害遗产的效用。不宜分割的遗产,可以采取折价、适当补偿或者共有等方法处理。夫妻一方死亡后另一方再婚的,有权处分所继承的财产,任何人不得干涉。本案系继承及共有物分割纠纷,刘某一生前于2014年4月15日在南阳市智圣公证处办理了公证遗嘱(2014南智证民字第××28号),该公证遗嘱形式和内容均符合法律规定,该公证遗嘱合法有效。根据继承法的相关规定，夫妻在婚姻关系存续期间所得的共同所有的财产，除有约定的以外，如果分割遗产，应当先将共同所有的财产的一半分出为配偶所有，其余的为被继承人的遗产。南阳市某家属院某单元103室的房产原为刘某一与前妻杨某的夫妻共同财产，因杨某先于刘某一去世，杨某在该房屋中的二分之一份额为杨某的遗产，故杨某在该房屋中的二分之一份额应由杨某的继承人刘某一及其子女即四被告共五人平均分割。该房产经评估价值为306 256元。根据继承法的相关规定，遗产分割应当有利于生产和生活需要，不损害遗产的效用。不宜分割的遗产，可以采取折价、适当补偿或者共有等方法处理。考虑到该房产一直由原告和刘某一生前居住，除此之外原告无其他住房，该房产本身不便分割，宜由原告吴某所有较为合理，吴某应按照以上份额分别向四被告折价补偿，各支付30 625.6元。故判决，讼争103室房屋产权由吴某继承，原告向被告各支付30 625.60元。

第一千一百五十七条

夫妻一方死亡后另一方再婚的，有权处分所继承的财产，任何组织或者个人不得干涉。

条文对照

第三十条　夫妻一方死亡后另一方再婚的，有权处分所继承的财产，任何人不得干涉。

本条主旨

本条是对丧偶一方有权处分所继承遗产的规定。

条文详解

夫妻一方死亡后另一方再婚的，其所继承的遗产转化为自己的财产，其有权进行处分。对这一规则，本条与原《继承法》第30条规定的内容相同。

一、本条规范的重要意义

夫妻一方死亡后另一方再婚的，有权处分其所继承的财产。尽管在条文的表述中包括了男方和女方，但是，其主要针对的是对女方的权益保护。因为只有女方作为妻子，在继承夫家财产时，才会受到歧视。当然，这里之所以使用的是夫妻一方的称谓，是因为也包括了对入赘男子合法权益的保护。

歧视女方和赘夫的合法权益的传统，由来已久。在我国古代，妻子不能继承夫家的财产，丈夫死亡后，财产由儿子继承，妻子受儿子供养；无子孙的寡妇“守志”者，得占有、管理和使用丈夫留下的财产，但不得“擅卖田宅”，更不得于改嫁时带走亡夫留下的财产。不仅是中国，在印度，《摩奴法典》也规定，未生儿子的女儿只要一死，女婿就可以立即把那份财产拿走，但是，寡妇却不能拿走亡夫的财产，寡妇如果为无子的亡夫而与同族生了一个儿子，她应该把亡夫的全部财产交给那个儿子。在中世纪的欧洲，法兰克王国的法律承认，在同一亲等中男性优先，妻子不能继承丈夫的财产。

直到现代，这种歧视妇女的继承权的男女不平等的规则才发生改变。但是，由于我国幅员广大、人口众多，特别是在偏远农村，残余的封建思想仍然发挥着影响，在继承领域歧视妇女的做法仍然存在。同样，也存在歧视赘夫的现象。为保护妇女和赘夫的合法权益，特别是保护其继承权，民法典特设这一条文规定。

二、保护丧偶一方继承权的具体办法

夫妻一方死亡后另一方再婚的，有权处分所继承的财产，任何组织或者个人不得干涉，这是保护丧偶一方继承权的基本方法。具体操作时，应当解决的问题如下。

第一，夫妻一方死亡后另一方再婚，是两个条件：一是一方死亡，二是另一方再婚。两个条件都具备时，方成立保护丧偶一方继承权的前提条件。

第二，有权处分所继承的财产中，究竟是继承了谁的遗产？一般情况是，配偶一方在另一方死亡时，继承了另一方的遗产；也有可能是配偶双方共同继承了先于该配偶之前死亡的子女的财产；或者一方配偶死亡，对方因尽了主要赡养义务而继承了对方父母的遗产。这些都可能发生本条所说的歧视妇女或者赘夫继承权的情形。

第三，丧偶一方有权处分自己所继承的财产，是将已经继承、取得了所有权的财产，在再婚后进行处理。例如男方死亡，女方继承了遗产之后，与他人再婚，处分了所继承的财产，或者带走了已经继承的财产，另嫁他人。这是继承了财产的该方当事人的合法权益。须知，继承开始，被继承人的遗产由继承人继承后，立即转化为继承人的财产，继承人享有所有权。既然如此，财产的所有权人处分自己的财产，怎么会不合法呢？这是行使所有权的行为，是完全合法的行为。这种处分财产的行为，是所有权权能的体现，任何组织或者个人不得干涉。

第四，任何组织或者个人不得干涉，就是相对于处分自己继承财产的丧偶一方的其他任何人，都是该财产所有权人的义务人，包括其他所有的自然人、法人和非法人组织，都对该财产所有权人的所有权负有不可侵犯的不作为义务。这一规定，正是所有权义务人所负义务的体现。

严格适用这一规则，就能够保障丧偶一方当事人，特别是丧偶女方对所继承的财产的权利，实现继承权男女平等，不受任何人的侵害。

法律适用中应注意的问题

在实践中适用这一规则，最重要的是保护妇女的继承权。在现实社会中，继承权男女不平等的情形还是存在的，特别是在男方死亡，女方继承了丈夫的遗产或者公婆、子女的遗产后，很多地方的习惯是不改嫁还好说，一旦改嫁，是不能带走夫家的财产，甚至要净身出户的。

对此，不仅司法机关应当旗帜鲜明地适用本条，保护好妇女的继承权和财产所有权，而且地方政府部门和有关的人民调解委员会、妇联、居民委员会、村民委员会等组织，都要以本条为指导，保护好妇女的合法权益，使其合法权益不受侵害。

案例链接

田某与武某二等分家析产纠纷案[①]

基本案情

武某一与李某系夫妻关系，二人育有一子武某二，一女武某三。武某三生有一女幸某。武某三于1990年离婚。1998年，武某一以成本价购买了101号房屋，并于1999年7月22日取得了房屋所有权证。1999年5月19日，李某去世。2001年7月，武某三去世。2002年7月22日，武某一与田某结婚。武某一于2015年1月31日去世。李某去世前关于其遗产未留有遗嘱。

庭审中，田某提交了武某一于2012年12月10日书写的赠与协议一份，其上载明武某一愿意将101号房屋中属于其个人份额赠与田某；田某提交了武某一于2013年8月17日书写的遗嘱一份，其上载明武某一愿意将101号房屋中属于其个人的份额给予田某。田某提交了北京市志诚公证处于2014年4月8日作出的公证书一份。该公证书中的遗嘱内容如下。我叫武某一，今年74岁，现住101

① 北京市大兴区人民法院（2014）大民初字第9507号民事判决书。

号房屋。为避免日后子女为财产发生家庭纠纷，对属于我个人的财产作如下处理：坐落在北京市大兴区×镇×小区×号楼101号的房屋是我和我妻子田某的共有财产，此房产未曾分割，属于我个人所有的那部分房产份额，在我死后遗留给我的妻子田某。该遗嘱的签名人为武某一，并按有指纹。遗嘱的日期为2014年4月3日。

原告的具体诉讼请求如下：要求分割101号房屋中属于被继承人李某的遗产份额，该房屋归武某一、田某共同共有，二人支付武某二、幸某应继承份额的财产折价款。本案诉讼费由原、被告依法负担。在武某一去世后，原告田某参加诉讼后主张武某一生前留有遗嘱，101号房屋中武某一的份额应由其继承，要求判令：101号房屋归田某所有，其支付武某二和幸某应继承遗产份额的财产折价款。本案的诉讼费和鉴定费由原、被告依法负担。

被告武某二辩称：不同意武某一的诉讼请求。因为田某要出卖诉争房屋，在其提起行政诉讼时，田某在房屋中介已经将房屋挂牌。武某一的年龄越来越大，也需要人照顾，要求分得房屋，愿意支付其他人折价款。在田某参加本案诉讼后，武某二在答辩时主张在本案诉讼前，田某伙同武某一争抢李某的遗产，将房屋登记在田某的名下，武某一明知道房屋是其婚前财产。故应取消田某的遗产继承权利，武某一继承李某的财产也应当少分，诉争房屋应归武某二所有。

法院判决

我国继承法规定，继承从被继承人死亡时开始。继承开始后，按照法定继承办理；有遗嘱的，按照遗嘱继承或者遗赠办理。同一顺序继承人继承遗产的份额，一般应当均等。夫妻在婚姻关系存续期间所得的共同所有的财产，除有约定的以外，如果分割遗产，应当先将共同所有的财产的一半分出为配偶所有，其余的为被继承人的遗产。李某在去世前未留有遗嘱，故101号房屋中二分之一的份额属于李某的遗产，该部分遗产应由武某一、武某二和幸某三人依法继承。

公民可以立遗嘱将个人财产指定由法定继承人的一人或者数人继承。夫妻一方死亡后另一方再婚的，有权处分所继承的财产，任何人不得干涉。武某一所立的两份遗嘱中，第二份遗嘱为公证遗嘱，故应以公证的遗嘱为准。关于武某一自愿将在101号房屋中的属于其个人所有的份额遗留给田某的遗嘱内容，是武某一对其合法权益的处分，该部分内容合法有效。根据武某一的意思表示，101号房屋中属于武某一继承李某的份额以及武某一自有部分的份额，均应由田某继承。法院判决田某取得争议房屋的产权，并向武某二和幸某给付房屋折价款若干元。

第一千一百五十八条

自然人可以与继承人以外的组织或者个人签订遗赠扶养协议。按照协议，该组织或者个人承担该自然人生养死葬的义务，享有受遗赠的权利。

条文对照

第三十一条　公民可以与扶养人签订遗赠扶养协议。按照协议，扶养人承担该公民生养死葬的义务，享有受遗赠的权利。

公民可以与集体所有制组织签订遗赠扶养协议。按照协议，集体所有制组织承担该公民生养死葬的义务，享有受遗赠的权利。

本条主旨

本条是对遗赠扶养协议的规定。

条文详解

这一条文是对遗赠扶养协议的规定，与原《继承法》第 31 条规定相比较，没有强调集体所有制组织作为遗赠扶养协议的一方当事人，而是一般性地规定自然人可以与继承人以外的组织或者个人签订遗赠扶养协议。

一、遗赠扶养协议概述

（一）遗赠扶养协议的概念和地位

遗赠扶养协议，是指遗赠人和扶养人为明确相互间遗赠和扶养的权利义务关系所订立的协议。

在遗赠扶养协议中，需要他人扶养并愿将自己的合法财产全部或部分遗赠给扶养人的为遗赠人，也称受扶养人；对遗赠人尽扶养义务并接受遗赠的人为扶养人。接受扶养的遗赠人只能是自然人，而进行扶养的扶养人既可以是自然人，也可以是有关组织。作为扶养人的自然人不能是法定继承人范围内的人，因为法定继承人与被继承人之间本来就有法定的扶养权利义务关系。

遗赠扶养协议是我国继承法特有的制度，其法律地位究竟如何，有不同意见：一是合同说，认为遗赠扶养协议属于合同问题，不属于继承的问题，不应在继承法中规定。二是继承说，认为遗赠扶养协议是我国继承立法的一个创造，具有中国特色。[①] 三是折中说，认为前两种观点都有道理，遗赠扶养协议虽然属于合同问题，但也与遗产的处置相关，在继承法中加以规定未尝不可。[②] 在上述诸种学说中，继承说和折中说占多数，为主流观点，都肯定在继承法中应当规定遗赠扶养协议。

对于遗赠扶养协议在继承法中处于什么地位，意见也有差异：一是把遗赠扶养协议作为遗嘱继承中遗赠的一部分；二是把遗赠扶养协议作为遗产处理的一部分；三是把遗赠扶养协议作为独立部分单独规定。[③]

遗赠扶养协议属于继承制度，它既不同于遗赠，也不同于一般的遗产处理，更不是单纯的合同问题，应当作为一种独立的继承法律制度。其原因如下。

首先，遗赠扶养协议不是遗赠，其与遗赠虽然在某些方面具有相似性，比如受扶养人给予扶养人遗产，遗赠人给予受遗赠人遗产，但两者是完全不同的制度。遗赠扶养协议是一种双方法律行为，而遗赠是单方法律行为；遗赠扶养协议具有有偿性，虽然扶养人与被扶养人双方行为不一定等价，而遗赠是一种无偿行为；在生效时间上，遗赠扶养协议是诺成协议，自扶养人与被扶养人双方意思达成一致时发生效力，而遗赠是死因行为，在遗嘱人死亡时才产生法律效力；在适用方面，遗赠扶养协议具有优先性，在遗赠与遗赠扶养协议并存时，应当先执行遗赠扶养协议。这些方面的差异决定了遗赠扶养协议与遗赠是两种根本不同的继承法律制度。

其次，遗赠扶养协议不是单纯的遗产处理。虽然遗赠扶养协议必然涉及遗产处理，但是，它并不仅有遗产处理制度的内容。在遗赠扶养协议中有两个方面，一为扶养，二为遗赠，而且扶养是遗赠扶养协议更重要的方面。在遗赠扶养协议的执行中，由于协议已经对有关财产的遗赠作了明确，因而，这些遗产的处理也比一般的遗产处理简单得多。可见，遗赠扶养协议具有独立于遗产处理的地位。

最后，遗赠扶养协议也不是单纯的合同问题。基于遗赠扶养协议的订立形式以及有关内容，许多学者认为遗赠扶养协议是合同之一种，没有特殊性，也有人认为遗赠扶养协议属于特别法上的有名合同，是扶养协议与代物清偿预约相融合的结果。[④] 这些观点都值得商榷，虽然遗赠扶养协议具有合同的外观形式，而且

① 刘春茂．中国民法学·财产继承．北京：中国人民公安大学出版社，1990：290.

② 郭明瑞，等．继承法研究．北京：中国人民大学出版社，2003：186.

③ 在中国社会科学院梁慧星教授主持起草的民法典草案以及中国人民大学法学院王利明教授主持起草的民法典草案中都是把遗赠扶养协议作为独立的部分加以规定的。梁慧星．中国民法典草案建议稿. 北京：法律出版社，2003；王利明．中国民法典草案建议稿及说明．北京：中国法制出版社，2004.

④ 王利明．中国民法典学者建议稿及立法理由——人格权编·婚姻家庭编·继承编．北京：法律出版社，2005：607.

多表现为书面形式，但是，并不能简单地将其归结为合同之一种。在我国，遗赠扶养协议承担着一定程度的社会保障功能，虽然扶养人与被扶养人双方签订协议，但是，该协议未必具有完全的对价。例如，有的遗赠扶养协议中的被扶养人具有很少财产，而扶养人对被扶养人承担的责任却大大超过该财产。另外，将遗赠扶养协议等同于合同，也会使遗赠扶养协议成为一种逐利行为，诱发道德风险，导致一些财产很少的孤寡老人无法得到扶养。遗赠扶养协议不是合同法中的合同，是继承法中的独立制度。

原《继承法》第 31 条规定了遗赠扶养协议规则后，1991 年司法部颁布了《遗赠扶养协议公证细则》，对遗赠扶养协议作了专门规定，1996 年《老年人权益保障法》第 24 条也规定："鼓励公民或者组织与老年人签订扶养协议或者其他扶助协议。"该法修订后，第 36 条规定："老年人可以与集体经济组织、基层群众性自治组织、养老机构等组织或者个人签订遗赠扶养协议或者其他扶助协议。""负有扶养义务的组织或者个人按照遗赠扶养协议，承担该老年人生养死葬的义务，享有受遗赠的权利。"这些规定都体现了遗赠扶养协议的独立地位，也充分说明了遗赠扶养协议在我国的存在并且在不断发展。

（二）遗赠扶养协议的内容

《遗赠扶养协议公证细则》第 11 条规定，遗赠扶养协议应包括下列主要内容。

（1）当事人的姓名、性别、出生日期、住址，扶养人为组织的应写明单位名称、住址、法定代表人及代理人的姓名。

（2）当事人自愿达成协议的意思表示。

（3）遗赠人受扶养的权利和遗赠的义务，扶养人受遗赠的权利和扶养和义务，包括照顾遗赠人的衣、食、住、行、病、葬的具体措施及责任田、口粮田、自留地的耕、种、管、收和遗赠财产的名称、种类、数量、质量、价值、坐落或存放地点、产权归属等。

（4）遗赠财产的保护措施或担保人同意担保的意思表示。

（5）协议变更、解除的条件和争议的解决方法。

（6）违约责任。

（三）遗赠扶养协议的特征

1. 遗赠扶养协议为双方法律行为

遗赠扶养协议是自然人生前对自己死亡后遗留遗产的一种处置方式，但是，同被继承人立遗嘱处分遗产不同，遗嘱继承或者遗赠是一种单方法律行为，而遗赠扶养协议是双方法律行为，须双方的意思表示一致才能成立。在遗赠扶养协议中存在双方当事人，一方为接受扶养的受扶养人，另一方为扶养人，双方订立协议对有关扶养与遗赠事项进行明确，显然为双方法律行为。有的学者基于遗赠扶养协议的双方法律行为的特征，认为遗赠扶养协议受合同法调整，其订立就须依照合同的订立程序，任何一方不经法定程序和没有法定事由不得擅自变更或解除协议。[①] 遗赠扶养协议与合同不同，不能认为凡是双方法律行为就是合同。我国的合同法不能涵盖一些特殊的双方法律行为，比如婚约。在遗赠扶养协议与合同法的适用关系方面，遗赠扶养协议有一些方面是可以参考适用合同法的，但是，对遗赠扶养协议简单化地一律使用合同法的规定是不合适的，还应当在适用法律中考虑遗赠扶养协议的特殊性。

2. 遗赠扶养协议为诺成法律行为

遗赠扶养协议自双方意思表示达成一致时起即发生效力，因此，遗赠扶养协议是诺成法律行为。遗赠扶养协议包括扶养与遗赠两个方面，在遗赠扶养协议签订后，扶养人就应当按照遗赠扶养协议的规定履行扶养义务，其产生的效力比较明显，但是，有关遗赠人的财产遗赠部分须在遗赠人死亡后才产生转移的效力。对此，遗赠扶养协议的遗赠部分并非死因行为，同遗赠是在遗赠人死亡后产生效力的死因行为不同。因为在遗赠扶养协议订立后，实际上该协议的遗赠部分也是产生法律效力的，比如未征得扶养人的同意，遗赠人不得另行处分遗赠的财产。当然，有关的遗赠财产在受扶养的遗赠人死亡后才发生转移，则属于遗赠扶养协议的履行，而并非遗赠扶养协议于受扶养人死亡时才成立生效。

3. 遗赠扶养协议为要式法律行为

关于遗赠扶养协议的形式，本条未作明确规定。根据遗赠扶养协议的性质，遗赠扶养协议应当采用书面形式，不能用口头形式作出。由于遗赠扶养协议涉及扶养人与受扶养人双方利益，而且存续时间较长，法律应当对其形式采取严格要求。对遗赠扶养协议规定采取书面形式，既有利于维护双方当事人的利益，也可以避免不必要的纷争，还可以具有证明的作用。我国在公证实践中已经确立了遗赠扶养协议的书面形式要求，并在《遗赠扶养协议公证细则》第 8 条明确规定当事人应当向公证处提交遗赠扶养协议。有人主张，遗赠扶养协议不仅要以书面形式作成，而且应当经过公证，或者请无利害关系人到场见证。遗赠扶养协议是双方当事人的私法行为，只要双方意思表示一致即可生效。书面形式是法律对其形式要件的要求，没有必要要求其必须经过公证或者必须有无利害关系的见证人在场见证，而且强制公证也不经济。遗赠扶养协议只要为书面形式，且是双方当事

---

① 郭明瑞，等．继承法．2 版．北京：法律出版社，2004：220.

人的真实意思表示，并合法，该遗赠扶养协议就为有效。有关当事人可以基于自身的考虑，决定是否进行公证。

4. 遗赠扶养协议为双务有偿法律行为

遗赠扶养协议是当事人双方都负有一定义务的法律行为，属于双务法律行为。在遗赠扶养协议中，通过协议确定扶养人负有负责受扶养人的生养死葬的义务，受扶养人也有将自己的财产遗赠给扶养人的义务。遗赠扶养协议是一种有偿的法律行为，任何一方享受权利都以履行一定的义务为对价。扶养人不履行对受扶养人生养死葬的义务，则不能享有受遗赠的权利；受扶养人不将自己的财产遗赠给扶养人，也就不享有要求扶养人扶养的权利。

5. 遗赠扶养协议具有效力优先性

《民法典》第 1123 条规定，遗赠扶养协议具有效力优先性，在自然人死亡后，如果遗赠扶养协议与遗赠、遗嘱继承并存，则应当优先执行遗赠扶养协议。遗赠扶养协议在发生继承时，具有最优先的效力。

（四）遗赠扶养协议与继承契约

遗赠扶养协议作为我国继承法的一项创造，同其他国家或地区的有关制度存在相似之处，如继承契约。因而，应当准确区分它们之间的界限。

继承契约也称继承合同①，是指两个或两个以上的家庭成员之间所订立的关于遗产继承的合同，是被继承人与对方订立的关于继承或遗赠的协议。继承契约订约的相对人虽可为任何人，但是，以法定继承人为常见，受益人也不限于订约的相对人，可以为第三人。

各国家或地区对继承契约有两种不同的立法例：一是明确承认继承契约，如德国、瑞士、匈牙利、英国、美国等。二是否定继承契约的效力，甚至明文规定禁止订立继承契约，如法国。日本和我国台湾地区在解释上亦采取否定态度。

订立继承契约的主体，可以是被继承人与继承人，如夫妻之间、家庭成员之间；也可以是被继承人与非继承人之间，如德国民法典所反映的继承契约多发生在订有婚约的未婚男女之间，并可以与婚姻契约结合在同一证书中。继承契约的内容通常有：一是指定继承人或受遗赠人；二是商定遗产分配方式；三是约定承担扶养义务或支付终身定期金；四是规定遗嘱负担；五是约定将来不撤销遗嘱；六是声明被继承人不立遗嘱或继承人放弃继承权。

---

① “继承合同是被继承人指定继承人以及作出遗赠和遗产信托、抛弃继承权的合同，通过这种合同，他方当事人被指定为其相续人或与其对继承权为处置。”徐国栋．绿色民法典草案．北京：社会科学文献出版社，2004：292.

继承契约一般有如下特征：一是继承契约是双方法律行为，其主体的意思表示是对应互动的一致，具有一般民事合同的共同特性；二是继承契约双方的权利义务可以是单务、无偿性的，也可以是双务、有偿性的，要根据其内容来确定；三是继承契约一旦订立，即对双方产生一定的法律拘束力，尽管继承契约中的某些内容在被继承人死亡时其效力才能实现，但在其效力实现前，双方均应消极地受其约束，不得为积极的违约行为，而关于承担扶养义务或支付终身定期金的义务只能在被继承人生前积极履行；四是继承契约的撤销有严格要求，只能由契约双方当事人通过协议撤销或者基于法定事由撤销或废除。[①]

我国的遗赠扶养协议与其他国家或地区法律规定的继承契约相似，两者都是双方法律行为，而且协议的双方都应当接受协议的约束。有人认为，在继承契约与遗赠扶养协议的关系上，“遗赠扶养协议是继承合同的一种，扶养人据此承担被继承人生养死葬的义务，享有受遗赠的权利”[②]。更有学者认为，可以考虑以继承契约代替遗赠扶养协议，因为继承契约既可以约定继承，又可以约定遗赠，适用性更强。[③]

遗赠扶养协议与继承契约毕竟是两种不同的制度，二者不能互相替代。它们在下列方面不同：第一，订立协议的主体不同，遗赠扶养协议的双方当事人为受扶养人与扶养人，而且扶养人可以为自然人或者组织，而继承契约的主体主要是家庭成员，尤其是夫妻；第二，受益人不同，遗赠扶养协议的受益人就是扶养人，而继承契约的受益人常为法定继承人，也可为第三人；第三，权利义务关系不同，遗赠扶养协议包括扶养人对受扶养人的扶养义务与受扶养人对扶养人遗赠财产的义务，而继承契约指定的继承人、受遗赠人一般不承担扶养义务；第四，成立的方式不同，遗赠扶养协议一般采取书面形式，不必进行公证或者见证等特殊程序，但继承契约必须遵照法律明文规定的程序和方式，一般采取公证遗嘱的方式。

至于将继承契约界定为被继承人与继承人之间就继承权和受遗赠权的取得或放弃问题订立的合同，因此主张我国继承法应当承认继承契约的看法[④]，值得探讨，但是不能以继承契约替代遗赠扶养协议。

(五) 遗赠扶养协议的意义

遗赠扶养协议作为我国继承法的一项特色制度，符合我国国情，实现了“规

---

① 麻昌华，等．共同遗嘱的认定与建构．法商研究，1999 (1).

② 徐国栋．绿色民法典草案．北京：社会科学文献出版社，2004：292.

③ 张玉敏．继承法律制度研究．北京：法律出版社，1999：286.

④ 朱凡．继承合同效力研究及我国继承合同制度的构想//陈苇．家事法研究（2006 年卷）．北京：群众出版社，2007：142，147.

范人事，而服务人世”的立法主旨，对我国现实生活具有重要意义。

1. 有利于保护老年人的合法权益

我国已经步入老龄社会，老年人在整个社会人口中所占的比重不断增大，整个社会也面临着老年人权益保障问题。对此，应当从各个方面进行应对。但是，在一些具体的问题上，基于我国的国情以及一些错综复杂的现实情况，需要一些有利于老年人合法权益保障的举措，遗赠扶养协议制度即属一例。在现实生活中，我国实行严格的计划生育政策所带来的结果，正在凸显出来，如一对年轻夫妇担负着四位老人的养老责任，有的老人面临着无后代养老的现实。虽然我国现有的社会保障措施可以在一定程度上维护老年人的权益，但是，老年人的生活需求并非只是简单的物质需求，还有精神等各方面的需求。通过订立遗赠扶养协议，老年人选择适合自己的扶养人，并明确有关的扶养事项，从而使老年人的生活有所保障，实现老有所养和养老优化。遗赠扶养协议制度还有激励需要扶养的人的近亲属尽扶养义务的作用。如果近亲属能够很好地善尽扶养义务，需要扶养的人也就没有必要也不会与他人或组织签订遗赠扶养协议。

2. 有利于发扬我国的优良社会传统

中华民族是一个具有优良道德传统的民族，在源远流长的历史传统中，形成了尊老、敬老、爱老、助老的优良传统。应当坚持这些优良传统，并且发扬光大。在遗赠扶养协议中，通过协议确定扶养人对老年受扶养人的扶养义务，体现了尊老、敬老、爱老、助老的优良传统，可以使丧失劳动能力的孤寡老人或身边无子女照顾的病、残老人得到扶养和照料，安度晚年。

3. 有利于减轻国家和社会的负担

需要他人扶养的是缺乏劳动能力的老年人和残疾人。对于这些需要救助的人，我国《宪法》第45条中有“中华人民共和国公民在年老、疾病或者丧失劳动能力的情况下，有从国家和社会获得物质帮助的权利”的规定，国家应当对这些人提供完善的社会保障。我国现在的社会保障事业还不能完全满足社会的需要，尤其是在农村，社会保障付诸阙如，难以把所有的养老事业全部包下来。遗赠扶养协议制度可以使一些需要扶养的人，尤其是无法定扶养义务人的人的生养死葬问题得到解决，使之有可靠的保障，这无疑可以减轻国家和社会的负担。

遗赠扶养协议对于更好地解决老年人的扶养、发扬优良传统、减轻社会负担、维护受扶养人的利益有重要的作用。

二、遗赠扶养协议的效力

遗赠扶养协议的效力，是指遗赠扶养协议的法律约束力。遗赠扶养协议自订立之日起，就产生法律约束力。

遗赠扶养协议的效力包括两个方面：一是遗赠扶养协议的法律适用效力；二是遗赠扶养协议的对人效力，即遗赠扶养协议对扶养人、受扶养人、第三人的效力。

（一）遗赠扶养协议的法律适用效力

在受扶养人死亡后，要按照遗赠扶养协议向扶养人执行协议约定的遗赠财产。如果遗赠人同时还存在遗赠、遗嘱继承以及法定继承等情形，则遗赠扶养协议在法律适用上具有最高的效力。在继承开始后，如果存在合法有效的遗赠扶养协议，则遗赠扶养协议排除遗赠、遗嘱继承以及法定继承的适用。原因是，遗赠扶养协议是受扶养人与扶养人订立的协议，是受扶养人的真实意思表示，也是受扶养人对自己遗产的处分，应当予以尊重；而且遗赠扶养协议是双务有偿协议，同遗赠、遗嘱继承等单务无偿行为相比，应当具有更高的效力。

（二）遗赠扶养协议的对人效力

遗赠扶养协议由扶养人与受扶养人双方签订，签订后在两者之间产生有关权利义务关系；同时，也会对有关第三人产生效力。

1. 遗赠扶养协议对扶养人的效力

根据遗赠扶养协议的性质，遗赠扶养协议的扶养人依协议的约定，负有对受扶养人进行生养死葬的义务，享有于受扶养人死亡后取得协议中约定的财产的权利。具体的扶养义务及遗赠财产事项，应当根据具体的遗赠扶养协议确定。

一是扶养人对受扶养人的生养死葬义务。基于遗赠扶养协议的性质，遗赠扶养协议扶养人的扶养义务自协议生效时起即发生效力，并且是继续性的。自协议生效时起，扶养人就须对受扶养人按照协议的约定或者合理情形予以扶养，并且这一扶养义务的履行除协议解除或出现法定事由以外不得中断，直至受扶养人死亡。受扶养人死亡时，扶养人还须依协议办理受扶养人的丧葬事宜。扶养人不认真履行扶养义务的，受扶养人有权解除扶养协议，并且对先前扶养费用不必进行补偿。受扶养人不解除协议的，对不尽扶养义务或者以非法手段谋夺受扶养人财产的扶养人，经受扶养人的亲属或者有关单位的请求，人民法院可以剥夺扶养人取得受扶养人遗产的权利；对不认真履行扶养义务，致使受扶养人经常处于生活缺乏照料状况的扶养人，人民法院也可以酌情对扶养人取得受扶养人遗产的数额予以限制。

二是扶养人取得遗赠财产的权利。遗赠扶养协议的扶养人取得约定遗赠财产的权利在受扶养人死亡后才发生效力，并且以其认真履行扶养义务为前提条件。在受扶养人生前，扶养人不得向受扶养人主张取得协议中约定的财产。扶养人不尽或不认真履行扶养义务的，其依协议约定的取得财产的权利将会丧失或部分丧失。为了保障扶养人可以取得约定遗赠的财产，未征得扶养人的同意，受扶养人不得另行处分遗赠的财产，但是，对该财产享有使用权。

遗赠扶养协议与收养协议不同。由于遗赠扶养协议的签订并不使对受扶养人承担生养死葬义务的扶养人与受扶养人之间形成拟制的血亲关系，其与自己的亲属也并不因此解除法律上的权利义务关系，因而，扶养人取得受遗赠的财产不能影响其继承父母及其他亲属的遗产，扶养人继承了其父母或其他亲属的遗产也不影响其依遗赠扶养协议取得受遗赠的财产。

2. 遗赠扶养协议对于受扶养人的效力

遗赠扶养协议对受扶养人的效力，表现为受扶养人有权要求扶养人履行扶养义务，并负有于其死亡后将协议中约定的财产能够为扶养人取得的义务。

由于遗赠扶养协议是以受扶养人将其协议约定的财产于死亡后为扶养人取得为条件而订立的，因而，扶养人对于将来可成为受扶养人遗产的财产，享有期待利益。尽管扶养人取得受扶养人遗产的权利在受扶养人死亡时才产生效力，扶养人在受扶养人生前不能主张其权利，受扶养人仍对财物享有完整的所有权，但是，由于扶养人对协议中约定的财产已经享有期待权，受扶养人若处分协议中约定的财产则会侵害扶养人的权利。因此，如何处理受扶养人的所有权与扶养人的期待权之间的关系，是十分重要的。为平衡扶养人与受扶养人两者之间的利益，法律规定，受扶养人不得擅自处分协议中约定的财产，除非事先征得了扶养人的同意。

3. 遗赠扶养协议对于第三人的效力

遗赠扶养协议虽然在受扶养人与扶养人之间签订，但是，除了对受扶养人、扶养人双方发生法律上的效力之外，对协议之外的受扶养人的继承人、受遗赠人等也会产生一定的法律效果，即遗赠扶养协议具有对于第三人的效力。此外，由于在遗赠扶养协议的履行期间，虽然受扶养人与扶养人对遗赠财产作了约定，但是，受扶养人依然占有使用该财产，基于该约定遗赠的财产，受扶养人会与其他第三人发生关系，也会因此对第三人产生一定的法律效果。

第一，对遗赠人的继承人、受扶养人的效力。遗赠扶养协议并不以受扶养人没有法定继承人为前提，在被继承人死亡后，有遗赠扶养协议的，须先执行遗赠扶养协议，而后才能进行继承。财产只要是在遗赠扶养协议中约定遗赠的财产，就应依该协议由扶养人取得，不论是受扶养人遗嘱中指定的继承人还是受扶养人的法定继承人，均不得主张取得该财产。因此，受扶养人死后占有约定遗赠财产的继承人，有将遗赠财产转移给扶养人的义务。如果受扶养人死亡时还留有遗赠扶养协议所约定的财产之外的遗产的，则根据遗赠人的意愿，对该遗产进行遗赠、遗嘱继承，或者对其进行法定继承。

第二，对其他第三人的效力。对于在遗赠扶养协议存续期间与受扶养人基于约定遗赠的财产发生关系的继承人或受遗赠人之外的其他第三人，例如，受扶养人未经扶养人同意而转让财物给第三人中的第三人，遗赠扶养协议对其也具有约束力。在受扶养人擅自处分财产，致使扶养人无法实现取得受扶养人遗产的权利时，扶养人有权解除遗赠扶养协议，可以要求受扶养人补偿其已经支付的扶养费用。扶养人不解除遗赠扶养协议的，若该处分行为为有偿的，第三人可以取得受让的财物；若该处分行为是无偿的，扶养人可以在取得遗产权利后向该财物的非善意取得人主张返还不当得利。

（三）遗赠扶养协议作为遗产处理根据的效力

遗赠扶养协议是受扶养人在生前对其财产所作的一种处分，也是遗产处理的依据之一，而且在处理遗产上有最优先的效力。因此，遗赠扶养协议作为遗产处理的根据是非常重要的，在受扶养人死亡后，扶养人应当对遗赠扶养协议进行证实，以将受扶养人与扶养人签订的协议作为遗产处分的根据。由于遗赠扶养协议通常为采取书面形式的要式行为，扶养人提交书面的遗赠扶养协议即可。

我国公证业务办理遗赠扶养协议公证。公证机构根据当事人的申请，依法证明受扶养人与扶养人之间签订协议行为的真实性、合法性。遗赠扶养协议公证并不是遗赠扶养协议的生效要件，对该协议的生效没有影响，遗赠扶养协议只要自双方当事人的意思达成一致即可生效。不过，遗赠扶养协议公证是对协议的真实性、合法性的证明，可以在当事人对协议的真实性、合法性发生争议时发挥重要作用，证明该协议的合法有效，并且可以予以强制执行。

法律适用中应注意的问题

本条的创新点是，将原《继承法》第 31 条专门强调集体所有制组织可以作为遗赠扶养协议的扶养人的规定，改为所有的组织都可以作为遗赠扶养人扶养协议的扶养人，具有遗赠扶养协议扶养人的资格。这样规定，扩大了遗赠扶养协议适用的范围，改变了作为组织形式的集体所有制组织具有遗赠扶养协议扶养人资格的现状。

案例链接

1. 涂某一与涂某二、谢某继承纠纷案[①]

基本案情

涂某三与原告涂某一系兄妹关系，第三人邹某系二人的母亲。某年某月某日，涂某三与陶某一登记结婚，育有被告涂某二一子，被告谢某系陶某一的母亲。涂某三与陶某一婚后购有位于长沙市××航空路××号房屋（以下简称房屋1）。2008年4月2日，被告谢某作为位于长沙市天心区书院××号房屋（以下简称房屋2）的产权人，与陶某一、陶某二签订《赠与协议》，载明其自愿将该房屋赠与给陶某一、陶某二，受赠人自愿接受赠与。自此，房屋2由谢某、陶某二、陶某一三人各占三分之一份额共有。2013年3月5日，陶某一去世，其父陶某三已在此之前去世。2013年10月27日，涂某三入住长沙市望城区安华山庄老年公寓。2015年3月，涂某三被确诊患支气管肺癌，同年6月湖南省直劳动能力鉴定委员会鉴定其完全丧失劳动能力。

2015年7月15日，涂某三（甲方、遗赠人、受扶养人）与原告涂某一（乙方、受赠人、扶养人）签订一份《遗赠扶养协议》，载明：甲方因患肺癌身体衰弱，有一子已成家，不看望不赡养，家中无人照料，长期以来全部依靠妹妹（原告）照顾。甲方愿意将所有的个人财产遗赠给乙方，并由乙方承担扶养甲方义务；乙方愿意承担扶养甲方义务，并愿意接受甲方遗赠的财产，双方就遗赠扶养相关事宜达成如下协议：(1) 房屋1中涂某三所有的产权份额及其应继承妻子陶某一的产权份额是涂某三的财产；房屋2中陶某一所有的产权份额系与涂某三的共同财产，涂某三所有的产权份额与其应继承妻子陶某一的产权份额是涂某三的财产。甲方自愿将其上述财产遗赠给乙方。(2) 甲方现有安华山庄权益保障金5万元及现金，去世之前用于生活开支和支付医疗费用，如甲方存款及现金不足以支付上述费用，由乙方承担，去世后如有剩余，剩余的全部积蓄赠给乙方。(3) 乙方负责甲方的吃、穿、住、行、医疗、养老等扶养义务，保证甲方生病时及时安排治疗，并作为甲方唯一的全权代理人，代为行使门诊、住院期间关于有关病情告知、病情的治疗方案，以及在诊断、治疗及手术过程中需要签署的一切知情同意书等相关签字手续，悉心照顾甲方，经济上给予帮助，精神上给予慰藉。(4) 乙方在甲方生前不得转移、处置甲方个人财产，乙方应于甲方去世后办

① 湖南省长沙市雨花区人民法院（2017）湘0111民初1475号民事判决书。

理遗赠财产的所有权转移手续，不需办理财产所有权转移手续的，乙方占有即视为已取得遗赠财产……2015 年 7 月 23 日，长沙市长沙公证处对上述《遗赠扶养协议》进行了公证。

2017 年 1 月 28 日涂某三去世，原告为其办理了丧葬事务。除被告涂某二、第三人邹某外，涂某三无其他第一顺序法定继承人。涂某三生前未立有遗嘱。

原告向法院提出诉讼请求：依法分割遗赠人涂某三位于长沙市××航空路××、天心区书院××号房屋，判决原告对该两套房屋各占 75%份额；被告于判决生效 3 天内协助办理房屋产权变更登记手续；本案诉讼费由被告承担。

法院判决

法院认为，《继承法》第 31 条规定："公民可以与扶养人签订遗赠扶养协议。按照协议，扶养人承担该公民生养死葬的义务，享有受遗赠的权利。"据此，扶养人系对受扶养人不具有法定扶养义务的人，其按照遗赠扶养协议的约定，对受扶养人承担生养死葬的义务，享有受遗赠的权利。本案中，原告虽与涂某三系兄妹关系，是涂某三第二顺序继承人，但是，在涂某三有第一顺序继承人的情况下，原告作为第二顺序继承人并不享有继承权。因此，原告作为扶养人与涂某三签订《遗赠扶养协议》，主体资格合法。该《遗赠扶养协议》已经公证，系当事人真实意思表示，内容不违反法律规定，具有法律效力。根据我国《继承法》第 5 条规定，继承开始后，遗赠扶养协议效力优先于遗嘱和法定继承。原告依约履行了协议义务，依法享有受遗赠的权利。法院判决涂某一继承争议房屋 1 的三分之二的份额，对争议房屋 2 继承九分之二的份额。

2. 毛某、龙某诉梅某遗赠扶养协议纠纷抗诉案

基本案情

1987 年 2 月 17 日，出家人毛某、龙某在张某、陈某等人在场，况某、肖某、况某代笔的情况下，立下遗嘱。遗嘱主要内容为：毛某、龙某师徒二人因年高缺乏劳力，……目前生活无人奉养，一旦死了又有谁来安埋？日夜忧思无方可想，只有我的亲侄女梅某可以寄托我们的晚年，为此，经亲邻朋友证明，当人移交给梅某继承我原建的住房三间，在解放东路×号，但我师徒二人的生前生活要梅某负责到底，我们死后要梅某风光安埋，我自立字据之日起这一屋三间的主权属梅某所有，任何人不得侵犯干涉，空口无凭立遗嘱一纸为据。同年 3 月 6 日，毛某、龙某与梅某到贵州省赫章县公证处公证。公证文书名为"赠与书"，主要内容为："赠与人毛某、龙某，受赠人梅某，赠与人毛某、龙某在赫章县城关镇解

放东路×号有自己修建的土木瓦结构平房三间，面积约 60 平方米，价值 11 000 元，现因年老多病，又无其他亲人，为减轻国家和人民负担，自愿将上述房屋和压面机及其他家具有条件地赠与侄女梅某，从赠与书生效之日起，产权即归梅某所有，同时梅某必须负责毛某、龙某的生养死葬。"同年 4 月 16 日，赫章县公证处在出具公证书时，公证员找梅某谈话并作记录，梅某表示：老人在时负责吃、穿，死时负责安葬。如不尽"赠与书"所说的义务，老人有权收回财产。协议签订后，毛某、龙某二人将房屋、压面机等交付梅某，梅某也给毛某、龙某二人提供了粮食、蔬菜等。同年，梅某在征得毛某、龙某二人同意后，对解放东路×号房屋进行重建，将该房屋拆除并修建成面积为 120 平方米砖混结构一楼一底的房屋，花费约 15 000 元。拆房之初，毛某、龙某二人向城关镇居委会借房居住。但房屋建好后，梅某并未将毛某、龙某二人接回，而是将该房用作经营，楼上开旅馆，楼下开餐馆。1990 年，雷某（女，系出家人）经人介绍来到赫章县与毛某、龙某二人共居住，自食其力。梅某对此不满，双方产生矛盾，加之毛某的经书被当地公安机关没收，毛某怀疑是梅某告发，双方关系进一步恶化。梅某即放弃了对毛某、龙某二人的扶养，毛某、龙某二人靠借种他人土地、捡拾破烂和群众的接济维持生活。毛某、龙某二人多次向居委会、公证处反映梅某不尽生养死葬的生养义务。赫章县公证处曾经组织调解，城关镇居委会亦于 1990、1991 年两次组织调解。1991 年 5 月 25 日城关镇居委会调解时，梅某承认几年来没有尽到义务，自己对不起老人。但因梅某无扶养毛某、龙某二人的诚意，多次调解均无结果。在城关镇居委会和群众的支持下，毛某、龙某二人以"房屋赠与梅某，是有条件的赠与，现梅某对我们不尽义务"为由，于 1991 年 6 月 5 日向贵州省毕节地区赫章县人民法院起诉，请求解除遗赠关系并归还房屋和其他财产。

法院判决

贵州省毕节地区赫章县人民法院审理认为，毛某、龙某二人与梅某之间的遗赠扶养协议属实，但梅某未尽到"生养"义务，双方矛盾逐渐加深，关系日趋恶化，致使原告拒绝梅某对其扶养，遗赠扶养协议难以继续维持。对于原告毛某、龙某二人所赠房屋及财产，梅某理应返还。对于梅某翻修后的房屋与原房屋之间的差价，毛某、龙某二人应适当补偿。1991 年 11 月 5 日，贵州省毕节地区赫章县人民法院以（1991）赫法民字第 437 号民事判决书判决：（1）毛某、龙某与梅某所订立的赠与合同，至本判决生效起废止。（2）梅某将毛某、龙某房屋翻建的房屋归毛某、龙某所有。由梅某退还毛某、龙某压面机 2 台、电动机 1 台、大小方桌各 1 张、木床 2 张、被子 1 床、板凳 4 条、水泥缸 1 个、碗柜 1 个、电表 1 个。（3）由毛某、龙某付给梅某人民币 15 000 元。(4) 上述互相给付的房屋、财产和现金，均在判决生效后 2 个月内一次付清。梅某不服一审判决，向贵州省毕节地区中级人民法院提出上诉。

贵州省毕节地区中级人民法院审理认为：梅某与毛某、龙某签订“遗赠扶养”协议后，梅某尽了一定的义务。雷某来赫章与毛某共同生活，梅某不满，加之毛某经书被公安机关收缴而怀疑梅某告发，故双方发生纠纷。梅某修建房屋是征得毛某、龙某同意后才拆除原房修建的，原房屋已不存在，梅某原住房已出卖，现无房居住，因此对毛某要求返还原房屋的诉讼请求不予支持。双方不能继续履行“遗赠扶养”协议，应由梅某对毛某、龙某的原房折价赔偿。1992 年 5 月 13 日贵州省毕节地区中级人民法院作出（1991）民上字第 592 号民事判决书，判决：(1) 维持贵州省毕节地区赫章县人民法院（1991）赫法民字第 437 号民事判决书第 1 条；(2) 改判贵州省毕节地区赫章县人民法院（1991）赫法民字第 437 号民事判决书第 2、3 条为：新建房屋归梅某所有，由梅某付给毛某、龙某人民币 15 000 元。梅某返还毛某、龙某压面机等财产。

二审判决后，1992 年 6 月 21 日毛某、龙某二人向检察机关提出了申诉。同年 7 月，龙某因病死亡，当地群众集资将其安葬。贵州省人民检察院经审查认为，依据《继承法》规定，遗赠扶养协议是一种附条件的法律行为。扶养人只有在全面、切实履行协议规定的“生养死葬”义务后，方可享受接受遗赠物的权利，梅某拒绝履行对毛某、龙某二人的扶养义务，二审法院却判决房屋归其所有，适用法律错误。且经检察机关调查，梅某另有房屋居住。1993 年 8 月，贵州省人民检察院以黔民抗字（1993）第 3 号抗诉书就本案向贵州省高级人民法院提出抗诉。1993 年 9 月 3 日，贵州省高级人民法院以（1993）黔民再字第 7 号民事裁定书，指令贵州省毕节地区中级人民法院另行组成合议庭对本案进行再审。贵州省毕节地区中级人民法院再审认为：梅某与毛某、龙某所签订的遗赠扶养协议，是附条件民事法律行为，其所附条件符合，协议自然生效，否则反之。梅某未能很好地履行生养义务，其所改建之房应归还毛某、龙某，毛某、龙某对梅某作适当补偿。基于上述认识，毕节地区中级人民法院以（1994）民再终字第 20 号民事判决书判决：(1) 撤销本院二审（1991）民上字第 592 号民事判决，维持一审贵州省毕节地区赫章县人民法院（1991）赫法民字第 437 号民事判决；(2) 房屋归属及一应物品按一审判决执行。梅某不服贵州省毕节地区中级人民法院的再审判决，向贵州省高级人民法院提出申诉。

1995 年 11 月 6 日，贵州省高级人民法院裁定对本案提审。贵州省高级法院经审理认为：毛某、龙某与梅某于 1987 年 3 月 16 日签订的“赠与书”是双方真实意思表示，并经公证，应认定为合法有效，该“赠与书”不是遗赠扶养协议，亦不是附条件的法律行为，应认定为合法有效的有条件的赠与合同。从该赠与合同的履行情况看，房屋及其他财产的所有权已转归梅某所有，毛某、龙某也接受了梅某的扶养。毛某、龙某二人要求收回房屋及其他财产所有权的理由不充分。该院以（1995）黔民再字第3号民事判决书判决：（1）撤销贵州省毕节地区中级人民法院（1994）民再终字第20号民事判决和（1991）民上字第592号民事判决以及贵州省毕节地区赫章县人民法院（1991）赫法民字第437号民事判决；（2）诉争之房即赫章县双河镇解放东路×号房屋归梅某所有，其他财产即压面机2台、电动机1台、大小方桌各1张、木床2张、被子1床、板凳4条、水泥缸1个、碗柜1个、电表1个归梅某所有，但应由毛某使用；（3）梅某支付毛某从1991年2月至今的生活补助费5 000元人民币；（4）自本判决生效之日次日起，梅某每月支付给毛某生活费200元，直到毛某死亡；（5）毛某的住院医疗费及死亡安葬由梅某负责。

贵州省高级人民法院再审判决送达后，梅某依据该判决支付给毛某生活补助费5 000元，但毛某拒收，故存放于贵州省毕节市赫章县人民法院。1995年5月3日毛某立下遗嘱，在其死后由赫章县城关镇居委会作为其权利承受人。1996年1月9日，毛某死亡，梅某依据贵州省高级法院的上述判决办理了毛某的后事，共计支出13 717.38元。

贵州省人民检察院认为贵州省高级人民法院（1995）黔民再字第3号民事判决确有错误，依法向最高人民检察院提请抗诉。赫章县城关镇居委会作为毛某的权利承受人，亦向最高人民检察院提出申诉。

1996年12月16日最高人民检察院审理后，以高检发民行抗字（1996）第6号民事抗诉书，向最高人民法院提出抗诉。最高人民检察院认为贵州省高级人民法院（1995）黔民再字第3号民事判决存在下列问题：（1）贵州省高级人民法院再审判决认定毛某和龙某将其所有的房屋和其他财产赠与梅某，经公证以后，梅某即取得该财产的所有权，不符合客观事实。毛某、龙某与梅某签订的遗赠扶养协议，是以遗嘱的形式作出的。在公证过程中，经办的公证员本应公证该遗嘱，但却另行起草“赠与书”进行公证。尽管如此，该“赠与书”的内容仍然是在遗赠财产的同时，梅某必须承担毛某二人的生养死葬义务。该民事法律关系的基本特征，仍然是遗赠扶养协议。且梅某虽然占有毛某、龙某的财产，但是，无论在毛某、龙某的生前还是死后，其房屋的所有权都没有过户，至今仍为毛某二人的遗产。再审判决认定“赠与书”有效，梅某已经取得了毛某二人的财产所有权，违背事实。（2）贵州省高级人民法院再审判决认定梅某对毛某、龙某尽了生养死葬义务，与事实不符。再审判决认定梅某在签订了“赠与书”以后，双方关系尚好，其扶养事实，双方均予以认可，梅某向毛某二人提供生活日用品及钱物均是事实。但客观事实是，梅某在“赠与书”公证以后，仅向毛某二人提供了部分钱物，与毛某二人的生活需要相差悬殊；且梅某在占有了毛某二人的房屋以后，用毛某的房屋经营饭店和旅店，却不再提供任何生活用品及钱款，毛某二人的生活靠拾破烂、借种他人土地和 20 多名群众以及赫章县城关镇居民委员会、赫章县城关镇下街村委会的接济帮助来维持。事实证明，梅某与毛某二人签订遗赠扶养协议的真实意图，就是企图侵占毛某二人的财产，在得到财产以后，即不再承担扶养义务。对于这种违背社会主义公德的恶意行为，再审判决却予以支持，严重侵害了当事人的合法权益。(3) 贵州省高级人民法院再审判决将遗赠扶养协议确定的权利义务，按照有条件的赠与合同确认当事人的权利义务，适用法律确有错误。再审判决认定，“赠与书”为合法有效的有条件的赠与合同，从赠与生效之日起，所赠的房屋及其他财产即归梅某所有，同时梅某承担毛某二人的生养死葬的义务，这两个内容同时生效。这一认定混淆了遗赠扶养协议与赠与合同的法律界限，违背了《民法通则》规定的公平、正义、等价有偿原则，违背了《继承法》第 21 条关于“遗嘱继承或者遗赠附有义务的，继承人或者受遗赠人应当履行义务。没有正当理由不履行义务的，经有关单位或者个人请求，人民法院可以取消他接受遗产的权利”的规定，同时，也违背了最高人民法院《关于贯彻执行〈中华人民共和国继承法〉若干问题的意见》第 56 条关于“扶养人或者集体组织与公民订有遗赠扶养协议，扶养人或者集体组织无正当理由不履行，致协议解除的，不能享有受遗赠的权利，其支付的供养费用一般不予补偿”的规定。再审判决在扶养人不履行扶养义务的情况下，判令在遗嘱人死亡前其遗赠物就已经转移了所有权，适用法律确有错误。

1998 年 3 月 10 日最高人民法院受理抗诉后，以（1997）民监字第 183 号函指令贵州省高级人民法院对本案进行再审。

1998 年 4 月 26 日，贵州省高级人民法院裁定对本案进行再一次再审。该院再审认为：1987 年 2 月 18 日毛某、龙某所立下的遗嘱及 1987 年 3 月 6 日与梅某到赫章县公证处签订的“赠与书”的内容为梅某在接受遗赠财产的同时必须承担毛某、龙某二人的生养死葬义务，从梅某对毛某、龙某所赠与的房屋进行修建需征求毛某、龙某二人同意的事实表明，梅某虽然占有了毛某、龙某二人的财产，但房屋的所有权没有过户，其产权的合法转移应在梅某对毛某、龙某二人尽了生养死葬义务后才得以实现，据此，双方协议的真实意思表示应为遗赠扶养的法律关系。赫章县公证处将双方协议的文书公证为“赠与书”，将遗赠扶养的法律关系变更为赠与法律关系，违背了《民法通则》规定的公平、等价有偿原则，亦违背了毛某、龙某的真实意思表示，该“赠与书”应属无效。梅某对毛某、龙某二人没有完全履行生养死葬义务，在当地造成不良影响，依法不能享有受遗赠财产的权利。原再审判决认定“赠与书”有效，双方签订的协议属有条件的赠与合同适用法律不当，应予以改判。最高人民检察院的抗诉理由成立。贵州省高级人民法院经审判委员会讨论，依照《继承法》第21条及《民事诉讼法》（1991年）第184条的规定，于1999年2月26日作出（1998）黔民再字第25号民事判决：（1）维持本院（1995）黔民再字第3号民事判决第1项；（2）撤销本院（1995）黔民再字第3号民事判决第2、3、4、5项；（3）诉争之房即赫章县双河镇解放东路×号房归毛某的权利承受人赫章县城关镇居委会所有，其他财产即压面机等亦归赫章县城关镇居委会所有；（4）由赫章县城关镇居委会给付梅某房屋修建费15 000元，毛某安葬费13 717.38元，两项合计28 717.38元；（5）存放于贵州省毕节市赫章县人民法院的梅某支付给毛某的生活补助费人民币5 000元归梅某所有。原一、二审案件受理费1 200元，由梅某负担。

第一千一百五十九条

分割遗产，应当清偿被继承人依法应当缴纳的税款和债务；但是，应当为缺乏劳动能力又没有生活来源的继承人保留必要的遗产。

条文对照

《继承法》没有相应规定。

本条主旨

本条是对遗产债务清偿顺序的规定。

条文详解

一、遗产债务的范围

遗产债务的清偿，说到底，就是对遗产的清算。[1]

① 吴歧．民法继承．武汉：武汉大学出版社，1933：42.

遗产债务，是指应当以遗产负责清偿的债务。被继承人在留下遗产的同时，也可能遗留下有关债务，在继承开始后，还会基于遗产管理等产生一些新的债务，如继承费用。对于这些遗产债务应当进行清偿。

遗产债务清偿的前提，是确定遗产债务的范围。有学者认为，遗产债务即被继承人所欠债务，是指被继承人生前个人依法应当缴纳的税款和完全用于个人生活需要所欠下的债务。遗产债务主要包括以下几类：(1) 被继承人依照我国税法的规定应当缴纳的税款；(2) 被继承人因合同之债而欠下的债务；(3) 被继承人因侵权行为而承担的损害赔偿的债务；(4) 被继承人因不当得利而承担的返还不当得利的债务；(5) 被继承人因无因管理而承担的补偿管理人必要费用的债务；(6) 其他属于被继承人个人的债务，如合伙债务中属于被继承人应当承担的债务，被继承人承担的保证债务。① 这种主张与我国《继承法》第 33 条的规定相一致，但是有遗漏之处。遗产债务虽然主要是被继承人生前所欠下的债务，但是，遗产债务的范围比被继承人债务的范围要宽，在继承开始后基于遗产产生的债务也属于遗产债务，应当进行清偿。

本条对遗产债务的范围规定得比较简单，只有依法应当缴纳的税款和债务。具体的遗产债务的范围如下。

(一) 被继承人应当依法缴纳的税款

被继承人应当依法缴纳的税款，是被继承人作为国家税收管理相对人，对国家应当缴纳的税款，例如经营税、个人所得税、交易税等。在遗产债务中，被继承人依法应当缴纳的税款，是最重要的部分，优先于被继承人所欠的他人债务。

(二) 被继承人生前所欠债务

被继承人生前所欠债务，是遗产债务的主要部分，是被继承人生前因自己的行为所欠下的债务，包括被继承人因合同、侵权行为、无因管理、不当得利所欠的债务。为保护被继承人的债权人的合法债权，在用遗产支付的丧葬费、遗产管理费、税款之外，该债务放在优先地位。

除此之外，以往有人认为被继承人的酌情分给的遗产债务和遗赠债务，也属于遗产债务。例如有人认为，酌给遗产债务是基于法律规定和扶养事实产生的，属于遗产债务。② 又如有人认为遗赠只是赋予了受遗赠人请求执行遗赠的权利，在本质上属于债权范畴，属于遗产债务。还如有人认为特留份也属于遗产债务③，即继承人中有缺乏劳动能力又没有生活来源的人，即使遗产不足清偿债

① 郭明瑞，等．继承法．2 版．北京：法律出版社，2004：200.

②③ 张玉敏．继承法律制度研究．北京：法律出版社，1999：164.

务，也应为其保留必要的遗产，然后再按有关规定清偿债务。对于这些，民法典继承编都认为是遗产分割的问题，而不是遗产分割之前的债务清偿范围。这样的规定是明确的。

二、遗产债务清偿的连带责任原则

遗产债务的清偿原则，包括有限继承原则、连带责任原则和执行遗赠不得妨害清偿遗赠人应当依法缴纳的税款和债务的原则。有限继承原则和执行遗赠不得妨碍清偿遗赠人应当依法缴纳的税款和债务原则，都有具体条文规定，这里着重说明连带责任原则。

关于继承人共同继承遗产时，各共同继承人对遗产债务应当负何种责任，各国继承立法有不同的规定，主要有三种立法例：一是分割责任主义，认为各共同继承人对被继承人所负的债务，按各人的应继份承担清偿责任。二是连带责任主义，从保护债权人的利益出发，认为各共同继承人应就被继承人所负的全部债务承担连带清偿责任。三是折中主义，在遗产分割以前，各共同继承人对被继承人债务承担连带责任，但在遗产分割以后，采取分割责任主义，各共同继承人对被继承人债务按其应继份承担按份责任。①

本法没有明确规定各共同继承人对遗产债务应当承担何种责任。通说认为，各共同继承人对遗产债务承担的是连带责任。其理由是：首先，有利于保护被继承人债权人的利益。如果采取分割责任，继承人仅仅按照其应继份承担责任，则债权人可能面临难以得到清偿的问题，债权人实现债权过于烦琐。其次，各共同继承人对遗产系共同共有，依照共同共有的原理，共同继承人对遗产债务也应当承担连带责任。最后，我国继承法采取的是限定继承，各共同继承人的连带责任也必须在所继承的遗产价值范围内，不能以继承人的固有财产承担连带责任，因此，采用连带责任不会损害继承人原有的利益。

按照连带责任原则，被继承人的债权人有权向共同继承人全体，或者共同继承人中的一人或数人，请求在遗产实际价值范围内清偿全部遗产债务，任何继承人不得拒绝。尽管共同继承人对外就遗产债务承担连带责任，但是，在共同继承人内部仍有份额之分。当共同继承人全体或共同继承人中的一人或数人清偿了全部遗产债务时，在共同继承人内部，就应当按照各自遗产份额的比例分担遗产债务。在遗产分割后，各共同继承人仍然要对被继承人的债权人负连带责任。不过，遗产分割后的继承人连带责任，应当有一定的时间限制。我国继承法对此没

① 陈棋炎．民法继承．台北：三民书局，1985：121.

有明文规定，但是，这种时间限制具有合理性，应当予以借鉴。

三、遗产债务清偿的顺序

遗产债务应当按以下顺序清偿。

（一）依法应当缴纳的税款

被继承人生前依法应当缴纳的税款，应当在遗产债务中首先清偿，具有优先权。

（二）被继承人所欠债务

被继承人的遗产源于被继承人生前所从事的各类法律行为。被继承人生前进行的法律行为，既可能得到债权，也可能负担债务。被继承人生前负有的债务，不论是何种类型的债务，都应当以其遗产清偿。

在以被继承人的遗产清偿债务时，即使遗产不足以清偿债务，也应当为缺乏劳动能力又没有生活来源的继承人保留适当遗产，按具体情况可以多于或少于其他继承人。

被继承人遗留的遗产不足以清偿全部遗产债务时，同一顺序的债权按照比例受偿。

法律适用中应注意的问题

在司法实践中适用本条规范，应当注意的问题如下。

第一，被继承人的丧葬费应当怎样处理。被继承人的丧葬费，似乎是可以列入遗产债务范围的，甚至可以将丧葬费用列入继承费用之中。[1] 不过，《德国民法典》的规定，丧葬费用不能列入继承费用之中，而应当由继承人负担。笔者认为，丧葬费用既不能列入遗产债务范围，也不能列入继承费用之中。理由是，无论从法律上还是从社会道德上讲，继承人都有义务殡葬已故被继承人。

第二，遗产管理费应否列入遗产债务范围。遗产管理费，也称为继承费用，是指为完成管理、清算、分割遗产及执行遗嘱而支出的费用。对此，本条未作明确规定。在继承进行中，为完成一定的事项，须支出一定的费用，如遗嘱执行费、遗产保管费、遗产维护费、公示催告费、诉讼费等。这些费用是必须支出的，不仅应当从遗产中开支，而且应将遗产管理费用作为享有优先权的债权，置于依法应当缴纳的税款和债务之前。因继承人和遗产管理人过失而支出的费用不属于继承费用，应当由有过失的继承人和遗产管理人自己负担。

① 史尚宽．继承法论．北京：中国政法大学出版社，2000：164.

第三，应当确定遗产债务清偿的时间。民法典继承编没有对遗产债务清偿时间作出规定。根据民法原理与司法实践一般做法，继承开始后，继承人或遗产管理人在清点完遗产之后，应当及时通知债权人声明债权，以便于继承人清偿债务。对于已到期债务，继承人应当及时清偿；对于未到期债务，继承人经债权人同意可提前清偿，也可以在分割遗产时保留与债权数额相等的遗产数额，或分配给某一继承人负责清偿。关于债权人声明债权是否应当有时间限制，在我国法律没有规定的情况下，继承人不能限定期间使债权人声明债权。但是，如果债权人超过了法律规定的诉讼时效期间而未申请清偿遗产债务，则继承人可以不负清偿责任。

在遗产债务清偿时间问题上，许多国家都作出了限制性规定，对遗产债务的清偿时间有所限制，赋予继承人在一定期间内有拒绝清偿债务的权利。这种规定是合理的，有利于保护继承人和全体债权人的利益，防止出现不公平的现象。

案例链接

杜某一、王某与陈某一、陈某二继承纠纷案①

基本案情

原告王某系杜某二之母，原告杜某一系杜某二之父，被告陈某一系杜某二之夫，被告陈某二系杜某二之子，杜某二于 2018 年 4 月 5 日去世。杜某二与陈某一在婚姻存续期间购买了重庆市万州区房屋一套，陈某一按份享有 50%的份额，杜某二按份享有 50%的份额。杜某二与陈某一购买了小型轿车，登记在杜某二名下。杜某二去世时有存款 130 000 元。重庆市万州区社会保险局出具的重庆市参加基本养老保险未领取养老金因病或非因工死亡人员有关待遇审批表中载明，因杜某二死亡而应领取的抚恤金为 24 516.81 元，丧葬补助金为 2 000 元，杜某二个人账户累计存储额为 17 376.08 元，共 43 892.89 元。

原告杜某一、王某起诉，请求各继承杜某二 1/4 份额的遗产，依法分割社保养老金余额和抚恤金。陈某一、陈某二辩称，死者遗产应在扣除债务和应扣款项后再分割，争议房屋是家庭共有，抚恤金不属于遗产，不能作为遗产处理。被告辩称，被继承人的债务，包括向李某和陈某四的举债。

① 重庆市万州区人民法院（2018）渝 0101 民初 5332 号民事判决书。

法院判决

法院认为，遗产系公民死亡时遗留的个人合法财产，继承始于被继承人死亡时。继承开始后，按照法定继承办理，有遗嘱的按照遗嘱继承。本案中，原、被告作为被继承人杜某二的第一顺序法定继承人，在被继承人杜某二生前并未立遗嘱的情况下，均享有继承遗产的权利。关于重庆市万州区房屋一套，重庆市土地房屋登记簿上共有情况载明陈某一享有50%的份额，杜某二享有50%的份额，因此被告辩称该房屋被告陈某一的父母也享有份额的辩称意见，法院不予支持。因此原告王某、杜某一、被告陈某二分别享有重庆市万州区××路××号×单元××和车牌号为渝××××××的小型轿车12.5%的份额（50%份额÷4人），陈某一享有62.5%的份额。杜某二死亡后，被告向法院提交了办理丧葬事宜开支清单共开支70 691元，证人陈某三出庭作证证明其作为支客士（记账员）除对该清单上的加油事项500元和拉死者灵车490元事项不清楚外，其余事项和金额是真实发生的。虽然原告对清单中无发票的支出项目不予认可，但未能向法院提交证据予以证明，且丧葬事宜中无发票的支出项目和金额也符合本地丧葬习俗，因此法院除对原告主张丧葬费事宜中加油500元和拉死者灵车490元的支出不予支持，认定杜某二丧葬事宜开支共69 701元。被告主张死者杜某二向李某借款10 000元，向陈某四借款6 000元，因修葺母亲坟墓尚欠8 500元，但二原告对此并不认可，因此本案对债务不予处理，由债权人另行主张权利。杜某二在死亡时夫妻共同财产为147 376.08元(存款130 000元＋杜某二社会养老保险个人账户累计存储额17 376.08元)，杜某二应分得73 688.04元。遗产分割前，应支付办理丧葬费、遗产管理费，缴纳所欠税款，清偿被继承人的债务等。杜某二遗留下的现金遗产为3 987.04元(存款73 688.04元－葬事宜开支69 701元)。死亡待遇抚恤金是国家在死者死亡后，发给死者直系亲属的费用，与本案当事人的主体一致，为避免产生不必要的累诉，本案对死亡待遇抚恤金一并进行处理。现杜某二死亡后需处理的财产有现金存款3 987.04元，丧葬费2 000元，抚恤金24 516.81元，共30 503.85元。由于本案被告陈某二尚在读书阶段，在分配该财产时应适当照顾，因此原告杜某一、王某和被告陈某一分别分得7 000元，被告陈某二分得9 503.85元。被告陈某一在重庆市社会保险局应领取的金额中应分得20 389.04元[个人账户中归陈某一个人所有的8 688.04元(17 376.08元÷2)＋垫付的丧葬费4 701元(杜某二个人账户应得8 688.04元－杜某二现金遗产3 987.04元)＋应分得的7 000元]。

第一千一百六十条

无人继承又无人受遗赠的遗产，归国家所有，用于公益事业；死者生前是集体所有制组织成员的，归所在集体所有制组织所有。

条文对照

第三十二条　无人继承又无人受遗赠的遗产，归国家所有；死者生前是集体所有制组织成员的，归所在集体所有制组织所有。

本条主旨

本条是对无人继承又无人受遗赠遗产处置的规定。

条文详解

这一条文规定的内容与原《继承法》第32条规定相比较，将无人继承又无人受遗赠的遗产收归国家所有的目的，增加规定为“用于公益事业”，这也是继承法规则中的创新，是一个很好的规定。

一、无人继承又无人受遗赠的遗产的概念

无人继承又无人受遗赠，是指在被继承人死亡后，在法定期限内没有人接受继承又没有人受领遗赠。无人继承又无人受遗赠的遗产，是指被继承人死亡后，在法定期限内，既没有人接受继承又没有人受领遗赠的财产。

对于原《继承法》第32条“无人继承又无人受遗赠的遗产，归国家所有；死者生前是集体所有制组织成员的，归所在集体所有制组织所有”的规定，学者们存在不同看法。有的认为该条是对无人继承遗产的处理，“无人继承的遗产，是指公民死亡时，没有法定继承人又无遗嘱继承人与受遗赠人，或者其全部继承人都表示放弃继承，受遗赠人表示不接受遗赠，则死者的遗产即属无人继承的遗产”①。有的认为该条是遗产无人继承，“被继承人死亡以后，不能确定是否有继承人，这种事实状态叫作遗产无人继承。又叫继承人旷缺，无人承认继承，继承人不存在”②。还有的认为该条是对无人承受的遗产的规定，“根据我国继承法的规定，无人承受的遗产是指没有继承人或受遗赠人承受的遗产”③。对于该条的

① 刘素萍．继承法．北京：中国人民大学出版社，1988：376.

② 张玉敏．继承法律制度研究。北京：法律出版社，1999：178.

③ 郭明瑞，等．继承法．2版．北京：法律出版社，2004：224.

界定，可以适当借鉴继承人旷缺制度。

在罗马法中，当继承人告缺或者被设立的继承人处于不配者境地时，国库继承空落的财产。最初是由城邦的金库继承该财产的，但是，随着帝国时代的进步，取得权转归国库，就像在落空份额的继承问题上一样。国库不是以遗产继承名义取得遗产的，因而它并不继承死者的法律地位，这是真正的财产取得，其标的只包括盈余部分，即罗马人真正称为“财产”的那一部分。[①] 在日耳曼法中，死者无规定近亲时，其遗产归属于氏族团体或有裁判权之王侯、伯；并规定动产经1年，不动产经3年无人主张继承权时，为无继承人之遗产，归有裁判权者所有。[②] 自1804年《法国民法典》公布以来，大陆法系各国几乎都确立了继承人旷缺制度。

继承人旷缺，是指继承人有无或生死不明的状态，即是否有继承人不能确定。继承人旷缺，须特别设定遗产管理人，对继承人进行搜索，以便最终确定遗产有无人承受及其归属。这与我国的无人继承又无人受遗赠是有区别的。我国规定的无人继承又无人受遗赠的遗产，是指确定地知道无人继承，也无人受遗赠，而继承人旷缺则是指继承人的不确定状态，不知道是否有继承人；遗产无人继承又无人受遗赠，必须无继承人，也无受遗赠人，而继承人旷缺认为，受遗赠人之有无与继承人旷缺制度程序的发动无关，即使被继承人指定了受遗赠人，亦不妨碍搜寻继承人等程序的进行；国外立法例的继承人旷缺制度，具有遗产管理人、搜寻继承人等规定，而我国无人继承又无人受遗赠没有这些规定。这两者是有差异的。

我国古代曾经存在户绝制度。所谓户绝，是指被继承人无男性后代。户绝财产之归属，如被继承人生前遗嘱中有处分，则依遗嘱办理；如无遗嘱，则归被继承人女儿所有；如无女儿，则归其他近亲属所有；至于其他近亲属亦无者，则收归官府。这种意义的户绝的遗产同无人继承又无人受遗赠的遗产不同。因为古代的户绝，是指无男系血亲卑亲属继承的遗产。户绝是我国封建继承制度的组成部分，是宗法制度的产物。而无人继承又无人受遗赠的遗产的处理，是我国现行财产继承制度的组成部分，两者在继承人的范围、遗产归属的条件和性质、遗产处理等方面不同。[③] 本条规定的无人继承又无人受遗赠的遗产处置制度，与我国古代户绝制度不同，借鉴的是现代民法的这一制度。

形成无人继承又无人受遗赠的原因包括：没有法定继承人、遗嘱继承人和受

---

① 彼得罗·彭梵得．罗马法教科书．黄风，译．北京：中国政法大学出版社，1992：520-521.

② 史尚宽．继承法论．北京：中国政法大学出版社，2000：365.

③ 刘文．继承法比较研究．北京：中国人民公安大学出版社，2004：427.

遗赠人；法定继承人、遗嘱继承人放弃继承，受遗赠人放弃受遗赠；法定继承人、遗嘱继承人丧失继承权，受遗赠人丧失受遗赠权。无人继承又无人受遗赠所余留的遗产，就是无人继承又无人受遗赠的遗产。

二、无人继承又无人受遗赠的遗产的管理

民法典继承编对无人继承又无人受遗赠的遗产的管理没有明确规定。无人继承又无人受遗赠作为一种状态，会持续一定的时间，需要进行管理，才能保护有关当事人、国家或集体的利益。对此，继承人旷缺制度中的财产管理方法可以借鉴。

(一) 遗产管理人的选任

继承人旷缺制度中，遗产管理人的选任有四种方法：一是瑞士民法规定，由主管官厅负责管理遗产，主管官厅通常委托公证人或私人承担此项职责，被委托者称为遗产管理人。二是德国民法规定，在继承人不知名或不确定时，遗产法院负有注意保全遗产的职责，并可指定遗产保佐人。如利害关系人申请，法院应当指定遗产保佐人。三是日本民法规定，在继承人有无不明时，家庭法院因利害关系人或检察官的请求，应选任遗产管理人，并应急速将管理人的选任进行公告。四是我国台湾地区民法规定，继承开始时，继承人之有无不明者，由亲属会议于1个月内选定遗产管理人，并将继承开始及选定遗产管理人之事由，向法院报明。

亲属会议在我国大陆并不被认可，台湾地区的做法不具有可行性。国外通过法院、主管官厅管理的方法，在我国也不现实。

对此，应当采取的办法是：借鉴《民法典》第1145～1149条关于遗产管理人的规定，规定没有继承人或者继承人下落不明，而遗嘱中又未指定遗嘱执行人的，经利害关系人申请，人民法院得指定遗产管理人；在指定遗产管理人之前，人民法院得对遗产进行必要的处分。

(二) 遗产管理人的职责

遗产管理人主导无人继承又无人受遗赠的遗产的处理。适当借鉴模仿的《民法典》第1147条规定，确定其主要职责如下。

1. 保管遗产

在遗产管理人选任之前，负有保管遗产义务的主体为存有遗产者；在遗产管理人选任之后，即应由遗产管理人决定该项遗产此后的保管方式。遗产管理人应尽善良管理人的注意义务管理遗产。此项管理职责包括不改变物或权利性质的保存、改良及利用，一般不包括处分行为。为防止遗产的减值或毁损，也应赋予遗

产管理人于必要情况下以保全遗产为目的而处分遗产的权利[1]，如变卖易腐物。

2. 编制遗产清单

遗产管理人在确认死者的遗产系无人继承又无人受遗赠的遗产的同时，应当仔细、认真、不遗漏、无差错地清点遗产，编制遗产清单，记明遗产名称、数量、价值、特征等。

3. 进行公告

遗产管理人应当进行公告，督促权利人在一定期间主张权利。权利人主要包括：一是有无不明之继承人；二是受遗赠人；三是遗产债权人；四是其他利害关系人。

4. 清偿债务

遗产管理人应当对死者生前应缴纳的税款和债务进行清偿。

5. 剩余财产的移交

如于法定公告期间内出现继承人，或于遗产清算完毕前出现主张权利者，遗产管理人应在证实继承人或者权利者身份后，将剩余财产交付于继承人或者权利者。如直至遗产清算完毕前仍无继承人主张继承，也无权利者主张权利，且遗产有剩余者，遗产管理人应负责将剩余遗产移交有关部门上缴国库所有；如果死者生前是集体所有制组织成员，移交所在的集体所有制组织。

三、无人继承又无人受遗赠的遗产的归属

各国继承立法对继承人旷缺时的遗产问题都规定归国家所有，但在对国家取得遗产地位的认识上存在着不同，主要有两种观点：一是法定继承权主义，认为国家是作为无人继承遗产的法定继承人而取得遗产的。二是先占权主义，认为国家有优先取得无人承受遗产的权利。

本法关于无人继承又无人受遗赠的遗产的处理与其他国家的规定有所不同。原《继承法》第32条规定是按死者的身份来确定无人继承遗产归属的：死者生前是国家机关、全民所有制单位的职工，城镇个体劳动者及无业居民的，其无人承受的遗产归国家所有；死者生前是城镇集体所有制单位的职工，农村集体所有制单位的职工、村民的，其无人承受的遗产归死者生前所在的集体所有制组织所有。本条规定有所调整，但基本内容是相同的，即由于无人继承又无人受遗赠所余留的遗产无人承受，因而应当归国家所有，国家用于公益事业；如果死者生前是集体所有制组织成员的，则归所在集体所有制组织所有。

---

① 林秀雄．民法亲属继承争议问题研究．台北：五南图书出版公司，2000：301.

法律适用中应注意的问题

在司法实践中适用本条，应当注意以下两个问题。

第一，应当看到的是，我国继承制度的法定继承人的范围狭窄，只有两个继承顺序，遗赠的适用范围又不广泛，因而容易出现无人继承又无人受遗赠的遗产。对这些无人继承又无人受遗赠的遗产规定其归国家所有或者归集体所有制组织所有，并非最佳的处理方法。遗产是死者生前的个人合法财产，既然如此，在其死亡后，虽其遗产既没有人继承，也没有人受遗赠，但其或许还有其他亲属。这些亲属虽然不是法律规定的法定继承人，但是毕竟与被继承人有血缘关系，将这样的遗产交给他们继承，毕竟还是在他们的家族中流转，国家有什么必要将其收归国有呢？这样的规定，本来是应当进行纠正的。民法典由于在编纂中对继承制度特别是法定继承制度没有进行根本性的改革，基本上还是延续原《继承法》规定的制度，因而仍然没有办法纠正这样的问题，仅仅是在将无人继承且无人受遗赠的遗产收归国有后，作出“用于公益事业”的规定，算是有了一些进步。

第二，在处理无人继承又无人受遗赠的遗产时，如果有继承人以外的依靠被继承人扶养的缺乏劳动能力又没有生活来源的人，或者继承人以外的对被继承人扶养较多的人，则可以分给他们必要的遗产。

案例链接

招远市温泉街道办事处滕家村村民委员会与滕甲所有权确认纠纷案①

基本案情

孙某系原告村民，生前享受五保待遇，五保证号为：3706851406××××，孙某于2012年农历十月初八死亡，其生前没有签订五保供养协议，也未立有遗嘱，无法定继承人。其生前所居住的房屋就是本案争议的房屋，该房屋的土地使用证为招集建××字第1240××××号。2014年3月，被告占有该房屋。原告于2015年8月18日向人民法院提起诉讼，要求确认招集建××字第1240××××号房屋归其所有。人民法院于同年11月5日作出（2015）招城民初字第613号民事判决书，

① 山东省招远市人民法院（2016）鲁0685民初1559号民事判决书。

确定诉争房屋权属原告所有。宣判后，被告滕甲向山东省烟台市中级人民法院提起上诉。在二审法院审理期间，被告提供新的证据以证明其对孙某生前尽了较多扶养义务，并主张诉争房屋应由其继承，归其所有。山东省烟台市中级人民法院经审理认为，一审法院原审案件事实不清，将本案发回一审法院案重审。重审中，被告又提供了证人滕乙、滕丙、滕丁出庭证明被告对孙某生前尽了较多扶养义务，并在孙某死亡后被告亦操办了殡葬事宜。原告还提供了其自己制作由多名证人签名捺印的书证，以证明孙某生前由其负责照顾。

法院判决

法院认为，《农村五保户供养工作条例》第 12 条规定："农村五保供养对象可以在当地的农村五保供养服务机构集中供养，也可以在家分散供养。"孙某系原告村民，在该村居住，其办理了五保证并领取五保费，应认定其为分散供养的五保户，孙某死后的财产应按照有关法律处理。《山东省农村五保供养办法》第 16 条规定："农村五保供养对象私有财产按照《中华人民共和国民法通则》《中华人民共和国继承法》等有关法律规定处理。农村五保供养对象拥有占有、使用、收益和处分个人全部财产的权利。农村五保供养对象的动产及房屋，属于农村五保供养对象所有。"《继承法》第 10 条规定："遗产按照下列顺序继承：第一顺序：配偶、子女、父母。第二顺序：兄弟姐妹、祖父母、外祖父母。继承开始后，由第一顺序继承人继承，第二顺序继承人不继承。没有第一顺序继承人继承的，由第二顺序继承人继承。"该法第 16 条规定："公民可以依照本法规定立遗嘱处分个人财产，并可以指定遗嘱执行人。……公民可以立遗嘱将个人财产赠给国家、集体或者法定继承人以外的人。"该法第 32 条规定："无人继承又无人受遗赠的遗产，归国家所有；死者生前是集体所有制组织成员的，归所在集体所有制组织所有。"虽诉争房屋系五保户孙某的遗产，其生前没有签订五保供养协议，也未立有遗嘱，无法定继承人；但《继承法》第 14 条规定，对继承人以外的依靠被继承人扶养的缺乏劳动能力又没有生活来源的人，或者继承人以外的对被继承人扶养较多的人，可以分配给他们适当的遗产，最高人民法院《关于贯彻执行〈中华人民共和国继承法〉若干问题的意见》第 57 条规定，遗产因无人继承收归国家或集体组织所有时，按《继承法》第 14 条规定可以分给遗产的人提出取得遗产的要求，人民法院应视情况适当分给遗产。本案中，有多名证人证实被告在孙某生前存在经常给孙某送饭、送衣服、送柴草，接老人回家住等扶养活动，尽到了扶养义务。原告招远市温泉街道办事处滕家村村民委员会也未提供证据证明是其他人对孙某的吃、穿、住、医、葬方面给予了照顾和帮助，故可以认定滕甲对孙某尽到了较多的扶养义务，依照上述法律规定，滕甲应适当分得孙某的遗产。故判决滕家村村民委员会取得争议房屋的所有权，向被告滕甲给付孙某遗产款2万元。

第一千一百六十一条

继承人以所得遗产实际价值为限清偿被继承人依法应当缴纳的税款和债务。超过遗产实际价值部分，继承人自愿偿还的不在此限。

继承人放弃继承的，对被继承人依法应当缴纳的税款和债务可以不负清偿责任。

条文对照

第三十三条　继承遗产应当清偿被继承人依法应当缴纳的税款和债务，缴纳税款和清偿债务以他的遗产实际价值为限。超过遗产实际价值部分，继承人自愿偿还的不在此限。

继承人放弃继承的，对被继承人依法应当缴纳的税款和债务可以不负偿还责任。

本条主旨

本条是对有限继承的规定。

条文详解

本条规定与原《继承法》第33条的规定基本相同，只是调整了部分文字的表述方法。

一、有限继承与无限继承

以继承人继承被继承人财产权利义务的范围为标准，可以将继承可以分为有限继承和无限继承。

有限继承又称限定继承，是指继承人可以仅在一定的范围内继承被继承人的财产权利和义务的继承。在有限继承中，继承人继承被继承人的债务范围，仅以遗产的实际价值总额为限度；对于被继承人生前所欠债务超过遗产的实际价值的部分，继承人可不负清偿责任。

无限继承又称不限定继承，是指继承人必须承受被继承人的全部财产权利义务的继承。在无限继承中，即使被继承人的债务大小超过其财产权利大小，继承人也不得拒绝，须继承被继承人的遗产，而以自己的财产清偿被继承人生前所欠的全部债务。所谓的“父债子还”，就是无限继承的表现。无限继承的立法目的，强调的是保护被继承人债权人的利益。

在遗产债务清偿问题上，罗马法起初实行继承人的无限责任原则，即继承人继承的利益不足清偿所继承的债务时，也须该继承人用本身的财产予以补足，没有推卸的理由。至罗马共和国时期，才由大法官赋予继承人以拒绝继承的“不参与遗产权”，即在遗产有不足清偿债务危险时，继承人可以通过将遗产交由遗产债权人处理的方法，免予承担责任。然而，对遗产状况进行调查并非易事，且财产价值时常波动，如果令继承人于承担无限责任与放弃继承之间作出非此即彼的选择，对其亦未免过于苛刻，故公元531年罗马皇帝发布敕令，规定继承人若对遗产造具清册，得享受所谓“财产清册利益”，也即对遗产债务承担有限责任。[①] 这是现代继承法有限继承原则的历史渊源。当代各国继承法都实行有限继承原则。

二、民法典继承编实行有限继承原则

自原《继承法》生效以来，我国一直实行有限继承原则，继承人对被继承人的遗产债务的清偿，只以遗产的实际价值为限，超过遗产实际价值的部分，继承人不负清偿责任。继承人对被继承人的遗产债务不负无限清偿责任，仅以继承的遗产的实际价值负有限的清偿责任。这对于保护继承人的利益非常有利，可以使继承人通过有限继承免予对遗产承担无限责任。在现实生活中，有的子女对亡父、妻子对亡夫所欠债务竭尽全力予以清偿，承担无限责任，这是行为人对自己的严格要求，是受诚信观念和诚信道德所支配的行为，是高尚的行为，但是，有限继承不是对高尚的人制定的规则，而是对一般的普通人制定的规则。法律规定有限继承原则，并不限制继承人自愿实施符合无限继承原则的高尚行为。

理解本条规定的有限继承原则的要旨如下。

第一，本条第1款关于“继承人以所得遗产的实际价值为限清偿被继承人应当依法缴纳的税款和的债务”的规定，就是对有限继承原则的规定。这一规定与《继承法》的规定相比，变化的是表述的文字，主要内容并没有变化。首先，继承人继承了遗产，应当清偿被继承人依法应当缴纳的税款和债务，缴纳税款和清偿债务以所得遗产实际价值为限。这是原则。如果继承人不想承担缴纳税款和清偿债务的义务，则可以放弃继承。其次，缴纳税款和清偿债务，以继承人所得遗产实际价值为限，这就是有限继承原则的体现，继承人即使继承了遗产，也以继

① 周枏．罗马法原论（下册）．北京：商务印书馆，2001：472.

承的遗产范围为限，承担缴纳税款、清偿债务的义务。最后，将“继承人以所得遗产实际价值为限”移到句前作为定语，进一步强调了有限继承原则的主旨，具有更好的宣示作用。

第二，超过遗产实际价值部分，继承人自愿偿还的不在此限。这是在实行有限继承原则的基础上，对继承人自愿承担无限继承责任的行为，也持肯定态度。因为这对保护债权人的债权有利，也是继承人诚信道德和诚信观念的表现。但是，承担无限继承责任须继承人自愿，而非强制，也不得强制。

第三，继承人放弃继承的，对被继承人依法应当缴纳的税款和债务可以不负偿还责任。依照权利义务相一致原则，继承人如果不继承遗产，则对被继承人应当缴纳的税款和债务，都可以不负偿还责任。

法律适用中应注意的问题

在司法实践中，适用本条规定的有限继承原则，应当注意的问题如下。

第一，按照有限继承原则的要求，除对超过遗产实际价值的部分继承人自愿偿还的不受有限继承原则的限制之外，继承人对遗产债务均负有限责任。任何人都不能强迫继承人偿还超过遗产实际价值的遗产债务。即使共同继承人中的某个继承人自愿承担无限责任，亦不对其他继承人发生效力。

第二，在继承纠纷的民事诉讼中，如果继承人自愿承担无限继承责任，法院在调解中可以予以支持，但是，在判决中不可以如此裁判。因为适用无限继承原则，是继承人的道德义务，不是法律义务。对于超过遗产实际价值部分，如果继承人自愿负担无限继承责任，并写进调解协议以及调解书，就是自愿行为，而不是法律上的强制行为，当然不违反法律；但是，如果法官在判决中判决继承人承担无限继承责任，则违反本法的规定，是违法判决，是没有法律依据的。

案例链接

雷某与谢乙、陶某被继承人债务清偿纠纷案①

基本案情

谢甲，男，1983年出生，离异，无子女，天津市某中学教师，于2019年3月

① 天津市河东区人民法院（2019）津0102民初2856号民事判决书。

3 日在家中自缢死亡。被告谢乙、陶某系夫妻关系，为谢甲之父母。谢甲于 2018 年 10～11 月，以要借款周转为由向同事即本案原告雷某借款，雷某先后通过支付宝转给谢甲支付宝账户 15 000 元，分别为 2018 年 10 月 23 日 3 000 元，10 月 26 日 2 000 元，11 月 1 日 5 000 元，11 月 30 日 5 000 元。上述借款事实有原告提交的支付宝转账电子回单为证。谢甲遗产尚未继承。

原告雷某向法院起诉，请求法院判令被告在继承遗产范围内立刻偿还剩余欠款 15 000 元。

法院判决

法院认为，合法的借贷关系受法律保护。原告已将借款交付谢甲，双方间的民间借贷法律关系成立且生效。鉴于目前谢甲已死亡，依据《继承法》第 33 条关于“继承遗产应当清偿被继承人依法应当缴纳的税款和债务，缴纳税款和清偿债务以他的遗产实际价值为限。超过遗产实际价值部分，继承人自愿偿还的不在此限”的规定，被告谢甲、陶某作为谢甲的继承人，应当在其遗产继承份额内承担本案借款的清偿责任。庭审中，作为谢甲法定继承人的被告陶某已明确表示不再继承，故不应承担本案责任。被告谢乙表示愿意继承，故依据《继承法》第 33 条的规定，其应在继承谢甲遗产价值的范围内承担清偿责任，判决支持原告的诉讼请求。

第一千一百六十二条

执行遗赠不得妨碍清偿遗赠人依法应当缴纳的税款和债务。

条文对照

第三十四条　执行遗赠不得妨碍清偿遗赠人依法应当缴纳的税款和债务。

本条主旨

本条是对执行遗赠不得妨碍清偿遗赠人税款和债务的规定。

条文详解

一、遗赠的执行

遗赠，是指被继承人通过遗嘱，将遗产的部分或者全部处分给继承人以外的人。遗赠只要符合遗嘱的要件，即产生法律效力。

遗赠产生法律效力，并不意味着受遗赠人实际取得遗赠物，还存在遗赠的执行问题。遗赠的执行，是指在受遗赠人接受遗赠后，有关的遗嘱执行人按照遗嘱人的指示，将遗赠的遗赠物移交给受遗赠人受领的继承法律制度。

遗赠执行的义务人，是遗嘱执行人。继承人尽管为被继承人遗产的承继人，但是，在遗嘱执行前，并不能处分遗产。遗赠属于遗嘱的内容，有遗嘱就有遗嘱的执行，因而，应当以遗嘱执行人为遗赠执行的义务人。

遗赠执行的权利人，为受遗赠人。受遗赠人在知道受遗赠后60日内，向遗嘱执行人作出接受遗赠的意思表示的，即享有请求遗嘱执行人依遗赠人的遗嘱，将遗赠物交付其受领的请求权。遗赠执行人应当依受遗赠人的请求，交付遗赠物。

受遗赠权不是一种普通债权，遗赠人的债权人的债权优于受遗赠人的受遗赠权，受遗赠人不能与遗赠人的债权人平等地分配遗产。因此，遗赠执行人不能先以遗产用于执行遗赠。这就是本条明确规定的原则，遗赠执行人应在清偿完被继承人生前所欠的税款及债务后，才能在遗产剩余的部分中执行遗赠。如果在清偿被继承人生前所欠的税款和债务后没有剩余的遗产，则遗赠不能执行，受遗赠人的权利就消灭，遗赠执行人也就没有执行遗赠的义务。如果遗赠人是以特定物为遗赠物的，而该物已不存在时，则因遗赠失去效力，遗赠执行人当然也无执行的义务。

二、清偿税款、债务优先于执行遗赠

有的学者把清偿税款、债务优先于执行遗赠作为一项原则①，是有一定的道理的。但是，在遗赠和清偿税款、债务的顺序上，清偿债务税款、优先于执行遗赠，并非某种原则使然，而是由于遗赠作为一种遗产债务，同被继承人生前所欠税款、债务在清偿上的顺序不同。因为被继承人生前所欠税款、债务较遗赠债务的顺序靠前，所以，要先清偿遗赠人的生前所欠税款、债务，然后才能执行遗赠。故清偿税款、债务优先于执行遗赠，是一项继承的规则，而不是一个原则。

当执行遗赠妨碍了清偿遗赠人应当缴纳的税款和债务时，执行遗赠的行为无效，应当退回已接受遗赠的财产，仍然先依法缴纳税款和债务，之后的遗产有剩余的，才可以执行遗赠。

---

① 郭明瑞，等．继承法．2版．北京：法律出版社，2004：202－203.

法律适用中应注意的问题

在说明了全部有关在遗产分割中的遗产债务清偿规则后，应当说明在司法实践中如何对待遗产债务清偿顺序的问题。

遗产继承，近似于法人或者非法人组织的清算，其中都要涉及债务清偿等的顺序问题。在遗产债务清偿中，既然不同的债务有先后顺序问题，那么其中必然存在优先权的问题。这就是，具有优先顺序的遗产债务，其债权人有优先权作为保障。

优先权也称先取特权，是指特定的债权人依据法律的规定而享有的就债务人的总财产或特定财产优先于其他债权人而受清偿的权利。①

在优先权中，就债务人不特定的总财产上成立的优先权，叫一般优先权，就债务人特定动产或不动产上成立的优先权，叫特别优先权。②

优先权是独立的法定担保物权。它既不是优先受偿效力或特殊债权的清偿顺序，也与抵押权等担保物权具有明显的区别。③ 在遗产债务上法律规定的优先权的特征是：第一，遗产债务的优先权是一种他物权，其存在的基础在于被继承人的遗产，而不是就自己的财产所设立的物权，因而遗产债务的优先权属于特定的优先权，具有他物权性质。第二，遗产债务优先权是一种担保物权，具有的基本属性在于，对他人财产的代位性和保证性，从属于其所担保的遗产债权而存在。其目的就在于保证遗产债权的实现。因而，遗产债务优先权的性质是担保物权，而不是用益物权。第三，遗产债务优先权是法定担保物权，与留置权一样。不过，遗产债务优先权与一般优先权一样，其法定性更为强烈，都是依据法律的明确规定产生的，而不是由当事人约定设立的。其担保的效力都要依据法律的明确规定；所担保的债权范围、优先权效力所及的标的物范围以及优先权之间、优先权与其他担保物权之间的顺位，都必须依据法律的明确规定，当事人不能自由约定。第四，遗产债务优先权是无须公示而产生的担保物权。尽管物权公示原则是物权法的基本原则，但是，优先权例外，其属于无须公示仅因法律规定就能够产生的担保物权，无须交付，也无须登记。由于优先权欠缺公示性，所以在很大程度上，遗产债务优先权将会对其他权利人，尤其是那些有担保的债权人的利益造成损害。因此，应当对受偿顺序严格限制，遗产债务优先权应先就被继承人遗产中的动产受偿，不足部分才能就遗产

---

① 谢怀栻．外国民商法精要．北京：法律出版社，2002：158.

② 申卫星．物权立法应设立优先权制度//王利明．物权法专题研究（下册）．长春：吉林人民出版社，2002：414.

③ 王利明．物权法论（修订本）．北京：中国政法大学出版社，2004：720.

中的不动产受偿；以被继承人的不动产遗产受偿时，应先就无担保的不动产受偿，不足部分才能再以有担保的不动产受偿。同时，还要对权利行使期限进行必要限制，否则会使权利处于长期不稳定的状态，影响优先权的积极作用。

这些关于优先权和遗产债务优先权的法理，正是本条关于“执行遗赠不得妨碍清偿遗赠人依法应当缴纳的税款和债务”规定的法理基础。

案例链接

彭某与邓甲民间借贷纠纷案[①]

基本案情

彭某与邓甲系朋友关系，2013年12月2日，邓甲向彭某借款50万元，彭某通过银行转账的方式将50万元交付给邓甲，2014年8月19日，邓甲再次向彭某借款10万元，彭某通过银行转账的方式将10万元交付给邓甲。2016年10月10日，邓甲出具借条，载明：2013年12月2日借到彭某现金伍拾万元整，2014年8月19日借到彭某现金壹拾万元整，合计人民币陆拾万元整，约定月利息3分。情况属实。借款人：邓甲，2016年10月10日。2014年12月26日，邓甲向彭某支付利息30 000元，2015年8月27日，邓甲向彭某支付利息35 000元。此后，邓甲未再偿还借款本金及利息。

另查明，邓甲于2016年10月8日立下遗嘱，载明：我的所有财产由我女儿邓乙继承30%，由我儿子邓丙继承30%，母亲汤某继承20%，剩余20%遗赠给前女友张某。2016年10月13日，邓甲因病死亡。

原告彭某向法院起诉，主张被告邓乙、邓丙、张某在继承邓甲遗产范围内偿还原告借款本金60万元，利息47.3万元。

法院判决

法院认为，邓甲向原告彭某借款60万元，并向原告出具了借条，双方之间的借贷关系成立。现邓甲作为债务人已死亡，依据《继承法》第33条关于“继承遗产应当清偿被继承人依法应当缴纳的税款和债务，缴纳税款和清偿债务以他的遗产实际价值为限。超过遗产实际价值部分，继承人自愿偿还的不在此限。继承人放弃继承的，对被继承人依法应当缴纳的税款和债务可以不负偿还责任”，及34条关于“执行遗赠不得妨碍清偿遗赠人依法应当缴纳的税款和债务”之规

① 湖南邵阳市双清区人民法院（2016）湘0502民初907号民事判决书。

定，被告邓丙、汤某作为邓甲的法定继承人，被告张某作为邓甲遗产的受遗赠人，应对邓甲所欠债务在继承遗产范围之内及受遗赠的范围之内承担偿还责任。被告邓乙在诉讼过程中表示放弃对邓甲遗产的继承，可以对该笔债务不负偿还责任。故判决被告邓丙、张某在继承邓甲的遗产范围内及受遗赠的范围内偿还邓甲欠原告借款本金60万元及其利息。

第一千一百六十三条

既有法定继承又有遗嘱继承、遗赠的，由法定继承人清偿被继承人依法应当缴纳的税款和债务；超过法定继承遗产实际价值部分，由遗嘱继承人和受遗赠人按比例以所得遗产清偿。

条文对照

原《继承法》对此没有相应规定。

本条主旨

本条是对遗产分割后法定继承人优先于遗嘱继承人和受遗赠人清偿债务的规定。

条文详解

这一条文是对法定继承和遗嘱继承、遗赠对被继承人的所欠税款和债务的清偿顺序的规定，与司法解释确定的同一规则相比，有较大的修改。

一、遗产已经分割而未清偿债务

原《继承法》对这一情形没有作出规定。最高人民法院《关于贯彻执行〈中华人民共和国继承法〉若干问题的意见》第62条规定："遗产已被分割而未清偿债务时，如有法定继承又有遗嘱继承和遗赠的，首先由法定继承人用其所得遗产清偿债务；不足清偿时，剩余的债务由遗嘱继承人和受遗赠人按比例用所得遗产偿还；如果只有遗嘱继承和遗赠的，由遗嘱继承人和受遗赠人按比例用所得遗产偿还。"本条是在这一司法解释的基础上修改而成的法律规范。

对被继承人的遗产继承，既可以先清偿遗产债务，后进行继承，也可以先继承遗产，再由继承人清偿债务。在实践中，这两种方法都可以适用，并且都受到有限继承原则的限制。

当采用先继承遗产、后清偿遗产债务的方法时，遗产已经分割，而债务尚未清偿的，就是遗产已经分割而债务未受清偿。

遗产已分割、债务未受清偿时，当然应当由已经继承了遗产的人对债务负清偿义务。此时存在的问题是，如果在被继承人的遗产继承中，既有法定继承，又有遗嘱继承、遗赠的，那么，究竟应当由谁承担遗产债务的清偿责任。这就是法定继承人和遗嘱继承人、受遗赠人承担清偿遗产债务的顺序问题。

二、法定继承人或者遗嘱继承人、受遗赠人承担遗产债务清偿责任的顺序

在这种情况下，被继承人的遗产既发生了法定继承，又发生了遗嘱继承、遗赠的，究竟先由哪一部分继承的遗产承担遗产债务，既涉及对不同的继承和遗赠的效力认识问题，也涉及对被继承人的债权人的债权保护问题。

依照本法第1123条关于“继承开始后，按照法定继承办理；有遗嘱的，按照遗嘱继承或者遗赠办理；有遗赠扶养协议的，按照协议办理”的规定，不同的继承方式和遗赠扶养协议的优先顺序是：第一，遗赠扶养协议；第二，遗嘱继承和遗赠；第三，法定继承。与这一规定相一致，当发生了继承、遗赠后，需要继承人以其继承的遗产、受遗赠人以其接受的遗产，清偿被继承人的遗产债务时，应当按照相反的顺序进行，体现第1123条规定的顺序。

本条规定的规则如下。

首先，由法定继承人清偿被继承人依法应当缴纳的税款和债务。这是因为，遗嘱继承和遗赠的效力优先于法定继承的效力，在清偿遗产债务时，当然应当先用法定继承人继承的遗产部分，清偿被继承人应当依法缴纳的税款和债务。

其次，被继承人依法应当缴纳的税款和债务的数额超过法定继承遗产实际价值的部分，即应当由法定继承人继承的遗产清偿被继承人依法应当缴纳的税款和债务仍有不足的，依照有限继承原则的要求，法定继承人不再承担清偿责任，而由遗嘱继承人和受遗赠人按比例，以所得遗产予以清偿。所谓按比例，就是遗嘱继承人和受遗赠人接受遗产的效力相同，不存在先后顺序问题，因而遗嘱继承人和受遗赠人应当按照所得遗产的比例，以所得遗产清偿债务。

法律适用中应注意的问题

在司法实践中适用本条规范，应当注意的问题如下。

第一，无论是法定继承还是遗嘱继承、遗赠，承担遗产债务清偿责任，都受

有限继承原则的约束，对超过其所得遗产部分的遗产债务，包括被继承人依法应当缴纳的税款和债务，都不再承担清偿责任。

第二，由于遗赠扶养协议的扶养人接受遗产是有对价的，因此，遗赠扶养协议的扶养人对遗产债务不承担清偿债务的责任。因而，本条只规定了遗嘱继承人和受遗赠人的义务，并没有规定遗赠扶养协议的扶养人承担这种责任。在司法实践中，不得强制遗赠扶养协议的扶养人以其取得的遗产承担被继承人依法应当缴纳的税款和债务的清偿责任。

案例链接

唐某与潘某、于某一、于某二、刘某被继承人债务清偿纠纷案①

基本案情

被继承人于某四于2013年11月11日死亡。1981年，被继承人于某四与原告唐某登记结婚，婚后生育一女即被告于某二。2005年4月7日，被继承人于某四与原告唐某在中山区民政局办理了离婚登记，《离婚协议书》约定：（1）女儿由男方抚养，女方不承担抚养费；（2）个人财产归个人所有，从2006年起男方每年支付6万元人民币给女方；（3）产权房位于中山区×号房屋，产权人于某四，此房归男方所有；（4）双方共同债务由男方承担。2005年，被继承人于某四与被告潘某登记结婚，婚后生育一子即被告于某一。被告刘某系被继承人于某四的母亲。被继承人于某四的父亲于某五已于2009年8月24日去世。被继承人于某四留有遗嘱。继承人潘某、于某一、于某二均表示不放弃继承。继承人刘某未到庭参加诉讼，亦未向法庭提交是否放弃继承的书面证明。

另查，被继承人于某四遗留的位于大连市中山区×号房屋由被告于某一通过遗嘱继承的方式予以继承，并且办理了产权变更登记。2016年7月21日，辽宁省大连市甘井子区人民法院作出（2016）辽0211民初5351号民事判决书，该判决书认定：案涉房屋由被继承人于某四在世时对外出租，分别经营为××洗浴中心、诊所和大众浴池。诊所和大众浴池的经营者出庭证实，自其承租案涉房屋开始，房租一直交给第三人，房屋的维修事宜也由第三人负责。××洗浴中心部分由被继承人于某四收取租金，被继承人于某四去世后，由原告潘某重新签订房屋租赁合同，并收取该部分租金。该判决最终判决：被继承人于某四位于大连市甘

① 辽宁省大连市中山区人民法院（2016）辽0202民初字307号民事判决书。

井子区×号房屋享有的50%份额由原告于某一继承（依据被继承人于某四的遗嘱继承），由原告于某一享有；第三人唐某对位于大连市甘井子区×号享有50%份额。潘某、于某一对上述判决不服，上诉至辽宁省大连市中级人民法院。2016年11月28日，辽宁省大连市中级人民法院作出（2016）辽02民终5990号判决书：法院二审期间，各方当事人均未提供新证据。对一审查明的事实，法院予以确认。最终判决：驳回上诉，维持原判，该判决已生效。经法庭询问，未查明被继承人于某四留有其他遗产。

原告唐某向法院起诉，请求判令四被告共同给付原告2013年生活费6万元。

法院判决

法院认为，继承遗产应当清偿被继承人依法应当缴纳的税款和债务，缴纳税款和清偿债务以他的遗产实际价值为限：首先，被继承人于某四与原告唐某在《离婚协议书》中约定，个人财产归个人所有，从2006年起男方（被继承人于某四）每年支付6万元人民币给女方（原告唐某）。依据最高人民法院《关于适用〈中华人民共和国婚姻法〉若干问题的解释（二）》第8条之规定："离婚协议中关于财产分割的条款或者当事人因离婚就财产分割达成的协议，对男女双方具有法律约束力。"被继承人于某四与原告唐某在《离婚协议书》中约定以年为单位给付原告6万元，但未约定每年履行的具体时间，应认定每年的1月1日起至12月31日期间，原告唐某均有权要求被继承人于某四履行给付6万元的义务。故，被继承人于某四应履行《离婚协议书》的约定，向原告给付2013年的款项6万元。其次，依据最高人民法院《关于贯彻执行〈中华人民共和国继承法〉若干问题的意见》第62条之规定："遗产已被分割而未清偿债务时，如有法定继承又有遗嘱继承和遗赠的，首先由法定继承人用其所得遗产清偿债务；不足清偿时，剩余的债务由遗嘱继承人和受遗赠人按比例用所得遗产偿还；如果只有遗嘱继承和遗赠的，由遗嘱继承人和受遗赠人按比例用所得遗产偿还。"本案中，被告于某一依据被继承人于某四的《遗嘱书》继承了于某四遗留的位于大连市中山区×号房屋及甘井子区×号房屋50%的份额，本案属于只有遗嘱继承的情形，应由遗嘱继承人用所得遗产偿还。再次，继承人于某一通过遗嘱继承方式继承的遗产远超过本案标的6万元，且继承人潘某、于某二、刘某均未继承被继承人于某四的遗产。综上，应由被告于某一用其所继承的遗产偿还被继承人于某四应给付原告唐某的款项6万元，原告提出要求被告潘某、于某二、刘某承担共同给付责任的诉讼请求于法无据，法院不予支持。判决被告于某一给付原告唐某6万元。

中国民法典继承编比较法资料汇编

说明：在我国民法典编纂过程中，对继承编的编纂，借鉴了较多比较法的资料。在其他绝大多数的民法典中，继承编是比较复杂的财产法，规则复杂，内容丰富。由于我国《继承法》借鉴的是《苏俄民法典》的继承编，其是规则最简单的继承法，因而我国民法典继承编尽管作了较大的扩充，仍然只有45条。本书选择十多个国家和地区的民法典以及我国台湾地区“民法”继承编的比较法资料，并将其汇编在一起，对于学习、掌握和适用我国民法典继承编规定的规则，具有很好的借鉴意义；借鉴这些比较法资料，对于进一步完善我国民法典继承编中的相应规则，也会有很好的启发作用。

汇编的比较法资料以现行法为主，适当收录了曾经借鉴的一些已经被废除的域外法律，以便在研究中对照分析。

《中华人民共和国民法典》继承编

第一章　一般规定

第一千一百一十九条

本编调整因继承产生的民事关系。

其他法域立法例

原德意志民主共和国民法典

第362条：(一）继承法保护符合于遗嘱人意志及其亲属关系以及社会利益

的继承分配，保证公民有权用遗嘱或按法定继承处分自己的财产。

（二）继承法规定死亡公民的财产（遗产）如何向继承人转移，以及由此产生的继承人的权利义务和各继承人之间的相互关系。继承法还规定公证机关适当地处理继承事务的任务。

第一千一百二十条

国家保护自然人的继承权。

其他法域立法例

法国民法典

第 724 条第 1 款：法律指定的诸继承人当然占有死者的财产、权利与诉权。

阿根廷共和国民法典

第 3288 条：自然人或法人享有继承的能力或承认遗产的能力，但法律有相反规定者，除外。

魁北克民法典

第 619 条：如无遗嘱继承的相续人或依遗嘱接受概括遗赠或部分概括遗赠的人接受继承，自继承开始时成为继承人。

美国路易斯安那州民法典

第 871 条：继承是死者的遗产向其继承人的传递。继承人因此在符合相关的法律后，有权占有死者资产。

第一千一百二十一条

继承从被继承人死亡时开始。

相互有继承关系的数人在同一事件中死亡，难以确定死亡时间的，推定没有其他继承人的人先死亡。都有其他继承人，辈份不同的，推定长辈先死亡；辈份相同的，推定同时死亡，相互不发生继承。

其他法域立法例

德国民法典

第1922条：Ⅰ因人之死亡（继承之开始），其财产（遗产）概括移转于其他一人或数人继承（继承人）。

Ⅱ共同继承之应有部分（应继份），适用关于遗产规定。

法国民法典

第720条：继承因被继承人死亡在死者的最后住所开始。

第725—1条：相互有继承权的两人在同一事件中死亡时，死亡之先后得以任何方式证明之。

如死亡之先后无从确定，每一个人的遗产均发生转移，而不由其中一人继承。

但是，如两死者之一留有直系卑亲属，在准许代位继承的情况下，直系卑亲属可以代表（代位）其被继承人继承另一人的遗产。

日本民法典

第32条之二：数人死亡之情形，不能辨明其中一人于他人死亡后仍生存时，推定此等人同时死亡。

第882条：继承，因死亡而开始。

中国台湾地区“民法”

第11条：二人以上同时遇难，不能证明其死亡先后时，推定为同时死亡。

第1147条：继承，因被继承人死亡而开始。

阿根廷共和国民法典

第3282条：在法定继承和遗嘱继承中，继承均自被继承人死亡之时开始，或者因法律规定的死亡推定而开始。

魁北克民法典

第613条：继承因被继承人死亡在其最后住所地开始。

除非被继承人以遗嘱就其财产移转作了不同处分，遗产依法律规定移转。在这一方面，死因赠与视为遗嘱处分。

第 616 条：如同时死亡的数人中至少有一人对另一人享有继承权，在无法确定他们死亡的先后顺序的情形，视为他们同时死亡。

然后，每位死者的遗产移转于如果没有此等死者将被召集取得此等遗产之人。

美国路易斯安那州民法典

第 934 条：亡故发生时继承开始。

秘鲁共和国新民法典

第 660 条：自某人死亡之时起，构成其遗产的财产、权利和义务移转至其继承人。

智利共和国民法典

第 955 条：对某人财产的继承，自该人死于最后住所之时开始；明定例外的情形除外。

继承适用继承开始时的住所地法；法定例外者除外。

第 79 条：如果两人或更多的人死于同一事故，如船舶失事、火灾、建筑物倒塌或战争，或者死于其他原因，但不能知晓他们的死亡发生的顺序，则在任何情况下，上述人等视为在同一时刻死亡，并且他们中的任何人都不比其他人存活得更久。

第 958 条：两人或更多的人被召唤相互继承时，如发生第 79 条规定的情形，其中任何一人均不得继承其他人的财产。

埃塞俄比亚民法典

第 826 条：当某人死亡，对此等被称作死者的继承在其于死亡时拥有主要居所的地方开始。

构成遗产的死者的权利和义务应根据本题的规定移转予其继承人或受遗赠人；因死者的死亡终止的权利和义务不在此限。

第 832 条：两个或两个以上的人死亡，并且不能证明谁最后死亡时，对这些人中的每人的继承，得按照他们都是最后死亡，但未从其他人的继承中接受任何财产的人的假定调整之。

第一千一百二十二条

遗产是自然人死亡时遗留的个人合法财产。

依照法律规定或者根据其性质不得继承的遗产，不得继承。

其他法域立法例

德国民法典

第 1922 条：Ⅰ因人之死亡（继承之开始），其财产（遗产）概括移转于其他一人或数人继承（继承人）。

Ⅱ共同继承之应有部分（应继份），适用关于遗产规定。

日本民法典

第 896 条：继承人自继承开始时承继属于被继承人财产之一切权利义务。但专属于被继承人自身者，不在此限。

第 897 条：族谱、祭器及坟墓之所有权，不论前条之规定，由按习惯应主持祖先祭祀者承继。但有按被继承人之指定而应主持祖先祭祀者时，由其人承继。

前款正文之情形，习惯不明时，应承继同款之权利者，由家庭法院确定。

中国台湾地区“民法”

第 1148 条：继承人自继承开始时，除“本法”另有规定外，承受被继承人财产上之一切权利、义务。但权利、义务专属于被继承人本身者，不在此限。

继承人对于被继承人之债务，以因继承所得遗产为限，负清偿责任。

第 1148 条之一：继承人在继承开始前 2 年内，从被继承人受有财产之赠与者，该财产视为其所得遗产。

前项财产如已移转或灭失，其价额，依赠与时之价值计算。

魁北克民法典

第 614 条：在确定遗产时，法律不考虑财产的来源或性质。全部财产作为整体构成一个遗产财团。

美国路易斯安那州民法典

第 872 条：死者的遗产指一个人死后留下的财产、权利及义务总和，不论财产多于负担还是负担多于财产，也不论他是否只留下了负担而没有留下任何财产。遗产不仅包括死者亡故时已存在的权利与义务，而且包括自亡故时起因亡故发生的权利与义务，以及遗产后来承受的新的负担。

秘鲁共和国新民法典

第 660 条：自某人死亡之时起，构成其遗产的财产、权利和义务移转至其继承人。

智利共和国民法典

第 954 条：以概括名义所作的分配，称遗产；以单一物所作的分配，称遗赠物。遗产的受分配人称继承人，遗赠物的受分配人称受遗赠人。

埃塞俄比亚民法典

第 826 条：当某人死亡，对此等被称作死者的继承在其于死亡时拥有主要居所的地方开始。

构成遗产的死者的权利和义务应根据本题的规定移转予其继承人或受遗赠人；因死者的死亡终止的权利和义务不在此限。

第 827 条：履行死者为当事人的人寿保险合同应得的款项，如果死者未指定受益人或保险是为了死者的继承人的利益订立的而别无其他指示，得构成遗产之一部。

在其他情形，它们不构成遗产之一部。

第 828 条：因死者的死亡应偿付给其亲属或配偶的抚恤金和赔偿金不构成遗产的一部分。

第一千一百二十三条

继承开始后，按照法定继承办理；有遗嘱的，按照遗嘱继承或者遗赠办理；有遗赠扶养协议的，按照协议办理。

其他法域立法例

苏俄民法典

第 416 条：继承应当按照法定继承或者遗嘱继承，分别遵照下列各条办理。

日本民法典

第 914 条：被继承人已以遗嘱表示另外意思时，前三条规定不适用。

智利共和国民法典

第 952 条：依遗嘱为继承的，称遗嘱继承，依法律为继承的，称法定继承或无遗嘱继承。

对死者财产的继承，可为部分遗嘱继承、部分法定继承。

埃塞俄比亚民法典

第 829 条：对死者的继承既可是无遗嘱继承也可是遗嘱继承。

此等继承可以是部分的无遗嘱继承，部分的遗嘱继承。

死者在遗嘱中未加处分的财产得移转于其法定继承人。

第一千一百二十四条

继承开始后，继承人放弃继承的，应当在遗产处理前，以书面形式作出放弃继承的表示；没有表示的，视为接受继承。

受遗赠人应当在知道受遗赠后六十日内，作出接受或者放弃受遗赠的表示；到期没有表示的，视为放弃受遗赠。

其他法域立法例

德国民法典

第 1943 条：继承人已承认继承，或于拒绝继承之法定期间届满后，不得再拒绝继承；期间届满者，视为已承认继承。

第 1944 条：Ⅰ拒绝继承应于 6 个星期内为之。

Ⅱ前款期间自继承人知悉遗产之归属及其应为继承人之原因时起算。由死因处分而成为继承人者，在遗产法院宣读该处分前，其期间停止进行。期间之进行，准用第 206 条及第 210 条关于时效之规定。

Ⅲ被继承人仅在外国有其最后住所，或继承人在期间起算时居留于国外者，其期间为 6 个月。

第 1945 条：Ⅰ继承之拒绝，应向遗产法院以意思表示为之；其表示应在遗产法院予以记录或应经认证。

Ⅱ遗产法院之记录，依公证法相关规定为之。

Ⅲ意定代理人应有经公证人认证之代理权证书。代理权证书应附于拒绝声明书之后或于拒绝继承期间内补交。

第 2180 条：Ⅰ受遗赠人已承认遗赠者，不得再为拒绝。

Ⅱ遗赠之承认及拒绝，应对受加重负担之人以意思表示为之。该意思表示仅得于继承开始后为之；意思表示附有条件或期限者，无效。

Ⅲ于此情形，准用第 1950 条，第 1952 条第 1 款、第 3 款及第 1953 条第 1 款、第 2 款关于继承之承认及拒绝规定。

苏俄民法典

第 433 条：在遗产继承开始后的 6 个月内，继承人不报到或者不承认继承（本法典第 424 条规定的情形除外），以及继承人中的一人或者数人的继承权被遗嘱人剥夺，而又没有在遗嘱内指明全部财产应当留给他所指定的继承人，则上述放弃或者被剥夺继承权的人的应继份就转移给其他法定继承人，并且依照本法典第 420 条规定的程序分配。

如果在规定的期间内，所有继承人都没有报到或者不承认继承，以及被继承人剥夺一切继承人的继承权，这项财产应当认为是无人继承的财产而收归国家所有。

法国民法典

第 771 条：继承人不得受强制在继承开始起 4 个月期限届满之前作出选择。

自继承开始后 4 个月期限届满，由遗产的某一债权人、共同继承人、后一顺序的继承人或者国家采取主动，得以司法外文书催告继承人作出决定。

第 772 条：继承人在受到催告后 2 个月之内应当作出选择决定，如其不可能终结已经开始的遗产盘点或者证明有其他严肃的正当理由，可以向法官请求给予补充期限。自延长期限的申请提出至法官作出裁判决定，期间中止。

继承人在 2 个月期限终止或者同意延长的期限经过之后仍未作出决定时，视其为无条件接受。

第 773 条：在没有上述催告的情况下，如继承人没有实施继承人行为或者没有按照第 778 条、第 790 条与第 800 条的规定作为无条件继承人承担义务，仍然保有进行选择的权利。

第 780 条：选择权的时效期间为 10 年，自继承开始起算。

在此期间内没有作出选择决定的继承人，视为放弃继承。

继承人所表示的接受继承被取消时，对其后顺序的继承人，仅自确认无效事由的判决终局之时才开始计算时效期间。

继承人本人死亡，留有对遗产财产享有使用权的健在配偶时，对该继承人，选择权的时效期间仅自本人的继承开始时计算。

只要继承人有正当理由无从知道其权利已经产生，特别是无从知道继承开始时，时效不进行。

韩国民法典

第 1019 条：1. 继承人自知道继承开始之日起 3 个月内，可单纯承认或限定承认或放弃。但此期间可根据利害关系人或检察官的请求，由家庭法院延长。

2. 继承人可于前款承认或放弃前，调查继承财产。

3. 虽为第 1 款规定，继承人无重大过失，于第 1 款期间内不知道继承债务超出遗产的事实而为单纯承认（包括根据第 1026 条第 1 项及第 2 项的规定，视为单纯承认的情形）时，自知道该事实之日起 3 个月内，可表示为限定承认。

第 1041 条：继承人放弃继承时，应于第 1019 条第 1 款的期间内，向家庭法院申报放弃。

第 1074 条：1. 受遗赠人于遗嘱人死亡之后，可随时承认或放弃遗赠。

2. 前款承认或放弃，溯及于遗嘱人死亡时发生效力。

第 1077 条：1. 遗赠义务人或利害关系人，可定适当的期间，催告受赠人或其继承人承认或放弃。

2. 于前款期间内，受赠人或继承人对遗赠义务人的催告未作出确答时，视为承认遗赠。

日本民法典

第 915 条：继承人自已知为自己而有继承开始之事时起 3 个月以内，应就继承作出单纯、限定之承认或抛弃。但依利害关系人或检察官之请求，此期间得由家庭法院延长。

第 921 条：下列情形，视为继承人已作出单纯承认。

一、继承人已处分全部或部分继承财产时。但保存行为及不超过第 602 条规定期间之出租，不在此限。

二、继承人未于第 915 条第 1 款之期间内作出限定承认或抛弃继承时。

三、继承人作出限定承认或抛弃继承后，亦隐匿、私自消费全部或部分继承财产，或恶意不将之记载于继承财产目录中时。但因该继承人抛弃继承而成为继承人者已承认继承后，不在此限。

第 938 条：欲抛弃继承者，应向家庭法院申述其意旨。

第 986 条：受遗赠人，得于遗嘱人死亡后随时抛弃遗赠。

遗赠之抛弃，溯及至遗嘱人死亡之时生其效力。

第 987 条：遗赠义务人（负履行遗赠义务者。以下于本节同）及其他利害关系人，得对受遗赠人确定相当之期间，而催告旨在应于其期间内承认或抛弃遗赠。于此情形，受遗赠人未于其期间内对遗赠义务人表示其意思时，视为承认遗赠。

中国台湾地区“民法”

第 1174 条：继承人得抛弃其继承权。

前项抛弃，应于知悉其得继承之时起 3 个月内，以书面向法院为之。

抛弃继承后，应以书面通知因其抛弃而应为继承之人。但不能通知者，不在此限。

第 1206 条：受遗赠人在遗嘱人死亡后，得抛弃遗赠。

遗赠之抛弃，溯及遗嘱人死亡时发生效力。

第 1207 条：继承人或其他利害关系人，得定相当期限，请求受遗赠人于期限内为承认遗赠与否之表示；期限届满，尚无表示者，视为承认遗赠。

魁北克民法典

第 632 条：自其权利产生之日起，相续人有 6 个月的期间考虑是否接受遗产并行使选择权。本期间当然延长到自编制完财产清册后为给予他 60 天期间所必要的天数。

在考虑期内，不得将相续人视为继承人对其作出判决，他已接受继承的除外。

第 633 条：如相续人知悉自己有继承权而未在考虑期内放弃继承，推定他已接受继承，但法院延长考虑期的，不在此限。如相续人不知自己有继承权，可以强迫他在法院确定的期间内行使选择权。

如相续人未在法院确定的期间内行使选择权，推定他放弃继承。

第 646 条：放弃继承应为明示。放弃继承也可根据本法规定的情形发生。

明示放弃应以保存在公证人处的公证书或以记录在案的向法院作出的声明为之。

第 741 条：像相续人一样，特定遗赠的受遗赠人基于与相续人相同的规则享有考虑权且行使其选择权，并产生相同的法律效力。

秘鲁共和国新民法典

第 673 条：继承人在共和国境内经历 3 个月之期限，或其在国外经历 6 个月之期限，未抛弃遗产者，则推定遗产已被承认。上述期限不因任何原因而中断。

第 674 条：可自由处分其财产之人，可以抛弃遗产和遗赠。

第 675 条：抛弃应以公证书或在有权审理该继承的法官面前作成的文书形式作出，否则无效。文书必须入册。

智利共和国民法典

第 1232 条：一切受分配人应依任何利害关系人的请求表示接受还是抛弃继承；此等表示应在请求之日后的 40 天内作出。在受分配人不在或财产处于远地的情形，或者在有其他重大事由时，法官可延展这一期限，但绝对不得超过 1 年。

在此期限内，一切受分配人都有权检查所分配的物品；可请求采取与其相关的保全措施；并且不应被强制清偿任何遗产债务或遗嘱债务，但遗嘱执行人或无人接受继承之遗产的保佐人分别可被强制清偿此等债务。

在此期限内，继承人也可检查关于继承的账目和文件。

如不在的受分配人未亲自或未委托合法代理人及时到庭，则应为其指定财产保佐人，由其代表该受分配人附清单利益地接受继承。

第 1233 条：受分配人如迟延作出接受或抛弃继承的表示，视为抛弃继承。

第 1235 条：仅得在法律规定的情形依法当然推定抛弃继承。

埃塞俄比亚民法典

第 978 条：自清算人通知继承人召集继承之日起 1 个月内，继承人可放弃继承。

法院可应继承人的申请，将第 1 款确定的期限延长至最长 3 个月。

第 979 条：放弃继承，除非以书面形式作出或有 4 名证人在场，无效。

除非它在第 978 条确定的期限届满之前已让清算人知晓，无效。

第一千一百二十五条

继承人有下列行为之一的，丧失继承权：

（一）故意杀害被继承人；

（二）为争夺遗产而杀害其他继承人；

（三）遗弃被继承人，或者虐待被继承人情节严重；

（四）伪造、篡改、隐匿或者销毁遗嘱，情节严重；

（五）以欺诈、胁迫手段迫使或者妨碍被继承人设立、变更或者撤回遗嘱，情节严重。

继承人有前款第三项至第五项行为，确有悔改表现，被继承人表示宽恕或者事后在遗嘱中将其列为继承人的，该继承人不丧失继承权。

受遗赠人有本条第一款规定行为的，丧失受遗赠权。

其他法域立法例

德国民法典

第 2339 条：Ⅰ有下列情形之一者，丧失继承权：

1. 故意且不法杀害或意图杀害被继承人，或使被继承人生前陷于不能作成或废弃死因处分者。

2. 故意且不法妨害被继承人作成或废弃死因处分者。

3. 以恶意之诈欺或不法之胁迫使被继承人作成或废弃死因处分者。

4. 对于被继承人之死因处分，实施《刑法》第 267 条、第 271 条至第 274 条所定之犯罪行为，而应负责任者。

Ⅱ于前款第 3 项及第 4 项所定之情形，于继承开始前，被继承人所作成之死因处分，或犯罪行为所由实行之死因处分，已不生效力，或被继承人所决定废弃之死因处分，已不生效力者，其继承权不丧失。

第 2343 条：被继承人对于丧失继承权之人已为宥恕者，不得撤销。

法国民法典

第 726 条：下列之人丧失继承资格，排除其继承遗产：

1. 因故意杀害被继承人既遂或者未遂，作为正犯或共犯被判处重罪之刑罚的；

2. 虽无杀人意图但故意对被继承人实施殴打或暴力行为致其死亡，作为正犯或共犯被判处重罪之刑罚的。

第 727 条：得宣告下列之人丧失继承资格：

1. 因故意致被继承人死亡既遂或者未遂，作为正犯或共犯被判处轻罪之刑罚的；

2. 虽无杀人意图但因故意对被继承人实施殴打或暴力行为致其死亡，作为正犯或共犯被判处轻罪之刑罚的；

3. 因在针对被继承人的刑事诉讼中作伪证被判刑的；

4. 在可以作为且对本人或第三人并无危险的情况下，因故意不作为，对侵犯被继承人人身并引起其死亡的重罪或轻罪不加阻止而被判刑的；

5. 诽谤被继承人，致其因受到诽谤之事实而被判刑事处罚，行为人因诽谤罪被判刑的。

实施第 1 项与第 2 项所指行为的人，虽因当事人死亡，公诉未能进行或者消灭，仍得宣告其无继承资格。

第 727—1 条：第 727 条规定得丧失继承资格之宣告，由大审法院应其他继承人之一的请求在继承开始之后作出。如判刑判决或有罪宣告是在被继承人死亡之前作出，前项请求应在被继承人死亡后 6 个月内提出；如判刑判决或有罪宣告是在被继承人死亡之后作出，这一请求应在判决作出后 6 个月内提出。

没有继承人时，检察院得提出此项请求。

第 728 条：如被继承人在有继承权的人实行犯罪之后或者在知道此种犯罪事实之后，仍然用遗嘱的形式明文声明其愿意继续保留该人的继承权，或者仍然向该人进行全部概括或部分概括之无偿处分，有第 726 条与第 727 条所指的丧失继承资格之原因的人，仍然不被排除在继承之外。

韩国民法典

第 1004 条：具有下列各项情形之一者，不得为继承人：

1. 故意杀害或蓄意杀害直系尊亲属、被继承人、其配偶或先顺位或同顺位的继承人的人；

2. 故意伤害直系尊亲属、被继承人及其配偶而致其死亡的人；

3. 以欺诈或胁迫妨碍被继承人订立或撤销遗嘱的人；

4. 以欺诈或胁迫，使被继承人订立遗嘱的人；

5. 伪造、变造、毁灭或隐匿被继承人的遗嘱的人。

日本民法典

第 891 条：下列之人不得为继承人。

一、因故意致使或欲致使被继承人或就继承处于先顺位、同顺位之人死亡，而被处以刑罚者。

二、明知被继承人被杀害而不告发或不控告者。但其人不能辨别是非时，或杀害人为自己之配偶或直系血亲时，不在此限。

三、以欺诈或强迫妨害被继承人订立、撤回、撤销或变更继承相关之遗嘱者。

四、以欺诈或强迫使被继承人订立、撤回、撤销或变更继承相关之遗嘱者。

五、伪造、变造、毁坏或隐匿被继承人关于继承之遗嘱者。

第 965 条：第 886 条及第 891 条之规定，准用于受遗赠人。

中国台湾地区“民法”

第 1145 条：有左列各款情事之一者，丧失其继承权：

一、故意致被继承人或应继承人于死或虽未致死因而受刑之宣告者。

二、以诈欺或胁迫使被继承人为关于继承之遗嘱，或使其撤回或变更之者。

三、以诈欺或胁迫妨害被继承人为关于继承之遗嘱，或妨害其撤回或变更之者。

四、伪造、变造、隐匿或湮灭被继承人关于继承之遗嘱者。

五、对于被继承人有重大之虐待或侮辱情事，经被继承人表示其不得继承者。

前项第 2 款至第 4 款之规定，如经被继承人宥恕者，其继承权不丧失。

第 1188 条：第 1145 条丧失继承权之规定，于受遗赠人准用之。

魁北克民法典

第 620 条：下列人当然不配继承：

1. 被确认为试图杀害被继承人者；

2. 被剥夺对子女的亲权且其子女免除向他支付扶养费的义务的人对子女的遗产。

第 621 条：下列人可宣告为不配继承：

1. 对被继承人有虐待或其他可严厉指责的行为者；

2. 恶意隐匿、篡改或毁坏被继承人的遗嘱者；

3. 阻挠遗嘱人书写、修改或撤销遗嘱者。

第 622 条：如被继承人知道继承人有不配事由仍授予他利益，或在能够变更时未变更施舍性处分，该继承人的不配解销，也不得宣告他为不配。

第 740 条：为接受遗赠，特定遗赠的受遗赠人应具备继承所要求的资格。

他可以因不配继承的相同原因不配接受遗赠；他像相续人一样，可以申请法院宣告某继承人或其特定遗赠的共同受遗赠人不配。

美国路易斯安那州民法典

第 941 条：继承人有下列行为时应被宣告不配：

犯有涉及故意杀害或企图杀害被继承人的罪行，或被依法确定参与了故意的非法杀害或企图杀害被继承人的活动。宣告不配之诉应当在被继承人的继承程序中提起。

执行赦免或法律规定的赦免不影响被继承人的不配。

第 943 条：若继承人证明与被继承人和解或得到了被继承人的宽恕，则不应宣告其不配。

秘鲁共和国新民法典

第 667 条：下列人因不配而被排除作为继承人或受遗赠人对特定人的继承：

1. 故意谋害被继承人或其尊血亲、卑血亲、配偶之生命的主犯和从犯，或者未遂者，此不配原因不因赦免或刑事追诉时效而消灭；

2. 因对被继承人或前款所指任何人实施故意犯罪而被判有罪者；

3. 诬告被继承人实施犯罪行为之人，而法律对该犯罪行为有剥夺自由之处罚；

4. 为阻碍被继承人订立遗嘱，或为强迫其订立遗嘱，或为使其全部或部分撤销已订立之遗嘱，而使用欺诈或胁迫之人；

5. 毁损、隐匿、伪造或修改被继承人之遗嘱者，以及故意利用伪造之遗嘱的人；

6. 不止一次在凌辱被继承人的家庭暴力案件中被生效判决处罚之人；

7. 父母在子女未成年期间未自愿认领的，或者即便在子女成年后，父母在其不能自谋生计时，未依其经济能力提供抚养费和帮助的，不配对子女进行继承。有继承资格的亲属或配偶在依法有义务向被继承人提供帮助和抚养费，且已通过司法途径被作出此等安排，却未予提供的，也不配继承。

第 669 条：被继承人可依剥夺继承权之规范，以不配为由剥夺其必要继承人的继承权，也可依此等规范宽恕不配者。

智利共和国民法典

第 964 条：在对其依法当然移转遗产或遗赠之前，某人因和他人发生构成犯罪的性关系而受法院判处时，如该人并未与之缔结具有民事效果的婚姻，则无能力作为继承人或受遗赠人继承该他人。

在对其依法当然移转遗产或遗赠之前被控犯有此等罪行者，虽在法院裁决进行之中，亦同。

第 968 条：下列人不配作为继承人或受遗赠人对死者进行继承：

1. 对死者犯有杀人罪者，以协助或教唆参与此等犯罪者，或见死不救者；

2. 严重危害被继承人或其配偶、直系尊血亲、直系卑血亲的生命、荣誉或财产者，此等危害须依生效判决予以证实；

3. 第六亲等之内的血亲在被继承人处于精神病状态或困难境地时能救济而未予救济者；

4. 以胁迫或诈欺方式取得死者遗嘱处分或阻止其订立遗嘱者；

5. 故意扣留或隐匿死者的遗嘱者，此等故意仅依单纯的扣留或隐匿行为而予推定。

第 969 条：成年人未尽快向法院控告对死者的谋杀的，不配继承。

司法机关已着手案件的侦查时，此种不配终止。

但仅在继承人或受遗赠人不是实施或教唆谋杀之人的配偶，或者不是该人的直系尊血亲或直系卑血亲，或者与之不存在三亲等以内的血亲或姻亲关系，才可以此等原因主张不配。

第 970 条：在无遗嘱情况下被召唤继承未适婚人、精神病人或聋哑人的直系尊血亲或直系卑血亲，如先前未为此等人请求指定监护人或保佐人，且此种懈怠持续 1 年整，则不配继承上述人等，但显然不可能自行或通过代理人请求指定者，不在此限。

数人被召唤继承的，其中一人履行上述义务所带来的利益惠及其他人。

1 年的期间经过后，前述请求指定监护人或保佐人的义务，由被召唤为法定继承之第二顺位的人承担。

此种义务并不扩及于未成年人，一般也不扩及于处于监护、保佐下的人。

自未适婚人达到适婚年龄之时起，或者自精神病人、聋哑人取得对其财产的管理权之时起，此种不配事由即告消灭。

第 971 条：遗嘱人指定的监护人或保佐人无法定事由主张豁免此等职务者，不配成为继承人。

遗嘱人指定的遗嘱执行人未证明严重不便而主张豁免者，同样不配继承。

对于分配人有义务留给其法定份额的受分配人，以及其职务豁免的主张被法官驳回后即担任该职务者，不适用此种不配事由。

第 972 条：最后，明知某人无能力继承，却向死者承诺将其财产的全部或一部依任何方式移转于该人者，不配继承。

但对因敬畏而向死者作出此等承诺之人，不得主张其不配；该人已着手履行诺言者，不在此限。

第 973 条：如果遗嘱处分发生在导致不配的事实之后，则不得以前数条提及的不配事由对抗该处分，即使已证实死者在订立遗嘱之时或之后并不知悉此等事实，亦同。

埃塞俄比亚民法典

第 838 条：任何因下列罪行受判决的人得因不配而丧失继承死者的能力：

故意导致死者本人、其卑亲属、尊亲属或其配偶死亡的；

试图杀害上述人员之一的；

作出可能会导致上述人员之一被判死刑或 10 年以上严格监禁的虚假指控或证明的。

第二章　法定继承

第一千一百二十六条

继承权男女平等。

其他法域立法例

法国民法典

第 735 条：子女，或者他们的直系卑亲，不分性别，也不分长子身份，即使系不同婚姻所生，均得继承其父与母或其他直系尊血亲。

智利共和国民法典

第 982 条：法定继承不虑及性别和长子身份。

埃塞俄比亚民法典

第 837 条：继承人的性别、年龄和国籍完全不影响对其继承权的确定。

第一千一百二十七条

遗产按照下列顺序继承：

（一）第一顺序：配偶、子女、父母；

（二）第二顺序：兄弟姐妹、祖父母、外祖父母。

继承开始后，由第一顺序继承人继承，第二顺序继承人不继承；没有第一顺序继承人继承的，由第二顺序继承人继承。

本编所称子女，包括婚生子女、非婚生子女、养子女和有扶养关系的继子女。

本编所称父母，包括生父母、养父母和有扶养关系的继父母。

本编所称兄弟姐妹，包括同父母的兄弟姐妹、同父异母或者同母异父的兄弟姐妹、养兄弟姐妹、有扶养关系的继兄弟姐妹。

其他法域立法例

德国民法典

第 1924 条：Ⅰ第一顺序之法定继承人为被继承人之直系血亲卑亲属。

Ⅱ继承开始时，直系血亲卑亲属有不同亲等时，以亲等较近者排除亲等较远者继承。

Ⅲ前款亲等较近之直系血亲卑亲属于继承开始前死亡者，由其亲等较远之直系血亲卑亲属代位继承（代位继承）。

Ⅳ子女按人数平均继承。

第 1925 条：Ⅰ第二顺序之法定继承人为被继承人之父母及其直系血亲卑亲属。

Ⅱ继承开始时，被继承人之父母均生存者，仅由父母平均继承。

Ⅲ继承开始时，被继承人之父母有一方死亡者，由死亡人之直系血亲卑亲属依前条第一顺位法定继承人之规定，代位继承。死亡人无直系血亲卑亲属者，由生存之一方单独继承。

Ⅳ于第 1956 条规定收养之情形，被收养之子女与本生父母之子女或与他方配偶之子女相互间，不为第二顺序之法定继承人。

第 1926 条：Ⅰ第三顺序之法定继承人为被继承人之祖父母及其直系血亲卑亲属。

Ⅱ继承开始时，被继承人之祖父母均生存者，仅由祖父母平均继承。

Ⅲ继承开始时，被继承人之祖父母有一方死亡者，由死亡人之直系血亲卑亲属，代位继承。死亡人无直系血亲卑亲属者，由生存之一方单独继承；其不存在者，由其直系血亲卑亲属继承。

Ⅳ继承开始时，父系或母系之祖父母均死亡，且无直系血亲卑亲属者，由他系之祖父母或其直系血亲卑亲属单独继承。

Ⅴ在直系血亲卑亲属代位其父母或其他直系血亲尊亲属继承者，适用关于第一顺序法定继承人之规定。

第 1928 条：Ⅰ第四顺序之法定继承人为被继承人之曾祖父母及其直系血亲卑亲属。

Ⅱ继承开始时，被继承人之曾祖父母均生存者，仅由曾祖父母平均继承；有多数曾祖父母者，不问其是否属于同一亲系，按人数平均继承。

Ⅲ继承开始时，曾祖父母均死亡者，由其直系血亲卑亲属中与被继承人亲等最近者优先继承；亲等相同之继承人为多数时，按人数平均继承。

第 1929 条：Ⅰ第五顺序及更远之法定继承人为被继承人之高祖父母、高祖父母以上之直系血亲尊亲属及其直系血亲卑亲属。

Ⅱ前款情形，准用《民法典》第 1928 条第 2 款及第 3 款规定。

第 1930 条：有顺序在先之血亲继承人者，其他血亲继承人被排除而不得继承。

法国民法典

第 732 条：有继承权的配偶是指，没有离婚的健在配偶。

第 733 条：在确定哪些亲属可以继承遗产时，法律并不按照确立亲子关系的方式进行区分。

由收养关系产生的权利，按照“收养编”所规定的规则处理。

第 734 条：在没有有继承权的配偶的情况下，亲属按照以下顺序继承遗产：

1. 子女和他们的直系卑血亲；
2. 父母；兄弟姐妹以及他们的直系卑亲；
3. 父母之外的直系尊血亲；
4. 除兄弟姐妹以及他们的直系卑亲以外的旁系亲属。

以上四类亲属各成一个继承人顺序，并排除其后各顺序继承。

第 735 条：子女，或者他们的直系卑亲，不分性别，也不分长子身份，即使系不同婚姻所生，均得继承其父与母或其他直系尊血亲。

第 748 条：超过第六亲等的旁系亲属不参与继承。

韩国民法典

第 1000 条：1. 继承按下列顺位为继承人：

（1）被继承人的直系卑亲属；

（2）被继承人的直系尊亲属；

（3）被继承人的兄弟姐妹；

（4）被继承人四亲等以内的旁系血亲。

2. 于前款情形，同顺位的继承人为数人时，最近亲等为先顺位；同亲等的继承人为数人的，为共同继承人。

3. 关于胎儿的继承顺位，视为已经出生。

第 1003 条：1. 根据第 1000 条第 1 款第 1 项及第 2 项的规定有继承人时，被继承人的配偶与该继承人为同顺位的共同继承人，如无继承人，则为单独继承人。

2. 于第 1001 条情形，继承开始前死亡或欠格的配偶，与本条所定继承人顺位相同，为共同继承人，无继承人时为单独继承人。

日本民法典

第 887 条第 1 款：被继承人之子女，为继承人。

第 889 条：无将依第 887 条之规定成为继承人者之情形，下列之人按下列顺序之顺位，成为继承人。

一被继承人之直系尊亲属。但亲等相异者之间，其近者为先。

二被继承人之兄弟姐妹。

第 887 条第 2 款之规定，准用于前款第 2 项之情形。

第 890 条：被继承人之配偶，恒为继承人。于此情形，有将依第 887 条或前条规定成为继承人者时，与其人为同顺位。

中国台湾地区“民法”

第 1138 条：遗产继承人，除配偶外，依左列顺序定之：

一、直系血亲卑亲属。

二、父母。

三、兄弟姊妹。

四、祖父母。

第 1139 条：前条所定第一顺序之继承人，以亲等近者为先。

魁北克民法典

第 655 条：血亲关系基于血缘或收养产生。

第 666 条：如被继承人留有配偶和直系卑血亲，遗产移转于他们。

配偶取得遗产的 1/3，直系卑血亲取得另外的 2/3。

第 670 条：被继承人的父母为有特权的直系尊血亲。

被继承人的兄弟姐妹及他们的第一亲等的直系卑血亲为有特权的旁系血亲。

第 677 条：只有在被继承人无生存配偶、直系卑血亲、有特权的直系尊血亲或有特权的旁系血亲时，才召集一般直系尊血亲和一般旁系血亲继承。

第 680 条：在每一亲系，被继承人的第二亲等的直系尊血亲可以排除其他一般直系尊血亲和旁系血亲取得分配给其亲系的份额。

如某亲系中无第二亲等的直系尊血亲，则分配给该亲系的份额移转于出自该直系尊血亲的最近亲等的一般旁系卑血亲。

第 681 条：如某亲系无出自第二亲等的直系尊血亲的一般旁系卑血亲，则分配给该亲系的份额移转于第三亲等的直系尊血亲。如无，则移转于出自他们的最近亲等的一般旁系卑血亲。依次类推，直至不再有有继承权的亲等内的亲属。

第 682 条：如一亲系中无有继承权亲等内的亲属，另一亲系的亲属继承全部遗产。

第 683 条：八亲等以外的亲属无继承权。

美国路易斯安那州民法典

第 888 条：卑亲继承其尊亲的财产。若处在同一亲等，则按人数分得相同的份额。若他们中的全部或部分通过代位继承，则按亲源取得财产。

第 889 条：若死者无任何卑亲属，则生存配偶继承死者夫妻共同财产中的份额。

第 891 条：若死者无卑亲属，且有尚生存的父母、兄弟姐妹或其子女，则其兄弟姐妹或其子女继承死者的分别财产，但该财产上负担为尚生存父母利益的用益权。若父母双方均生存，则用益权是共同且可继承的。

第 892 条：若死者没有后代，也无生存父母，则其兄弟姐妹或其后代，排除其他尊亲或旁系亲属继承其分别财产并对之享有完全所有权。

若死者没有后代，没有兄弟姐妹或其后代，则其父母排除其他尊亲或旁系亲属继承分别财产。

第 893 条：若死者与其兄弟姐妹有相同的父母，则移交给他们的财产在他们间平分。若他们出自不同的结合，则财产在死者的父系亲属与母系亲属间平均分配：这些亲属包括既属父系又属母系有完全血缘关系的兄弟姐妹，也包括那些有一半血缘关系的仅属一系的兄弟姐妹。若兄弟姐妹仅属于一系，则他们排除另一系的所有亲属取得全部财产。

第 894 条：若死者无后代、无父母、无兄弟姐妹及其后代，则其未与之别居的配偶排除其他尊亲及旁系亲属地继承其分别财产。

第 895 条：若死者无后代，无兄弟姐妹及其后代，无生存父母，无未与之别居的配偶，则其他的尊亲属继承其分别财产。若父系的尊亲与母系的尊亲有相同的亲等，则财产被分成相等的两份，一份归于父系尊亲，另一份归于母系尊亲，不论两系尊亲的数目是否相等。在此情形，每一系的尊亲依人数继承。

若某尊亲与死者亲等最近且既属父系又属母系，则此尊亲排除更远亲等的尊亲。

第 896 条：若死者无后代、无兄弟姐妹及其后代，无生存父母、无未与之别居的配偶、无其他尊亲，则其他的旁系亲属继承其分别财产。在旁系亲属中，亲等最近的亲属排除所有其他的。如果有若干亲等相同的亲属，则他们依人数均分取得财产。

第 897 条：若尊亲曾经赠与子女或其他卑亲属不动产，在受赠人亡故且无后时，该尊亲对该不动产享有排除其他继承人的继承权，只要在遗产中发现了此等不动产。

若此等物品被出让且价款全部或部分未付，则尊亲有权收取这些价款。尊亲也继承回赎权，一旦子女或后代在处分此等物时为其利益设定的条件成就，即可行使回赎权。

秘鲁共和国新民法典

第 816 条：子女和其他直系卑血亲为第一顺序继承人；父母和其他直系尊血亲为第二顺序继承人；配偶或事实结合中生存的一方，为第三顺序继承人；第四、五、六顺序之继承人，分别为第二、三、四亲等的旁系血亲。

配偶或事实结合中生存的一方，亦作为继承人与本条规定的前二顺序之继承人一起参与继承。

第 817 条：直系卑血亲排斥直系尊血亲。除代位继承外，亲等更近的亲属排斥亲等较远者。

第 818 条：所有子女对其父母享有平等的继承权。此规定包括婚生子女、被自愿认领或依判决宣告的非婚生子女对父或母以及父母之亲属的继承，也包括被收养的子女。

第 826 条：配偶之一在结婚之时罹患疾病且在随后的 30 日之内死亡的，不宜由鳏夫或寡妇进行继承，但婚姻之缔结乃为正常化某种事实状态的，不在此限。

第 827 条：因与存在结婚障碍者结婚而使婚姻无效的，其无效不影响善意结婚一方的继承权利，但前者在后者之后死亡的除外。

第 828 条：若无有继承权的直系卑血亲、直系尊血亲和配偶，则遗产归属于第四亲等内的旁系亲属，其中亲等更近者排斥亲等较远者，但依第 683 条的规定，由侄甥代位其父母而与其叔舅姑姨进行共同继承的权利不受限制。

智利共和国民法典

第 983 条：死者的直系卑血亲、直系尊血亲、生存配偶、旁系血亲、相应情形下的被收养人以及国家，均被召唤参加法定继承。

被收养人的继承权依相应法律的规定。

第 988 条：子女排斥其他一切继承人，但同时存在生存配偶者除外，在此情形，生存配偶与子女同时继承。

生存配偶应得的份额，一般应为分配给每一个子女的严格特留份或实际特留份的二倍。若仅存在一个子女，配偶的份额应该和该子女的严格特留份或实际特留份相同。但依其情形，配偶应得份额绝对不得低于遗产的 1/4 或作为特留份的半数遗产的 1/4。

遗产的 1/4 或作为特留份的半数遗产的 1/4 归属于生存的配偶后，剩余部分在子女之间均分。

前述 1/4 部分应考虑第 996 条的规定而予计算。

第 989 条：死者未遗有直系卑血亲的，配偶及其亲等最近的直系尊血亲可继承之。

在此情形，遗产分为 3 部分，配偶得 2 份，直系尊血亲得 1 份。无直系尊血亲的，配偶取得全部财产；无配偶者，直系尊血亲取得全部财产。

只有一个亲等最近的直系尊血亲时，该尊血亲或者继承全部财产，或者继承直系尊血亲的全部遗产份额。

第 990 条：如死者既未遗有直系卑血亲，亦未遗有直系尊血亲，且未遗有配偶，其兄弟姐妹可继承之。

本条所谓的兄弟姐妹，甚至包括仅同父或仅同母的兄弟姐妹，但仅同父或仅同母的兄弟姐妹的应继份应为同父同母的兄弟姐妹应继份的一半。

第 992 条：死者未遗有直系卑血亲、直系尊血亲、配偶、兄弟姐妹的，其他亲等最近的旁系血亲，无论是单系抑或双系，在第六亲等的范围内，均可对其进行继承。

单系旁系血亲，亦即死者的父系或母系亲属，有权取得双系旁系血亲亦即死者之父系兼母系亲属的份额的一半。

亲等最近的旁系血亲始终排斥其他旁系血亲。

埃塞俄比亚民法典

第 836 条：死者或继承人的婚生子女或非婚生子女身份不影响是否将其确定为继承人，也不影响这两种子女各自继承份额的价值。

在不违反本法典第 557 条规定的前提下，死者的养子女与其他子女地位相同。

第 842 条：死者的子女得首先被召集继承死者。

他们每人得接受相等份额的遗产。

当死者的子女或子女之一已经死亡并且留有卑亲属时，死者由此等卑亲属代位继承。

第 843 条：死者未留下卑亲属时，其父母可以被召集继承。

第 845 条：当死者既未留下卑亲属、父母或父母的卑亲属时，死者的祖父母可以被召集继承他。

祖父母或其卑亲属有权继承一半遗产；外祖父母或其卑亲属有权继承另一半。

第 847 条：没有第三顺位的继承人时，死者的曾祖父母得被召集继承。

第一千一百二十八条

被继承人的子女先于被继承人死亡的，由被继承人的子女的直系晚辈血亲代位继承。

被继承人的兄弟姐妹先于被继承人死亡的，由被继承人的兄弟姐妹的子女代位继承。

代位继承人一般只能继承被代位继承人有权继承的遗产份额。

其他法域立法例

德国民法典

第 1924 条：Ⅰ第一顺序之法定继承人为被继承人之直系血亲卑亲属。

Ⅱ继承开始时，直系血亲卑亲属有不同亲等时，以亲等较近者排除亲等较远者继承。

Ⅲ前款亲等较近之直系血亲卑亲属于继承开始前死亡者，由其亲等较远之直系血亲卑亲属代位继承（代位继承）。

Ⅳ子女按人数平均继承。

第 1926 条：Ⅰ第三顺序之法定继承人为被继承人之祖父母及其直系血亲卑亲属。

Ⅱ继承开始时，被继承人之祖父母均生存者，仅由祖父母平均继承。

Ⅲ继承开始时，被继承人之祖父母有一方死亡者，由死亡人之直系血亲卑亲属，代位继承。死亡人无直系血亲卑亲属者，由生存之一方单独继承；其不存在者，由其直系血亲卑亲属继承。

Ⅳ继承开始时，父系或母系之祖父母均死亡，且无直系血亲卑亲属者，由他系之祖父母或其直系血亲卑亲属单独继承。

Ⅴ直系血亲卑亲属代位其父母或其他直系血亲尊亲属继承者，适用关于第一顺序法定继承人之规定。

苏俄民法典

第 418 条：法定继承人是被继承人的子女（包括养子女）、配偶和丧失劳动能力的父母，以及其他丧失劳动能力并且在被继承人生前依靠被继承人生活 1 年以上的人。

如果被继承人的子女，在继承开始前死亡，他的应继份由他的子女（被继承人的孙子女、外孙子女）代位继承；如果代位继承人死亡，由他的子女（被继承人的曾孙子女、外曾孙子女）代位继承。

如果没有上述的继承人，或者继承人不接受继承，法定继承人就是被继承人有劳动能力的父母；如果没有父母，法定继承人就是被继承人的兄弟和姊妹。

法国民法典

第 751 条：代位继承是法律上的一种拟制，其效果是召唤取代被代位人权利的代位人继承遗产。

第 752 条：直系卑血亲均得代位继承，并无代数限制。

不论是被继承人自己的子女与其先去世的某一子女留下的直系卑血亲共同继承，也不论是因被继承人的所有子女都已先去世，他们的直系卑血亲的亲等是否相同，所有情况，均准许代位继承。

第752—2条：旁系亲属中，被继承人的兄弟姐妹的子女及直系卑血亲，不论是叔、伯、姑、舅、姨共同继承，还是因被继承人的兄弟姐妹均以死亡，遗产转归与他们的亲等相同或不同的直系卑血亲的情况，均准许代位继承。

第753条：在准许代位继承的所有情况下，如同被代位人本人继承一样，遗产按房数分配；如有必要，按同一房亲属的次分支进行分配。在每一房亲属或者每一房亲属的次分支内，遗产按人头等份分配。

韩国民法典

第1001条：依前条第1款第1项及第3项的规定，得为继承人的直系卑亲属或兄弟姐妹于继承开始前死亡或为欠格者，并有其直系卑亲属时，由其直系卑亲属代替死亡或欠格者的顺位为继承人。

第1010条：1. 根据第1001条的规定，代替死者或欠格者成为继承人的人的应继份，应与死者或欠格者的应继份相同。

2. 于前款情形，死者或欠格者的直系卑亲属为数人时，其应继份应于死者或欠格者的应继份的限度内，依第1009条的规定而定。于第1003条第2款情形，亦同。

日本民法典

第887条第2款和第3款：被继承人之子女，已于继承开始以前死亡时，或因符合第891条之规定或因废除而已丧失其继承权时，其人之子女代位之而成为继承人。但非被继承人之直系卑亲属者，不在此限。

前款之规定，准用于代位人已于继承开始前死亡，或因符合第891条之规定或因废除而已丧失其代位继承权之情形。

中国台湾地区“民法”

第1140条：第1138条所定第一顺序之继承人，有于继承开始前死亡或丧失继承权者，由其直系血亲卑亲属代位继承其应继份。

巴西新民法典

第1851条：如法律召集死者的一定亲属继承此死者如活着他自己将继承的权利，发生代位继承权。

第1852条：代位继承权只授予直系卑血亲，绝不授予直系尊血亲。

第1853条：在旁系血亲中，当死者的兄弟姐妹的子女与死者的兄弟姐妹同顺序时，仅将代位继承权授予前者。

第 1855 条：单数的被代位人的继承份额在复数的代位继承人中均分。

魁北克民法典

第 660 条：代位继承是法律赋予的利益，据此，被继承人的近亲属被召集继承其尊亲属可能取得的，但由于先于被继承人或与被继承人同时死亡或由于不配继承而不能自己取得的遗产。

第 661 条：直系卑血亲均可以代位继承，无代数的限制。

不论被继承人的其他子女与被代位子女的直系卑血亲共同继承，还是被继承人所有的子女均已死亡或均构成不配，他们的直系卑血亲在相互关系中的亲等相同与否，均准许代位继承。

第 663 条：在有特权的旁系血亲之间，为被继承人的兄弟姐妹的第一亲等的直系卑血亲之利益发生代位继承；在一般旁系血亲之间，为被继承人的兄弟姐妹的其他亲等的直系卑血亲之利益，不论他们相互间的亲等是否相同，也发生代位继承。

第 665 条：在所有准许代位继承的情形，遗产都按房分配。

如一房有数个支房，每一支房也按该支房所有的房数再分配。同一支房的数个继承人按人数分配。

美国路易斯安那州民法典

第 881 条：代位是法律的拟制，其效力是代位人处在被代人的位置，具有被代位人的亲等及权利。

第 882 条：直系卑亲属间的代位不受限制。任何情况下都应允许此等代位，不论死者的子女是否与先死子女的卑亲达成一致，也不论在死者的子女均先于死者亡故时，子女的卑亲是否与死者具有同一亲等。强制继承时，代位仅依第 1493 条的规定发生。

第 884 条：涉及旁系亲属时，为了死者的兄弟姐妹之卑亲的利益，允许代位，无论其继承是否与叔舅姑姨达成一致，也不论死者已亡故的兄弟姐妹及其卑亲是否以相等的亲等继承。

第 885 条：在所有允许代位的场合，按照亲源进行分割；若一亲源产生了若干支系，则次级分割仍然应当在每一支系中按照亲源进行，相同支系的成员则按照人数分割。

第 888 条：卑亲继承其尊亲的财产。若处在同一亲等，则按人数分得相同的份额。若他们中的全部或部分通过代位继承，则按亲源取得财产。

秘鲁共和国新民法典

第 681 条：基于代位继承，卑血亲有权取代其尊血亲之地位和亲等，受领后者若生存本归属于他的遗产或者后者所抛弃的或因不配、被剥夺继承权而丧失的遗产。

第 682 条：在直系卑血亲，代位继承不受限制，且无差别地有利于子女之卑血亲而发生。

第 683 条：在旁系亲属，仅在对某兄弟姐妹进行继承时，为使先死之兄弟姐妹的子女在第 681 条规定的情形对其享有的代位继承权能实现而与其他生存之兄弟姐妹一起参与继承，才发生代位继承。

第 684 条：基于代位继承而参与继承的人，按房（株）取得其所代位之继承人本应取得的遗产。

第 685 条：在法定继承中，代位继承适用于第 681 条至第 684 条所指诸情形。在遗嘱继承中，代位继承一视同仁地适用于直系卑血亲，对旁系亲属则适用第 683 条的规定，但遗嘱人另有处分者除外。

智利共和国民法典

第 984 条：法定继承的发生，或基于人身权，或基于代位继承权。

代位继承为法律的拟制，在此种拟制中，某人在其父或母不愿或不能继承时，被假定取得父或母的地位以及由此而来的亲等与继承权。

父或母在愿意或可能时本可依代位权继承的遗产，其子女也可代位继承之。

第 985 条：代位继承人在一切情形均按房数继承，也就是说，不问代位继承的子女数目为多少，全体子女取得被代位的父亲或母亲的应继份额并予均分。

非代位继承人按人数继承，亦即全体继承人取得法律指定的份额并予均分；同一法律作不同分割者，不在此限。

第 986 条：死者的直系卑血亲、其兄弟姐妹的直系卑血亲，均可代位继承。

在此等直系卑血亲之外，不发生代位继承。

埃塞俄比亚民法典

第 842 条：死者的子女得首先被召集继承死者。

他们每人得接受相等份额的遗产。

当死者的子女或子女之一已经死亡并且留有卑亲属时，死者由此等卑亲属代位继承。

第 848 条：父系的曾祖父母或其卑亲属有权继承一半遗产，母系的曾祖父母或其卑亲属有权继承另一半。

在不违反第 1 款规定的前提下，后死的曾祖父或曾祖母或其可以代位继承他或她的卑亲属，得接受遗产中均等的份额。

第 853 条：发生代位继承时，遗产得按“房”分割。

被代位继承人的子女得取代其地位并行使其与继承有关的诸权利。

当被代位继承人的一个或数个子女死亡时，他们自己根据同样的原则被代位。

第 856 条：根据法律，在主张有权代位继承的人与死者间无亲属关系时，不发生代位。

第一千一百二十九条

丧偶儿媳对公婆，丧偶女婿对岳父母，尽了主要赡养义务的，作为第一顺序继承人。

其他法域立法例

阿根廷共和国民法典

第 3576 条：遗孀如果维持寡居身份且无子女，或者其子女在其公婆的继承开始之时已不生存，则有权取得其夫在该继承中本可分得的财产的四分之一。在第 3573 条、第 3574 条和第 3575 条规定的情形，妻不得主张此项权利。

第一千一百三十条

同一顺序继承人继承遗产的份额，一般应当均等。

对生活有特殊困难又缺乏劳动能力的继承人，分配遗产时，应当予以照顾。

对被继承人尽了主要扶养义务或者与被继承人共同生活的继承人，分配遗产时，可以多分。

有扶养能力和有扶养条件的继承人，不尽扶养义务的，分配遗产时，应当不分或者少分。

继承人协商同意的，也可以不均等。

其他法域立法例

苏俄民法典

第 421 条：依照本法典第 418 条规定顺序应当继承的继承人，如果和被继承人同居，除依照本法典第 420 条的规定，在被继承人财产中继承他的应继份外，并且可以取得被继承人的家庭器具和用具（非生活必需品除外）。

埃塞俄比亚民法典

第 842 条：死者的子女得首先被召集继承死者。

他们每人得接受相等份额的遗产。

当死者的子女或子女之一已经死亡并且留有卑亲属时，死者由此等卑亲属代位继承。

第 843 条：死者未留下卑亲属时，其父母可以得被召集继承。

第 844 条：他们每人得接受一半遗产。

先死的父母得由其子女或其他卑亲属代位继承。

父母一方无继承人时，所有的遗产得移转给另一方的继承人。

第一千一百三十一条

对继承人以外的依靠被继承人扶养的人，或者继承人以外的对被继承人扶养较多的人，可以分给适当的遗产。

其他法域立法例

德国民法典

第 1969 条：Ⅰ被继承人之家属，于被继承人死亡时，尚在其家中共同生活，且受其扶养者，于继承开始后 30 日内，继承人对之应负扶养义务，其范围与被继承人生前所为者相同，继承人并应许其使用住屋之家具。被继承人得另以终意处分为不同之指示。

Ⅱ前款义务，准用有关遗赠之规定。

韩国民法典

第 1057b 条：1. 于第 1056 条所定期间内无权利主张人时，家庭法院可依曾与被继承人共同生活的人、被继承人的疗养看护人及其他与被继承人有特别关系的人的请求，分配遗产的全部或一部分。

2. 第 1 款的请求，应于第 1056 条期间届满后 2 个月内作出。

日本民法典

第 958 条之三：前条之情形，认为相当时，家庭法院依与被继承人共谋生计者、努力疗养看护被继承人者及其他与被继承人有特别关系者之请求，得将清算后剩余之全部或部分继承财产给予此等人。

前款之请求，应于第 958 条之期间届满后 3 个月以内作出。

中国台湾地区“民法”

第 1149 条：被继承人生前继续扶养之人，应由亲属会议依其所受扶养之程度及其他关系，酌给遗产。

秘鲁共和国新民法典

第 870 条：居住于被继承人之房屋者，或由其承担费用而被供养者，可请求遗嘱执行人或继承人允许其在 3 个月内，继续由遗产承受负担而享受此等利益。

埃塞俄比亚民法典

第 1025 条：在支付遗赠之前，清算人得支付特定人可向遗产主张的与生活保持有关的债务。

第 1026 条：死者的配偶、卑亲属、尊亲属和兄弟姐妹，依以下数条规定的条件，享有生活保持请求权。

国家取得遗产时，死者死亡时与其共同生活的人，或由其维持生活的人，依以下数条规定的条件享有生活保持请求权。

第 1027 条：第 1026 条规定的人，除非为他们需要并且处于不能自食其力的状况，不得请求生活保持。

第 1028 条：死者的卑亲属、尊亲属和兄弟姐妹，除非他们被法律召集取得死者的遗产或其中的一部分，不得主张生活保持的权利。

如果他们因不配被剥夺继承权，不得主张此等请求权。

根据法律，他们被拥有优先权的继承人排斥时，也不得主张此等请求权。

第 1029 条：有生活保持请求权的死者的卑亲属、尊亲属和兄弟姐妹，只能获得当死者未作出对其不利的遗嘱处分时，根据法律他们本来会从遗产中得到的份额价值相当的金钱或财物。

死者在其死亡前 3 年内作出的赠与得被视为遗嘱处分。

第 1030 条：有权请求生活保持的配偶可根据本法典在关于“生活保持义务”

的章中制定的规则（第 807 条至 825 条）从遗产中取得生活费。

第 1031 条：以确认生活保持义务之存在为目的的权利主张，得在继承开始后 1 年内向清算人提出。

紧急情形下，清算人可为了利害关系人的利益认可临时的生活保持请求。

清算人拒绝认可生活保持请求的决定，可立即向法院提出攻击。

第 1032 条：当债权人是死者的配偶或至少有 60 岁时，生活保持请求权得通过终生定期金的方式满足。

在其他情形，它得以一次总付的方式支付。

第 1033 条：被允许支付年金时，它得从死者死亡之时开始支付。

此等年金的余额得在生活保持债权人有其居所之地支付。

在合适时，法院可命令向债权人提供支付对其负欠的款项的担保。

第 1034 条：年金的数目须最终确定。

此等数目不得变更，在确定年金数目时对遗产的总数作了错误估价的除外。

付给生存配偶一方的年金，如果其再婚，不再支付。

第 1035 条：待支付的年金不得被转让或扣押。

但它们甚至可以在到期前被转让给对年金受益人提供了需求品的慈善机构。

它们也可被对年金受益人提供了生活所需之物的人扣押。

第 1036 条：死者生前就遗产对生活保持承担的最终义务缔结的任何文件或契约，无效。

旨在排除或变更本节制定的规则的遗嘱处分，无效。

第一千一百三十二条

继承人应当本着互谅互让、和睦团结的精神，协商处理继承问题。遗产分割的时间、办法和份额，由继承人协商确定；协商不成的，可以由人民调解委员会调解或者向人民法院提起诉讼。

其他法域立法例

德国民法典

第 2047 条：Ⅰ遗产于清偿尚有剩余者，按应继份之比例，归属于继承人。

Ⅱ文件与被继承人个人或其家庭或全部遗产有关者，仍属于共有。

第 2048 条：被继承人得以终意处分，指定遗产分割方法。被继承人得指定其分割依第三人之公平裁量为之，第三人依该指定所为之决定，显失公平者，继承人不受其拘束；于此情形，依法院之裁判，定其分割之方法。

法国民法典

第 815 条：任何人均不受强制维持财产的共有，得随时提出财产分割请求，但如判决或契约规定暂缓分割，不在此限。

第 816 条：即使共同继承人之一已分开对共有财产之全部或一部享有使用、收益权，如其并无此前分割财产的证书，或者未经充分占有而取得时效，仍得请求分割此种财产。

第 820 条：如果立即实现共有财产的分割有损于共有财产的价值，或者共有人之一只有在经过一定的时间以后才能接管属于遗产的农业、商业、工业、手工业或自由职业企业，应共有人之一的请求，法院可以最长推迟 2 年进行财产分割。推迟分割，适用于全部共有财产或者仅适用于其中一部分财产。

如有必要，也可以请求推迟分割公司权益。

第 821 条：在协商不成的情况下，可以应第 822 条所指之人提出的请求，按照法院确定的条件维持原来由死者或其配偶负责经营的任何农业、商业、工业、手工业或自由职业企业。

如有必要，也可以就公司权益提出维持共有的请求。

法院根据所涉及的各方利益以及家庭可以从共有财产获得的生活手段作出审理裁判。

即使上述企业里包含有继承人或者健在配偶在继承开始之前就已经是所有权人或共同所有权人的财产，仍可维持共有。

第 821—1 条：对于在被继承人死亡时由其本人或其配偶实际用于居住或从事职业的场所的所有权，应相同的人的请求并且按照法院确定的条件，也可以维持共有。居住场所内配备的动产物品或者用于从事职业的动产物品，亦同。

第 835 条：如果全体共有人均到场并且均有能力，可以按照各当事人选择的方式与形式进行财产分割。

在共有财产是应当进行地产公告的财产时，分割文书应经公证人制定。

第 836 条：如果某一共有人推定失踪，或者距离遥远，因而处于不能表达意思的状况，自愿协商分割得按照第 116 条规定的条件进行。

同样，如果对一共有人实行保护制度，得按照第 1 卷第 10 编与第 11 编规定的条件进行自愿协商分割。

第 837 条：如果某一共有人不到场但并非处于第 836 条所指的一种情形，在一共有人的关注下用司法外文书对其进行催告，促其由他人代理参与协商分割。

如该共有人在受到催告起 3 个月期限内仍不指定委托代理人，共同分割人之一可以请求法官指定任何有资格的人代理不到场的人，直至完全实现财产分割为止。该代理人只有经法官批准才能同意拟进行的分割。

第 840 条：如共同继承人之一拒绝同意协商分割，或者因分割遗产的方式或终结分割的方式而发生争议，或者在第 836 条与第 837 条所指的一种情况下协商分割未得到准许时，由法院裁判分割财产。

第 842 条：共同分割人得于任何时候放弃经法院裁判分割遗产之途径，并且在具备协商分割的各项条件时，改为自愿协商分割。

韩国民法典

第 1012 条：被继承人可以以遗嘱决定遗产的分割方法或委托第三人决定；于继承开始之日起不超过 5 年期间，可禁止分割。

第 1013 条：1. 除前条情形外，共同继承人可随时根据协议分割遗产。

2. 第 269 条的规定，准用于前款遗产的分割。

第 1045 条：1. 继承债权人或受遗赠人或继承人的债权人，自继承开始之日起 3 个月内，可请求法院分离遗产与继承人的固有财产。

2. 继承人未予承认或未放弃继承期间，虽经过前款期间，亦可请求财产的分割。

日本民法典

第 907 条：除被继承人依次条规定以遗嘱禁止之情形外，共同继承人得随时以其协议分割遗产。

就遗产分割，共同继承人间未达成协议时，或不能订立协议时，各共同继承人得向家庭法院请求其分割。

前款之情形，有特别事由时，家庭法院得确定期间，而就全部或部分遗产，禁止其分割。

第 908 条：被继承人得以遗嘱确定遗产分割之方法，或委托第三人确定之，或者确定自继承开始时不超过 5 年之期间而禁止分割遗产。

中国台湾地区“民法”

第 1164 条：继承人得随时请求分割遗产。但“法律”另有规定或契约另有订定者，不在此限。

第 1165 条：被继承人之遗嘱，定有分割遗产之方法，或托他人代定者，从其所定。

遗嘱禁止遗产之分割者，其禁止之效力以 10 年为限。

第 1166 条：胎儿为继承人时，非保留其应继份，其他继承人不得分割遗产。

胎儿关于遗产之分割，以其母为代理人。

魁北克民法典

第 836 条：清算终止前，不得进行或申请进行遗产分割。

第 837 条：基于重大且合法的理由，遗嘱人可以确定全部或部分地在一个有限的期间内推迟遗产的分割。如为了完全执行其意愿，清算人的权力和义务有必要以其他名义继续保留的，遗嘱人也可确定推迟分割遗产。

第 838 条：如全体继承人同意，遗产按清算人的最终账目中附贴的方案分割，否则，按他们都认为最合适的方案分割。

如继承人无法达成协议，遗产仅可按本题第二章规定的条件并按民事诉讼法典要求的形式分割。

第 841 条：在被继承人死亡之前积极参与企业经营或居住在家庭住宅中的继承人可以向法院申请维持共有状态。

第 842 条：法院在裁决维持共有状态的申请时，应考虑被继承人的遗嘱处分、其家庭成员和继承人从此等共有财产中获得的现存利益或谋生手段，在任何情形，以被继承人作为一方当事人的合伙人或股东间的协议，法院应予尊重。

第 843 条：为避免损失，经继承人申请，法院可以延缓对全部或部分遗产的立即分割，并继续共有状态。

第 845 条：如支持共有之维持的理由消灭，或共有对继承人变得不可容忍或风险过大，法院可以裁决实施分割。

第 853 条：共有人作君子式分割时，可按他们认为合适的方式组成遗产份额，并就谁可以取得哪一分配份达成协议或就其抽签方式达成协议。

如他们认为有必要出卖全部或部分待分割的财产，也应就出卖的期限和条件达成协议。

第 854 条：如共有人未能就份额的组成达成一致，由法院指定的专家确定此等份额。如他们未能就份额的分派达成协议，则通过抽签决定。

抽签前，各共有人均可以对遗产份额的组成提出异议。

美国路易斯安那州民法典

第1290条：本章确立的所有规则，除了关于合算的，适用于同一物在共有人间的分割，其情形包括共有人中有失踪人、未成年人或禁治产人，或成年且到场的共有人未能就分割或分割方式达成一致。

但在这些种类的分割中，诉讼必须向分割财产所在地的法官提起，不论利益相关各方是否在该地有住所。

第1291条：两个或两个以上的人是一块连续的位于不同区的土地的共有人时，其中的任何一人或多人可以选择在此等辖区中的任何一个提起分割整块土地的诉讼。

第1292条：某人亡故并有若干法定继承人时，各法定继承人因归于自己的部分或份额成为遗产的共有人，只要财产未分割，在法定继承人间就形成对财产的共有。

第1293条：对某一遗产的分割是在所有的共同法定继承人间，根据他们各自的权利，对构成遗产的财产予以分割。

第1295条：分割或是终局的，或是临时的：终局分割是以永久的不可撤销的方式作出的。

临时分割是暂时作出的，是在剩余财产能被分割前针对特定物的分割，或者是各方不处在可作出不可撤销分割的情形时，对所有待分割之物的分割。

第1296条：终局分割也被理解为依法作出的法院分割；临时分割无须遵守法律规定的形式要件，双方也不因此终局地负担义务。

第1297条：不能约定对遗产或共有物永不分割。此等约定无效且无任何法律后果。

第1299条：赠与人或遗嘱人不能指令给予或遗留给两个或两个以上的人共有的财产永不受分割，此等禁止应视为从未作出过。

第1300条：但赠与人或遗嘱人可以指令他给予或遗留的财产，在一个特定时期内或在一个特定条件成就前，不能分割。

但如果从赠与作出或继承开始之日起计算，被确定的时间超过5年，或在5年内特定条件没有成就，则在5年期间届满时，若向法官证明了在共同法定继承人间不能达成一致或对共同财产的管理有分歧，法官可以指令分割。

第1301条：若父亲或其他尊亲通过遗嘱，指令继承他的未成年子女或未成年孙子女，在未成年时不得进行任何分割，则此禁止必须被遵守，直到子女或孙子女之一成年并主张分割。

第 1302 条：如下情形不发生分割：死者已在其合法法定继承人或陌生人间规定了禁止分割，死者已明示授权其执行人，按数额或价值分配特别财产以满足明示的遗赠；在此等情形，法官必须尊重遗嘱人或执行人的意志。

遗嘱人明示地分配了其遗产中的特别财产，或已授权分配其遗产中的特别财产，以满足其子女的强制份额时，产生与上款相同的后果。

第 1305 条：法定继承人之一单独用益遗产的部分或全部，或所有的共同法定继承人单独地各占有遗产的一部分时，若占有未中断地持续了 30 年，则单独占有者可以成功地抗辩遗产分割诉讼。

第 1306 条：如果有且仅有一位法定继承人单独地用益了遗产的一部分达 30 年，且其他法定继承人共同占有了剩余遗产，则可以提起后者间的分割之诉。

第 1725 条：此等分割可由生前行为或遗嘱作出。如果遗嘱人指定了按照一定方法或特定数量遗留给受遗赠人财产的数量或价值，则他可以明确授权其执行人选择特定财产以满足此等数量或价值。

第 1727 条：通过遗嘱所做的分割必须以相应遗嘱要求的形式作出，且受相同规则的约束。

第 1728 条：无论是通过生前行为的还是通过遗嘱进行分割，如果未纳入尊亲死时留下的所有财产，则未纳入分割的财产依照法律进行分割。

第 1729 条：无论是通过生前行为还是通过遗嘱进行分割，如果不是在死者亡故时的生存子女以及先死子女的卑亲间作出的，则全部无效；于其中无份额的子女或卑亲可以要求依照法定形式重新分割。

第 1730 条：尊亲作出的分割，使某一共同法定继承人所得利益超过可处分份额时，则可宣告其无效。

第 1731 条：反对尊亲所做分割的子女必须预付评估财产的费用，并在其主张不成立时，最终支付此费用及诉讼费。

第 1732 条：撤销之诉中的被告可通过向原告提供后者享有权利的增补份额以阻止诉讼。

第 1733 条：撤销分割并不使作为特别利益的赠与无效。

秘鲁共和国新民法典

第 663 条：被继承人在本国有其最后住所之地的法官，有权受理非讼程序以及和继承有关的案件。

第 847 条：继承人可约定在第 846 条所规定的相同期限内就遗产的全部或部分不予分割，也可更新之。

第 848 条：不分割仅自其登记于相应的登记簿之日起具有对抗第三人的效力。

第 849 条：在不分割的情形，对于不接受的继承人，应向其支付遗产份额。

第 350 条：若突发严重情形证明分割合理，则法官可依任一继承人的请求，命令在不分割之期限届满前，就遗产进行全部或部分分割。

第 852 条：遗嘱人已在遗嘱中作出分割的，不（再）发生分割，在此情形，仅可请求对超过法律允许的部分予以缩减。

尽管有前款之规定，只要继承属于不得分割之情形，而其须遵守的破产程序一直生效，即绝不允许分割。

第 853 条：所有继承人均为有能力人且同意分割的，应对登记于公共登记簿的财产，以公证书的方式进行分割。在其他情形，以私文书进行分割即为已足，但该文书须有经公证员认证的签名。

第 854 条：如果不存在不得分割之法律制度，则下列人可向法院申请分割遗产：

1. 任何继承人；

2. 继承的任何债权人或任何继承人的债权人。

第 855 条：在以下情形，必须由法院进行分割：

1. 存在无能力之继承人，此情形下由其代理人申请；

2. 存在被宣告不在的继承人，此情形下由被赋予对其财产进行临时占有的人申请。

第 858 条：如果继承人之间对于其中之一的权利、合算之义务或应予合算之财产的价值存有分歧，则应在分割时为可能提起的诉讼的结果提供担保。

智利共和国民法典

第 1317 条：概括物或单一物的共同受分配人中的任何一人，无义务维持共有状态；只要共同受分配人未作相反约定，可随时请求分割分配物。

不得就不分割约定 5 年以上的期间，但该期间届满时，可以更新约定。

前两款规定不扩张适用于私人所有的湖泊、役权以及诸如信托财产之类的法律命令维持共有的物。

第 1318 条：如死者已通过生前行为或遗嘱实施分割，在不损害他人权利的限度内，以该分割为分割。

第 1319 条：共同受分配人之一如被附加停止条件，他无权在条件未成就时请求分割。但其他共同受分配人在对附条件的受分配人在条件成就时的应得部分提供适当担保后，可请求分割。

如分配的物件属于一项遗产信托，则应遵守信托所有权一题的规定。

第1323条：分割人仅可由具备开业资格且能自由处分其财产的律师充任。

法院组织法典就法官规定的不适格和回避事由，准用于分割人。

第1324条：死者以生前的公文书或遗嘱指定的分割人，即使是遗嘱执行人或共同受分配人，或者有法院组织法典规定的不适格或回避事由之一，但只要他符合其他法定要件，则指定有效，但任何利害关系人可请求分割之诉管辖地的法官根据任何这些缘由之一宣告该分割人不适格。此等请求应依民事诉讼法典就回避作出的规定提出。

第1325条：即使共同受分配人中有不得自由处分其财产的人，但只要未提出有待裁决的问题，并且所有共同受分配人就分割的方式达成了一致，则共同受分配人可在全体人员到场的情况下自行分割。

但在此等情形，必须由专家对财产进行估价，并依在分割人面前进行分割的同一方式取得普通法院对分配的批准。

共同受分配人即使不得自由处分其财产，也可依合意指定一个分割人。只要被指定者同时符合其他法定要件，也可在前条指出的人中作这样的指定。

由利害关系人指定的分割人，仅因指定之后发生的不适格或回避事由才可被宣告为不适格。

如共同受分配人未就指定达成一致，法官应依他们中任何一人的请求，遵照民事诉讼法典的规定指定一名全部符合各项法定要件的分割人。

第1326条：如共同受分配人之一不得自由处分其财产，则在分割人非由法官指定时，其指定应获得法官的批准。

其财产由夫管理的已婚妇女不适用本规定；在此情形，由妻给予同意或由法官作出替代性同意即为已足。

依第1232条的最后一款为不在人指定的财产保佐人，依关于财产保佐的规定代表不在人参与分割，并管理在分割中判给不在人的财产份额。

第1327条：分割人无义务违背其意愿接受委托，但遗嘱指定的分割人不接受委托的，应遵守对相同情形中的遗嘱执行人作出的规定。

第1330条：在进行分割之前，就受分配人的遗嘱继承权或法定继承权、剥夺继承权、无能力或不配继承存在的争议，由普通法院决定。

第1333条：分割的共同费用应依比例由对分割有利益的人承担。

第1335条：专家的估价是分割人以实物形式析产的依据，但共同受分配人合法而一致地约定其他依据，或在法律规定的情形将实物拍卖的除外。

埃塞俄比亚民法典

第 971 条：在会议上，清算人得确定谁是死者的继承人或受遗赠人以及他们每人有权得到的遗产份额。

他得毫不迟延地告知利害关系人他所认为的遗产移转方式。

在第 2 款的范围内，“利害关系人”一语指被召集接受死者遗产的人和在无遗嘱的情况下将被召集接受此等遗产的人。

第 972 条：如果已确定死者未留下遗嘱，清算人得告知利害关系人他认为遗产应以何种方式移转。

上述告知得在确定无遗嘱后立即作出，最迟不得超过死者死亡后 40 天。

第 1060 条：遗产得在继承人间保持共有直至其被分割。

共同继承人对共有的遗产财产的权利，得由本法典关于“共有、用益权和其他物权”之题的规定（第 1257 条至第 1277 条）调整。

本条规定不影响关于遗产清算的第 2 条以及以下数条的规定。

第 1061 条：共同继承人不得要求拍卖或分割仍属于共有，并构成遗产之一部的特定物。

第 1062 条：当遗产已清算完毕，每个共同继承人都可随时要求分割遗产之实施。

第 1063 条：当分割申请在不合适的时间提出时，法院可命令在不超过 2 年的期限内维持遗产的共有。

除非法院有相反授权，如果作出分割的方式取决于刚受孕的胎儿出生的状况，遗产仍得维持共有。

必要时，法院在此等情形得任命一人管理遗产财产或构成其一部的某项财产。

第 1064 条：共同继承人的申请分割权可由死者的遗嘱或共同继承人间达成的协议排除。

任何第 1 款涉及的规定或协议的有效期不得超过 5 年，或不超过此等文件确定的某一更短的期限。

无确定的期限或确定的期限超过 5 年的，该约定或协议在第 5 年的年尾停止生效。

第 1079 条：分割可依继承人之间的协议实施。

继承人间无协议时，得由继承人中最勤勉的人起草分割计划并提交法院批准。

第 1080 条：当某一继承人失踪或未被合适地代表时，得寻求法院批准分割计划，违者无效。

此等情形，除未取得其参与分割就进行了的人以外，不得主张分割无效。

上述人员在其知道分割后 1 年内，或从死者死亡之日起 10 年内，可以申请分割无效；逾期不申请的，丧失申请权。

第 1081 条：在共同继承人之间作出遗产分割前，共同继承人之一的债权人向法院申请分割无效的，分割协议须寻求法院批准。

在与批准有关的程序中，得听取为上述申请之债权人的意见。

除非法院以共同继承人实施欺诈为由拒绝批准，有关批准程序的费用得由上述债权人承担。

第 1082 条：分割必须遵循死者作出的有关规定实施。

无此等规定时，它得根据下列数条的规定实施。

第 1083 条：处于继承人的份额中的财产，得在分割实施之日估价。

财产的估价得由诸继承人自己作出。

他们间不能达成一致时，得由他们选择的仲裁人估价；如果他们就仲裁人的任命不能取得一致，由法院指定的仲裁人估价。

第 1084 条：在对不动产估价的情形，专家的报告得说明估价的依据。

报告得表明被估价之物能否便利地分割以及分割的方式。

分割的情形下，它得确定可能由此形成的每一份额及其价值。

第 1085 条：份额得由继承人协议选择的人进行搭配。

他们不能达成一致时，份额得由法院指定的专家搭配。

第 1086 条：分割通常得以实物形式作出，每个继承人接受遗产中的某些财产。

实物份额中的不均等得以偿付金钱抵销。

第 1087 条：在不违反下列数条之规定的前提下，继承人得尽可能接受以同样方式组成的份额。

必须尽最大的注意以使给予每个继承人的物对其最有用。

第 1088 条：在分割中：

死者从其有头衔的父系先辈得到的不动产，得分派给该系的继承人。

死者从其有头衔的母系先辈得到的不动产，得分派给该系的继承人。

第 1089 条：如果某些继承人为埃塞俄比亚籍，其他继承人为外国人，处于埃塞俄比亚境内的不动产得分派给埃塞俄比亚籍的继承人。

第 1090 条：当继承人之一欠遗产债务时，其债务得被置于其份额中。

第 1091 条：被分派了为死者的债务被抵押的财产或出质的财产的继承人，得承担此等债务。

第三章 遗嘱继承和遗赠

第一千一百三十三条

自然人可以依照本法规定立遗嘱处分个人财产，并可以指定遗嘱执行人。

自然人可以立遗嘱将个人财产指定由法定继承人中的一人或者数人继承。

自然人可以立遗嘱将个人财产赠与国家、集体或者法定继承人以外的组织、个人。

自然人可以依法设立遗嘱信托。

其他法域立法例

德国民法典

第 1937 条：被继承人得以单方之死因处分（遗嘱、终意处分）指定继承人。

第 1938 条：被继承人得以遗嘱，剥夺血亲配偶或同性伴侣之法定继承权，而不指定继承人。

第 1939 条：被继承人得以遗嘱将财产上之利益给予他人，而不指定其为继承人。

第 2197 条：Ⅰ遗嘱人得以遗嘱指定一人或数人为遗嘱执行人。

Ⅱ原指定之遗嘱执行人于就任前或就任后出缺者，遗嘱人得另行指定第三人为遗嘱执行人。

第 2265 条：共同遗嘱仅得由配偶双方订定。

苏俄民法典

第 422 条：每一个公民都可以用遗嘱把他所有的财产的全部或者一部，给予本法典第 418 条所规定的继承人中的一人或者数人，以及国家机关或者社会团体。

遗嘱人不准剥夺未成年子女和其他丧失劳动能力的继承人的法律规定的应继份。

没有本法典第 418 条规定的继承人的时候，可以用遗嘱把财产给予任何人。

第 427 条：关于遗嘱的执行，除由遗嘱人在遗嘱内委托的专人——遗嘱执行人——执行遗嘱人的意志外，可以由遗嘱内指定的继承人执行。由遗嘱执行人执行的时候，必须经遗嘱执行人在原遗嘱中或者遗嘱上的声明书里表示同意。

韩国民法典

第 1093 条：遗嘱人可通过遗嘱指定遗嘱执行人，或委托第三人指定。

日本民法典

第 902 条：不论前两条之规定，被继承人得以遗嘱确定共同继承人之继承份额，或委托第三人确定之。但被继承人或第三人不得违反特留份相关之规定。

被继承人仅确定或使第三人确定共同继承人中一人或数人之继承份额时，其他共同继承人之继承份额，依前两条之规定而确定。

第 964 条：遗嘱者得以概括或特定之名义，处分其全部或部分财产。但不得违反特留份相关之规定。

第 975 条：遗嘱，不得由两人以上者以同一证书订立。

第 1006 条：遗嘱人得以遗嘱指定一名或数名遗嘱执行人，或委托第三人指定之。

受委托指定遗嘱执行人者，应毫不迟延地作出其指定，并通知继承人。

受委托指定遗嘱执行人者欲辞去其委托时，应毫不迟延地通知继承人其意旨。

中国台湾地区“民法”

第 1187 条：遗嘱人于不违反关于特留份规定之范围内，得以遗嘱自由处分遗产。

第 1209 条：遗嘱人得以遗嘱指定遗嘱执行人，或委托他人指定之。

受前项委托者，应即指定遗嘱执行人，并通知继承人。

魁北克民法典

第 618 条：国家可以依遗嘱接受遗产。法人可以依遗嘱接受它可以合法拥有的财产。

受托人可以接受旨在设立信托的遗赠或用于完成信托目的的遗赠。

第 703 条：任何具备遗嘱能力的人均可通过遗嘱对他死亡时的全部或部分财产规定不同于法律规定的移转。

第 786 条：遗嘱人可以指定一名或数名清算人，他也可以规定替换清算人的方式。

遗嘱人指定清算遗产或执行其遗嘱的人，不管他是作为遗产管理人或遗嘱执行人等指定的，均具备清算人资格。

秘鲁共和国新民法典

第 686 条：一个人可依遗嘱就其死亡后而全部或部分处分其财产，并在法律规定的范围，依法律指定的形式决定其自己的继承内容。

遗嘱所包含的非财产性处分，即使遗嘱仅以此为限，亦为有效。

第 756 条：遗嘱人可在其自由处分之权限内实施慷慨行为，以遗赠名义处分其一个或多个财产或者财产之一部。

智利共和国民法典

第 999 条：遗嘱基本上为要式行为，依此行为，一人可全部或部分处分其财产并使该处分在其死后取得完全效果，同时保留在其生存期间对此等处分内容的撤销权限。

第 1003 条：两人或更多的人在一个时间订立的遗嘱所包含的处分，不问是为订立人的相互利益，还是为第三人的利益，均告无效。

第 1056 条：一切依遗嘱的受分配人，不问是依其名称还是依遗嘱的明确描述而被确定，均应为特定的自然人或法人。以除此以外的方式作出的遗嘱处分视为未订立。

但遗嘱分配以慈善为目的时，即使不是为特定的人作出的，仍然有效。

遗嘱分配针对慈善机构作成但未确指时，应将此等遗嘱分配授予共和国总统指定的慈善机构，在为此等指定时，应在遗嘱人所在市或省的慈善机构中优先选择其一。

遗嘱人遗留给自己灵魂的物，在未以其他方式特别指定其用途时，应被理解为遗留给慈善机构，并须遵守前款的规定。

概括遗留给穷人之物，应用于遗嘱人所在堂区的穷人。

第 1270 条：遗嘱人赋予执行其处分的职责的人，是遗嘱执行人。

第一千一百三十四条

自书遗嘱由遗嘱人亲笔书写，签名，注明年、月、日。

其他法域立法例

德国民法典

第 2247 条：Ⅰ遗嘱人得以亲自书写，并以签名表示而立遗嘱。

Ⅱ遗嘱人应记明其书写遗嘱之日期（年、月、日）及其处所。

Ⅲ签名应包括遗嘱人之姓名。遗嘱人以其他方式签名时，如其足以认定确系遗嘱人签名，且其意思表示出于真意者，该遗嘱之效力不受影响。

Ⅳ未成年人或不能阅读文书之人不得依前三款规定立遗嘱。

Ⅴ依第一款规定立遗嘱，欠缺订定日期之记载，致其效力有疑义者，以其日期得依其他方法为必要之认定者为限，其遗嘱视为有效。遗嘱欠缺记载订定之处所者，准用本款规定。

韩国民法典

第 1066 条：1. 自书遗嘱，应由遗嘱人亲自书写其全文及年月日、住所、姓名，并盖章。

2. 在前款证书上进行文字的插入、删除或变更时，应由遗嘱人亲自书写并盖章。

日本民法典

第 968 条：以自书证书订立遗嘱时，遗嘱人应亲笔书写其全文、日期及姓名，并加盖印章。

自书证书中之增删及其他变更，若遗嘱人未指明其变更处、附加变更之意旨而对之特别签名且于其变更处加盖印章，则不生其效力。

中国台湾地区“民法”

第 1190 条：自书遗嘱者，应自书遗嘱全文，记明年、月、日，并亲自签名；如有增减、涂改，应注明增减、涂改之处所及字数，另行签名。

魁北克民法典

第 726 条：自书遗嘱应全部由遗嘱人手写并签名，不得使用任何技术手段。

除此以外，自书遗嘱无其他形式要件。

美国路易斯安那州民法典

第 1575 条：亲笔遗嘱是全部由遗嘱人以手写方式书写、标明日期并签名的遗嘱。虽然日期可出现在遗嘱中的任何地方，但遗嘱人必须在遗嘱的结尾签名。如有遗嘱人在签名之后的书写内容，遗嘱并非无效，此等内容是否作为遗嘱的一部分由法院自由裁量。亲笔遗嘱无须其他形式要件。如果从遗嘱中的信息中可以合理地确定年、月、日，如有必要还可通过外部证据予以明确，此时日期就被充分地指明了。

仅遗嘱人手写的在遗嘱上的增添与删减被赋予效力。

秘鲁共和国新民法典

第 707 条：亲笔遗嘱的必要程式为：由遗嘱人本人书写全部内容、标注日期并签名。若系视力有障碍之人制作，则应符合第 699 条第 1 项第 2 段的规定。

为产生其效果，亲笔遗嘱应在遗嘱人死后最多 1 年的期限内预先经过法院验证予以入册。

埃塞俄比亚民法典

第 884 条：自书遗嘱，除非全部由遗嘱人自己书写，无效。

除非它以明确的方式说明它是一份遗嘱，无效。

除非组成遗嘱的每一页都写明日期，并由遗嘱人签名，无效。

第 886 条：当遗嘱人为文盲或不懂用以起草遗嘱的语言，而以不知其意的图形符号作成自书遗嘱时，此等遗嘱无效。

第 887 条：公开遗嘱或自书遗嘱，当它未写明于其中订立的年、月、日或未包括有同样法律效力的其他说明时，无效。

当遗嘱上的虚假日期显然可归之于单纯的疏忽大意，并且真实日期可从遗嘱本身以及从遗嘱人作出的其他书面文件得到的迹象足够精确地确定时，文件中发生的日期的虚假不导致遗嘱无效。

第 888 条：公开遗嘱或自书遗嘱，当它不能被人理解时无效；得到未经遗嘱人书写并签名的文件的补充的除外。

第 903 条：自书遗嘱订立后 7 年内未于公证人或法院登记处备案的，自书遗嘱失效。

第一千一百三十五条

代书遗嘱应当有两个以上见证人在场见证，由其中一人代书，并由遗嘱人、代书人和其他见证人签名，注明年、月、日。

其他法域立法例

中国台湾地区“民法”

第 1194 条：代笔遗嘱，由遗嘱人指定 3 人以上之见证人，由遗嘱人口述遗嘱意旨，使见证人中之一人笔记、宣读、讲解，经遗嘱人认可后，记明年、月、日及代笔人之姓名，由见证人全体及遗嘱人同行签名，遗嘱人不能签名者，应按指印代之。

魁北克民法典

第 728 条：如遗嘱由第三人或运用技术手段书写，遗嘱人和证人应当在没有其签名的此等文件的每一页上画押或签名。

埃塞俄比亚民法典

第 881 条：公开遗嘱得由遗嘱人自己或由任何其他人根据遗嘱人的口授书写。

除非它被当着遗嘱人以及 4 名证人的面阅读，并述及这一手续的履行以及订立的日期，遗嘱无效。

除非遗嘱人和证人立即在遗嘱上签名或按拇指印，遗嘱无效。

第 882 条：公开遗嘱，当它是当着两名证人的面制作，其中一人是正在履行其职责的登记人或公证人时，有效。

第一千一百三十六条

打印遗嘱应当有两个以上见证人在场见证。遗嘱人和见证人应当在遗嘱每一页签名，注明年、月、日。

其他法域立法例

土库曼斯坦民法典

第 1183 条：以通常认可的技术手段制成的书面遗嘱，须有遗嘱人的亲笔签名。在遗嘱人订立遗嘱并亲笔签名时，须有 2 名见证人确认遗嘱是其在场时以上述技术手段订立的。遗嘱人亲笔签名后，应在遗嘱人和 2 名见证人均在场的情形下以在遗嘱上添加注明见证人的姓、名和住所地之记载方式毫不迟延地对订立的遗嘱进行证实。

越南民法典

第 634 条：遗嘱人不是自己书写遗嘱的情况下，则可以自己打字或让他人代书或打字，但至少要有2位见证人。遗嘱人必须在见证人当场见证下在遗嘱上签字或按指模；见证人确认遗嘱人的签字、指模并在遗嘱上签字。

订立有见证人的书面遗嘱必须符合本法第631条和第632条的规定。

魁北克民法典

第728条：如遗嘱由第三人或运用技术手段书写，遗嘱人和证人应当在没有其签名的此等文件的每一页上画押或签名。

埃塞俄比亚民法典

第885条：遗嘱人打印的自书遗嘱，除非在每一页上都载有表明它是自书遗嘱的手写说明，无效。

第一千一百三十七条

以录音录像形式立的遗嘱，应当有两个以上见证人在场见证。遗嘱人和见证人应当在录音录像中记录其姓名或者肖像，以及年、月、日。

其他法域立法例

韩国民法典

第1067条：录音遗嘱，由遗嘱人口述口头遗嘱的意旨、其姓名及年、月、日，并由参与的证人口述遗嘱的正确性及其姓名。

第一千一百三十八条

遗嘱人在危急情况下，可以立口头遗嘱。口头遗嘱应当有两个以上见证人在场见证。危急情况消除后，遗嘱人能够以书面或者录音录像形式立遗嘱的，所立的口头遗嘱无效。

其他法域立法例

德国民法典

第2249条：Ⅰ遗嘱人未能及时在公证人面前立遗嘱前，即有死亡之虞者，得于其居所地之地方自治团体之首长面前立遗嘱。该首长应有 2 位见证人在场见证。在即将订定之遗嘱中为受遗赠人或指定为遗嘱执行人者，不得为前款之见证人；于此情形，准用公证法第 7 条及第 27 条规定。遗嘱之订定，准用第 2232 条、第 2233 条，公证法第 2 条、第 4 条、第 5 条第 1 款、第 6 条至第 10 条、第 11 条第 1 款第 2 段及第 2 款、第 13 条第 1 款及第 3 款、第 16 条、第 17 条、第 23 条、第 24 条、第 26 条第 1 款第 3 项与第 4 项及第 3 款、第 27 条、第 28 条、第 30 条、第 32 条、第 34 条及第 35 条规定；地方首长代替公证人之地位为之。记录之文件亦应有见证人之签名。遗嘱人按其陈述或地方自治团体之首长所得之确信，认为立遗嘱人不能书写其自己之姓名者，以确认其陈述或确信之方法代替遗嘱人之签名。

Ⅱ有不能及时在公证人面前订定遗嘱之虞者，应就笔录予以确认。遗嘱之有效性不因在遗嘱上未记载前段担心之理由而受影响。

Ⅲ地方自治团体之首长应对立遗嘱人表明，其于第 2252 条第 1 款及第 2 款规定之期间届满后仍生存者，该遗嘱失其效力。地方自治团体之首长应在笔录上确认对遗嘱人有前段规定之表明。

Ⅳ［删除］

Ⅴ遗嘱亦得依法律规定，在有权代理地方自治团体首长之人面前订定之。该代理人应在笔录记明其代理权之依据。

Ⅵ依前 5 款规定立遗嘱，其笔录之方式即使有欠缺，如确实可认定其遗嘱为遗嘱人真意之表示者，方式之违反不影响遗嘱之效力。

第 2250 条：Ⅰ遗嘱人所居留之地，因遭遇非常情事而被隔绝，致其不能或显有困难在公证人面前立遗嘱者，得依第 2249 条所定方式，或于 3 位见证人面前，以口头表示立遗嘱。

Ⅱ遗嘱人因遭遇生命危急，预期无法依第 2249 条之规定立遗嘱者，其遗嘱得在 3 位见证人面前，以口头表示立遗嘱。

Ⅲ在 3 位见证人面前，以口头表示所订定之遗嘱，应制作笔录。关于见证人，适用公证法第 6 条第 1 款第 1 项至第 3 项、第 7 条、第 26 条第 2 款第 2 项至第 5 项及第 27 条；关于笔录，适用公证法第 8 条至第 10 条，第 11 条第 1 款第 2 段、第 2 款，第 13 条第 1 款、第 3 款第 1 段，第 23 条、第 28 条，及准用第 2249 条第 1 款第 5 段及第 6 段、第 2 款、第 6 款。其笔录除使用德文以外，其他语言亦得为之。遗嘱人与见证人对在笔录上使用之语言应有足够之能力；如其使用德文以外之语言，应在笔录上加以确认。

第2252条：Ⅰ依第2249条、第2250条或第2251条规定立遗嘱，自遗嘱订定后3个月遗嘱人仍生存者，其遗嘱视为未订立。

Ⅱ遗嘱人不能在公证人面前立遗嘱者，前款期间停止起算或停止进行。

Ⅲ第2251条所定之情形，遗嘱人于期间届满前，其又开始新航行者，其期间中断；自新航行终了时，全部期间重新开始起算。

Ⅳ遗嘱人于期间届满后受死亡宣告，或依失踪法规定，确定其已死亡，而获知遗嘱人仍有生存之音信者，该期间尚未届满时，遗嘱之效力不受影响。

韩国民法典

第1070条：1. 口头遗嘱，因疾病或其他紧急事由，不能按照前4条所定方式立遗嘱的，在2人以上见证人的列席下，遗嘱人向见证人中的一人口述遗嘱的意旨，由被口授人记载并朗读，得到立遗嘱人的确认后各自签名或签名盖章。

2. 依前款方式作出的遗嘱，应由其证人或利害关系人于紧急事由终止之日起7日内，向法院申请检查验证。

3. 第1063条第2款的规定，不适用于口头遗嘱。

日本民法典

第976条：因疾病及其他事由而面临死亡危急之人欲订立遗嘱时，得以3名以上证人之见证，对其一人口授遗嘱之趣旨，而订立之。于此情形，受其口授者，应笔录之，对遗嘱人及其他证人诵读，或使其阅览之。各证人承认其笔录之正确性后，签名并盖章。

失语者依前款之规定订立遗嘱之情形，遗嘱人应于证人前，通过翻译者之翻译，申述遗嘱之趣旨，而代替同款之口授。

第1款后一句之遗嘱人或其他证人为失聪者之情形，受遗嘱趣旨之口授或申述者，得将同款后一句规定之笔录内容，通过翻译者之翻译，传达至该遗嘱人或其他证人，而代替同款后一句之诵读。

依前3款规定订立之遗嘱，非于订立遗嘱之日起20日以内由证人之一人或利害关系人向家庭法院请求而得其确认，不生其效力。

家庭法院非得前款遗嘱乃出于遗嘱人真意之心证，不得确认之。

第979条：船舶遇难之情形，位于有关船舶中而面临死亡之危急者，得以2名以上证人见证而口头订立遗嘱。

失语者依前款规定订立遗嘱之情形，遗嘱人应通过翻译者之翻译订立之。

按前两款规定订立之遗嘱，非由证人笔录其趣旨、签名并盖章且由证人之一人或利害关系人毫不迟延地向家庭法院请求而得其确认，不生其效力。

第 976 条第 5 款之规定，准用于前款之情形。

第 982 条：第 968 条第 2 款及第 973 条至第 975 条之规定，准用于第 976 条至前条规定之遗嘱。

第 983 条：遗嘱人自得以普通方式订立遗嘱时起 6 个月间尚生存时，依第 976 条至前条规定订立之遗嘱，不生其效力。

中国台湾地区“民法”

第 1195 条：遗嘱人因生命危急或其他特殊情形，不能依其他方式为遗嘱者，得依左列方式之一为口授遗嘱：

一、由遗嘱人指定 2 人以上之见证人，并口授遗嘱意旨，由见证人中之一人，将该遗嘱意旨，据实作成笔记，并记明年、月、日，与其他见证人同行签名。

二、由遗嘱人指定 2 人以上之见证人，并口授遗嘱意旨、遗嘱人姓名及年、月、日，由见证人全体口述遗嘱之为真正及见证人姓名，全部予以录音，将录音带当场密封，并记明年、月、日，由见证人全体在封缝处同行签名。

第 1196 条：口授遗嘱，自遗嘱人能依其他方式为遗嘱之时起，经过 3 个月而失其效力。

第 1197 条：口授遗嘱，应由见证人中之一人或利害关系人，于为遗嘱人死亡后 3 个月内，提经亲属会议认定其真伪，对于亲属会议之认定如有异议，得声请法院判定之。

智利共和国民法典

第 1033 条：订立口头遗嘱时，至少应有 3 名证人到场。

第 1034 条：订立口头遗嘱时，遗嘱人口头地进行声明和处分，以便所有在场人能耳闻、目睹并理解之。

第 1035 条：仅得在危险已危及遗嘱人的生命，以致没有办法或时间订立要式遗嘱的情况下，订立口头遗嘱。

第 1036 条：如遗嘱人在订立遗嘱的 30 天后死亡，或如果遗嘱人在此之前死亡，在其死亡后的 30 天内未按以下规定的程式将此等遗嘱作成书面形式，口头遗嘱不发生任何效力。

第 1037 条：为将口头遗嘱作成书面形式，对遗嘱订立地有管辖权的市镇独任民事法官依对继承有利害关系者的请求，在对居住于该地的其他利害关系人进行传唤后，应接受作为遗嘱证人而目睹此事的人经宣誓的声明，并且法官对于自己认为其证言有利于澄清以下各事项的其他人，也应接受其经宣誓的声明：

1. 遗嘱人的姓名、住所、出生地、所属国、其年龄，以及令人相信其生命当时已处于迫近的危险之中的情状；

2. 遗嘱证人的姓名及其居住地；

3. 订立遗嘱的地点及年、月、日。

第 1038 条：遗嘱证人应陈述以下各点：

1. 遗嘱人在外表上是否处于理智健全的状态；

2. 遗嘱人是否在他们面前表示过订立遗嘱的意图；

3. 其声明及遗嘱处分的内容。

第 1039 条：如果前数条所述的资讯并非由最后住所地的市镇独任民事法官收受，则应向其寄发此等资讯；如该法官认为规定的程式已得到遵守，并且认为资讯中已明确表现遗嘱人的最后意思，则应根据此等资讯裁决遗嘱人已作成遗嘱后部的声明和处分（裁决中应予明列）；他也应判令此等声明和处分作为死者的遗嘱生效，且其裁决应被作为死者的遗嘱而编制成备查的簿册。

只有由依程式到场的证人一致认可的声明或处分，方应被视为遗嘱声明或遗嘱处分。

埃塞俄比亚民法典

第 892 条：(1) 口头遗嘱，是当某人感到他大限将临时，口头向两名证人宣布其遗嘱处分的行为。

(2) 证人应是成年人且未受禁治产宣告。

第 893 条：遗嘱人只能以口头遗嘱为以下处分：

作出关于其葬礼的指示；

作出特别的遗赠处分，每项遗赠的数量不得超过 500 埃塞俄比亚元；

对其未成年子女的监护人或保佐人作出决定。

第 894 条：任何以口头遗嘱作出的其他处分无效。

以口头遗嘱作出的超过 500 埃塞俄比亚元的遗赠得被减少至 500 埃塞俄比亚元。

第 902 条：自订立口头遗嘱后 3 个月届满之日，遗嘱人仍生存的，口头遗嘱失效。

第一千一百三十九条

公证遗嘱由遗嘱人经公证机构办理。

其他法域立法例

德国民法典

第 2232 条：遗嘱人在公证人面前立遗嘱，并对之声明该遗嘱为其终意之处分，或其对公证人提出书面之意思表示，并声明该书面为其终意之处分。遗嘱人对公证人就其遗嘱以开封或密封提出；该遗嘱无须由遗嘱人自写。

第 2233 条：Ⅰ遗嘱人未成年者，其立遗嘱仅得向公证人以意思表示为之，或以开封之书面向公证人提出。

Ⅱ依遗嘱人之陈述或公证人所得之确信，遗嘱人不能阅读书面文件时，遗嘱人仅得对公证人以意思表示立遗嘱。

苏俄民法典

第 425 条：遗嘱应当由遗嘱人签字并且送交公证机关经过公证证明。

不识字的遗嘱人，遗嘱由第三人——代签人，代替签字。

韩国民法典

第 1068 条：公证遗嘱，在 2 人以上见证人的列席下，遗嘱人于公证人之前口述遗嘱意旨，由公证人笔记、宣读，经遗嘱人认可后各自签名或签名盖章。

日本民法典

第 969 条：以公证证书订立遗嘱时，应按下列方式。

一、有 2 名以上证人见证。

二、遗嘱人对公证人口授遗嘱之趣旨。

三、公证人笔录遗嘱人之口述，并对遗嘱人及证人诵读之，或使其阅览之。

四、遗嘱人及证人承认笔录之正确性后，各自签名并盖章。但遗嘱人不能签名之情形，公证人得附记其事由，代为签名。

五、公证人附记其证书乃按前述各项所列方式制作之意旨，并签名盖章。

第 969 条之二：失语者以公证证书订立遗嘱之情形，遗嘱人应于公证人及证人前，通过翻译者之翻译，申述遗嘱之趣旨，或亲笔书写，而代替前条第 2 项之口授。就此情形中同条第3项规定之适用，同项中“口述”为“通过翻译者翻译之申述或亲笔书写”。

前条之遗嘱人或证人为失聪者之情形，公证人得将同条第3项规定之笔录内容，通过翻译者之翻译，传达至遗嘱人或证人，而代替同项之诵读。

公证人按前两款规定之方式制作公证证书时，应于其证书上附记其意旨。

中国台湾地区“民法”

第1191条：公证遗嘱，应指定2人以上之见证人，在公证人前口述遗嘱意旨，由公证人笔记、宣读、讲解，经遗嘱人认可后，记明年、月、日，由公证人、见证人及遗嘱人同行签名；遗嘱人不能签名者，由公证人将其事由记明，使按指印代之。

前项所定公证人之职务，在无公证人之地，得由法院书记官行之，侨民在“中华民国领事”驻在地为遗嘱时，得由“领事”行之。

魁北克民法典

第716条：公证遗嘱应保存在公证人的档案中，应当着1名证人，在某些场合，应当着2名证人制作。

应在遗嘱中注明订立的时间和地点。

第717条：公证遗嘱由公证人单独向遗嘱人宣读，如遗嘱人选择，可当着1名证人宣读。宣读完毕后，遗嘱人应在证人面前声明宣读的遗嘱表达了其最后的意愿。

遗嘱宣读后，在证人、公证人全部在场时，由遗嘱人在遗嘱上签名。

第718条：即使未明确说明，仍推定已符合适用于公证遗嘱的手续，但公证法有保留性规定的除外。

但如某些遗嘱须履行特定手续，应在遗嘱中指出履行该手续的理由。

第719条：不能签名的遗嘱人的公证遗嘱中应包含他就这一情况作出的声明。此声明也由公证人当着2名证人向遗嘱人宣读，并可以弥补遗嘱人未签名的缺陷。

第720条：盲人的公证遗嘱由公证人当着2名证人向遗嘱人宣读。公证人应在遗嘱中声明他已当着证人宣读遗嘱。此项声明也应宣读。

第721条：聋人或聋哑人的公证遗嘱由遗嘱人自己单独在公证人前宣读，如他选择，也可在公证人和一名证人前宣读。如遗嘱人仅为聋人，则应大声宣读遗嘱。

遗嘱人应在遗嘱中声明他已当着公证人或当着公证人和证人宣读遗嘱。

遗嘱人为聋哑人时，此声明由公证人当着证人向他宣读。如遗嘱人为聋人，则应由遗嘱人自己在公证人和证人前大声宣读该声明。

第722条：希望订立公证遗嘱而又不能大声表达的人应以书面向公证人表达上述希望。

第723条：在任何情形，如公证人为遗嘱人的配偶、三亲等以内的直系或旁系血亲、姻亲或民事结合的亲属，则遗嘱人不得在他面前订立公证遗嘱。

第725条：被召集见证公证遗嘱之订立的证人应在公证遗嘱中列名并指明其承担的角色。

任何成年人均可担任公证遗嘱的证人，但提供公证的公证人的雇员自己不是公证人的，不能担任证人。

美国路易斯安那州民法典

第1576条：公证遗嘱是按照第1577条到第1580.1条的形式要件作出的遗嘱。

第1577条：公证遗嘱要求书面形式、标明日期并按下列方式做成。如果遗嘱人知晓如何签写其姓名并懂得阅读，且体力上能够完成二者，那么：

（1）有1名公证人及2名适格的证人到场，遗嘱人应当向他们宣告或表示凭证为其遗嘱，且他应当在遗嘱末尾及其他每一单独页上签名。

（2）有遗嘱人及其他每个人到场，公证人与证人签署下列声明，或实质相似的声明："在我们到场时，遗嘱人已经宣告或表明了此凭证即其遗嘱，且已在遗嘱的末尾及其他每一个单独页上签了名，且在遗嘱人及其他每个人到场时，于某年某月某日，我们在此签上了我们的姓名。"

第1578条：遗嘱人知道如何签其姓名及阅读时，且体力上能够阅读，但体力上不能签其姓名时，公证遗嘱的订立程序应当如下：

（1）公证人及2名适格证人到场，遗嘱人向他们宣告或表明该凭证为其遗嘱，且他有能力看见并阅读遗嘱，但因为身体的耗弱不能签字，且应在原本需其签名的地方作出标记。如果他不能做标记，则他可以让另一人帮助在该处做标记或签名。另一人可以是证人或公证人中的一个。

（2）在遗嘱人及其他应到场人到场，公证人及证人应签发如下声明，或实质上相似的声明："我们到场时，遗嘱人已宣告或表明此即其遗嘱，且他有能力看见并阅读，并知晓如何签名，但因身体的耗弱未能签名。在我们到场时，他在遗嘱的末尾及每一其他独立页上做了标记或签名。遗嘱人及其他每个人到场时，于某年某月某日，我们于此签上了我们的姓名。"

第1579条：遗嘱人不知道如何阅读或体力上的损害已经到了使他不能阅读

的程度，则不论他是否能签名，公证遗嘱的订立程序如下：

（1）被书写的遗嘱必须在遗嘱人、公证人及2名适格证人面前大声阅读。证人及公证人若不是大声朗读遗嘱之人，必须将所读遗嘱与遗嘱的副本核对。阅读之后，遗嘱人必须向他们宣告或表明他听到了所读遗嘱，且所读遗嘱即其遗嘱。如果遗嘱人知道如何签名，并有能力这么做，则遗嘱人必须在遗嘱的末尾及凭证中每一其他单独页上签名。

（2）在遗嘱人及其他应到场人到场，公证人及证人必须签署如下声明，或实质上相似的声明："此遗嘱在我们到场及遗嘱人到场时已被大声读出，此阅读已由证人及［公证人（非读出遗嘱之人时的公证人）］与遗嘱的副本核对。在我们的到场时，遗嘱人宣告或表明了他听到了所读且所读凭证即其遗嘱，且在遗嘱的末尾及每一其他单独页上他都签了其姓名；遗嘱人及其他应到场人到场时，于某年某月某日，我们于此签上了我们的姓名。"

（3）若遗嘱人不知如何签名或因身体的耗弱不能签名，则他必须对此作出表示，并在原本需要其签名的地方作出其标记或使得其标记被作出；若他不能够作出其标记，则他可以让另一个人辅助在该处做标记或签名。此另一人可以是证人或公证人中的一人。在此情形，所需声明必须被修改以另外详述遗嘱人表示了他不知道如何签名或因身体的耗弱而不能签名；并且他在遗嘱的末尾及每一其他单独页附上了其标记或姓名，或使其标记或姓名被附上了。

（4）被第1577条或第1578条授权制作遗嘱的人也可因此条被授权制作遗嘱。

第1580条：遗嘱人知道如何阅读盲文并在体力上能够阅读的，可以根据下列程序制作一份公证遗嘱。

（1）有1名公证人及2名适格证人到场，遗嘱人必须宣告或表明盲文写成的遗嘱即其遗嘱，且必须在遗嘱的末尾及该凭证的每一其他单独页上签名。

（2）在遗嘱人及其他每一个人到场时，公证人及证人必须签署如下声明，或实质类似的声明："我们到场时遗嘱人在遗嘱的末尾及每一其他单独页上签名且已表示所签凭证即其遗嘱；遗嘱人及其他每个人到场时，于某年某月某日，我们于此签上了我们的姓名。"

（3）如果遗嘱人因身体的耗弱不能签名，则他必须就此作出表示，并在本需其签名之处附上其标记或使其标记被附上；若他不能附上其标记，则他可以指示另一人辅助他在该处附其标记或签名。此另一人可以是证人或公证人中的任意一位。在此情形，所需声明必须被修改以另外详述遗嘱人表示了他因身体的耗弱不能签名；且在遗嘱的末尾及每一个其他单独页上他都附上了其标记或姓名，或使标记或姓名被附上。

（4）盲文形式的公证遗嘱中的声明必须是书面的，非盲文的。

第 1580.1 条：仅有依法被宣布为体力上的盲人或体力上又聋又盲目不能阅读手语、盲文或可视英文之人，可制作本条规定的公证遗嘱。

公证遗嘱应依以下方式被准备、被注明日期并被做成。

（1）公证人与 2 名适格证人到场，遗嘱人应当向他们宣告或表明此凭证即其遗嘱并在遗嘱的末尾及该凭证中的每一其他单独页上签名。

（2）遗嘱人及其他每一个人都到场，公证人及证人应签署下列声明，或性质相似的声明："遗嘱人已在遗嘱的末尾及其他的每一单独页上签名，并在我们到场时已经宣告或表明该凭证即其遗嘱，且遗嘱人及其他每个人到场时，于某年某月某日，我们于此签上了我们的姓名。"

如果遗嘱人因身体的耗弱不能签名，则遗嘱应当按照以下方式注明日期并做成。

（1）公证人及 2 名适格证人到场，遗嘱人应当通过手语或可视英语向他们宣告或表明他因身体耗弱不能签名的遗嘱是其最后遗嘱，然后应当在遗嘱的末尾及凭证的每一其他单独页上附上其标记。

（2）遗嘱人及其他的每一个人到场，公证人及证人应当签署如下声明，或性质相似的声明："遗嘱人通过手语或可视英语宣告或表明他知道如何签其姓名，但因身体耗弱不能签名，且他于遗嘱的末尾及凭证中每一其他单独页上附有标记，并在我们到场时宣告或表明此凭证为其遗嘱，且遗嘱人及其他每个人到场时，于某年某月某日，我们于此签上了我们的姓名。"

秘鲁共和国新民法典

第 692 条：文盲仅得以公证书订立遗嘱，并遵循第 697 条规定的额外程式。

第 696 条：公证遗嘱的必要程式为：

1. 遗嘱人、公证员和 2 名有资格的证人自始至终参与唯一的一次行为；

2. 遗嘱人通过向公证员口述其遗嘱，或亲自向其书面提交遗嘱应包含之处分，以自行表达其意思；

3. 公证员在其公证书登记簿中亲笔书写遗嘱；

4. 遗嘱的每一页均由遗嘱人、证人和公证员签名；

5. 遗嘱应由公证员、遗嘱人或其选择的证人清晰诵读；

6. 诵读遗嘱期间，应在结束每一条款时，验证所含内容是否为其意思表示；如果遗嘱人系听力或语言有障碍之人，可直接或通过翻译表达其同意或意见；

7. 公证员应记录遗嘱人在诵读后可能作出的指示，并修正任何已发生的错误；

8. 遗嘱人、证人和公证员在同一文书中签署遗嘱。

第 697 条：遗嘱人若系文盲，应向其诵读两次遗嘱，一次由公证员诵读，另一次则由遗嘱人指定的遗嘱证人诵读。遗嘱人若系视力有障碍之人，遗嘱可由其自己利用技术帮助予以诵读，或者可由公证员或遗嘱人指定的遗嘱证人诵读。遗嘱人若为听力或语言有障碍之人，遗嘱应由其自己诵读，记录于公证员登记簿，或借助于翻译进行诵读。如果遗嘱人不会或不能签名，则由其指定的遗嘱证人，应其请求就遗嘱中一切应予提及的事项进行签署。

第 698 条：若因任何事由，遗嘱的订立被中止，则应记录该情形，并由遗嘱人签名，若系可能，证人和公证员亦应签名。若欲继续订立遗嘱，应当重新召集遗嘱人以及可能的情况下相同的公证员和证人，或在不可能的情形召集其他公证员或证人。

智利共和国民法典

第 1014 条：在智利订立的公开要式遗嘱，应在一个适格的公证人和 3 个证人面前作成，或者应在 5 个证人面前作成。

遗嘱订立地有管辖权的市镇独任民事法官，可代行公证人的职能；本题所有关于公证人的规定，根据具体情况也适用于此等法官。

第 1015 条：遗嘱人使证人知悉其处分内容的行为，以及在有公证人时使公证人也知悉此等内容的行为，为公开遗嘱的本质构成因素。

遗嘱的订立应始终有遗嘱人、同一公证人（如有）和相同证人到场。

第 1016 条：遗嘱应载明遗嘱人的姓名、出生地、所属国、是否定居于智利（如定居于智利，明示其住所）、年龄、处于完全理智的情状，区分死者和生者地，载明与遗嘱人结婚者的名字、每次婚姻中生育的子女的名字以及遗嘱人的其他一切子女的名字，每位证人的姓名和住所。

此等记载应与遗嘱人和证人的相应陈述相符。同样，遗嘱应载明订立地和订立的年、月、日；名在有公证人在场时，应载明其姓名和职务。

第 1017 条：公开遗嘱可事先写成。

但不问遗嘱是否由遗嘱人书写，也不问遗嘱是被写进一个还是数个文件中，均应在有公证人参与时，由公证人高声诵读遗嘱之全部，或者在无公证人时，由遗嘱人为此效果指定的证人中的一人诵读。

诵读遗嘱时，遗嘱人应亲自在场，并且有必要在场者应聆听其全部处分内容。

第 1018 条：遗嘱行为依遗嘱人和证人的签名而完成，在有公证人参与时，尚应有公证人的签名。

遗嘱人不会或不能签名时，应在遗嘱中记载此种情况并明示其原因。

如任一证人处于同样情形，其他证人应依其请求代其签名，此种情形亦应载明。

第1019条：盲人只能在公证人面前，或在代行该职能的官员面前，通过精确宣布自己最后意思的方式订立遗嘱。其遗嘱应被高声诵读两次；第一次由公证人或代行其职能的官员诵读，第二次则由遗嘱人为此效果选定的证人中的一人诵读。此等遗嘱应特别记载这一程式。

第1020条：遗嘱在5个证人面前而非在公证人、市镇独任民事法官面前作成的，须依以下形式予以公示：

有管辖权的法官令证人出庭，以便他们识别其签名及遗嘱人的签名。

如证人中的一人或数人因不在或其他障碍而未到庭，则只要到庭的遗嘱证人对遗嘱人、缺席证人及其自己的签名进行识别，即为已足。

在必要情形，只要法官认为适宜，可通过其他可靠人士的誓言证明遗嘱人及缺席证人的签名。

法官应随即在每页遗嘱的首端和末端签章，并命令将已签章的遗嘱交给法院书记官以放入其案卷中。

埃塞俄比亚民法典

第891条：公开遗嘱或自书遗嘱可在第三人，尤其在公证人或法院登记处备案。

每个公证人以及每个法院登记处得置备登记簿，其中按其遗嘱被如此备案的人的姓名的字母顺序为登记。

登记簿上得载明遗嘱备案发生的日期。

第一千一百四十条

下列人员不能作为遗嘱见证人：

（一）无民事行为能力人、限制民事行为能力人以及其他不具有见证能力的人；

（二）继承人、受遗赠人；

（三）与继承人、受遗赠人有利害关系的人。

其他法域立法例

韩国民法典

第1072条：1. 符合下列各项者，不得作为参加遗嘱的证人：

(1) 未成年人;

(2) 禁治产人与限定治产人;

(3) 可能从遗嘱中受益之人、其配偶及直系血亲;

2. 公证遗嘱，根据公证人法的规定欠格者，不得为证人。

日本民法典

第 974 条：下列之人，不得为遗嘱之证人或见证人。

一、未成年人。

二、推定继承人及受遗赠人以及此等人之配偶及直系血亲。

三、公证人之配偶、四亲等内之亲属、书记员及受雇者。

中国台湾地区“民法”

第 1198 条：下列之人，不得为遗嘱见证人：

一、未成年人。

二、受监护或辅助宣告之人。

三、继承人及其配偶或其直系血亲。

四、受遗赠人及其配偶或其直系血亲。

五、为公证人或代行公证职务人之同居人助理人或受雇人。

魁北克民法典

第 725 条：被召集见证公证遗嘱之订立的证人应在公证遗嘱中列名并指明其承担的角色。

任何成年人均可担任公证遗嘱的证人，但提供公证的公证人的雇员自己不是公证人的，不能担任证人。

美国路易斯安那州民法典

第 1581 条：如果某人精神失常、失明、不满 16 岁或不能签名，则他不能成为任何遗嘱的证人。适格但聋或不能阅读的人不能成为第 1579 条规定的公证遗嘱的证人。

第 1582 条：证人或公证人是受遗赠人的事实并不使遗嘱无效。对证人或公证人的遗赠是无效的，但若证人在无遗嘱继承时应成为法定继承人，则他可以接受遗嘱中少于其无遗嘱继承时的份额的部分，也可以接受遗嘱规定的遗赠。

第 1582.1 条：若立遗嘱时某人为受遗赠人的配偶，则不能成为遗嘱的证人。

证人是受遗赠人的配偶的事实并不使得遗嘱无效；但若证人在立遗嘱时是受遗赠人的配偶，则对证人配偶的遗赠无效。若遗赠因为本条规定而无效，且受遗赠人本应是无遗嘱继承时的法定继承人，则受遗赠人可以接受遗嘱中少于其无遗嘱继承时的份额的部分或少于接受遗嘱规定的遗赠的部分。遗嘱对遗赠规定的期限或限制仍有效。

秘鲁共和国新民法典

第 705 条：下列人不得成为遗嘱证人：

1. 无订立遗嘱能力的人；

2. 已被废除；

3. 文盲；

4. 遗嘱中其本人及其配偶、尊血亲、卑血亲和兄弟姐妹被设立为继承人和受遗赠人的人；

5. 与遗嘱人存在前项所指之亲属关系的人；

6. 仅能以遗嘱声明证明其债权正当性的遗嘱人之债权人；

7. 公证员之配偶，其第四亲等内的血亲或第三亲等内的姻亲，以及其本人或其他公证员的从属人员；

8. 同一遗嘱中的夫妻。

智利共和国民法典

第 1012 条：对于在智利订立的要式遗嘱，下列人不得为证人：

1. 已被废除；

2. 未满 18 岁的未成年人；

3. 因精神病而被禁治产者；

4. 一切正丧失理性者；

5. 盲人；

6. 聋人；

7. 哑人；

8. 依第 267 条第 4 项被判处刑罚者，以及一般依生效判决无资格作证者；

9. 赋予遗嘱以公信力之公证人的书记员；

10. 不在智利定居的外国人；

11. 不理解遗嘱人之语言的人，但本规定不和第 1024 条的规定相冲突。

证人中至少应有 2 人定居在订立遗嘱的市镇，并且在只有 3 名证人到场时，至少应有1人能读能写，或者在5名证人到场时，应有2人能读能写。

第1013条：如果前条所述的无资格事由在证人的外表或举止中没有表露出来，并且在遗嘱订立地因以积极的和公开的事实为基础的相反意见导致普遍无视该事由，则遗嘱并不因证人的实际无资格无效。

但证人中仅可有一人可以具有此等假定资格。

埃塞俄比亚民法典

第883条：(1) 证人应是成年人且未受禁治产宣告。

(2) 公开遗嘱的证人必须自己能阅读或听清所读的内容，并理解遗嘱起草所用的语言。

(3) 未满足此等要求的，遗嘱无效。

第一千一百四十一条

遗嘱应当为缺乏劳动能力又没有生活来源的继承人保留必要的遗产份额。

其他法域立法例

德国民法典

第2303条：Ⅰ被继承人之直系血亲卑亲属，因死因处分而被排除继承者，得向继承人请求其特留份。特留份为法定应继份价额之二分之一。

Ⅱ被继承人之父母及配偶，因死因处分而被排除继承者，亦有同一权利。第1371条规定不受影响。

苏俄民法典

第422条第2款：遗嘱人不准剥夺未成年子女和其他丧失劳动能力的继承人的法律规定的应继份。

法国民法典

第721条：死者没有无偿处分其财产时，遗产按照法律的规定转移。

遗产得经死者在不抵触继承人特留份的限度内进行的无偿处分而转移。

日本民法典

第902条：不论前两条之规定，被继承人得以遗嘱确定共同继承人之继承份额，或委托第三人确定之。但被继承人或第三人不得违反特留份相关之规定。

被继承人仅确定或使第三人确定共同继承人中一人或数人之继承份额时，其他共同继承人之继承份额，依前两条之规定而确定。

第 964 条：遗嘱者得以概括或特定之名义，处分其全部或部分财产。但不得违反特留份相关之规定。

中国台湾地区“民法”

第 1187 条：遗嘱人于不违反关于特留份规定之范围内，得以遗嘱自由处分遗产。

美国路易斯安那州民法典

第 1494 条：不可剥夺法律保留给强制继承人的被称为特留份的死者遗产份额，但死者有正当原因剥夺其继承权的除外。

秘鲁共和国新民法典

第 723 条：特留份为遗嘱人有必要继承人时不得自由处分的遗产部分。

智利共和国民法典

第 1167 条：遗嘱人有义务作成的分配，为强制性分配，此等分配即使与明示的遗嘱处分相抵触，也应在遗嘱人未作成它们时予以补充。

强制性分配包括：

1. 依法应提供给特定人的扶养费；

2. 特留份额；

3. 直系卑血亲、直系尊血亲以及配偶继承的 1/4 的额外份额。

第 1181 条：特留份是法律分配给被称为特留份继承人的特定人的死者财产的份额。

特留份继承人因此为继承人。

第一千一百四十二条

遗嘱人可以撤回、变更自己所立的遗嘱。

立遗嘱后，遗嘱人实施与遗嘱内容相反的民事法律行为的，视为对遗嘱相关内容的撤回。

立有数份遗嘱，内容相抵触的，以最后的遗嘱为准。

其他法域立法例

德国民法典

第 2253 条：遗嘱人得随时撤回遗嘱或撤回其中之个别处分。

第 2254 条：遗嘱之撤回，以遗嘱为之。

第 2255 条：遗嘱人以废弃遗嘱之意思，销毁遗嘱书，或变更遗嘱书，而其变更通常可认为表达废弃书面之意愿者，其遗嘱亦因而撤回。遗嘱人销毁遗嘱书或依前段规定之方法变更遗嘱书者，推定其有废弃遗嘱之意思。

第 2256 条：Ⅰ在公证人面前立遗嘱，或依第 2249 条规定所订定之遗嘱，其因由行政机关保管而返还于遗嘱人时，视为遗嘱之撤回。该返还遗嘱书之行政机关，应将前段规定之返还效力告知遗嘱人，且应注明其告知之事实于返还之文书内，并将该两者记明于卷宗内。

Ⅱ遗嘱人得随时请求返还其所订定之遗嘱。遗嘱仅限于返还遗嘱人本人。

Ⅲ前款规定亦适用于依第 2248 条规定保管之遗嘱；该遗嘱之效力，不因返还而受影响。

第 2257 条：终意处分以遗嘱撤回后，又经撤回者，于有疑义时，其处分仍为有效。

第 2258 条：Ⅰ前后遗嘱发生抵触者，其抵触部分，前遗嘱视为废弃。

Ⅱ后遗嘱经撤回者，于有疑义时，前遗嘱视为未废弃，仍发生效力。

苏俄民法典

第 426 条：后立的遗嘱如果包括先立的遗嘱的全部规定，可以撤销先立的遗嘱。遗嘱人可以不另立新遗嘱，而用向公证机关声明的方法，撤销先立的遗嘱。

韩国民法典

第 1108 条：1. 遗嘱人可随时撤回遗嘱，或作为其生前行为撤回遗嘱的全部或一部分。

2. 遗嘱人不得放弃撤回其遗嘱的权利。

第 1109 条：遗嘱的前后相抵触，或立遗嘱后所为的生前行为与遗嘱相抵触时，视为撤回被抵触部分的前遗嘱。

第 1110 条：遗嘱人故意毁损遗嘱或遗赠标的物时，与毁损部分相关的遗嘱视为撤回。

日本民法典

第1022条：遗嘱人得随时按遗嘱之方式撤回其全部或部分遗嘱。

第1023条：前遗嘱与后遗嘱抵触时就其抵触部分，视为以后遗嘱撤回前遗嘱。

前款规定，准用于遗嘱与遗嘱订立后之生前处分及其他法律行为抵触之情形。

第1024条：遗嘱人故意毁坏遗嘱文书时，就其毁坏部分，视为撤回遗嘱。遗嘱人故意毁坏遗赠标的物时，亦同。

第1025条：依前三条规定被撤回之遗嘱，其撤回行为被撤回、被撤销或已不生效力时，亦不回复其效力。但其行为乃因欺诈或强迫所致之情形，不在此限。

第1026条：遗嘱人不得抛弃撤回其遗嘱之权利。

中国台湾地区“民法”

第1219条：遗嘱人得随时依遗嘱之方式，撤回遗嘱之全部或一部。

第1220条：前后遗嘱有相抵触者，其抵触之部分，前遗嘱视为撤回。

第1221条：遗嘱人于为遗嘱后所为之行为与遗嘱有相抵触者，其抵触部分，遗嘱视为撤回。

第1222条：遗嘱人故意破毁或涂销遗嘱，或在遗嘱上记明废弃之意思者，其遗嘱视为撤回。

魁北克民法典

第763条：遗嘱或遗赠的撤销可以以明示或默示的方式为之。

第764条：除非遗嘱人以遗嘱处分表明不管是否离婚其意图都在于使配偶得益，离婚前或解除民事结合前对配偶所为的遗赠可撤销。

撤销遗赠导致撤销对配偶所为遗产清算人的指定。

如在配偶生存期间，婚姻或民事结合被宣告无效，适用同样的规则。

第765条：遗嘱人以后遗嘱明确表明其变更意图的，为明示撤销。

并不特定指明被撤销的行为的撤销，仍为明示撤销。

第766条：一遗嘱撤销另一遗嘱时，可以以不同于被撤销遗嘱的形式为之。

第767条：如经证实，遗嘱人自己或指示他人故意销毁、撕毁或涂改自书遗嘱或当着证人订立的遗嘱，产生撤销遗嘱的效果。同样，涂改遗嘱中任一处分，也导致撤销以该遗嘱处分作出的遗赠。

遗嘱人明知遗嘱毁坏或灭失，能够以另一遗嘱取代而未取代的，也导致撤销遗嘱。

第 768 条：后遗嘱处分与前遗嘱处分相似的，导致默示撤销前遗嘱处分与后遗嘱处分相抵触的部分。

即使后遗嘱处分失效，撤销仍具有完全的效力。

第 769 条：即使是受胁迫、附解除条件或以互易形式让与受遗赠财产，也导致撤销以让与的财产为标的物的遗赠，遗嘱人有相反规定的，不在此限。

除非证实遗嘱人有相反意图，即使被让与的受遗赠财产回归于遗嘱人的财团中，撤销仍然维持。

如受胁迫让与受遗赠财产的行为被宣告无效，此等让与并不导致撤销遗赠。

第 770 条：对先前明示或默示撤销的撤销并不恢复原遗嘱处分的效力，但遗嘱人表明相反意图或根据具体情况此等意图显然可见的，不在此限。

美国路易斯安那州民法典

第 1606 条：遗嘱人可随时撤销遗嘱。撤销权不可放弃。

第 1607 条：遗嘱人有下列行为时，发生对整个遗嘱的撤销：

（1）物理上毁灭遗嘱或在其指令下将之毁灭；

（2）以规定的遗嘱形式之一或通过公证行为宣布撤销；

（3）以其亲笔手写并签名的文件明确清晰地撤销了遗嘱。

第 1608 条：对遗赠或其他遗嘱条款的撤销发生在遗嘱人：

（1）以规定的遗嘱形式之一如此声明时；

（2）接着做了一个不一致的遗嘱处分或条款；

（3）接着做了对遗赠客体的生前处分，且后来没有再取得它；

（4）在遗嘱上书面签写了对某条款或遗赠的明确撤销；

（5）遗嘱人在遗嘱做成后，在其亡故时与受遗赠人离婚，但遗嘱人有相反表示的除外。对配偶的遗嘱指定，在相同条件下被撤销。

第 1609 条：如果撤销本身在遗嘱人亡故前被撤销，则除物理毁损遗嘱、之后的生前处分或离婚方式外的任何方式作出的对遗嘱、遗赠或其他遗嘱条款的撤销无效。

第 1610 条：对遗嘱的其他变更必须以法律规定的遗嘱形式之一为之。

秘鲁共和国新民法典

第 798 条：遗嘱人有权随时撤销其遗嘱处分。一切相反的意思表示，无效。

第 799 条：遗嘱之明示撤销，无论是全部还是部分的，抑或是某些处分的撤销，仅得通过任何形式的其他遗嘱为之。

第 800 条：如果撤销先前遗嘱的遗嘱被另一在后的遗嘱撤销，则最先的遗嘱之处分恢复效力，但遗嘱人明确表示相反意思的除外。

第 801 条：未由在后遗嘱全部且明确撤销的遗嘱，仅就其与前者相容的处分继续有效。

第 804 条：如果遗嘱人破损、毁坏或以其他方式废弃亲笔遗嘱，则该遗嘱被撤销。

智利共和国民法典

第 1001 条：即使遗嘱人在遗嘱中明定不得撤销，一切遗嘱处分在本质上仍可被撤销。对将来的处分订有撤销条款者，虽依宣誓方式得到确认，亦视为未订立。

如果依先前的遗嘱，撤销不以特定词句或标志作成即无效，则该规定视同未订立。

第 1136 条：赠与人可随意撤销的赠与，为可撤销的赠与。

死因赠与就是可撤销的赠与；生前赠与就是不可撤销的赠与。

第 1212 条：有效订立的遗嘱仅可通过遗嘱人的撤销失效。

但在法律规定的情形，特权遗嘱无须撤销也可失效。

撤销可以是全部的或部分的。

第 1213 条：要式遗嘱可通过要式遗嘱或特权遗嘱明示地撤销其全部或一部。

但特权遗嘱中所为的撤销随同包含该撤销的遗嘱失效，而原遗嘱依然有效。

第 1214 条：撤销原遗嘱的遗嘱也被撤销时，原遗嘱并不因后一撤销恢复效力，但遗嘱人表明相反意思的除外。

第 1215 条：一份遗嘱并不因日后其他一份或数份遗嘱的存在而被默示地全部撤销。

后遗嘱未明示撤销前遗嘱的，前遗嘱中与后遗嘱并非不相容或抵触的处分依然有效。

埃塞俄比亚民法典

第 859 条：任何人的约束自己订立、修改或撤销一项遗嘱的承诺无效。

无论是否存在相反的约定，遗嘱人可随时修改或撤销遗嘱。

第 895 条：某人作出的遗嘱规定可以包含在一个或数个遗嘱中。

包括在不同的遗嘱中的遗嘱规定，在可能时得一并执行。

当两份遗嘱中的规定无法一并执行时，包含在最后订立的遗嘱中的规定得被优先执行。

第 898 条：遗嘱人以使遗嘱生效所必需的形式明示地宣布撤销其遗嘱的，遗嘱得完全被撤销。

遗嘱人以上述形式作出不能与遗嘱条款一并执行的处分的，遗嘱得部分被撤销。

第 899 条：遗嘱人可通过足以表明其撤销或变更其遗嘱的意图的方式，通过在实体上毁损、撕扯或删划遗嘱内容的一部分撤销其遗嘱或遗嘱中的某一规定。

除非有相反的证据，遗嘱人从事上述任何一种行为的，他被视为想撤销其遗嘱。

除非有相反的证据，遗嘱被毁坏或删划时，视为由遗嘱人所为。

第 900 条：遗嘱人自愿对被遗赠物进行的全部或部分转让，得视为撤销所有涉及被转让部分的遗赠。

尽管日后该物重新属遗嘱人所有，上述遗赠的撤销仍得维持效力。

第 901 条：除非另有约定，遗嘱的撤销不导致前遗嘱规定的复活。

尽管取代被撤销的遗嘱规定的新规定因受遗赠人无资格或放弃遗赠或任何其他原因不能执行，已被撤销的遗嘱规定不得执行。

第一千一百四十三条

无民事行为能力人或者限制民事行为能力人所立的遗嘱无效。

遗嘱必须表示遗嘱人的真实意思，受欺诈、胁迫所立的遗嘱无效。

伪造的遗嘱无效。

遗嘱被篡改的，篡改的内容无效。

其他法域立法例

德国民法典

第 2078 条：Ⅰ被继承人以遗嘱所为意思表示之内容有错误，或通常情形，不欲为该内容之意思表示，且可认为如知其情事，即不为该意思表示者，得撤销其终意处分。

Ⅱ被继承人所为之终意处分系因认识有错误，或预期情事已发生或不发生有错误，或受不法之胁迫者，亦同。

Ⅲ于此情形，不适用第 122 条规定。

第 2229 条：Ⅰ未成年人满 16 岁者，始得订立遗嘱。

Ⅱ未成年人订定遗嘱，得不经法定代理人之同意。

Ⅲ［删除］

Ⅳ因精神错乱、精神耗弱或意思障碍，致不能理解其所为意思表示之意义，并据之以有所行为者，不得订立遗嘱。

第 2265 条：共同遗嘱仅得由配偶双方订定。

韩国民法典

第 1060 条：遗嘱如非依本法所定方式，不发生效力。

第 1061 条：不满 17 岁者，不得立遗嘱。

第 1062 条：第 5 条、第 10 条及第 13 条的规定不适用于遗嘱。

第 1063 条：1. 禁治产人限于其意思能力恢复时，可立遗嘱。

2. 于前款情形，医生应将心神恢复状况附记于遗嘱中，并签名盖章。

日本民法典

第 960 条：遗嘱，非按本法规定之方式，不得订立。

第 961 条：已达 15 岁者，得订立遗嘱。

第 963 条：遗嘱人于订立遗嘱时应有其能力。

第 966 条：监护结算完毕前，被监护人订立可为监护人或其配偶、直系卑亲属利益之遗嘱时，其遗嘱无效。

前款规定，不适用于直系血亲、配偶或兄弟姐妹为监护人之情形。

第 973 条：成年被监护人暂时回复辨识事理之能力时，订立遗嘱时应由 2 名以上医生见证。

见证遗嘱之医生，应于遗嘱文书上附记遗嘱人于订立遗嘱时无因精神上障害而处于欠缺辨识事理能力状态之意旨，并签名盖章。但密封证书遗嘱，应于其封纸上记载其意思，并签名盖章。

第 975 条：遗嘱，不得由两人以上者以同一证书订立。

中国台湾地区“民法”

第 1186 条：无行为能力人，不得为遗嘱。

限制行为能力人，无须经法定代理人之允许，得为遗嘱。但未满 16 岁者，不得为遗嘱。

第 1202 条：遗嘱人以一定之财产为遗赠，而其财产在继承开始时，有一部分不属于遗产者，其一部分遗赠为无效；全部不属于遗产者，其全部遗赠为无效。但遗嘱另有意思表示者，从其意思。

魁北克民法典

第704条：遗嘱为遗嘱人按法律规定形式中的一种作出的无偿处分其全部或部分财产，仅在他死亡后生效的单方可撤销法律行为。

在任何情形，遗嘱均不得由两人或更多人共同订立。

第758条：意欲制止继承人或特定遗赠的受遗赠人对遗赠全部或其任何部分的效力提出异议的罚则，视为未写。

处于相同目的以罚则形式规定剥夺继承权的，也视为未写。

第759条：对保管遗嘱的公证人或其配偶或其第一亲等的亲属所为的遗嘱无效，但这不影响遗嘱的其他处分的效力。

第760条：对遗嘱证人所为的遗赠无效，即使对法定人数以外的证人也不例外，但这不影响该遗嘱的其他处分的效力。

同样规则适用于对遗产清算人或对遗嘱中指定的他人财产的管理人所为的超过其报酬的遗赠，但以该人也作为遗嘱的证人行事的情形为限。

第761条：在卫生和社会服务机构接受治疗或服务过程中，遗嘱人对该机构的所有人、负责人或雇员所为的遗赠无效，但上述人员为遗嘱人的配偶或近亲属的，不在此限。

在寄养家庭居住期间，遗嘱人对此等家庭的成员所为的遗赠，也无效。

第762条：以他人财产所为的遗赠无效，但如事实表明遗嘱人的目的在于迫使继承人为特定遗赠的受遗赠人取得遗赠财产的，不在此限。

美国路易斯安那州民法典

第1470条：所有的人都能作出或接受生前赠与及死因赠与，但法律另有明确规定的除外。

第1475条：为无接受能力之人利益的赠与无效。

第1476条：16岁以下的未成年人无作出生前赠与及死因赠与的能力，但为其配偶或其子女利益的除外。

已满16岁的未成年人有能力作出赠与，但仅限于死因赠与。他可以为其配偶或子女的利益作出生前赠与。

第1477条：为有能力作出生前赠与或死因赠与，某人必须有能力一般地理解他所为处分的性质与后果。

第 1478 条：被证明是欺诈或胁迫之结果的生前赠与或死因赠与应宣告无效。

第 1479 条：若证明赠与是受赠人或其他人影响的结果，该影响干扰了赠与人的意志，以致受赠人或其他人的意志替代了赠与人的意志，则该生前或死因赠与应被宣告无效。

第 1480 条：生前赠与或死因赠与因不当影响或因欺诈、胁迫被宣告无效时，并没有必要使整个赠与或立遗嘱行为无效。如果其中有条款并不是上述手段的结果，则该条款有效，但它因其他原因无效的除外。

第 1481 条：任何人，无论单独或与他人一起，在前条的意义上对赠与人为欺诈、胁迫或不当影响，或通过此种方法得到了任命，则不应允许其按照赠与行为或遗嘱行为或对遗嘱的修订或附书中的指定，作为执行人、受信托人、代理人或其他受信托人提供服务或继续提供服务。

第 1482 条：质疑赠与人能力的人必须以清晰确凿的证据证明赠与人在为生前赠与或立遗嘱时无能力。

完全禁治产人无作出或撤销生前赠与或死因处分的能力。

有限禁治产人在涉及处在其保佐人权力下的财产时，无作出或撤销生前赠与的能力且被推定无作出或撤销死因处分的能力。在涉及其他财产时，有限禁治产人被推定有能力作出或撤销生前赠与或死因处分。这些推定可被优势证据推翻。

第 1483 条：因欺诈、胁迫或不正当影响质疑赠与的人，必须以清晰确凿的证据进行证明。但是，如果作出赠与或立遗嘱时，赠与人与不当行为人之间存在信任关系，且不当行为人与赠与人无姻亲关系、血缘关系或收养关系，则质疑赠与的人仅需以优势证据证明欺诈、胁迫或不当影响。

第 1484 条：前面条文中的规则同样适用于对遗赠或遗嘱的撤销，对遗嘱条文的变更，及对继承权的其他任何变更。

第 1571 条：不可由遗嘱人的受托人立遗嘱，也不可在同一凭证中有多人共立遗嘱。

第 1573 条：必须遵守为立遗嘱规定的形式，否则遗嘱绝对无效。

秘鲁共和国新民法典

第 687 条：下列人无订立遗嘱的能力：

1. 未成年人，但第 46 条规定的情形除外；……3. 订立遗嘱时，由于任何原因（纵为短暂）欠缺为订立遗嘱所必要的清醒心智和自由的人。

第688条：遗嘱处分有利于在其面前订立遗嘱之公证员、其配偶或第四亲等之内的血亲和第二亲等之内的姻亲的，以及有利于遗嘱证人的，无效。

第690条：遗嘱处分应为立遗嘱者意志之直接表达，立遗嘱者不得授权他人订立遗嘱，也不得将其处分委诸第三人认定。

第808条：无能力的未成年人和患有精神疾病、已被宣告为禁治产的成年人所订立的遗嘱，无效。第687条规定的其他无能力人所订立的遗嘱，可予撤销。

第809条：因胁迫、恫吓或欺诈而订立的遗嘱，可予撤销。遗嘱处分乃因遗嘱人对事实或法律的实质错误而订立的，在该错误出现于遗嘱中，且为遗嘱人决定其处分之唯一动机时，该遗嘱亦可撤销。

第810条：某遗嘱之订立若明确将先前另一遗嘱中设立的继承人之死亡作为原因，则在该继承人之死讯实乃虚假时，先前的遗嘱有效，嗣后的遗嘱视为未被订立。

第811条：如果遗嘱违反第695条的规定或第696条、第699条以及第707条的分别规定，则除第697条规定者外，该遗嘱因欠缺形式而依法当然无效。

第812条：如果遗嘱人选择的遗嘱类型所规定的其他程式未被遵守，则该遗嘱因欠缺形式而可被撤销。在此情形，自愿执行遗嘱之人不得行使撤销诉权，且诉权自继承人知悉该情形之日起2年消灭。

第813条：特别遗嘱若欠缺书面形式、遗嘱人或有权收受遗嘱之人的签名，依法当然无效。在第812条的情形，遗嘱可被撤销。

第814条：由两个或更多人共同订立的遗嘱，无效。

智利共和国民法典

第1003条：两人或更多的人在一个时间订立的遗嘱所包含的处分，不问是为订立人的相互利益，还是为第三人的利益，均告无效。

第1004条：订立遗嘱的权限，不得委托行使之。

第1005条：下列人无资格订立遗嘱：

1. 已被废除；
2. 未适婚人；
3. 因精神病而受禁治产宣告的人；
4. 因酒醉或其他原因正处于不清醒状态的人；
5. 一切不能以口头或书面清楚地表达其意思的人。

未包含于上述列举之中的人，有订立遗嘱的资格。

第 1006 条：存在前条所列的无资格原因而订立遗嘱的，即使此等原因随后不再存在，该遗嘱亦告无效。

反之，有效遗嘱并不因随后发生任何此等无资格原因的事实而停止其效力。

第 1007 条：有任何胁迫成分的遗嘱，全部无效。

第 1056 条：一切依遗嘱的受分配人，不问是依其名称还是依遗嘱的明确描述而被确定，均应为特定的自然人或法人。以除此以外的方式作出的遗嘱处分视为未订立。

但遗嘱分配以慈善为目的时，即使不是为特定的人作出的，仍然有效。

遗嘱分配针对慈善机构作成但未确指时，应将此等遗嘱分配授予共和国总统指定的慈善机构，在为此等指定时，应在遗嘱人所在市或省的慈善机构中优先选择其一。

遗嘱人遗留给自己灵魂的物，在未以其他方式特别指定用途时，应被理解为遗留给慈善机构，并须遵守前款的规定。

概括遗留给穷人之物，应用于遗嘱人所在堂区的穷人。

第 1057 条：对受分配人的名称或身份的错误如不致对该人产生疑问，遗嘱处分并不因此无效。

第 1058 条：基于对事实的错误作出遗嘱分配的，如果显然无此等错误即不可能作出此等分配，则该分配视同未订立。

第 1059 条：附对价的遗嘱处分无效。

遗嘱人分配其财产的一部时，如以受分配人也须通过遗嘱向他遗留其财产的任何部分为条件，视为附对价的处分。

第 1060 条：遗嘱人仅对问题回答“是”或“否”，或者仅对问题给出肯定或否定的手势，从而进行遗嘱处分者，无效。

第 1061 条：遗嘱处分如为认证遗嘱的公证人、代行公证人职责的官员、此等公证人或官员的配偶或其直系尊血亲、直系卑血亲、兄弟姐妹、姻亲、雇员或工资领取者的利益订定，无效。

遗嘱处分系为证人或其配偶、直系尊血亲、直系卑血亲、兄弟姐妹或姻亲的利益订定者，亦同。

第 1066 条：一切遗嘱分配，或者应为概括分配，或者应为确定的或依遗嘱的描述能予以确定的特定物之分配，或者应为其种类和数量确定的或依同样方式能予以确定的种类物之分配，除此之外方式的遗嘱处分，视同未订立。

然而，遗嘱中明示处分乃为慈善目的，但未确定用于该目的的份额、数量或种类时，该分配有效，此时应虑及该目的的性质、遗嘱人的其他处分以及遗嘱人在当时可自由处分的范围内的财力，以确定其份额、数量或种类。

法官应在听取慈善事业监察专员和继承人的意见后为此种确定；此种确定应尽可能符合遗嘱人的意图。

埃塞俄比亚民法典

第 857 条：遗嘱是严格的死者的人身性文件。

任何人授权他人代表本人订立、修改或撤销遗嘱的协议无效。

任何人不得委托第三人完成确定如何以及向何人移转遗产的任务。

第 858 条：数人通过一份相同的文件订立其遗嘱时，此等文件无效。

第 860 条：未成年人可以订立遗嘱的条件，规定于本法典关于“自然人的能力”的题中（第 308 条）。

第 861 条：被法院作出禁治产宣告的人可以订立遗嘱的条件，规定于本法典关于“自然人的能力”的题中（第 368 条）。

第 862 条：当法院认为相关遗嘱的规定未受到遗嘱人健康状况的影响时，可全部或部分地维持遗嘱中的此等规定的效力。

遗赠超过 1 万埃塞俄比亚元时，不得以上述方式维持其效力。

禁治产人的法定继承人在任何情况下得接受至少 3/4 的遗产。

第 863 条：除非众所周知遗嘱人在订立遗嘱时患有精神病，他所立遗嘱不得被宣告无效。

第 864 条：法定禁治产人在订立遗嘱方面具有行为能力。

第 865 条：遗嘱的规定未能以足够清楚的方式指明其受益人或其目的时，无效。

遗嘱的规定不能被强制执行时，无效。

第 866 条：遗嘱的规定，其目的违反法律或道德时，无效。

第 867 条：遗嘱中的某一规定是遗嘱人处于胁迫的影响下作出时，无效。

在此等情形，得类推适用本法典关于合同因胁迫无效的规定（第 1706 条至第 1709 条和第 1808 条至第 1818 条）。

第 868 条：遗嘱中的某一规定，不得因为有人主张该规定的受益人或任何其他人对遗嘱人施加了过度影响而被宣告无效。

第 869 条：法院可缩减遗嘱人作出的有利于其监护人或保佐人的遗嘱条款的效力或宣布其无效。

除非遗嘱人在 20 岁之前死亡，不应适用第 1 款的规定。

当此等遗嘱规定的受益人是遗嘱人的尊亲属时，不应适用第 1 款的规定。

第 870 条：对遗嘱人在其死亡前 6 个月内作出的有利于其医生或任何其他因职业对其身体为照顾或对其精神为帮助的人的遗嘱条款，法院可缩减其效力或宣布其无效。

在第 1 款的范围内，“医生”一词指任何甚至非法地为遗嘱人开处方或进行医疗的人。

当遗嘱条款的受益人是遗嘱人的血亲、姻亲或配偶时，不适用本条规定。

第 871 条：对遗嘱人作出的有利于参与订立遗嘱过程的公证人、登记人、证人或翻译的规定，法院可以缩减其效力或宣布其无效。

第 872 条：当遗嘱人遗有卑亲属，并且该卑亲属并非其配偶的卑亲属时，对遗嘱人作出的有利于其配偶的遗嘱规定，法院可缩减其效力或宣布其无效。

第 873 条：对遗嘱人作出的有利于前数条所述之任何人的卑亲属、尊亲属或配偶的遗嘱规定，法院可缩减其效力或宣布其无效。

第 874 条：当遗嘱规定为有利于遗嘱人的配偶而作出时，只能由遗嘱人的卑亲属要求法院缩减遗嘱规定的效力或宣布其无效。

在其他情形，可以由遗嘱人的卑亲属、尊亲属或配偶提出要求，其他继承人不得提出。

自遗嘱规定的受益人申请执行遗嘱之日起 3 个月内，未要求缩减效力或宣布无效的要求的，禁止再行提起。

第 875 条：法院得在其判决中说明它认为宣布遗嘱人作出的遗嘱规定无效或缩减其效力是公平的理由。

第 876 条：遗嘱中包含的规定，不得因为有人主张受益人使用了不公正的手段获得了遗嘱人的好感，以欺诈的理由被宣布无效。

第 877 条：（1）在错误之情形，得类推适用本法典关于合同因错误无效的规定（第 1697 条至 1705 条和 1808 条至第 1818 条）。

（2）遗嘱中包含的规定不得因错误被宣布无效，遗嘱人所犯的并决定性地影响了其心灵的错误来自遗嘱本身的内容，或来自遗嘱以之为依据的书面文件的除外。

第 878 条：遗嘱中某一规定的无效不导致同一遗嘱中之其他规定的无效；环境证据明确地表明，在遗嘱人的意思中被宣布无效的规定的执行与其他规定间存在必要联系的除外。

第 881 条：公开遗嘱得由遗嘱人自己或由任何其他人根据遗嘱人的口授书写。

除非它当着遗嘱人以及 4 名证人的面被阅读，并述及这一手续的履行以及订立的日期，遗嘱无效。

除非遗嘱人和证人立即在遗嘱上签名或按拇指印，遗嘱无效。

第 882 条：公开遗嘱，当它是当着两名证人的面制作，其中一人是正在履行其职责的登记人或公证人时，有效。

第 884 条：自书遗嘱，除非全部由遗嘱人自己书写，无效。

除非它以明确的方式说明它是一份遗嘱，无效。

除非组成遗嘱的每一页都写明日期，并由遗嘱人签名，无效。

第 885 条：遗嘱人打印的自书遗嘱，除非在每一页上都载有表明它是自书遗嘱的手写说明，无效。

第 886 条：当遗嘱人为文盲或不懂用以起草遗嘱的语言，而以不知其意的图形符号作成自书遗嘱时，此等遗嘱无效。

第 887 条：公开遗嘱或自书遗嘱，当它未写明于其中订立的年、月、日或未包括有同样法律效力的其他说明时，无效。

当遗嘱上的虚假日期显然可归之于单纯的疏忽大意，并且真实日期可从遗嘱本身以及从遗嘱人作出的其他书面文件得到的迹象足够精确地确定时，文件中发生的日期的虚假不导致遗嘱无效。

第 888 条：公开遗嘱或自书遗嘱，当它不能被人理解时无效；它得到未经遗嘱人书写并签名的文件的补充的除外。

第 889 条：公开遗嘱或自书遗嘱，当其包含改变遗嘱人之遗嘱的擦除、删划或在原有文字上的涂改时，无效。

包含擦除、删划或在原有文字上的涂改的遗嘱规定，如果能与遗嘱的其他部分相独立，在考虑遗嘱人的意图和全部环境因素的情况下，可以单独宣告其无效。

擦除、删划或在原有文字上涂改，由遗嘱人以签名附言的明确方式认可的，在公开遗嘱的情形中，由证人以签名附言的明确方式认可的，遗嘱不得被宣布无效。

第 890 条：第 889 条之规定应适用于公开遗嘱的页边、其行间或证人签名之后包括了附加内容的情形。

自书遗嘱不得因此等附加成为有缺陷的。

第 894 条：任何以口头遗嘱作出的其他处分无效。

以口头遗嘱作出的超过 500 埃塞俄比亚元的遗赠得被减少至 500 埃塞俄比亚元。

第一千一百四十四条

遗嘱继承或者遗赠附有义务的，继承人或者受遗赠人应当履行义务。没有正当理由不履行义务的，经利害关系人或者有关组织请求，人民法院可以取消其接受附义务部分遗产的权利。

其他法域立法例

德国民法典

第 1940 条：被继承人得以遗嘱使继承人或受遗赠人负担给付之义务，而不予他人请求该给付之权利。

第 2147 条：因遗赠得加重继承人或受遗赠人之负担。除被继承人另有指示者外，继承人负担遗赠之义务。

第 2148 条：多数继承人或多数受遗赠人负担同一遗赠义务者，于有疑义时，由继承人按其应继份比例分担；受遗赠人按其遗赠价额之比例，负其义务。

第 2186 条：受遗赠人负有遗赠或负担义务者，仅于其得请求对自己所给予之遗赠受清偿者，始负清偿之义务。

第 2187 条：Ⅰ以属于遗产之特定标的物为遗赠者，其因受遗赠之所得，不足履行其所应负之义务时，即使其对自己所接受之遗赠承认后，仍得拒绝履行其不足之数额。

Ⅱ负有义务之受遗赠人，依第 2161 条规定，由他人代位者，该人仅于遗赠人原应负责之范围内，负其清偿责任。

Ⅲ于此情形，准用第 1992 条关于继承人责任之规定。

第 2188 条：受遗赠人应得之给付，基于继承人有限责任，因特留份请求权之行使或依第 2187 条规定，而减少者，受遗赠人得按比例减少其所负担之义务。但可认为遗赠人另有意思者，不在此限。

苏俄民法典

第 423 条：本法典第 418 条规定的继承人根据遗嘱，而取得遗产的时候，遗嘱人可以责成他为了法定继承人中的其他一人、数人或者全体的利益而履行某种义务，其他法定继承人有权根据这一点向得到遗产的继承人请求履行这项义务；遗嘱人也可以责成上述接受遗产的继承人为了公共利益而实施某种行为。

遗嘱人可以责成依照本法典第 422 条第 3 款规定程序根据遗嘱而取得遗产的

人，为了任何人的利益而履行某种义务。

把遗产给予国家机关或者社会团体的时候，遗嘱人有权指定这项遗产的用途。

韩国民法典

第1088条：1. 得到附负担遗赠的人，于不超出遗赠价额的范围内，承担履行其负担的责任。

2. 遗赠标的因价额的限定承认或财产侵害而减少时，受赠人于其减少限度内免除负担义务。

第1111条：附负担受遗赠人不履行其义务时，继承人或遗嘱执行人可定适当的期间催告其履行，在该期间内未履行时，可请求法院撤销遗嘱。但不得损害第三人的利益。

日本民法典

第1002条：受附负担遗赠者，仅于不超过遗赠标的价额之限度，负有履行负担义务之责任。

受遗赠人抛弃遗赠时，应受负担利益之人，得自己成为受遗赠人。但遗嘱人已于其遗嘱中表示另外意思时，从其意思。

第1003条：附负担遗赠之标的价额因继承之限定承认或特留份回复之诉而减少时，受遗赠人按其减少之比例，免除其负担之义务。但遗嘱人已于其遗嘱中表示另外意思时，从其意思。

第1027条：受附负担遗赠者不履行其负担义务时，继承人得确定相当之期间而催告其履行。于此情形，未于其期间内履行时，得向家庭法院请求撤销该附负担遗赠相关之遗嘱。

中国台湾地区“民法”

第1205条：遗赠附有义务者，受遗赠人以其所受利益为限，负履行之责。

魁北克民法典

第752条：负担另一遗赠的遗赠，因取决于受遗赠人的原因失效的，它负担的另一遗赠也失效，只取得已失效遗赠的标的物的继承人或受遗赠人能够履行该负担的，不在此限。

美国路易斯安那州民法典

第1519条：在所有的生前处分或死因处分情形，不可能的条件，与法律或道德相冲突的条件，视为未规定。

埃塞俄比亚民法典

第 879 条：如果遗嘱人使遗赠取决于一项条件或对之课加了负担，在此等条件或负担变得不能或违反法律或道德时，遗赠得被视为未附条件或未被课加负担。

在此等情形，尽管遗嘱人因考虑到条件或负担才作出处分，遗赠并不无效。

第 917 条：受遗赠人必须与或不得与某一特定人结婚的条件有效。

以一般条款课加给受遗赠人的不结婚或不得再婚的条件，无效。

遗嘱人可规定，只要受遗赠人不结婚，得享有特定财产的用益权或得接受特定的津贴。

第 918 条：除非遗嘱人另有明确规定，以受遗赠人不为特定事情为条件设立的遗赠，得视为附解除条件设立的。

前款规定得同样适用于以受遗赠人得继续为特定事情为条件设立的情形。

第 919 条：遗嘱人作出附解除条件的遗赠时，法院可应任何利害关系人的申请，命令受遗赠人对解除条件成就后受遗赠财产的返还提供担保或其他保证。

遗嘱人作出附延缓条件的遗赠时，法院可应受遗赠人的申请，命令占有被遗赠财产的人对延缓条件成就后交付被遗赠财产给受遗赠人的责任提供担保或其他保证。

第 920 条：遗嘱人可在财产的价值范围内，指令继承人或受遗赠人对某一或数个特定的人给付某物或做某事。

第 921 条：被课加负担的继承人或受遗赠人，只在遗产份额或他收受的遗赠的价值范围内承担履行负担的责任。

第 922 条：为其利益设立负担的受益人可以要求履行负担。

如果根据实际情况上述要求确有理由，上述受益人也可要求被课加负担的继承人或受遗赠人就负担的履行提供担保或其他保证。

遗嘱人以此为目的点名指定的人，或者当没有这种人时，遗嘱人的每个继承人或概括遗赠的每个受遗赠人，可行使同样的权利。

第 923 条：未履行负担不导致解除遗赠，遗嘱人明确作了此等处分并规定了解除遗赠之后果的除外。

诚信第三人就被遗赠财产已取得的权利，不受影响。

第四章 遗产的处理

第一千一百四十五条

继承开始后，遗嘱执行人为遗产管理人；没有遗嘱执行人的，继承人应当及时推选遗产管理人；继承人未推选的，由继承人共同担任遗产管理人；没有继承人或者继承人均放弃继承的，由被继承人生前住所地的民政部门或者村民委员会担任遗产管理人。

其他法域立法例

苏俄民法典

第432条：如果现在知道的继承人不在，而财产（企业、建筑物等）必须加以管理的时候，公证机关可以根据主管该项企业或者财产的机关的推荐，而指定这项财产的负责保管人。

法国民法典

第812条：任何人均可以委托一个或数个自然人或法人以一名或数名已经确定身份的继承人的名义并为他们的利益管理其遗产之全部或一部，但保留赋予遗嘱执行人的权利。

委托代理人可以是某个继承人。

委托代理人应当具备完全的民事能力；在概括遗产中包含有从事职业的财产时，受托人没有受到禁止管理此种财产的处分。

委托代理人不得是负责处理遗产的公证人。

第813条：继承人一致同意时，得委托他们中一人或者第三人管理被继承人得遗产。此项委托受本法典第1984条至第2010条之规定调整。

在至少有一继承人是以净资产为限接受继承的情况下，即使全体继承人一致同意，受托人也只能由法官指定。在此情况下，该项委托受第813—1条至第814条之规定调整。

第813—1条：由于一名或者数名继承人对遗产怠于管理、缺乏管理或者管理中有过错，或者由于继承人之间不和、利益相抵触或者遗产的状况比较复杂，法官得指定任何有资格的自然人或者法人作为管理遗产的受托人暂时管理遗产。

这项请求由一名继承人提出，或者由债权人或在死者生前即为其利益管理全部或一部财产的任何人或其他有利益关系的任何人或检察院提出。

第 813—3 条：任命遗产委托管理人的决定应进行登记并予公示。

日本民法典

第 936 条：继承人为数人之情形，家庭法院应自继承人中选任继承财产管理人。

前款之继承财产管理人，为继承人而代之就继承财产管理及债务清偿作出一切必要行为。

第 926 条至前条之规定，准用于第 1 款之继承财产管理人。于此情形，第 927 条第 1 款中“作出限定承认后五日内”替换为“其继承财产管理人选任后十日以内”。

第 951 条：继承人之有无不明时，继承财产为法人。

第 952 条：前条之情形，家庭法院应依利害关系人或检察官之请求，选任继承财产管理人。

已依前款规定选任继承财产管理人时，家庭法院应毫不迟延地公告之。

中国台湾地区“民法”

第 1152 条：前条公同共有之遗产，得由继承人中互推一人管理之。

第 1177 条：继承开始时，继承人之有无不明者，由亲属会议于 1 个月内选定遗产管理人，并将继承开始及选定遗产管理人之事由，向法院报明。

魁北克民法典

第 625 条：被继承人死亡或使遗赠生效的事件发生时，继承人占有被继承人的遗产财团，但应遵守关于遗产清算的法律规定。

除非为本编规定的例外情形，继承人承担被继承人债务的范围不得超过他们现实取得的遗产的价值，同时保留要求以遗产清偿他们对被继承人享有的债权的权利。

继承人占有对侵害被继承人的人格权的人或其代理人的诉权。

第 783 条：能充分行使民事权利的人都可担任遗产清算人职务。

经法律许可管理他人财产的法人可以担任遗产清算人职务。

第 784 条：任何人不负接受清算人职务的义务，唯一的继承人除外。

第 785 条：除非遗嘱处分作出不同规定，继承人当然为遗产清算人；有数名继承人的，可通过多数决指定清算人并确定替换他的方式。

第 786 条：遗嘱人可以指定一名或数名清算人，他也可以规定替换清算人的方式。

遗嘱人指定清算遗产或执行其遗嘱的人，不管他是作为遗产管理人或遗嘱执行人等被指定的，均具备清算人资格。

美国路易斯安那州民法典

第 1097 条：无人继承遗产由法定代表人管理，此等法定代表人也被称为无人继承遗产管理人。

智利共和国民法典

第 1240 条：如在继承开始后 15 天内无人接受遗产或其中的份额，也无遗嘱人授权持有财产并已接受该职务的遗嘱执行人，法官应依生存配偶、死者的任何亲属或家属、其他对此有利害关系的人的请求，或者依职权宣告遗产为无人接受继承的遗产；该宣告应被刊登于市镇的报纸上，市镇无报纸的，则应被刊登在省会或大区首府的报纸上；对于无人接受继承的遗产，应为之指定保佐人。

如有 2 个或更多的继承人，且其中一人接受遗产，该人可在事先作成要式财产清单的情况下管理全部共有遗产；其共同继承人如尔后接受遗产并在财产清单上签字，则可参与管理。

如果完全无人接受遗产，进行管理的继承人的权限同于无人接受继承之遗产的保佐人，但除非有理由惧怕在其管理下的财产承受风险，他不负提供担保的义务。

埃塞俄比亚民法典

第 947 条：死者死亡之日，清算人的资格得根据事实属于其法定继承人。

第 948 条：死者留有遗嘱时，清算人的资格得属于死者在其遗嘱中指定的遗嘱执行人。

无这方面的明示规定时，它得当然属于遗嘱指定的概括遗赠的受遗赠人。

法定继承人得与概括遗赠的受遗赠人共同作为清算人；根据遗嘱他们不取得任何遗产份额的除外。

第 949 条：如果根据前数条规定，某一遗产的清算人是一位未成年人或禁治产人时，他得由其保佐人代理其履行清算人的职责。

第一千一百四十六条

对遗产管理人的确定有争议的，利害关系人可以向人民法院申请指定遗产管理人。

其他法域立法例

德国民法典

第 1981 条：Ⅰ遗产法院因继承人之申请，应命为遗产之管理。

Ⅱ因继承人之行为或其财产状况，遗产债权人认为有危及其债权清偿之虞者，因遗产债权人之申请，应命为遗产之管理。自承认继承后已逾 2 年者，不得再行申请。

Ⅲ第 1785 条规定不适用之。

法国民法典

第 809－1 条：应任何债权人、为死者的利益负责管理其全部或一部分概括财产的任何人、有利益关系的任何其他人或者检察院提出的申请，受理请求的法官委托负责公产管理的行政机关管理无人继承的遗产。无人继承的遗产的管理制度由本节规定。

法院作出的对无人继承的遗产实行管理的裁定应当公示。

第 813 条：继承人一致同意时，得委托他们中一人或者第三人管理被继承人的遗产。此项委托受本法典第 1984 条至第 2010 条之规定调整。

在至少有一继承人是以净资产为限接受继承的情况下，即使有全体继承人一致同意，受托人也只能由法官指定。在此情况下，该项委托受第 813－1 条至第 814 条之规定调整。

第 813－1 条：由于一名或者数名继承人对遗产怠于管理、缺乏管理或者管理中有过错，或者由于继承人之间不和、利益相抵触或者遗产的状况比较复杂，法官得指定任何有资格的自然人或者法人作为管理遗产的受托人暂时管理遗产。

这项请求由一名继承人提出，或者由债权人或者在死者生前即为其利益管理全部或一部财产的任何人，其他有利益关系的任何人或检察院提出。

第 813－3 条：任命遗产委托管理人的决定应进行登记并予公示。

第 814－1 条：在任何情况下，以净资产为限接受继承的继承人均可请求法官指定有资质的人作为遗产的委托管理人，以替代其负责管理与清算遗产。

韩国民法典

第 1040 条：1. 继承人为数人情形，法院可根据各继承人及其他利害关系人的请求，在共同继承人中选任遗产管理人。

2. 法院选任的管理人，负有代表共同继承人管理遗产及实施有关债务清偿的所有行为的权利义务。

3. 第 1022 条、第 1032 条至前条的规定，准用于前款管理人。但第 1032 条所定 5 日公告期间，自管理人知道其选任之日起起算。

第 1053 条：1. 继承人存在与否不明确时，法院可根据第 777 条所定被继承人的亲属及其他利害关系人或检察官的请求，选任遗产管理人并立即公告。

2. 第 204 条至第 206 条的规定，准用于前款的财产管理人。

日本民法典

第 895 条：推定继承人之废除或其撤销请求作出后，于其裁定确定前开始继承时，家庭法院得依亲属、利害关系人或检察官之请求，就遗产管理命令必要之处分。有废除推定继承人之遗嘱时，亦同。

第 27 条至第 29 条之规定，准用于家庭法院依前款规定选任遗产管理人之情形。

第 918 条：继承人，应以与对其固有财产相同之注意，管理继承财产。但已承认或抛弃继承时，不在此限。

家庭法院依利害关系人或检察官之请求，得随时就继承财产之保存，命令必要之处分。

第 27 条至第 29 条之规定，准用于家庭法院已依前款规定选任继承财产管理人之情形。

中国台湾地区“民法”

第 1178 条：亲属会议依前条规定为报明后，法院应依公示催告程序，定 6 个月以上之期限，公告继承人，命其于期限内承认继承。

无亲属会议或亲属会议未于前条所定期限内选定遗产管理人者，利害关系人或检察官，得声请法院选任遗产管理人，并由法院依前项规定为公示催告。

魁北克民法典

第 788 条：如继承人之间无法达成协议或不可能指定或替换清算人，经利害关系人申请，法院可以指定或替换清算人。

埃塞俄比亚民法典

第 950 条：当不知何人是继承人或所有的法定继承人都宣布放弃或不愿清算遗产时，法院得应任何利害关系人的申请，任命一位清算人。

当遗嘱人未留下继承人，且其遗产将由国家接受时，法院得任命一位清算人。

何人或何种当局将被法院指定为清算人，可由条例规定之。

第 951 条：出现下列情形之一，法院可应任何利害关系人的申请，任命一名公证人或其他人取代前数条规定的清算人：

因为指定清算人的遗嘱的效力招致争议或因任何其他原因，对于某一清算人的指定存在疑问；

有数个清算人，而他们就遗产的管理和清算不能取得一致意见；

在继承人中有未成年人或禁治产人或因任何其他原因处于不能照料自己利益之状况的人；

清算人消极无为或不诚实，或被发现不能恰当地履行其职责。

第一千一百四十七条

遗产管理人应当履行下列职责：

（一）清理遗产并制作遗产清单；

（二）向继承人报告遗产情况；

（三）采取必要措施防止遗产毁损、灭失；

（四）处理被继承人的债权债务；

（五）按照遗嘱或者依照法律规定分割遗产；

（六）实施与管理遗产有关的其他必要行为。

其他法域立法例

德国民法典

第 1985 条：Ⅰ遗产管理人应管理遗产，并以遗产清偿遗产债务。

Ⅱ遗产管理人就遗产管理亦应对遗产债权人负其责任。于此情形，准用第 1978 条第 2 款、第 1979 条及第 1980 条规定。

法国民法典

第 809—2 条：遗产管理人自受指定开始，即应聘请司法拍卖估价人、司法执达员或者公证人，按照适用于这些职业的法律与规章，对遗产的净资产一件一件地进行估价盘存、制作清册，或者由属于管理公产的行政部门的经宣誓道德公务员进行此项盘存估价、制作财产清册。

财产管理人向法院提交的有关制作财产盘存清册的通知，应如同对财产实行管理的判决，同样进行公示。

死者的债权人和钱款的受遗赠人，依据提出的证书为凭证，可以查阅财产盘存清册并可取得其复印件，可以要求在进行任何新的公示时均应向其进行通知。

第 809—3 条：债权申报，向遗产管理人为之。

第 810 条：遗产管理人一经指定，即占有由第三人持有的有价证券及其他财产，并收取与追偿他人应向遗产偿还的款项。

遗产管理人可以继续经营属于遗产的个人企业，不论是商业、工业、农业还是手工业企业。

管理人在提取管理费用与销售费用之后，将构成遗产资产的款项以及由遗产财产产生的收入和变现所得款项予以寄存。在企业继续经营活动的情况下，收入中只有超过企业运转所必要的周转资金的部分才需要寄存。

来自无人继承的遗产的款项，不论何种名义，在任何情况下，均只有通过遗产管理人才能寄存。

第 810—1 条：在继承开始后的 6 个月期间，遗产管理人只能实施单纯的保全或监管行为和临时管理行为，以及出卖容易变质的财产。

第 810—2 条：第 810—1 条规定的期限经过之后，遗产管理人得实施所有的保全行为与管理行为。

遗产管理人进行或者指示进行财产的出卖，直至清偿全部负债。

只有在出卖动产的预计收入仍然不足时，才能转让不动产。保存有困难或者保存代价太高的财产，即使将其变现并非清偿债务所必要，遗产管理人也可出卖或者指示出卖此类财产。

第 810—3 条：财产出卖，由司法拍卖估价人、司法执达员或者公证人按照适用于这些职业的法律与规章进行，或者在法院进行，或者按照《公法人财产总法典》有关有偿转让属于国家的不动产或动产公产规定的形式进行出卖属于遗产的财产应进行公告。

在考虑协商出卖财产的情况下，任何债权人均可要求进行竞价拍卖。如果竞价拍卖的价格低于协商出卖方案中约定的价格，提出竞价出卖的债权人应对其他债权人承担他们受到的损失。

第 810－4 条：遗产管理人唯一有资格向遗产债权人进行清偿。管理人仅负有按照资产的数额清偿遗产债务的义务。

在尚未作出清偿债务的方案之前，遗产管理人只能支付保管死者概括财产所必要的费用、丧葬费及其最后患病的费用开支、应纳的税款、应交纳的房租以及其他需要紧急偿还的遗产的债务。

第 810－5 条：遗产管理人应制定债务清偿方案。

债务清偿方案应按照第 796 条所定的顺序进行清偿。

清偿方案应予公示。没有获得全数清偿的债权人，可以在清偿方案公示起 1 个月期限内，对该方案向法官提出异议。

第 810－6 条：遗产管理人权利的行使，以执行已经开始实行挽救程序、司法重整与司法清算程序的人的遗产所适用的规定为保留条件。

第 810－7 条：遗产管理人向法官汇报其进行的管理活动。存交遗产管理账目应当公示。

遗产管理人向有此要求的任何债权人或者任何继承人提交账目。

第 813－2 条：遗产委托管理人只能在按照第 815－6 条第 3 款指定的人、按照第 812 条指定的受托人或者立遗嘱人按照第 1025 条的规定指定的遗嘱执行人的权力范围内进行管理活动。

第 813－4 条：只要没有任何继承人接受继承，遗产委托管理人便只能完成第 784 条所指的活动，但该条第 2 款规定的活动除外。法官也可以批准委托管理人进行为遗产的利益所要求的其他活动。法官可以批准遗产委托管理人按照第 789 条规定的形式制作遗产盘存清册，或者依职权提出这一要求。

第 813－8 条：每一个继承人均可随时向遗产委托管理人提出查阅有关其执行管理任务的文件。

每年以及管理终结时，遗产委托管理人应向法官，以及应请求，向每一个继承人送交一份其履行任务情况的报告。

韩国民法典

第 1022 条：继承人应以对其固有财产的相同注意，管理遗产。但单纯承认或放弃时，不在此限。

第 1023 条：1. 法院可根据利害关系人或检察官的请求，命令实施为保存遗产所必要的处分。

2. 由法院选任财产管理人时，准用第 204 条至第 206 条的规定。

第 1040 条：1. 继承人为数人情形，法院可根据各继承人及其他利害关系人的请求，在共同继承人中选任遗产管理人。

2. 法院选任的管理人，负有代表共同继承人管理遗产及实施有关债务清偿的所有行为的权利义务。

3. 第 1022 条、第 1032 条至前条的规定，准用于前款管理人。但第 1032 条所定 5 日公告期间，自管理人知道其选任之日起起算。

第 1047 条：1. 法院命令分割财产时，可责令就遗产的管理为必要的处分。

2. 法院选任财产管理人的，准用第 204 条至第 206 条的规定。

第 1048 条：1. 虽于继承人表示单纯承认之后，如有财产分割命令时，对遗产亦应以与对自己固有财产同样的注意管理。

2. 第 683 条至第 685 条及第 688 条第 1 款、第 2 款的规定，准用于前款的财产管理。

第 1054 条：管理人于继承债权人或受遗赠人请求时，应随时提示遗产目录并报告其状况。

第 1056 条：1. 自发布第 1053 条第 1 款所定公告之日起 3 个月内，无法知道继承人存在与否时，管理人应立即向一般债权人及受遗赠人公告，于一定期间内申报其债权或受赠。其期间应为 2 个月以上。

2. 第 88 条第 2 款、第 3 款及第 89 条、第 1033 条至第 1039 条的规定，准用于前款情形。

日本民法典

第 943 条：有财产分离请求时，家庭法院得就继承财产之管理命令必要之处分。

第 27 条至第 29 条之规定，准用于家庭法院已依前款规定选任继承财产管理人之情形。

第 953 条：第 27 条至第 29 条之规定，准用于前条第 1 款之继承财产管理人（以下于本章简称“继承财产管理人”）。

第 954 条：继承财产管理人，有继承债权人或受遗人之请求时，应向作出其请求者报告继承财产之状况。

第 955 条：已明确有继承人时，第 951 条之法人，视为未成立。但不碍继承财产管理人于其权限内所作行为之效力。

第 956 条：继承财产管理人之代理权，自继承人承认继承时消灭。

前款之情形，继承财产管理人应毫不迟延地对继承人作出管理结算。

第957条：有第952条第2款之公告后2个月以内，继承人之有无仍不明时，继承财产管理人，应毫不迟延地对全体继承债权人及受遗赠人，公告应于一定期间内申报其请求之意旨。于此情形，其期间不得少于2个月。

第927条第2款至第4款及第928条至第935条（除第932条但书外）之规定，准用于前款之情形。

第958条：前条第1款之期间届满后，继承人之有无仍不明时，家庭法院应依继承财产管理人或检察官之请求，公告若有继承人则应于一定期间内主张其权利之意旨。于此情形，其期间不得少于6个月。

中国台湾地区“民法”

第1179条：遗产管理人之职务如左：

一、编制遗产清册。

二、为保存遗产必要之处置。

三、申请法院依公示催告程序，限定1年以上之期间，公告被继承人之债权人及受遗赠人，命其于该期间内报明债权及为愿受遗赠与否之声明，被继承人之债权人及受遗赠人为管理人所已知者，应分别通知之。

四、清偿债权或交付遗赠物。

五、有继承人承认继承或遗产归属“国库”时，为遗产之移交。

前项第1款所定之遗产清册，管理人应于就职后3个月内编制之；第4款所定债权之清偿，应先于遗赠物之交付，为清偿债权或交付遗赠物之必要，管理人经亲属会议之同意，得变卖遗产。

第1180条：遗产管理人，因亲属会议，被继承人之债权人或受遗赠人之请求，应报告或说明遗产之状况。

第1181条：遗产管理人非于第1179条第1项第3款所定期间届满后，不得对被继承人之任何债权人或受遗赠人，偿还债务或交付遗赠物。

第1184条：第1178条所定之期限内，有继承人承认继承时，遗产管理人在继承人承认继承前所为之职务上行为，视为继承人之代理。

魁北克民法典

第776条：无遗嘱继承或遗嘱继承通过以下程序清算遗产：确定相续人的身份并召集他们，确定遗产的范围，收取债权，清偿遗产的包括死者的债务在内的债务、遗产的负担或扶养费债务，偿付特定的受遗赠财产，汇报账目并交付遗产。

第 777 条：自继承开始时起及在必要的清算时间内，清算人实行对继承人和特定遗赠受遗赠人的扣押。

清算人甚至可以向继承人和特定遗赠的受赠人主张财产。

指定或替换遗产清算人应在债权和动产物权登记簿上公示。如继承涉及不动产，还应在土地登记簿上公示。指定或替换行为的登记以提交指明指定或替换行为、确定被继承人和清算人身份的通知完成；如继承涉及不动产，该通知也应包括对不动产的描述。

第 787 条：除非经遗嘱免除如此，在无遗嘱的情形经继承人免除如此，共同担任清算人职务的人应一致行动。

清算人之一无法履行职责，其他清算人可以独立实施保全性行为和急需处理的行为。

第 794 条：清算人应按本法关于他人财产的管理题规定的方式编制财产清册。

第 795 条：财产清册的编制完成，应通过登记确定被继承人的身份和表明利害关系人查询财产清册的地点的通告，在债权和动产物权登记簿中公示。

上述通告也应在被继承人生前最后已知地址之地流通的报纸上公示。

第 796 条：清算人应将编制完财产清册的通告登记和可以查询财产清册的地点通知继承人和尚未行使其选择权的相续人，特定遗赠的受遗赠人和已知债权人，如方便，应向上述人员传送财产清册的一个副本。

第 798 条：如一继承人或另一利害关系人已编制财产清册，清算人应核实之。他应证实编制完财产清册的通告是否已登记、是否已通知所有应通知之人。

第 799 条：仅在所有继承人和相续人都同意的情形，才可免除清算人编制财产清册的义务。

如果他们作出了上述同意，继承人和因该事实成为继承人的相续人应对超过他们取得的遗产的价值的遗产债务承担责任。

第 802 条：遗产清算人对于遗产中的财产与作为他人财产的管理人一样行事，享有简单管理权。

第 803 条：遗产清算人应查明被继承人是否立有遗嘱。

被继承人立有遗嘱时，清算人应将遗嘱提交验证，并采取一切必要措施执行之。

第 804 条：清算人管理遗产。他应在清偿遗产债务和特定遗赠财产所必要的范围内变现遗产中的财产。

为此，他可以独立让与易腐的动产以及极易贬值的或保存费用昂贵的动产。

他也可经继承人同意，未得此等同意的，经法院许可让与遗产中的其他财产。

第 805 条：对遗产起诉的清算人应通知公共保佐人。除非继承人或法院指定其他人，公共保佐人依职权当然成为特别遗产清算人。

第 806 条：清算时间超过 1 年时，清算人应在第一年年底向继承人、未获清偿的债权人和特定遗赠的受遗赠人汇报年度管理账目。此后每年至少一次汇报账目。

第 807 条：如遗产明显足以清偿，清算人在查明所有债权人和特定遗赠的受遗赠人均可获清偿后，可以向扶养权利人、继承人和特定遗赠的受遗赠人预付一笔金钱。此等预付款应从收受人的可得份额中扣除。

第 808 条：如遗产中的财产足以清偿全部债权人和特定遗赠的受赠人，如果已采取措施清偿在诉讼系属中的请求权，清算人应陆续清偿到场的已知的债权人和特定遗赠的受遗赠人。

清算人应支付普通的公共服务使用费，并陆续清偿到期的非常债务，或根据商定的期限和条件清偿它们。

第 809 条：经与继承人、特定遗赠的受遗赠人、生存配偶商议，清算人应以与清偿其他遗产债务相同的方式向生存配偶支付补偿金，并清偿因清算婚姻或民事结合的配偶的财产权所生的任何其他债务。在前述人员未能商议一致的情形，由法院决定。

第 810 条：如遗产明显资不抵债，在编制完财产清册的通告登记之日起或免除编制财产清册义务之日起 60 天的期限届满前，清算人不得清偿遗产债务和特定遗赠。

但情势如此要求，清算人可以在上述期限届满前支付普通的公共服务使用费，清偿急需清偿的债务。

第 811 条：如遗产中的财产不足，清算人须起草对债务和特定遗赠的全面说明，通知此等说明于利害关系人，从法院获得对包括为清偿未来判决确定的债务而采取保留财产的措施的清偿方案的认可，才可以清偿遗产债务和特定遗赠。

第 812 条：如遗产中的财产不足，清算人应根据其清偿方案，首先依其顺位清偿优先的或享有抵押权的债权人；其次清偿扶养费债权人以外的其他债权人。如他不能全部清偿此等债权人，应对他们按比例清偿其债权。

如清偿上述债权人后尚有剩余遗产，清算人应偿付扶养权利人；如他不能对他们为完全的偿付，应按其请求权的比例支付；然后他应偿付特定遗赠的受遗赠人。

第 813 条：如遗产中的其他财产不足以清偿全部债务，清算人可以转让作为特定遗赠的受赠财产或削减特定遗赠的数额。

实施上述转让或削减的顺序和比例按照受遗赠人的协议。达不成协议的，清算人首先按其价值的比例削减遗嘱中既未规定优先权又不涉及感情物的遗赠。如财产仍然不足，清算人应转让作为感情物遗赠的标的，然后转让有优先权的遗赠的标的物，或根据其价值的比例削减这些遗赠的数额。

受遗赠人可以同意其他解决方案或通过返还其得到的遗赠物或等额的价值获得义务免除。

第 814 条：遗产中的财产不足以偿付全部特定遗赠的受赠人时，清算人根据其清偿方案，首先清偿依遗嘱享有优先权的人，然后清偿感情物的受遗赠人，再次按比例削减其他受遗赠人的遗赠物数额，并根据每一份遗赠的价值比例在上述受遗赠人中分割剩余遗产。

第 820 条：清算人最终账目的目的是确定净资产或遗产的赤字。

此等最终账目应注明未清偿的债务和遗赠、有保证人担保的债务，或继承人或特定遗赠的受遗赠人已承担的债务和遗赠，以及以其他方式清偿的债务和遗赠，并标明各自的清偿方式。如有必要，应确立为清偿未来判决额所必要的保留财产。

如遗嘱或半数以上的继承人要求，清算人应在其账目后附加分割遗产方案。

第 822 条：最终账目被接受后，清算人卸除其管理职务，并向继承人交付财产。

通过在债权和动产物权登记簿上登记指明被继承人的身份和利害关系可以查询账目的地点的通知，完成封账公示。

美国路易斯安那州民法典

第 1171 条：继承代表人有权通过当地法院执行长，拍卖人或以其自己的行为出卖所管理的财产，但自己为出卖行为时，不得收取任何出卖佣金。

埃塞俄比亚民法典

第 944 条：遗产的清算包括：

确定将被召从遗产中取得财产的人；

确定继承的内容；

追索遗产的到期债权，偿付可以要求的遗产到期债务；

偿付单一物的遗赠，采取为实现死者所作规定所必要的其他步骤。

第 952 条：法院可随时应任何利害关系人的申请，要求清算人为其恰当地履行其职责提供担保或其他保证。

第 956 条：清算人得：

进行搜寻以发现死者是否留有遗嘱，并且确定谁将接受待继承财产；

管理遗产；

偿付遗产的可要求债务；

支付死者命令的遗赠，并采取其他必要措施执行遗嘱。

第 957 条：死者或法院可限制清算人的权利或对其作出应如何履行职责的指示。

法院可以充分的理由修改第 1 款规定的指示。

无论是否有相反的约定，违反此等指示的唯一制裁是清算人的责任。

第 958 条：如果有数个清算人，在不违反死者或法院的任何相反规定的前提下，他们应共同行动。

清算人可在他们间就清算涉及的事务进行分工，或委托他们中的一人进行此等清算。

没有此等约定或委托时，如果某一位清算人自己从事清算活动，应适用关于自愿管理他人事务的规则（第 2257 条至第 2265 条）。

第 960 条：清算人在其完成职责后得汇报管理账目。

他得在由继承人商定或法院确定的日期之前提交汇报账目。

第 1003 条：清算人得从其被任命之日起管理死者的遗产，直到有权继承的人接受了其有权取得的份额或财产。

第 1005 条：清算人得在死者死亡之日起 40 天内，通过编制财产清单确定遗产的组成。

一经发现其他财产，必要时，得在发现后的 15 天内编制补充说明。

第 1006 条：遗产的每个组成部分，无论是资产还是负债，都得由清算人在上述期间初步估价。

必要时，估价得在专家的协助下进行。

第 1007 条：在继承人与遗产的关系中，他们得保留其所有对死者不利或有利的权利或义务，因死亡终止的权利和义务除外。

继承人得告知清算人所有有关上述权利和义务的资料，以便他能编制财产清单。

第 1008 条：任何被召集接受遗产份额的人都可要求自负费用寄给他财产清单的复制件。

同样的权利可由法院授予死者的债权人或遗产的债权人。

第 1009 条：在完成对遗产的最终分割前，第 1008 条规定的人可要求修改清算人对财产作出的初步估价。

如果发现初步估价有错误，专家估价的费用得从遗产中扣除。

在其他情形，有关费用得由导致该费用发生的人承担。

第 1010 条：清算人得以“善良家父”的审慎和热情管理遗产财产。

依继承人间的协议行事的继承人、应任何利害关系人之申请的法院，都可对清算人进行管理为指示。

第 1011 条：清算人尤其可：

实施任何必要行为、提起任何必要诉讼以保存待继承遗产，并且对抗主张对待继承遗产享有权利的第三人提起的诉讼。

第 1012 条：清算人可要求支付对遗产负欠之物，但以此等债权可以要求为条件。

他被授权接受此等债务的清偿并出具收据。

第 1013 条：清算人可以出卖遗产中的果实和庄稼，以及所有属于遗产的易腐或其保和保存需可观费用或特别照料的动产。

他不得出卖其他动产，此等出卖为支付遗产的债务所必需的情形除外。

他不得出卖不动产，经所有继承人同意或得到法院授权的除外。

第一千一百四十八条

遗产管理人应当依法履行职责，因故意或者重大过失造成继承人、受遗赠人、债权人损害的，应当承担民事责任。

其他法域立法例

荷兰民法典

第 4：163 条：财产管理人未按照善良管理人的方式管理的，应当对资产权利人承担责任，但管理缺陷不可归责于他的除外。

西班牙民法典

第 1031 条：遗产不足以支付债务和履行遗赠的，遗产管理人仅以全部遗产为限履行支付义务，但应对其过错和疏忽造成的损害承担责任。

魁北克民法典

第 790 条：除非遗嘱人或半数以上的继承人如此要求，或法院应利害关系人的申请如此决定，清算人无须为保证履行其义务认购保险或提供其他担保；或经任何证明有必要采取以上措施的利害关系人申请，法院可以裁决清算人提供担保。

被要求提供担保的清算人未提供或拒绝提供担保的，丧失其清算人职务，法院不追究其过错的除外。

第 791 条：清算人不能执行其职务、疏于履行其职责或不履行其义务的，任何利害关系人都可以申请法院替换他。

除非法院决定指定临时清算人，在诉讼过程中清算人继续担任此等职务。

第 815 条：如清算人疏于向已知的债权人、特定遗赠的受遗赠人为清偿，他们除有权向清算人提起损害赔偿之诉外，还对收受预付款的继承人和已向其偿付损害赔偿的特定遗赠的受遗赠人享有诉权。

享有优先权的债权人对其他债权人按其请求权的比例享有后备诉权。

美国路易斯安那州民法典

第 1148 条：无人继承遗产的保佐人或失踪法定继承人的保佐人，对其管理掌控的遗产的全部或部分不付金钱利息，但他不得因其私人原因使用此等金钱，否则将被解职并对由此造成的损害赔偿负责。

埃塞俄比亚民法典

第 961 条：清算人得对因其过失或疏忽导致的任何损失承担责任。

当他违反法律规定、遗嘱规定、由死者或法院对他作出的指示行事时，他被视为有过失。

当有迹象表明他已以履行职责的意图诚信行事时，法院可全部或部分地减免他对继承人或受遗赠人的责任。

第一千一百四十九条

遗产管理人可以依照法律规定或者按照约定获得报酬。

其他法域立法例

德国民法典

第 1987 条：遗产管理人所执行之职务，得请求相当之报酬。

法国民法典

第 812－2 条：在没有相反约定时，身后遗产的委托管理不取得报酬。

如规定给付报酬，报酬数额应在委托书中明文确定。报酬数额应当与由受托人实行管理所带来的遗产孳息与收入之部分相一致。在由此产生的孳息不足或者没有收入的情况下，此项报酬可以用本金补足或者采取本金的形式。

第 812－3 条：受托人的报酬是由遗产承担的一种负担，如其引起剥夺继承人全部或一部特留份之后果，得产生减少数额之请求权。委托书指明的各继承人或者他们的代理人如果证明从受托人接受委托的时间或者因该项委托引起的遗产负担来看，给予受托人的报酬过高，可以向法院提出请求，重新议定报酬数额。

第 813－9 条：法官在指定遗产委托管理人时，确定管理人任务的期限及报酬。应第 813－1 条或者第 814－1 条所指的人之一的请求，法官可以延长其原先确定的时间。

在继承人之间订立财产共有协议时，或者在签署遗产分割文书时，遗产委托管理人的任务当然终止。在法官确认其交给遗产委托管理人的任务已经全部完成时，委托亦告停止。

中国台湾地区“民法”

第 1183 条：遗产管理人得请求报酬，其数额由亲属会议按其劳力及其与被继承人之关系酌定之。

魁北克民法典

第 789 条：清算人有权报销其在履行职责时产生的费用。

清算人如非为继承人，他有权获得报酬；如为继承人，在遗嘱如此规定或其他继承人如此商定的情形，他也可获得报酬。

如遗嘱人未规定报酬数额，由继承人规定；如利害关系人不能取得一致，由法院规定。

埃塞俄比亚民法典

第 959 条：根据死者确定的条件、继承人间的协议或法院规定，清算人以完成的工作取得报酬属于正当时，他有权取得报酬。

第一千一百五十条

继承开始后，知道被继承人死亡的继承人应当及时通知其他继承人和遗嘱执行人。继承人中无人知道被继承人死亡或者知道被继承人死亡而不能通知的，由被继承人生前所在单位或者住所地的居民委员会、村民委员会负责通知。

其他法域立法例

苏俄民法典

第431条：对于继承人，不采用公示催告或者其他方法通知；继承开始地点的公证机关认为对于国家或者继承人的利益有必要的时候，可以采取保护遗产的方法。这种保护方法应当在得到被继承人死亡的通知后，立即采取。对于被继承财产，可以一直保护到继承人报到的时候，但是不能超过6个月。

智利共和国民法典

第956条：（死因）分配之召领是法律的一种实际召唤，被召唤者可据此接受或者放弃分配。

继承人或受遗赠人未附条件地被召唤的，遗产或遗赠自被继承人死亡之时起依法当然移转给继承人或受遗赠人；继承之召唤附有条件的，则自条件成就之时起依法当然移转。

如条件为取决于受分配人单方意思的不作为，分配（的遗产或遗赠）在此等情形自遗嘱人死亡之时起被依法当然移转，但为防止违背该条件，须由受分配人对返还被分配物及其从物和孳息提供足够的担保。

然而，如遗嘱人命令被分配物在不作为条件悬置期间归属于其他受分配人，则不适用上述规定。

第一千一百五十一条

存有遗产的人，应当妥善保管遗产，任何组织或者个人不得侵吞或者争抢。

其他法域立法例

奥地利普通民法典

第797条：任何人不得擅自占有遗产。继承权应在法院行使；遗产的交付，即遗产合法占有的移转，应依法院的决定为之。

第 798 条：被继承人死亡后，法院依职权应采取的行动，以及在处理继承事务时应遵守的期限和应采取的保全措施，由诉讼程序法特别规定之。本法所规定者，系继承人或依其他理由对遗产有请求权的人，为取得自己应得部分的遗产所应实施的行为。

韩国民法典

第 1022 条：继承人应以对其固有财产的相同注意，管理遗产。但单纯承认或放弃时，不在此限。

日本民法典

第 926 条：限定承认人，应以与对其固有财产相同之注意，继续管理继承财产。

第 645 条、第 646 条、第 650 条第 1 款及第 2 款以及第 918 条第 2 款及第 3 款之规定，准用于前款之情形。

第 940 条：抛弃继承者，于因其抛弃而成为继承人者得开始管理继承财产前，应以与对自己财产相同之注意，继续管理其财产。

第 645 条、第 646 条、第 650 条第 1 款及第 2 款、第 918 条第 2 款及第 3 款之规定，准用于前款之情形。

第 944 条：继承人作出单纯承认后，在有财产分离请求之后亦应以与对其固有财产相同之注意，管理继承财产。但家庭法院选任继承财产管理人的，不在此限。

第 645 条至第 647 条、第 650 条第 1 款及第 2 款之规定，准用于前款之情形。

魁北克民法典

第 625 条：被继承人死亡或使遗赠生效的事件发生时，继承人占有被继承人的遗产财团，但应遵守关于遗产清算的法律规定。

除非为本编规定的例外情形，继承人承担被继承人债务的范围不超过他们现实取得的遗产的价值，同时保留要求以遗产清偿他们对被继承人享有的债权的权利。

继承人占有对侵害被继承人的人格权的人或其代理人的诉权。

智利共和国民法典

第 1240 条：如在继承开始后 15 天内无人接受遗产或其中的份额，也无遗嘱人授权持有财产并已接受该职务的遗嘱执行人，法官应依生存配偶、死者的任何亲属或家属、其他对此有利害关系的人的请求，或者依职权宣告遗产为无人接受继承的遗产；该宣告应被刊登于市镇的报纸上，市镇无报纸的，则应被刊登在省会或大区首府的报纸上；对于无人接受继承的遗产，应为之指定保佐人。

如有 2 个或更多的继承人，且其中一人接受遗产，该人可在事先作成要式财产清单的情况下管理全部共有遗产；如其共同继承人尔后接受遗产并在财产清单上签字，则可参与管理。

如果完全无人接受遗产，进行管理的继承人的权限同于无人接受继承之遗产的保佐人，但除非有理由惧怕在其管理下的财产承受风险，他不负提供担保的义务。

第一千一百五十二条

继承开始后，继承人于遗产分割前死亡，并没有放弃继承的，该继承人应当继承的遗产转给其继承人，但是遗嘱另有安排的除外。

其他法域立法例

瑞士民法典

第 542 条：继承人在继承开始时有继承能力者，得继承遗产。

继承人在继承开始后死亡者，其对于遗产的权利，转由其继承人继承之。

土库曼斯坦民法典

第 1247 条：继承开始后接受遗产前继承人死亡的，则其享有的继承份额应转归于他的继承人（转继承），转继承人应在确定的接受遗产的剩余期间内接受遗产，期间不足 3 个月的，应延长至 3 个月。

阿根廷共和国民法典

第 3459 条：共同继承人之一在分割之前死亡，并遗留数个继承人时，只需其中一名继承人请求分割即为已足；但所有此等继承人请求分割或意图参与分割时，应按照单一的代位继承而行动。

埃塞俄比亚民法典

第 833 条：被召集参加继承的人在继承开始后死亡的，他对该继承的权利得移转于其继承人。

第一千一百五十三条

夫妻共同所有的财产，除有约定的以外，遗产分割时，应当先将共同所有的财产的一半分出为配偶所有，其余的为被继承人的遗产。

遗产在家庭共有财产之中的，遗产分割时，应当先分出他人的财产。

其他法域立法例

荷兰民法典

第 4：28 条：1. 被继承人死亡时，配偶居住的住宅属于遗产或已终止的婚姻共有财产，或者被继承人以租赁以外的方式取得使用权的，配偶对于继承人，在 6 个月内有权按照原来的条件，继续在住宅居住。配偶在相同的期限内，有权以相同的方式使用家庭用品，只要该家庭用品属于遗产或已终止的婚姻共有财产，或者被继承人有使用权。

2. 被继承人死亡时，和被继承人长期共同生活的人，对于继承人和被继承人的配偶，有使用属于遗产或已终止的婚姻共有财产的住宅和家庭用品的相应权利。

第 4：51 条：1. 配偶一方以共同继承人为义务人，对婚姻共有财产中的特定资产有遗赠请求权的，受遗赠人可以请求移交整个资产，然而，如果婚姻共有财产分割时该资产分配给另一方配偶或其继承人，则应当支付该遗产的价值。另一方配偶是唯一的继承人的，他和他的继承人也享有该支付价值的权利。

2. 仅在订立遗嘱时，婚姻共同财产尚未终止的情形下，才适用前款规定。

第 4：170 条：1. 财产管理下的资产或者在该资产上设定的定限物权属于共有财产的，财产管理人有权请求分割，经资产权利人同意，有权缔结在一定期限内排除分割的合同。

2. 财产管理人经资产权利人同意，有权参与分割。

3. 第 169 条第 2 款和第 3 款相应适用。

第 4：213 条：被继承人已经结婚，并且有婚姻共有资产的，地区法院经遗产清算人申请，可以指定一名已终止的婚姻共有财产的清算人，此种情形下，适用本节关于清算的规定。被继承人死亡前，共有财产已经分割的，不适用第一句的规定。

美国路易斯安那州民法典

第 889 条：若死者无任何卑亲属，则生存配偶继承死者夫妻共同财产中的份额。

第 890 条：若亡故配偶一方有生存卑亲属，则对死者未以遗嘱处分的夫妻共有财产中死者的份额，生存配偶有用益权。此用益权于生存配偶亡故或再婚时终止，二者以发生在先的为准。

智利共和国民法典

第 1341 条：若因配偶的自有财产或所得、合伙合同、尚未分割的先前继承或基于其他任何原因，死者的财产与属于他人的财产发生混淆，应首先依前数条的规定分割共有实物，以分离彼此的财产。

第一千一百五十四条

有下列情形之一的，遗产中的有关部分按照法定继承办理：

（一）遗嘱继承人放弃继承或者受遗赠人放弃受遗赠；

（二）遗嘱继承人丧失继承权或者受遗赠人丧失受遗赠权；

（三）遗嘱继承人、受遗赠人先于遗嘱人死亡或者终止；

（四）遗嘱无效部分所涉及的遗产；

（五）遗嘱未处分的遗产。

其他法域立法例

苏俄民法典

第 419 条：如果法定继承没有被遗嘱改变，在一切情形下都应当适用法定继承。

西班牙民法典

第 912 条：法定继承于以下情形发生：

1. 死者无遗嘱、遗嘱无效或遗嘱丧失时效的。

2. 遗嘱人未对全部或部分遗产设立继承的。法定继承仅在未指定部分有效。

3. 不具有法定继承人资格的，或其在遗嘱人之前去世的，或继承人放弃继承后无其他替代人的，或无人行使增添权的。

4. 指定继承人无继承权的。

越南民法典

第 650 条：1. 法定继承适用于以下情形：

（1）没有遗嘱；

（2）遗嘱不合法；

（3）遗嘱规定的那些继承人比遗嘱人先死亡或与遗嘱人同时死亡；遗嘱规定的可享有遗产的机关、组织在继承开始时不复存在；

（4）根据遗嘱被指定为继承人的那些人丧失遗产继承权或拒绝承遗产。

2. 法定继承也适用于下列遗产：

（1）无法在遗嘱中处置的部分遗产；

（2）与没有法律效力的部分遗嘱相关的遗产；

（3）与遗嘱规定的但丧失继承权或拒绝继承遗产、比遗嘱人先死亡或与遗嘱人同时死亡的继承人相关的部分遗产；与遗嘱规定的可享有遗产但在继承开始时不复存在的机关、组织相关的部分遗产。

魁北克民法典

第 653 条：除非遗嘱有相反的规定，遗产应按本题规定的顺序和规则由被继承人的生存的婚姻或民事结合配偶和亲属继承。被继承人无继承人时，遗产移转于国家。

美国路易斯安那州民法典

第 880 条：无有效的遗嘱处分时，为死者因血缘或收养的卑亲、尊亲、旁系亲属的利益，及未与死者别居的配偶的利益，死者未处分的财产依下述条文规定的内容及顺位移交。

第 1596 条：按前述规定仍未被处分的所有财产按照无遗嘱继承发生移交。

秘鲁共和国新民法典

第 815 条：在下列情形，遗产属于法定继承人：

1. 被继承人未立遗嘱而死亡；所立遗嘱被全部或部分宣告无效；遗嘱因无

法院核准而失效；继承权之剥夺被宣告无效；

2. 遗嘱未设立继承人，或其设立继承人之处分被宣告失效或无效；

3. 必要继承人先于遗嘱人死亡，抛弃继承，或由于不配或被剥夺继承权而丧失继承权，且无直系卑血亲；

4. 意定继承人或受遗赠人先于遗嘱人死亡；或者遗嘱人设立的条件未成就；或者此等继承人抛弃继承；或者被宣告为不配而未指定其替补人；

5. 无必要继承人或在遗嘱中未设立意定继承人的遗嘱人，未在遗赠中处分其所有财产，此情形下的法定继承仅针对其未处分的财产而实施。

法院就全部或部分的法定继承所作的继承人之宣告，不妨碍被此项宣告遗漏之人利用第 664 条所赋予的权利。

智利共和国民法典

第 980 条：死者对其财产未加处分、未依法处分或者其处分不生效果的，其财产的继承依法律规定。

第 996 条：对同一财产同时存在遗嘱继承和法定继承时，应执行遗嘱处分，剩余部分依通则经裁判分配给法定继承人。

对同时参加遗嘱继承和无遗嘱继承的人，应将依遗嘱收受的份额计入其在法定继承中应得的份额，但前者超过后者时，可以保留全部遗嘱份额。

遗嘱人的明示意思优于以上在法律上所作的一切相应规定。

无论如何，只要有权获得遗产之特留份和额外份额者的这些份额被完全满足，即应适用第 1 款规定。

第 1100 条：如除了份额继承人外无概括继承人，并且遗嘱中指定的份额并未完全凑成遗产整体，则法定继承人视为被召唤继承剩余的遗产。

如遗嘱中未作任何概括分配，则法定继承人为概括的继承人。

第一千一百五十五条

遗产分割时，应当保留胎儿的继承份额。胎儿娩出时是死体的，保留的份额按照法定继承办理。

其他法域立法例

德国民法典

第 1923 条：Ⅰ继承人。于继承开始时生存者为限。

Ⅱ继承开始时尚未出生而已受胎者，视为继承开始时既已出生。

第 2043 条：Ⅰ因期待共同继承人之出生，致应继份尚未确定者，于其不确定之事由消灭前，不得分割。

Ⅱ因婚生之宣告、收养之认可，或被继承人所设立财团许可未经裁判，致应继份尚未确定者，亦同。

苏俄民法典

第 430 条附则：继承开始的时候还没有出生的继承人，他的应继份可以在他出生后 3 个月内，由他的法定代理人请求继承。

法国民法典

第 725 条：只有继承开始时生存的人，或者已受胎、出生时存活的人始能继承。

按照第 112 条之规定推定失踪的人可以继承。

韩国民法典

第 1000 条第 3 款：关于胎儿的继承顺位，视为已经出生。

日本民法典

第 886 条：就继承，胎儿视为既已出生。

前款之规定，不适用于胎儿以死体出生时。

中国台湾地区“民法”

第 1166 条：胎儿为继承人时，非保留其应继份，他继承人不得分割遗产。

胎儿关于遗产之分割，以其母为代理人。

魁北克民法典

第 617 条：继承开始时生存的自然人，包括于彼时被推定为生存的失踪人、出生时为活体并能存活的胎儿，可以继承。

在替补或信托的情形，如遗嘱处分关系到某人的部分生效时，该人具备要求的资格，也可以继承。

美国路易斯安那州民法典

第 940 条：被继承人亡故时，已受孕且之后活着出生的未出生的孩子，应被视为在被继承人亡故时生存。

第 1474 条：为有能力接受生前赠与，未出生孩子必须在赠与作出时已受孕。为有能力接受死因赠与，未出生孩子必须在遗嘱人亡故时已受孕。在两种情况下，赠与都仅在孩子活着出生时有效。

秘鲁共和国新民法典

第 856 条：分割涉及胚胎中之继承人的权利的，应中止至其出生。在此期间，其母在有扶养费之需要时，可从相应的遗产中收取之。

埃塞俄比亚民法典

第 834 条：刚受孕的胎儿可根据本法典关于“自然人”之题的规定（第 2 条至第 4 条）被召集参加继承。

第一千一百五十六条

遗产分割应当有利于生产和生活需要，不损害遗产的效用。

不宜分割的遗产，可以采取折价、适当补偿或者共有等方法处理。

其他法域立法例

法国民法典

第 820 条：如果立即实现共有财产的分割有损于共有财产的价值，或者共有人之一只有在经过一定的时间以后才能接管属于遗产的农业、商业、工业、手工业或自由职业企业，应共有人之一的请求，法院可以最长推迟 2 年进行财产分割。推迟分割，适用于全部共有财产或者仅适用于其中一部分财产。

如有必要，也可以请求推迟分割公司权益。

第 821 条：在协商不成的情况下，可以应第 822 条所指之人提出的请求，按照法院确定的条件维持原来由死者或其配偶负责经营的任何农业、商业、工业、手工业或自由职业企业。

如有必要，也可以就公司权益提出维持共有的请求。

法院根据所涉及的各方利益以及家庭可以从共有财产获得的生活手段作出审理裁判。

即使上述企业里包含有继承人或者健在配偶在继承开始之前就已经是所有权人或共同所有权人的财产，仍可维持共有。

日本民法典

第 906 条：遗产分割，考虑属于遗产之物或权利之种类及性质、各继承人之年龄、职业、身心状况及生活状况及一切情事而为之。

秘鲁共和国新民法典

第 857 条：立即分割可能对遗产产生显著损害，或有必要保障债务或遗赠之清偿的，亦可由所有继承人一致同意，或依司法裁决，对相应财产的全部或一部推迟或中止分割，但其期限不得多于 2 年。

第 859 条：遗产可以实物形式分析给各继承人。如若不能，则以金钱方式向其支付其份额的价值。

第 860 条：若无第 859 条所指支付之所需金钱，则应事先获得多数继承人的同意和法官许可，着手出售必要的遗产。

智利共和国民法典

第 1337 条：分割人应依以下规则清算每位共同受分配人的应得份额，并据此分配遗产物件：

1. 如某一实物不允许分割，或分割将导致其价值减低，则在共同受分配人之间，由报价最高者取得该物件的较优权利；任一共同受分配人都有权请求允许外人参与报价；所得价金在所有共同受分配人间按比例分配。

2. 无人报价高于第 1335 条提及的估价或约定价格时，如 2 个或更多的受分配人竞相取得某一实物的分配，特留份继承人应优先于非特留份继承人。

3. 分配给一个单一的个人的、由一处或多处地产构成的份额，在可能的情况下应是毗连的，但该受分配人同意接受彼此分离的份额的，或者毗连相较分离给其他利害关系人造成更大损失的，不在此限。

4. 分配给某一受分配人的地产，应和该人所有的其他地产尽量保持上述毗连。

5. 分割地产时，应为其管理和享用的便利设定必要的役权。

6. 如两个或更多的人是某一房地产的共同受分配人，分割人在取得利害关系人的合法同意后，可将用益权、居住权或使用权从所有权中分离出来作为分配份。

7. 在分割遗产时，或在进行前数项所述的实物分配后分割剩余部分时，应分给每位共同受分配人与其他共同受分配人具有相同性质和相同数量的物，或就可分财产的总数划分份额，以尽可能保障均等性。

8. 组成分配份时，不仅须力求所有份额的均等，而且应争取它们类似，但对不便分割的物，或若分离将导致损害的物，应注意不分割或分离它们；利害关系人合法而一致地就此达成协议的，不在此限。

9. 在抽签之前，每位利害关系人都可对分配份的组成方式提出异议。

10. 尽管如此，生存的配偶在析产时，如果其居住的、构成家庭主要居所的不动产以及附属于该不动产的动产构成死者的财产，则有权主张优先以此等财产为其利益凑足其遗产份额。

11. 为执行前数项的任一规定，即使部分或全部共同受分配人都是未成年人或其他不能自由管理其财产的人，也无须遵照第1322条和第1326条的规定取得法院的许可。

如果前述财产的总价值超过配偶的遗产份额，配偶可就未判归其所有的物，主张为其利益并依物的性质，设定无偿的终身居住权和使用权。

设定居住权的裁决未登记于不动产登记簿的，此项权利不得据以对抗善意的第三人。就所有本条未规定的事项而言，使用和居住均应遵守第二编第十题的规定。

本规则所述的优先析产权不得转让和移转。

埃塞俄比亚民法典

第1092条：如果在遗产中有某些物不便实物分割，并且如果继承人之间确又不能就他们之中的何人将在其份额中拥有该物取得一致，可以出卖该物并分割其价金。

第1093条：当继承人之一如此要求时，出卖须以拍卖的方式进行。

共同继承人不能达成一致时，局外人得被接受参加此等以拍卖方式所为之出卖。

第1094条：家庭文件和具有情感价值的物件，继承人之一反对将其出卖时，不得出卖。

如果共同继承人之间不能达成一致，在合适时，法院得决定此等标的是出卖还是分配给共同继承人之一。

在后种情形下，法院得作出为确保此等标的的保存于家庭中所必要的指示。

第一千一百五十七条

夫妻一方死亡后另一方再婚的，有权处分所继承的财产，任何组织或个人不得干涉。

其他法域立法例

西班牙民法典

第968条：除本法典第811条规定的必须保留的之外，鳏寡之人再婚后有义务将其从已故的配偶处通过无遗嘱继承、受赠或通过其他获利行为获得的遗产作为前次婚姻的子女及其卑亲属的遗产予以保留，但并非要求达到其婚姻财产的半数。

第969条：前条规定对于通过明确的资格获得的财产、从前次婚姻的子女处获得的财产和死亡者的双亲为鳏寡之人利益而给与的财产有效。

第970条：保留财产的义务在子女成年后明确放弃和双亲明知其会再婚而授予其子女遗产时消灭。

第971条：在第一次婚姻中无子女和卑亲属的鳏寡之人再婚后死亡的，不发生保留。

第972条：尽管有保留的义务，但再婚后的双亲对前次婚姻中的子女应给与的财产支持适用本法典第823条的规定。

第973条：未完全或部分获得前条规定的支持的被继承人，其子女和卑亲属可以继承被继承人根据规定获得的保留遗产的权利，即便遗嘱中对前亡一方子女和卑亲属有不公正的表示或其已经放弃了继承。

被双亲之一正当剥夺继承权的子女丧失一切获得保留财产的权利，若其有子女，适用本法典第857条和第164条第2款的规定。

第974条：鳏寡之人在缔结第二次婚姻之前，为保证前次婚姻的子女及卑亲属的利益，根据其义务而将其保留不动产的权利让与他人的有效。

第975条：鳏寡之人在缔结第二次婚姻之后让与不动产保留义务的，仅在其死亡时前次婚姻无子女和卑亲属时有效，且不得有悖抵押法的规定。

第976条：在第二次婚姻前后让与动产保留义务的均有效，但对其造成的损害应承担责任。

第977条：鳏寡之人重新缔结婚姻的，应将其保留的全部遗产在财产登记中心制成清单，不动产适用抵押法的规定，动产应进行估价。

第 978 条：鳏寡之人重新缔结婚姻，进行抵押担保的，还应承担如下义务：

1. 恢复动产至亡者死亡时该动产的状态。

2. 对财产因其过错或疏忽受到的损失或可能受到的损失进行赔偿。

3. 归还已经转让的动产的价金，无偿转让动产的按照其获得该动产时的价格归还价金。

4. 以及合法转让不动产而获得的价金。

第 979 条：前述诸条关于第二次婚姻的规定同样适用于第三次婚姻及以后的各次婚姻。

第 980 条：前述诸条关于保留的义务同样适用于：

1. 鳏寡之人在后来的婚姻中，或在单身状况下获得非婚生子女的。

2. 鳏寡之人收养其他儿童的。除非被收养者是其他财产保留对象的双亲的配偶的子女。

上述保留义务自幼儿出生或领养时产生。

美国路易斯安那州民法典

第 890 条：若亡故配偶一方有生存卑亲属，则对死者未以遗嘱处分的夫妻共有财产中死者的份额，生存配偶有用益权。此用益权于生存配偶亡故或再婚时终止，二者以发生在先的为准。

埃塞俄比亚民法典

第 1034 条：年金的数目须最终确定。

此等数目不得变更，在确定年金数目时对遗产的总数作了错误估价的除外。

付给生存配偶一方的年金，如果其再婚，不再支付。

第一千一百五十八条

自然人可以与继承人以外的组织或者个人签订遗赠扶养协议。按照协议，该组织或者个人承担该自然人生养死葬的义务，享有受遗赠的权利。

其他法域立法例

德国民法典

第 2274 条：继承契约仅得由继承人本人亲自订定。

第 2275 条：Ⅰ被继承人为完全行为能力人，始得订定继承契约。

Ⅱ夫妻一方之行为能力受限制者，亦得以被继承人之资格，与配偶他方订定继承契约。于此情形，其应经法定代理人之同意；法定代理人为监护人者，亦应经家事法院之许可。

Ⅲ第二款规定，于同性共同生活伴侣法所称婚约当事人亦准用之。

葡萄牙民法典

第 2028 条：一、一人通过合同放弃对在生之人之继承，或通过合同处分本身或第三人尚未开始之继承，称为继承合同。

二、继承合同仅在法律规定之情况下方可接纳，其他情况均属无效，但不影响第 946 条第 2 款之规定。

第 2029 条：一、如某人通过合同作出生前赠与，将其全部或部分财产，不论是否保留用益权，给予一名或多名推定特留份继承人，且经其他推定特留份继承人同意，并由受赠人向其他推定特留份继承人支付该等人按比例在赠与财产上所占之部分之价额，或负起该支付义务者，则该合同不视为继承合同。

二、如嗣后出现或知悉有另一推定特留份继承人，则该人得要求以金钱支付属其所有之相应部分。

三、未能即时支付之金钱抵偿，其金额应按一般规定予以调整。

第一千一百五十九条

分割遗产，应当清偿被继承人依法应当缴纳的税款和债务；但是，应当为缺乏劳动能力又没有生活来源的继承人保留必要的遗产。

其他法域立法例

德国民法典

第 1968 条：继承人应负担被继承人之丧葬费用。

第 2046 条：Ⅰ遗产应先清偿遗产债务。遗产债务未至清偿期或有争议者，应保留其清偿所需之数额。

Ⅱ遗产债务一部分由共同继承人负担者，该共同继承人得请求仅以分割所得之遗产为清偿。

Ⅲ清偿债务于必要时，得就遗产变换为金钱。

法国民法典

第 806 条：放弃继承的继承人对遗产的债务与负担不负清偿义务，但是，应按照其财力的比例负担支付其放弃继承的直系尊血亲或者直系卑血亲的丧葬费用。

第 815－17 条：在财产成为共有财产之前本可追偿债务的债权人，以及其债权是因保管或管理财产而产生的债权人，得在财产分割之前，从财产的资产中先取受偿。此外，这些债权人可以诉请对共有财产进行扣押并予出卖。

共有人个人的债权人，不得对该共有人在共有的动产或不动产财产中占有的份额实施扣押。

但是，共有人个人的债权人有权以其债务人的名义主动提出分割财产的要求，或者参加由其债务人主动提出的财产分割活动。诸财产共有人，得以该债务人的名义并按其应负担的债务额，清偿其债务，以停止分割财产的诉讼。行使此项权利的人，得从共有财产中先取受偿。

韩国民法典

第 998b 条：有关继承的费用，自遗产中支付。

日本民法典

第 885 条：继承财产相关之费用，自其财产中支付。但因继承人之过失所致者，不在此限。

前款之费用，无须以特留份权利人因扣减赠与所得之财产支付。

中国台湾地区“民法”

第 1150 条：关于遗产管理、分割及执行遗嘱之费用，由遗产支付之。但因继承人之过失而支付者，不在此限。

美国路易斯安那州民法典

第 1415 条：遗产债务是死者的债务与管理费用。死者的债务是死者的债或因其亡故产生的债，如丧葬费用。管理费用是在对死者的财产进行收集、保存、管理及分配时发生的债务。

第 1427 条：尽管存在本章的规定，但因为税务原因，继承代表人或无代表人时的继承人，可以报告收入并扣除税法认可的支出。

秘鲁共和国新民法典

第 869 条：以下为遗产的负担：

1. 丧葬费用，在火化的情形，应优先支付该费用；
2. 被继承人最后罹患疾病所支出的费用；
3. 管理费用。

第 871 条：由遗产承受的债务

遗产未予分割的，被继承人之债务的清偿义务由遗产承受；但遗产已分割的，则各继承人按其继承份额之比例对债务负责。

第 873 条：遗产分割之前的债务清偿

继承人可请求已被适当证明但欠缺物权担保的遗产债务在分割之前被清偿，或被担保获得清偿。

智利共和国民法典

第 959 条：在一切死因继承的情形，为使死者或法律的处分达其效果，应自死者遗留的包括遗产债权在内的财产总数中扣除以下项目：

1. 存在遗嘱时的遗嘱公示费用以及继承开始时的其他附加费用；
2. 遗产债务；
3. 对遗产总体征收的国家赋税；
4. 强制性的扶养性分配；

经扣除的剩余财产为遗嘱或法律得予处分的净产。

第 960 条：对遗产总体征收的国家赋税，应扩及因死亡而被确认的可撤销赠与。

就特定份额或特定遗赠征收的国家赋税，由相应的受分配人负担。

埃塞俄比亚民法典

第 1014 条：遗产的债务得按下列顺位清偿：

第 1 顺位，死者的丧葬费；

第 2 顺位，遗产的管理和清算费用；

第 3 顺位，死者的债务；

第 4 顺位，生活保持方面的债务；

第 5 顺位，死者命令作出的单一物遗赠。

第 1015 条：除非考虑死者的社会地位，丧葬费为必要支出，丧葬费不得优先于其他债务。

它们不得包括纪念死者之仪式的费用。

为死者举行纪念仪式不构成其配偶和亲属的法定义务。

第1016条：遗产的管理和清算费用包括：

粘贴封条、编制财产清单和清算报告的费用；

清算人支出的对遗产财产的普通保存、维修和管理的有益费用；

分割费用和向继承人移交遗产财产的费用；

遗产税。

第1022条：为了支付遗产债务，清算人得首先使用他在遗产中发现之留存现金。

第1023条：如果要通过出卖财产以偿付债务时，清算人在将此等财产出卖给他人前，必须向继承人发出要约。

如果继承人就此等财产提出市场价格或某一更高价格，他得将之出卖给继承人。

第1024条：如果可通过出卖其他财产偿付债务，死者遗赠的财产不得被变卖。

第一千一百六十条

无人继承又无人受遗赠的遗产，归国家所有，用于公益事业；死者生前是集体所有制组织成员的，归所在集体所有制组织所有。

其他法域立法例

德国民法典

第1936条：继承开始时，被继承人无血亲、配偶或同性伴侣者，以其死亡时之最后住所地所属邦之公库为法定继承人；或其住所地不能确定者，以其居所地所属邦之公库为法定继承人。其余情形，以联邦国库为法定继承人。

苏俄民法典

第433条第2款规定：如果在规定的期间内，所有继承人都没有报到或者不承认继承，以及被继承人剥夺一切继承人的继承权，这项财产应当认为是无人继承的财产而收归国家所有。

法国民法典

第724条：法律指定的诸继承人当然占有死者的财产、权利与诉权。

全部概括受遗赠人和全部概括受赠与人，按照本卷第二编规定的条件占有遗产。

无前两款所指之人时，遗产由国家取得，国家应当提请作出判决对遗产实行占有。

韩国民法典

第1058条：1. 依第1057b条未得到分配的，遗产归属于国家。

2. 第1055条第2款的规定，准用于第1款情形。

日本民法典

第959条：未依前条规定而被处分之继承财产，归属于国库。于此情形，准用第956条第2款之规定。

中国台湾地区“民法”

第1185条：第1178条所定之期限届满，无继承人承认继承时，其遗产于清偿债权并交付遗赠物后，如有剩余，归属“国库”。

魁北克民法典

第696条：被继承人未留有配偶或有继承权的亲等内的亲属，或所有的相续人放弃继承，或在所知的范围内无相续人或无相续人主张继承的，国家当然取得位于魁北克境内的遗产中的财产。

任何使上款权利无效又未就遗产转移另外作出规定的遗嘱处分，无效。

美国路易斯安那州民法典

第902条：在无血亲、收养亲或未别居的配偶时，死者的财产属于州。

秘鲁共和国新民法典

第830条：欠缺遗嘱继承人或法定继承人的，审理案件或处理法定继承的法官或公证人，应将继承财产判归被继承人在本国最后住所地的慈善组织，或在无该组织时，判归该地的社会基金委员会，或被继承人定居于国外的，则判归利马市慈善会。

如果被继承人有债务，则被判归者有义务在所判财产价值的范围内清偿之。

所判财产之净值的10%归属于继承程序或法定继承手续之经办人，该份额应由相应机构以出售上述财产之所得予以缴纳，或采用将其一部分判归经办人所有的方式缴纳。

智利共和国民法典

第995条：前数条指定的法定继承人均不存在时，由国库继承。

埃塞俄比亚民法典

第852条：死者无亲属时，其遗产将移转给国家。

第一千一百六十一条

继承遗产以所得遗产实际价值为限清偿被继承人依法应当缴纳的税款和债务。超过遗产实际价值部分，继承人自愿偿还的不在此限。

继承人放弃继承的，对被继承人依法应当缴纳的税款和债务可以不负清偿责任。

其他法域立法例

德国民法典

第1953条：Ⅰ遗产经拒绝者，视为遗产不归属于拒绝继承之人。

Ⅱ前款情形，拒绝继承之人视为于继承开始前死亡，其遗产归属于依继承之顺序应继承之人；其归属视为自继承开始时已发生效力。

Ⅲ遗产法院应将继承之拒绝，通知该因拒绝而取得遗产之人。遗产法院就释明有法律上利害关系之人，应许其阅览拒绝继承所表示之文书。

第1975条：为满足遗产债权人之债务清偿，而命为遗产襄佐（遗产管理）或宣告遗产破产者，继承人就该债务，以遗产为限，负其清偿责任。

苏俄民法典

第434条：接受遗产的继承人，以及接受无人继承的遗产的国家机关或者社会团体，对于应当用遗产偿还的债务，只在遗产实际价值的限度内担负责任。

第433条：在遗产继承开始后的6个月内，继承人不报到或者不承认继承（本法典第424条规定的情形除外），以及继承人中的一人或者数人的继承权被遗嘱人剥夺，而又没有在遗嘱内指明全部财产应当留给他所指定的继承人，则上述放弃或者被剥夺继承权的人的应继份就转移给其他法定继承人，并且依照本法典第420条规定的程序分配。

如果在规定的期间内，所有继承人都没有报到或者不承认继承，以及被继承人剥夺一切继承人的继承权的时候，这项财产应当认为是无人继承的财产而收归国家所有。

法国民法典

第791条：以净资产为限接受继承给予继承人以下利益：

1. 避免其个人财产与属于遗产的财产相混同；
2. 对遗产保留其此前对死者的财产所享有的全部权利；
3. 仅有义务按照其受领的财产的价值限度清偿遗产的负债。

第806条：放弃继承的继承人对遗产的债务与负担不负清偿义务，但是，应按照其财力的比例负担支付其放弃继承的直系尊血亲或者直系卑血亲的丧葬费用。

韩国民法典

第1025条：继承人表示单纯承认时，无限制地继承被继承人的权利义务。

第1028条：继承人在因继承而取得的财产限度内，以清偿被继承人的债务及遗赠为条件，承认继承。

第1043条：继承人为数人情形，某一继承人放弃继承时，其应继份按其他继承人的应继份的比例归属于继承人。

日本民法典

第922条：继承人，得保留仅于继承所得财产之限度内清偿被继承人之债务及遗赠，而承认继承。

第939条：抛弃继承者，关于其继承，视为自始不为继承人。

中国台湾地区“民法”

第1153条：继承人对于被继承人之债务，以因继承所得遗产为限，负连带责任。

继承人相互间对于被继承人之债务，除法律另有规定或另有约定外，按其应继份比例负担之。

第 1154 条：继承人对于被继承人之权利、义务，不因继承而消灭。

魁北克民法典

第 625 条：被继承人死亡或使遗赠生效的事件发生时，继承人占有被继承人的遗产财团，但应遵守关于遗产清算的法律规定。

除非为本编规定的例外情形，继承人承担被继承人债务的范围不得超过他们现实取得的遗产的价值，同时保留要求以遗产清偿他们对被继承人享有的债权的权利。

继承人占有对侵害被继承人的人格权的人或其代理人的诉权。

第 647 条：放弃继承的人视为自始即非相续人。

美国路易斯安那州民法典

第 1416 条：概括继承人均对债权人负有按其在遗产中所占比例支付遗产债务的责任，但每一个继承人仅以他收到的财产在收到时的评估价值为限承担责任。

对没有收到财产的概括继承人，债权人没有主张偿付遗产债务的诉权。

第 954 条：在继承人接受的继承权范围内，推定他自被继承人亡故时起就已经继承了该权利。在继承人放弃的继承权范围内，推定他从未拥有过此等权利。

秘鲁共和国新民法典

第 661 条：继承人仅在遗产范围内对遗产债务和负担负责。继承人对超过部分负举证责任，但有通过法院制作的财产清单的除外。

第 662 条：有以下情形的，继承人丧失第 661 条所赋予的利益：

1. 故意隐匿继承财产；
2. 虚构债务或处分被继承人遗留的财产，损害遗产债权人的权利。

智利共和国民法典

第 1245 条：未事先作成要式财产清单即实施继承人行为的人，即使死者的一切可移转的债务课加给他的负担超过其继承的财产的价值，也应按其遗产份额的比例继承此等债务。

已预先作成要式清单的人享受清单利益。

第 1247 条：仅使接受遗产的继承人在其已继承的财产的全部价值的限度内对遗产债务和遗嘱债务承担责任的利益，为财产清单利益。

第 1239 条：接受遗产或抛弃遗产的效力溯及至遗产被依法当然移转之时。

特定物的遗赠适用同一规则。

埃塞俄比亚民法典

第 995 条：放弃继承的继承人得被视为从未成为过继承人。

其放弃继承的份额，得移转于其已接受继承的共同继承人，在合适时，移转给下一顺位的继承人。

已接受了继承的人，可在知道其共同继承人放弃继承后的 1 个月内放弃此等份额。

第一千一百六十二条

执行遗赠不得妨碍清偿遗赠人依法应当缴纳的税款和债务。

其他法域立法例

奥地利普通民法典

第 692 条：遗产不足清偿债务、支付其他应付费用和向全体受遗赠人给付遗赠时，各受遗赠人应同意按比例扣减其遗赠。只要存在负担超过遗产的危险，对于无担保的遗赠，继承人即不负给付的义务。

第 693 条：受遗赠人已受领遗赠物者，应扣减的数额，依遗赠物在受领时所具有的价值和由遗赠物中所取得的收益，确定之。但受遗赠人，纵已受领遗赠物，仍得为避免承担义务，而将所受领的遗赠物价值和所取得的收益归还于遗产；受遗赠人对遗赠物的改良或毁损，以善意占有人论。

荷兰民法典

第 4：120 条：1. 仅在遗产可以完全清偿其他遗产债务的情况下，才可以履行遗赠产生的遗产债务。

2. 继承人的应继份不足清偿其承担的遗赠义务的，各遗赠义务减少。

3. 除非从遗嘱中认为应当以其他方式减少，各遗赠义务应当按比例减少，然而，如果给付可以认为是被继承人履行自然债务，应当首先减少其他遗赠义务。

4. 遗赠义务的减少，应当由承担遗赠义务的继承人向受遗赠人作出表示，或者，如果遗产按照第 13 条分割，应当由被继承人的配偶作出表示。已经作出的给付，其法律上的原因仍然存在，但可以根据第 216 条和第 220 条第 3 款请求返还。

5. 减少后，继承人仍应自己的全部财产履行遗赠义务。

韩国民法典

第 1036 条：限定承认人根据前两条规定，非于对继承债权人清偿完毕之后，不得向受遗赠人清偿。

日本民法典

第 931 条：限定承认人，非按前两条之规定对各继承债权人作出清偿后，不得对受遗赠人清偿。

中国台湾地区“民法”

第 1160 条：继承人非依前条规定偿还债务后，不得对受遗赠人交付遗赠。

第 1162 条之一：继承人未依第 1156 条、第 1156 条之一开具遗产清册陈报法院者，对于被继承人债权人之全部债权，仍应按其数额，比例计算，以遗产分别偿还。但不得害及有优先权人之利益。

前项继承人，非依前项规定偿还债务后，不得对受遗赠人交付遗赠。

魁北克民法典

第 812 条：如遗产中的财产不足，清算人应根据其清偿方案，首先依其顺位清偿优先的或享有抵押权的债权人；其次清偿扶养费债权人以外的其他债权人。如他不能全部清偿此等债权人，应对他们按比例清偿其债权。

如清偿上述债权人后尚有剩余遗产，清算人应偿付扶养权利人；如他不能对他们为完全的偿付，应按其请求权的比例支付；然后他应偿付特定遗赠的受遗赠人。

第 813 条：如遗产中的其他财产不足以清偿全部债务，清算人可以转让作为特定遗赠的受赠财产或削减特定遗赠的数额。

实施上述转让或削减的顺序和比例按照受遗赠人的协议确定。达不成协议的，清算人首先按其价值的比例削减遗嘱中既未规定优先权又不涉及感情物的遗赠。如财产仍然不足，清算人应转让作为感情物遗赠的标的物，然后转让有优先权的遗赠的标的物，或根据其价值的比例削减这些遗赠的数额。

受遗赠人可以同意其他解决方案或通过返还其得到的遗赠物或等额价值获得

义务免除。

秘鲁共和国新民法典

第 770 条：如果数遗赠的价值超过遗产之可支配部分的价值，则按比例予以缩减，但遗嘱人已确定应予支付之顺序者除外。

对任何共同继承人实施的遗赠无须被缩减，但遗产不足以清偿债务者除外。

第一千一百六十三条

既有法定继承又有遗嘱继承、遗赠的，由法定继承人清偿被继承人依法应当缴纳的税款和债务；超过法定继承遗产实际价值部分，由遗嘱继承人和受遗赠人按比例以所得遗产清偿。

其他法域立法例

法国民法典

第 871 条：部分概括受遗赠人与各继承人一起，按照其获得的遗赠利益的比例，分担遗产的债务和负担；特定财产遗赠的受领人，除遗赠的不动产上负有抵押请求权以外，对债务与负担不承担义务。

第 874 条：特定财产的受遗赠人在清偿其受遗赠的不动产所负担的债务之后，对诸继承人代位行使债权人的权利。

秘鲁共和国新民法典

第 879 条：除遗嘱人有相反处分外，受遗赠人无义务清偿遗产债务。如果受遗赠人已清偿被适当证明且具体由遗赠财产负担的债务，则应由继承人补偿其已为的清偿。

智利共和国民法典

第 1362 条：对于特留份、对作为额外份额的 1/4 份额承受负担的分配份或遗产债务，受遗赠人没有分担支付的义务，但对法律保留给特留份继承人或作为额外份额的 1/4 份额强制性受分配人的财产份额，如遗嘱人将其一部分用于遗赠，或者在继承开始之时遗产中无足够的财产清偿遗产债务，则受遗赠人负有上述义务。

遗产债权人对受遗赠人的诉权仅是他们对继承人享有的诉权的补充。

第1363条：对于特留份、对作为额外份额的1/4份额承受负担的分配份或遗产债务应予分担支付的受遗赠人，应按其应得遗赠的价值比例为之，支付不能的受遗赠人的份额不加重其他受遗赠人的负担。

然而，遗嘱人已明确豁免其分担义务的受遗赠人，无须和其他受遗赠人一起分担。但用尽了其他受遗赠人的分担额仍不能补全特留份或仍未偿清债务的，则被遗嘱人豁免分担义务的受遗赠人也负有支付义务。

慈善事业遗赠或公益遗赠，应被理解为无须明示处分就被遗嘱人豁免了分担的义务，并且其分担的顺位在被明示豁免出资的遗赠之后，但遗嘱人依法律义务提供的严格的扶养性遗赠，其分担的顺位在所有其他遗赠之后。

第1364条：有义务给付一项遗赠的受遗赠人，仅在继承给他带来利益的范围内给付该遗赠，但对超过利益的负担，他应证明其数量。

第1368条：遗嘱人将其一部或者全部财产的用益权遗留给一人，将空虚所有权遗留给另一人的，为分配附于该用益物之上的遗产债务和遗嘱债务，所有人和用益权人应被视为一个单一的人；他们共同承受的义务应依以下规则在他们中分割：

1. 所有人负担清偿用益物上所附债务，用益权人则有义务向所有人支付在用益权的整个存续期间已清偿数额的通常利息。

2. 所有人不同意此等清偿时，用益权人可清偿之，并且在用益权期满时，有权请求所有人向其不计利息地偿还本金。

3. 如为执行由死者就用益物设定的抵押或质押而出卖用益物，则应对用益权人适用第1366条的规定。

图书在版编目（CIP）数据

中国民法典释评：十卷本．继承编/杨立新著．–北京：中国人民大学出版社，2020.8
ISBN 978-7-300-28382-1

Ⅰ.①中…　Ⅱ.①杨…　Ⅲ.①民法-法典-法律解释-中国②继承法-法律解释-中国
Ⅳ.①D923.05

中国版本图书馆 CIP 数据核字（2020）第 123700 号

中国民法典释评·继承编
杨立新　著
Zhongguo Minfadian Shiping • Jicheng Bian

出版发行	中国人民大学出版社		
社　　址	北京中关村大街 31 号	**邮政编码**	100080
电　　话	010－62511242（总编室）		010－62511770（质管部）
	010－82501766（邮购部）		010－62514148（门市部）
	010－62515195（发行公司）		010－62515275（盗版举报）
网　　址	http://www.crup.com.cn		
经　　销	新华书店		
印　　刷	涿州市星河印刷有限公司		
规　　格	170 mm×240 mm　16 开本	**版　　次**	2020 年 8 月第 1 版
印　　张	25.25　插页 3	**印　　次**	2020 年 12 月第 2 次印刷
字　　数	457 000	**定　　价**	1 860.00 元（十卷本）

版权所有　侵权必究　　　印装差错　负责调换